Martin Düchs | Sebastian Meisel
Sarah Weichlein [Hrsg.]

Klassiker der Ethik

Studienbuch

VERLAG KARL ALBER

Das Copyright für das Umschlagbild liegt bei canva.com.

Die Deutsche Nationalbibliothek verzeichnet diese Publikation in der Deutschen Nationalbibliografie; detaillierte bibliografische Daten sind im Internet über http://dnb.d-nb.de abrufbar.
ISBN 978-3-495-49267-3 (Print)
ISBN 978-3-495-99909-7 (ePDF)

Onlineversion
Nomos eLibrary

1. Auflage 2022
© Verlag Karl Alber – ein Verlag in der Nomos Verlagsgesellschaft mbH & Co. KG, Baden-Baden 2022. Gesamtverantwortung für Druck und Herstellung bei der Nomos Verlagsgesellschaft mbH & Co. KG. Alle Rechte, auch die des Nachdrucks von Auszügen, der fotomechanischen Wiedergabe und der Übersetzung, vorbehalten. Gedruckt auf alterungsbeständigem Papier (säurefrei). Printed on acid-free paper.

Besuchen Sie uns im Internet
verlag-alber.de

Martin Düchs / Sebastian Meisel / Sarah Weichlein

Vorwort

Mit der letzten Neufassung der Lehramtsprüfungsordnung I (LPO) aus dem Jahr 2019 wurde nun mehr ein genuin philosophisches Thema in der Ausbildung angehender Ethiklehrerinnen und -lehrer aufgewertet. Die *Klassiker der philosophischen Ethik* wurden mit der Änderung ein reguläres Thema in den bayerischen Staatsexamina. Damit verbunden ist auch eine Neukonzeption der universitären Ausbildung, die dem Unterrichtsfach Ethik endlich die Geltung zuerkennt, die es *de facto* schon seit einigen Jahren hat: Weg vom reinen Ersatzfach für jene Schülerinnen und Schüler, die aus verschiedenen Gründen nicht am Religionsunterricht teilnehmen, hinzu einem Fach mit eigenständiger Tradition, Inhalten, Methoden und Diskursen.

Diese Thematisierungen beginnen zwar erst langsam in der Lehrerinnen- und Lehrerausbildung zu wirken, aber dennoch ist schon heute ein didaktischer Paradigmenwechsel festzustellen. Das immer wieder anzutreffende Vorurteil, dass Ethiklehrkräfte nur unzureichend auf ihren Beruf vorbereitet sind, am Ende ein Fach unterrichten, das prinzipiell gar nicht lehrbar sei, beginnt sich aufzulösen. Diese Lehrkräfte unterrichten nach ihrem fundierten Ausbildungsweg ein Fach, das sich in seiner Komplexität nicht von anderen, »traditionellen« Unterrichtsfächern unterscheidet.

Ausdruck einer solchen Komplexität ist auch – wenn auch nicht nur – die Anforderung des Staatsexamens. Die Lektüre, die hier geforderte Auslegung und die Interpretation von »kanonischen«, philosophischen Werken ist weder eine leichte, noch eine widerspruchsfreie Aufgabe. Ein wenig Orientierung im Dickicht der Interpretationen und Diskurse soll dieser Sammelband bieten. Er basiert auf dem Werk *Klassische Werke zur philosophischen Ethik,* das vom inzwischen verstorbenen Herbert Huber herausgegeben wurde. Ein neues Herausgeberteam stellte sich die Aufgabe, die vorhandenen Aufsätze aufzunehmen, weitere zu ergänzen und diese Texte an die neuen Gegebenheiten anzupassen. Das Ergebnis dieser Bemühungen um Aktualisierung ist der vorliegende Sammelband *Klassiker der Ethik*.

Neu hinzugekommen sind dabei die Aufsätze von *Jörn Müller* über Thomas Hobbes' *Leviathan* und von *Jana Katharina Funk* über John Rawls' *Eine Theorie der Gerechtigkeit*. Somit sind alle in der

LPO I als *Klassiker der philosophischen Ethik* vermerkten Werke hier vertreten. Dennoch sollen die Aufsätze keinesfalls die eigenständige Lektüre der Texte ersetzen. Aber die Artikel bieten neben einem Überblick über Inhalt und Aufbau derselben auch umfangreiche Literaturverzeichnisse für die weitere Beschäftigung. Es erschien zudem wichtig, dass sie ebenfalls eine Einordnung und eine (erste) Auslegung liefern und somit eine Grundlage für das eigene Weiterdenken darstellen. Zur Überprüfung des Textverständnisses und dem Anregen eigener, weiterführender Gedanken sind am Ende aller Aufsätze verschiedene Leit- und Reflexionsfragen zu finden. Das Schwierigkeitsniveau orientiert sich dabei an den Anforderungen des Staatsexamens. Dennoch ist der vorliegende Sammelband nicht nur für die Vorbereitung auf dieses gedacht, sondern kann auch im Berufsalltag von Ethiklehrerinnen und -lehrern lohnende Lektüre sein; sei es, um sich einen raschen Überblick zu einem »Klassiker« zu verschaffen oder, um Inspiration für Diskussionsfragen im Unterricht zu erhalten.

Schlussendlich soll allen Autorinnen und Autoren herzlich gedankt werden. Ebenso dem Lektor des Karl-Alber-Verlages, Dr. Martin Hähnel, der den Erstellungsprozess dieser Neuauflage mit Rat und Tat begleitet hat. Das Herausgeberteam hofft, dass die Lektüre des vorliegenden Bandes sie auf dem Weg als Ethiklehrkraft, sowohl vor dem Staatsexamen wie auch in der täglichen Arbeit als Lehrkraft begleiten wird.

Die Herausgeber   Bamberg/ St. Pölten im September 2022

Inhaltsverzeichnis

Christian Schäfer
Platon: Gorgias 9

Christian Schäfer
Platon: Politeia 31

Johannes Hübner
Aristoteles: Nikomachische Ethik 69

Rolf Schönberger
Thomas von Aquin: Quaestionen zur Handlungstheorie
Die Grundlegung der sittlichen Handlung bei Thomas von Aquin . . . 95

Jörn Müller
Thomas Hobbes: Leviathan 133

Herbert Huber
Immanuel Kant: Grundlegung zur Metaphysik der Sitten . 161

Walter Schweidler
Immanuel Kant – Kritik der praktischen Vernunft 187

Günter Fröhlich
John Stuart Mill: Utilitarismus 215

Jana Katharina Funk
Rawls: Eine Theorie der Gerechtigkeit 251

Autorinnen- und Autorenverzeichnis 273

Christian Schäfer
Platon: Gorgias

Der Gorgias, geschrieben vielleicht in den 380er Jahren, gehört zu einer Gruppe von platonischen Schriften, die man als ›Sophistendialoge‹ bezeichnet hat. Unter diesen bildet er die längste und ausführlichste Auseinandersetzung mit der Frage nach den Kompetenzen der Sophisten und ihrer Weltauffassung. Das Gespräch zwischen Sokrates, Gorgias und dessen Anhängern Polos und Kallikles scheint dabei zunächst einmal nur darum zu gehen, welchen Wert man der Rhetorik zuzuschreiben habe, die Gorgias wie viele andere Sophisten als eine Art umgreifender Königsdisziplin des Denkens, dazu noch über diejenigen Themen, auf die es nun einmal wirklich ankommt, anpreist. Doch je mehr der Dialog eskaliert und sich die Gegenspieler den Staffelstab des Themas gegenseitig aus der Hand reißen, um die Konfrontation mit Sokrates immer weiter auf die Spitze zu treiben, und ihre Thesen sich zu einem geradezu brutalen Utilitarismus hin verschärfen, desto klarer wird: es geht um viel mehr als das diskussionseröffnende Problem der Rhetorik zunächst erahnen lassen will. Es geht im Grunde um die Frage, wie man sein Leben führen soll.

Platons Lesepublikum darf dabei wie so oft kein mundfertiges Rezept erwarten. Aber das Gespräch macht in seiner aggressiven Taktlosigkeit des Positionenstreits die radikale Unvereinbarkeit von Standpunkten von Grund auf so schonungslos deutlich, wie das nur die Philosophie zutage zu bringen vermag. Platon glänzt hier in einer seiner Hauptexpertisen: Mit den Mitteln und im Rahmen eines vernünftigen Gesprächs, das doch auf Konsens und Verständnis angelegt ist, den Dissens von philosophischen Verständnisgrundlagen so aufzudecken und vorzuführen, dass jede für die jeweils andere gleichermaßen transparent wie vollkommen unannehmbar wird.

Christian Schäfer

1. Der Dialog und sein Platz im platonischen Gesamtwerk

Dass Platon in Dialogform schreibt, ist vor allem bei Werken wie dem *Gorgias* von Bedeutung. Bei der Lektüre seiner Schriften ist stets im Auge zu behalten, dass Platon seine *dramatis personae* einsetzt wie Schachfiguren, um bestimmte Meinungskonstellationen vorzuführen, die ihm für sein Thema aussagefähig erscheinen. Die Dialogpersonen sind dabei meist historisch greifbare Persönlichkeiten, mit denen das zeitgenössische Lesepublikum Platons des Öfteren ein lebendiges Bild aus eigener Erfahrung verbinden konnte. Platon zeichnet also einerseits Typen, die für bestimmte Meinungen stehen, sie gleichsam inkarnieren, und andererseits tut er das so, dass seinem Lesepublikum die konkrete Person identifizierbar blieb. Besonders um Platons Darstellung des Sokrates tobt dabei ein langer Gelehrtenstreit: Ist Sokrates denn überhaupt noch die historische Person dieses Namens oder das »Sprachrohr« von Platons eigener Lehre? Darf man die Ergebnisse und Zweifel, die Sokrates im Dialog äußert, als Quasi-Formulierung von Platons eigenem Standpunkt werten? Ähnliches gilt für den historischen Gorgias, der ein Sophist ersten Ranges und von hohem Ansehen unter seinen Zeitgenossen war: Wird er in Platons Dialog »historisch« richtig dargestellt oder nur *ad sensum* der platonischen Philosophie? Wenigstens von einem der Gesprächsteilnehmer des *Gorgias*-Dialogs, nämlich Polos, lässt sich immerhin sagen, dass eine Passage, die ihm in Platons Schrift in den Mund gelegt wird, ein fast wörtliches Zitat aus einem Werk des historischen Sophisten Polos darstellt.

Vielleicht kann man zum Wenigsten davon ausgehen, dass wir es hier jeweils mit exponierten geschichtlichen Gestalten zu tun haben, die sich für die Definition von Standpunkten geradezu anboten. Gleichwohl lässt Platons Dialogform dabei vieles in der Schwebe. Doch dieses »Schwebenlassen« hat man seinerseits wieder unter einen gezielt unauflösbaren Doppelaspekt zu stellen: Einerseits versucht Platon damit, der Statik zu entkommen, die ein geschriebener Gedanke immer mit sich bringt. Das dürfte sich für Platon als Ausweg aus dem Dilemma mit seiner Schriftkritik angeboten haben.[1] Mit den Dialogen bot Platon eher ein Stimulans für das Selbstdenken, und dazu gehört auch, dass die Dialoge viele Gedanken nicht ganz zu Ende bringen, absichtlich falsche Fährten legen, zum Zweifeln herausfordern, mit Übertreibungen und Paradoxien provozieren, etc.

Dies ist insbesondere im *Gorgias* gut zu beobachten. Er gehört nach dem Bekunden der meisten Interpreten zum zeitlichen Ende einer früh entstandenen Gruppe von platonischen Dialogen, die man gerne zusammenfassend als »aporetisch« (»ausweglos«) bezeichnet, die also nirgendwo zu einem festhaltbaren, klar ausformulierten oder gar doktrinalen Ergebnis führen, sondern durch einen »offenen Schluss« befremden und beunruhigen. Dieses Offene oder das seltsam verwirrte Achselzucken am Schluss ist ein bewusst eingesetztes Stilmittel, um den Leser, der auf die wichtigen Fragen, die in den Dialogen gestellt werden, ganz natürlich Antwort heischt, so auf eine eigene Art zum Denken herauszufordern. Im *Gorgias* findet man daher gezielte Ärgernisse (wie etwa die allzu »sozialdarwinistischen« Thesen des Kallikles) neben offengelassenen Fragen und augenscheinlich paradoxale Skandalbehauptungen (wie, dass es für einen besser sei, Unrecht zu leiden als es zu tun) neben stilistischen Provokationen (etwa, ob denn eine letzte Antwort auf die Notwendigkeit der Gerechtigkeit nur in einem mythischen Verweis auf Jenseitsstrafen zu geben ist). Dreimal wird im *Gorgias* von verschiedenen Unterrednern unter zunehmender Radikalisierung versucht, mit

---

[1] In einer berühmten Passage des Dialogs *Phaidros* (274c-275e) kritisiert Platon, das Geschriebene verleite dazu, auch Unverstandenes »schwarz auf weiß nach Hause zu tragen« und sich damit im Besitz dessen zu glauben, was da geschrieben steht, ohne es begriffen und verinnerlicht zu haben. Platon wollte offenbar verhindern, dass es sich (so sagt es sein Text) ununterschieden bei denen herumtreibe, die es verstehen, und bei denen, die es nicht verstehen. Für die letzteren sei das Geschriebene deshalb geradezu etwas Verderbliches, hielten sie sich doch allein schon durch den Besitz des Geschriebenen und dadurch, dass sie es lesen können, für weise. Es adäquat erklären oder sinnvoll wiedergeben könnten sie aber nicht, und auch die Schriften selbst vermögen das nicht, denn darin ähnelte das Geschriebene so ziemlich der Malerei: »auch die stellt das, was sie hervorbringt, hin als sei Leben in ihm, doch wenn man das Gemalte dann etwas fragt, dann schweigt es ganz ehrwürdig still. Und genauso ist das mit den Schriften. Du könntest vermeinen, sie sprächen, als verstünden sie etwas von dem, was sie da von sich geben, fragst du sie aber wissbegierig näher aus, was sie denn da bitteschön sagen, so bieten sie dir doch immer nur ein und dasselbe« (*Phaidros* 275d; Platons Kritik der Rhetorik im *Gorgias* wird sich dieser Kritik des Geschriebenen strukturell auffallend annähern).

Sokrates über ein bestimmtes Thema zu verhandeln, dreimal scheitert dieser Versuch. Vieles, was der Leser im *Gorgias* an Antworten und Einzeldiskussionen insbesondere zum Thema der Gerechtigkeit vermisst, findet er dann tatsächlich erst z.B. in der *Politeia* angeschnitten – mit ganz anderen und teilweise noch raffinierteren stilistischen Fallen der Dialogform freilich.[2]

Andererseits – das ist der Grund für die Doppelung des Aspekts in der Betrachtung der »schwebenlassenden« Dialogform – ist es beim *Gorgias* genauso wie bei allen anderen, auch noch so »aporetischen« Dialogen: Obwohl nur selten etwas thesenhaft klar und definitorisch dingfest gemacht wird, so scheint man sich doch immer im Klaren darüber zu sein, was Platon sagen möchte, worauf er Wert legt und woraufhin er geistig anstoßen möchte. Man wird durch das Streitgespräch wie von einer unsichtbaren Hand auf einen Weg geführt, auf dem man keine Wegmarken oder beschriebene Hinweisschilder findet. Auch das gehört zu Platons Kunst der Darstellung, genauso wie seine Verwendung der performativen Aussage: Gerade im *Gorgias* lässt er nämlich den Gegensatz zwischen dem Ideal eines prüfenden Gesprächs (*Elenchos*) durch Sokrates und dem Sprachstil der Rhetoriker Gorgias, Polos und Kallikles so unverkennbar hervortreten, dass deutlich wird, wie »die Redeweise selbst schon eine Lebensweise verrät und damit eine Form des sittlichen Lebens darstellt«.[3] Das Aporetische ergibt sich dann zum guten Teil daraus, dass die Gegensätzlichkeit der Lebensweisen und der Moralvorstellungen klar zutage tritt.

Der Dialog *Gorgias* wurde in der Antike unter die sogenannten »umstürzenden«, »aufrüttelnden« oder »kehrtwendenden« (*anatreptikos*) Dialoge Platons gezählt. Was auch immer die antiken Gelehrten unter diesem Einordnungsmaßstab verstanden wissen wollten: Er trifft auch aus heutiger Warte in vielerlei Hinsicht auf den *Gorgias* zu. Die paradoxen oder groben Provokationen der Gesprächspartner rütteln die Leserschaft auf, gängige Meinungen und die Thesen der Dialogpersonen selbst werden immer wieder umgestoßen und auf den Kopf gestellt (so ausdrücklich gesagt in 481c), der Gesprächsverlauf

---

[2] Vgl. dazu u.a. Blößner, Norbert (1997): Dialogform und Argument, Stuttgart; Heitsch, Ernst (1992): Platons Dialoge und Platons Leser, in: E. Heitsch: Wege zu Platon, Göttingen, S. 9–28; Szlezák, Thomas A. (1993): Platon lesen, Stuttgart.

[3] Kobusch, Theo (1996): Wie man leben soll: Gorgias, in: Th. Kobusch/B. Mojsisch (Hg.): Platon. Seine Dialoge in der Sicht neuer Forschungen, Darmstadt, S. 47–63, hier S. 47.

macht Kehrtwendungen, die nirgendwo hinzuführen scheinen. Und auch die Gesprächspartner des Sokrates wechseln abrupt und jeweils unter thematischer Veränderung und Verschärfung der vorgebrachten Behauptungen. Doch kann man den Dialog zur Erstorientierung immerhin äußerlich in folgende rednerische Teile zerlegen: Die drei einander ablösenden Gespräche des Sokrates mit Gorgias, Polos und Kallikles sowie viertens einen längeren Redeteil des Sokrates (einschließlich einer Mythenerzählung) am Schluss.

2. Das Gespräch des Sokrates mit Gorgias (447a-461b)

Wie Lebensweise und Sprachstil bei Platon einander reflektieren, zeigt die Behauptung des Gorgias, die das Gespräch mit Sokrates über das Thema der Redekunst eröffnet: Gorgias könne nämlich über jede Frage Auskunft geben, es sei ihm noch nie eine Frage gestellt worden, die er nicht hätte beantworten können – ein deutliches Gegenextrem zu Platons Sokratesfigur, die gezielt ihr Nichtwissen zur Schau trägt. Die intellektuelle Fähigkeit von Gorgias ist nämlich, so stellt sich schnell als Begründung seines Anspruchs heraus, gegenüber Inhalten indifferent, es kommt auf den Inhalt seiner Rede gar nicht an, geschweige denn auf ihren Wahrheitsgehalt.[4] Das greift Sokrates in einer Reihe von Beispielen auch sogleich auf: Redenkönnen über irgendetwas bedeute doch, inhaltlich Auskunft darüber geben zu können. Hier hätte Gorgias einwenden können, was auch Aristoteles in seiner *Rhetorik* meint: Rhetorik befasse sich mit der Frage, *wie* man zu reden habe, nicht *was* man sage. Doch auf diesen Einwand wartet man vergebens. Über die größten und herausragendsten menschlichen Dinge belehre die Rhetorik, meint Gorgias stattdessen: nämlich darüber, in der politischen Versammlung oder vor Gericht zu überzeugen und somit Menschen zu führen (452e). Gorgias bleibt sich immerhin darin treu, dass er deutlich macht, hier geht es nicht um die Wahrheit oder Unwahrheit der Sache, sondern um deren Durchsetzung, um Führung ebenso gut wie um Verführung.

Sokrates lässt aber nicht locker: Auch andere »Künste« (*technai*) wollten doch mit dem, was sie sagen, überzeugen. Wovon aber will die Rhetorik überzeugen, was ist ihr »Kompetenzfeld«? Gorgias meint:

---

[4] Vgl. Kobusch: Wie man leben soll, S. 48.

das Gerechte und Ungerechte (454b), denn das sei (bei der thematischen Selbstvorgabe der menschlichen Angelegenheiten) von allem das Wichtigste. Es ist interessant zu sehen, wie Sokrates auf dieser Grundlage den Gorgias dazu bringt, einzugestehen, dass der Redner doch nicht vollkommen unbestimmt in seinem Kompetenzfeld ist, sondern dass er sich, um ein Rhetor wie Gorgias sein zu können, auch ein bestimmtes inhaltliches Wissen darum angeeignet haben müsse, was gerecht ist und was nicht (so schließlich das Eingeständnis des Gorgias in 460a).[5] Was folgt, ist ein einzigartiges und in gut sokratischer Weise befremdliches Exempel von Dialogführung: Sokrates zwingt den Gorgias nämlich zuzugestehen, dass niemand ein Architekt ist, ohne etwas zu bauen, und dass niemand ein Arzt ist, ohne zu heilen, und somit (das heißt unter der Voraussetzung all dessen, was Gorgias bis dato zugegeben hat) auch niemand ein Rhetor, ohne gerecht zu sein. Denn wie es beim Arzt um die Kompetenz im Heilen geht und beim Architekten um die Kompetenz im Bauen, so beim Rhetor um die Kompetenz im Gerechtsein. Wie schon bei den vorherigen Zugeständnissen betreffs der Rhetorik hätte nun freilich Gorgias auch hier mit einer Unterscheidung antworten können, auf die später Aristoteles viel Wert legen wird: Ein Arzt ist auch dann ein Arzt, wenn er gerade nicht heilt, und der Architekt ist auch dann ein solcher, wenn er schon lange kein Haus mehr gebaut hat – es genügt für beide, dass sie also darum wissen, wie man heilt und baut. Auch der Rhetor müsste also nur wissen und vermitteln können, was unter Gerechtigkeit zu verstehen ist. Doch selbst gerecht sein muss er dafür nicht. Gorgias aber sieht sich in der sokratischen Argumentation gefangen und gibt dem Sokrates die Schlussfolgerung zu.

»Wer die Gerechtigkeit gelernt hat, ist gerecht in dem Sinne, dass er das Ungerechte nicht wollen kann. Und da die Gerechtigkeit die Voraussetzung der Rhetorik war, ergibt sich, daß der Rhetor niemals Unrecht wollen kann. Also ist jener Missbrauch der Rhetorik, von dem Gorgias sprach, gar nicht möglich.«[6] Zwangsläufig ist das Zugeständnis des Gorgias nicht. Doch es zeigt, worauf es Sokrates ankommt: Wer über das Gerechte redet und darin ausbildet, der darf sich zum Gerechten nicht in der Weise indifferent verhalten wie ein Wegweiser zum Ziel des Weges. Diese Indifferenz war das *proton pseudos* in der Argumentation des Gorgias.

---

[5] Eine knappe, aber einleuchtende Zusammenfassung des Argumentationsgangs findet sich z.B. bei Bröcker, Walter (³1985): Platos Gespräche, Frankfurt, S. 87.
[6] So formuliert Bröcker: Platos Gespräche, S. 88.

Hier wie in den folgenden beiden Gesprächen wird aber auch die Dialogdarstellung für das Verständnis des *Gorgias* von Bedeutung. Zahlreiche Autoren haben nämlich an den Ausführungen des Sokrates fehlende Konsistenz und unsauberes Schließen sowie haarsträubende sprachliche Überrumpelungen zu bemängeln gehabt, und vielleicht noch nicht einmal zu Unrecht.[7] In der lebendigen Dialogsituation des *Gorgias* muss das aber für die Demonstrationsabsicht des Sokrates keine übermäßige Rolle spielen. Er scheint vielmehr in ironischer Durchführung auf Folgendes zu setzen: Entweder seine Argumente und Schlüsse sind zwingend, dann hat er seine Gegner ohnehin widerlegt; oder aber er überzeugt oder bezwingt seine Gegner durch die Kunst seiner Darlegung mit inhaltlich oder formal fehlerhaften Argumenten und Schlüssen, dann lässt er sie ihre eigene Medizin schlucken und ihre Argumente daran zugrunde gehen, denn dann erweist er die Nutzlosigkeit und die Leistungsunfähigkeit der Rhetorik vom Schlage des Gorgias gerade dadurch, dass sie mit ihren eigenen Mitteln, d.h. mit reiner Überzeugungsmaschinerie ohne Wahrheitsrücksicht, geschlagen und mundtot gemacht werden kann.

3. Das Gespräch mit Polos (461b-481b)

Mit der Wendung, die das Gespräch zwischen Gorgias und Sokrates genommen hat, ist Polos, selbst ein Sophist vom Schlag des Gorgias, nicht zufrieden.. Ungeduldig geht er dazwischen und meint, Gorgias habe aus falscher Rücksicht dem Sokrates zugestanden, der Redner müsse selber gerecht sein. Er jedoch, Polos, kenne da keine falsche Zurückhaltung und wolle nun das Gespräch übernehmen (461d): Was glaube denn Sokrates wohl, was Redekunst sei? Wenn sie, wie Gorgias vorgebe, die Überzeugungskompetenz in öffentlichen Geschäften meine, dann sei sie, so erwidert Sokrates, ein glaubenmachender Abklatsch eines Teils der Politik, nämlich der Gesetzgebung (463d), ähnlich wie die Fertigkeit im Schminken: Rhetorik und Schminke machen vor, dass etwas ist, wo nichts ist, und imitieren dabei

---

[7] Zur Diskussion darum vgl. z.B. Kahn, Charles (1983): Drama and Dialectic in Plato's Gorgias, in: Oxford Studies in Ancient Philosophy 1, S. 75–121, insbesondere S. 89–92, sowie Stemmer, Peter (1985): Unrecht tun ist schlechter als Unrecht leiden, in: Zeitschrift für philosophische Forschung 39, S. 501–522, insbesondere S. 505–507, und Kutschera, Franz von (2002): Platons Philosophie I, Paderborn, S. 116–117.

gleichzeitig zwei Künste, bei denen es tatsächlich um etwas Inhaltliches geht. Wie die Schminke einen kränklichen Menschen gesund und frisch erscheinen lassen kann (während die Gymnastik seine Gesundheit tatsächlich ertüchtigt: 465b), so kann die Rhetorik etwas Beliebiges gerecht erscheinen lassen, während das rechte politische Wissen es tatsächlich hervorzubringen hilft.[8] Während Gymnastik und Gesetzgebung aber aufs Beste abzielten, so Schminkfertigkeit und Rhetorik bloß aufs Angenehmste (464bc).

Polos antwortet mit dem Hinweis auf die große Macht dessen, der jedermann von allem überzeugen kann (466bc) und vergleicht sie mit der Macht und später nachgerade dem großen Glück des Tyrannen, der tun und lassen kann, was ihm behagt, weil er es durchzusetzen vermag, und deswegen als glücklich gelten müsse. Sokrates antwortet zunächst mit einem Zweifel, der durchaus berechtigt ist: Wenn jemand (wie es Polos als Rednerideal vorschwebt) sich über richtig oder falsch, gerecht oder ungerecht und letztlich gut und böse gar keine Gedanken macht, sondern hier der Beliebigkeit das Ruder überlässt, so wird er sich auch schwer tun zu wissen, was denn das Gute für ihn ist und was er daher letztendlich wirklich will. Denn was auf den ersten Blick gut oder schön erscheint, das muss es ja nicht wirklich sein (467a-c), und vermeintliche Macht wird dann schnell zur tatsächlichen Ohnmacht (466d). Auf das weitere Fragen des Polos antwortet Sokrates sodann mit seiner berühmten Paradoxthese, Unrecht tun sei tatsächlich schlimmer als Unrecht leiden (469bc; vgl. dazu ausführlicher Punkt 5) und sogar noch mehr: Einer, der Unrecht tut und straffrei ausgeht (wie der »glückliche Tyrann« des Polos), sei noch unglücklicher als einer, der bestraft und somit in seinem falschen Tun berichtigt wird (472e).[9] Immerhin so viel gesteht Polos dem Sokrates bei aller lauthals lachender Verwunderung über diese gegenintuitiven Behauptungen zu: Unrecht tun sei »hässlicher« (*aischion*; auch »schändlicher« oder »schimpflicher«) als Unrecht leiden (474c). Schön ist, was erfreulich ist oder nützt (so einigt man sich zumindest). Doch worin liegt Hässlichkeit? Doch nicht darin, dass es Schmerzen und Leid verursacht (dann wäre Unrecht-Leiden »hässlicher«). Von Nutzenerwägungen ganz zu schweigen. Also liegt es wohl daran, so ringt es Sokrates dem widerstrebenden Polos ab,

---

[8] Wie Platons *Politeia* sich anschicken wird aufzuzeigen. Siehe dazu den Artikel in diesem Band.
[9] Vgl. dazu die weitergehenden Ausführungen bei Kobusch: Wie man leben soll, S. 56–58.

dass es deswegen als »hässlicher« oder eben »schändlicher« gilt, weil es schlechter, übler und böser ist. Denn auch dies sei doch ein Hässlichkeitsmaßstab und recht besehen der ausschlaggebende.

Im Übrigen wird durch den eben genannten Vergleich mit den »Fertigkeiten«, wie der Schminkkunst oder der ebenfalls besprochenen Kochkunst (464de), eine neuerliche Absetzung des sokratischen Standpunkts von der Indifferenz des Gorgias und des Polos gegenüber der Frage nach der Wahrheit deutlich. Und das kann dazu beitragen, die Kritik des Sokrates besser einleuchten zu lassen. Während Platon in seinen Schriften nämlich von einem Auffinden oder »Wiedererinnern« der Wahrheit spricht, unterstellen oder diagnostizieren die Koch- und Schmink-Beispiele im *Gorgias*, dass die Rhetorik eine Fertigkeit des Herstellens und des Machens sei. Während Sokrates für sich in Anspruch nimmt, einer menschlicherseits nicht herstellbaren Wahrheit lediglich nachspüren zu wollen und damit ihre Unverfügbarkeit herausstellt, seien seine Gegner nur am Produzieren von wahrheitsindifferenten Überzeugungen interessiert, also an »Meinungsmache«.

4. Das Gespräch mit Kallikles (481b-506c)

Als Gastgeber der Runde übernimmt von da an Kallikles den Streit mit Sokrates, und zwar, indem er den vermeintlichen Fehler des Polos korrigieren will: Nur nach menschlicher Satzung, nach konventioneller Übereinkunft (*nomô*) sei Unrecht tun »hässlicher« als Unrecht leiden. Von Natur aus (*physei*) sei das Unrecht Leiden das Schlimmere. Überhaupt gelte, dass alle solche Satzung von den vielen schwachen Menschen wider die Natur (484a) eingeführt wurde, um sich vor den Starken zu sichern (482c-e). Das wahre Gesetz der Natur sei aber, dass der Starke das tue, was er möchte, der Schwache ihm aber als unterlegen auch unterworfen sein solle und nicht über das Mittel der Satzung und Konvention den Starken beschneiden dürfe – Kallikles denkt dabei an den geistig Starken, den durch Überlegung Überlegenen, der seinen Willen durchsetzen kann, weil er stählern räsoniert und nicht »an Weichlichkeit des Gemüts« leide (491b). Der bedenkenswerte Einwand des Sokrates, so wie der ethische Biologismus des Kallikles das darstelle, seien es doch die vielen Schwachen, die sich als stärker erwiesen als die Starken (sonst würden sie ihnen nicht die Konventionen aufdrücken können), verpufft im

Gespräch allerdings und bleibt der Überlegung des Lesepublikums überlassen (489ab). Ähnlich wie der Zweifel des Sokrates, ob denn nicht Selbstbeherrschung den wahren Mächtigen deutlicher zeige als das Beherrschen anderer und das Dominieren der Schwachen.

Für Kallikles ist demgegenüber klar: Die sogenannte Gerechtigkeit ist bloß die hehre Ersatzbezeichnung für »das muffige System des organisierten Neides der Schlechtweggekommenen«[10] und die sogenannte Selbstbeherrschung ist nur ein spaßbremsender Mechanismus, damit die Starken nicht natürlich ungehemmt und aller falschen Rücksichtnahme ledig ihren Lüsten frönen können und darin ihr wahres, d.h. das ihrer Natur entsprechende Glück (*eudaimonia*) finden. Das nämlich sei die Bestform des Verhaltens, alles andere aber sei nur »Schöntuerei, Satzungen, die die Menschen an der Natur vorbei etablieren, leeres Gewäsch und gar nicht ernst zu nehmen« (491e-492c).

Die Einwände des Sokrates gegen diese etwas platte Vermengung von Sozialauslese und Hedonismus sind einerseits recht herkömmlich, andererseits aber ziemlich farbenfroh und bisweilen lustig vorgebracht. So etwa der bekannte Verweis darauf, dass dann wohl derjenige, der von der Krätze befallen ist und immer eine Hand frei hat, um sich zu kratzen, doch offenbar stets lusterfüllt ist (das Kratzen bringt ja dann das stete Lustgefühl gegenüber dem ständigen Juckreiz), aber ist er denn deswegen tatsächlich glücklich (494c)? Oder der Hinweis darauf, dass unter den Voraussetzungen des Kallikles das Gute für den Menschen – d.h. das dem Starken ungehemmt Dienliche – allein schon deswegen nicht in der Lust liegen könne, weil Lust und Missvergnügen sich bei (geistig) Schwachen doch offenbar genauso weit verbreitet fänden wie bei den geistig starken Herrenmenschen, die Kallikles vordefiniert (499b), und man möchte fast über die diesbezügliche Meinung des Sokrates mutmaßen, dass die Art von Lust, die Kallikles vorschwebt, sich gerade bei geistig dumpfen Exemplaren womöglich viel weiter verbreitet findet.

Unter den vielen im *Gorgias* vorexerzierten oder nur angerissenen »Strategien« des Sokrates soll hier nur noch eine weitere schnell genannt sein:[11] Gerade das Thema vom Vergnügen der Dummen führt das Gespräch auf das Zugeständnis des Kallikles zu, dass man

---

[10] So Bröcker: Platos Gespräche, S. 96.
[11] Andere finden sich in bündiger Form z.B. bei Kutschera (2002): Platons Philosophie I, S. 103–105.

Klugheit walten lassen müsse, um höchsten Lustgewinn zu erreichen, dass man also bisweilen von unmittelbaren kleineren oder kürzerfristigen Lustempfindungen absehen müsse, um auf lange Sicht höhere oder bleibendere Lusterfüllungen zu erreichen (500c). Man müsse sich eben nach einem »hedonistischen Kalkül« verhalten, das auf wahre Lust abzielt, indem man sich für den Augenblick gewisser anderer Lusterfahrungen enthalte. So wird man auf die bleibende Lust der schmerzfreien Gesundheit abzielen, wenn man den kurzfristigen Schmerz einer medizinischen Behandlung kalkuliert auf sich nimmt. Sokrates gewinnt damit viel: Erstens lastet dieses »hedonistische Kalkül« genau auf dem Prinzip von Besonnenheit und Selbstbeherrschung, das Kallikles anfangs diffamiert und unter den Tisch gekehrt hatte. Zweitens gesteht Kallikles damit zu, dass es wohl so etwas wie ein letztes Gutes – z.B. die bleibende Lusterfüllung – gibt, nach dem sich alles natürliche Luststreben als seinem Ziel ausrichtet, und dass dieses Gute dann eben selbst als natürlich angesehen werden sollte. Sokrates ringt Kallikles also einen anderen, besseren Naturbegriff ab, einen der auch für die Moralbegründung taugt. Und drittens stellen sich an diesem Punkt berechtigte Zweifel ein, ob die Rhetorik, so wie sie Gorgias, Polos und Kallikes bestimmen, es tatsächlich leisten kann, das Leben auf so ein letztes Gutes auszurichten. Die Philosophie, so kehrt sich im Verlauf des Gesprächs immer deutlicher heraus, ist da der weit bessere Kandidat. Sie stellt unter all diesen Gesichtspunkten als Existenzform den weit besseren Entwurf zur Lebensführung dar:[12] Sie lässt das geistige Leben eine innere Ordnung gewinnen, anhand derer ein Kalkül zum Gelingen des Lebens erst möglich ist (505b), und zwar indem sie lehrt, wo und wie man sich besonnen zurücknehmen muss, wie man das Gute erkennt und wie man die eigene Lebensführung an einem wahren, bleibend erfüllenden Gut ausrichtet.

Damit ist Sokrates bei einem seiner »ewigen Themen«. Es habe sich erwiesen, so meint er, dass derjenige, der moralisch gut lebt, auch mit Gewinn und glücklich lebt. *eu zên*, der Ausdruck, den Sokrates hier verwendet (507c), ist wie seine deutsche Übersetzung »gut leben« zweideutig: das »gut« lässt einen moralischen Sinn genauso zu wie einen wohligen. Auch hier beweise sich, so Sokrates, die Richtigkeit seiner Behauptung, dass Unrecht Tun schlimmer sei als Unrecht Leiden, und straffreies Unrecht Tun sogar das Schlimmste.

---

[12] Interessant sind hierzu die über den eigentlichen Dialog hinausführenden Bemerkungen zu Philosophie als Lebensform bei Kutschera, Franz von (2002): Platons Philosophie I, Paderborn, S. 109–114.

5. Unrecht tun und Unrecht leiden

Der *Gorgias* gipfelt gleichsam in der (wiederholten und in der Wiederholung verschärften: 469c und 509bc) Behauptung des Sokrates, Unrecht tun (*adikein*) sei schlimmer, »unschöner« oder »schimpflicher« (*aischion*) als Unrecht leiden (*adikeisthai*). Das skandalöse Potential dieses Satzes liegt insbesondere darin, dass Sokrates angibt, das »Schlimmer« bei Unrecht tun und Unrecht leiden beziehe sich nicht nur auf allgemeine Umstände, etwa auf die Folgen für das gesellschaftliche Zusammenleben, sondern sei durchaus als ein »Schlimmer für den jeweiligen« zu verstehen: Es sei schlimmer für ein und denselben Menschen, Unrecht zu tun, als es zu erleiden. Es fällt einerseits schwer, dies als These gegen einen »Sozialdarwinismus« avant la lettre wie dem des Kallikles oder einen oszillierenden moralischen Indifferentismus wie den des Polos ins Feld zu führen – die Chancen auf Überzeugungskraft, wie sie die Rhetorik nach fachmännischem Bekunden des Gorgias leisten kann, sind hier überaus gering einzuschätzen. Doch ist andererseits auch Folgendes, was zunächst wie eine Rettung der sokratischen Position klingen mag, als paradoxe Gefährdung dessen, was Sokrates sagt, nicht von der Hand zu weisen.

Es gibt eine Lehrmeinung in der zeitgenössischen Kultursoziologie, nach der man kulturelle Variationen in (nicht nur) moralischen Verhaltensmustern gemäß der Vorstellung von »guilt cultures« und »shame cultures« unterscheiden kann, also von »Schuldkulturen« und »Schandekulturen«.[13] Beide Varianten »moralischer Kultur« laufen auf bestimmte Beurteilungsgrundlagen für das menschliche Handeln zurück, deren gesellschaftlicher Ausdruck sie ganz oder teilweise sind. Immerhin liefern diese feststellbaren Beurteilungsgrundlagen aber vielleicht einen brauchbaren Zugang für ein Verständnis der sokratischen Provokation im *Gorgias*: Die Überzeugung des Sokrates betreffs des Tuns und Leidens von Unrecht kann nämlich auf diesem Hintergrund zunächst einleuchtend als Stellungnahme hinsichtlich dieser beiden moralischen Beurteilungsgrundlagen gedeutet wer-

---

[13] So sollte man das Gemeinte richtig wiedergeben, da das englische Wort »shame« hier nicht, wie für gewöhnlich übersetzt, »Scham« meint, sondern eben »Schande«. Verschiedene moderne Interpreten haben in der antiken griechischen Polisethik eine Spielart von »Schandekultur« sehen wollen. Zur antiken Form der »honor-shame-culture« vgl. das zweite Kapitel des viel beachteten Werks von Dodds, Eric R. (1970): Die Griechen und das Irrationale, Darmstadt.

den.¹⁴ Sokrates ergreift Partei für eine moralische Grundkonzeption, in der das Unrecht Tun als Verwerflichkeitsmaßstab gilt, während das Erleiden von Unrecht zwar keineswegs als für sich erstrebenswert, aber doch als auf gleicher Beurteilungsgrundlage »besser«, im Sinne von moralisch nicht negativ anrechenbar, gewertet werden soll. Die komparativische Fassung der Behauptung ist von Bedeutung, denn das Unrecht-Leiden wird hier keinesfalls als erstrebenswert verklärt (469c): Niemand möchte, in der Perspektive des Sokrates, Vergewaltigungsopfer sein, aber eben auch nicht Vergewaltiger. In der Perspektive des Kallikles hingegen gilt das nicht in gleicher Weise, worauf Sokrates mit seinem Prostitutionsbeispiel in 494cd offenbar auch vorsichtig hinweisen will: Ein Vergewaltigungsopfer will in der Perspektive des Kallikles sicherlich auch niemand sein (das Opfer trifft ja der »shame«-Auffassung gemäß die Schande); die Vergewaltigung Schwächerer allerdings stellt in der Theorie des Kallikles nicht gleichermaßen ersichtlich ein moralisches Problem dar (dies wird erst in einer "guilt"-Auffassung zum - dann sogar alleinigen - moralischen Problem).

Wenn man den Satz über Unrecht tun und Unrecht leiden so liest, dann ergibt sich daraus auch eine Lehre für den genuinen Unterschied von moralischer Sichtweise, der Sichtweise auf das Gute und die Handlungsmotivation also, und der utilitaristischen Sichtweise, also der auf den erklärenden Nutzen und das »Interesse«. Der Satz als bloße Behauptung und noch ohne weitere Begründung wäre somit bereits die implizite, aber richtungssichere Andeutung einer Antwort auf die Einlassungen von Polos und Kallikles. Auch hier zeigt sich der im *Gorgias* vorgeführte Parallelismus von Redeweise und Lebensweise. Denn der Satz, es sei schlimmer, Unrecht zu tun als zu leiden, hatte einen gezielt formulierten Vorgänger in der einleitenden Darstellung der Redeweise des Sokrates, einer Ausführung, die so gut nachvollziehbar ist, dass sie als Schlüssel für das Verständnis des Satzes vom Unrecht hergenommen werden kann: Er, Sokrates, heißt es da, würde sich lieber bei einer unrichtigen Meinung widerlegen lassen und somit dazulernen, als aufgrund dieser falschen Meinung siegreich eine Diskussion für sich entscheiden, denn dann würde er unbelehrt davongehen und vermeinen, das Unrechte habe sich als richtig erwiesen (458a).

---

[14] Ähnlich Dodds: Die Griechen und das Irrationale, S. 11 und S. 227.

Schande und Schuld haben eine gemeinsame »Gefühls«grundlage, nämlich Scham als Scheu vor einer Verletzung moralischer Grenzen.[15] Als solche ist die Scham in Platons Darstellung so etwas wie der Anfang aller Moral (und keinesfalls eine bloße Emotion bar jeder Vernünftigkeit). Aber eben noch nicht deren Ende, nicht ihre Vollendungsgestalt – auch das wird im *Gorgias* deutlich. Doch wird die Scham gerade wegen ihrer ethischen Grundlagendimension im *Gorgias* zum kompositorischen Leitmotiv Platons[16]: Polos übernimmt von Gorgias das Gespräch mit Sokrates mit der Behauptung, Gorgias habe sich nur geschämt, als er dem Sokrates das Zugeständnis machte, dem Redner genüge kein bloß formales Wissen um das, was er tue, er müsse über gut/recht und böse/unrecht Bescheid wissen (461d; Kallikles schlägt 482cd in dieselbe Kerbe). Polos hat diese Scheu nach eigenem Bekunden nicht und bringt sein Argument des glücklichen Willkürherrschers vor. Kallikles bezichtigt später den Polos, selbst nur aus Scham dem Sokrates nicht bestritten zu haben, dass Unrecht tun schändlicher sei als Unrecht leiden. So kommt es zum Angriff des Kallikles auf den grundlegenden Begriff der Scham, die – genauso wie die ihr entsprechenden moralischen Regeln – nichts weiter als eine mehrheitsdienliche zivilisatorische Erfindung zur Beschneidung der Stärkeren sei (482e-483c). Das allmähliche und schließlich gänzliche Schweigen des Kallikles ab 499b zeigt aber dann auch die Scham des Kallikles vor der Überführung seiner eigenen Fehlleistungen durch Sokrates – oder vor dem konsequenten Nachvollzug seiner eigenen Vorstellungen. Denn auch Kallikles ist keineswegs ganz bar jeder Moralvorstellung im herkömmlichen Sinne und erschrickt bisweilen vor dem Schatten seiner eigenen vollmundigen Entwürfe. Man ersieht das an seiner Reaktion auf die Mutmaßung des Sokrates, eine Ethik, die sich wie die des Kallikles allein innerhalb der Koordinaten von Nutzen und Lust und »stark« und »schwach« bewege, befürworte dann wohl auch homosexuelle Prostitution (diese galt in Athen als besonders schimpflich), denn da habe ja jeder Teil entweder Lust-

---

[15] Im Griechischen gibt es zwei Auffassungen von Scham: *aidos*, wovon hier die Rede ist, bezeichnet die Scheu davor, jemand zu sein, der etwas Falsches tut, oder öfter: der das Richtige nicht in richtiger Weise tut. *nemesis* dagegen ist die Abscheu vor dem falschen Tun, oder besser: auf dem Fuße nach dem falschen Tun – ob man es selbst begangen hat übrigens oder nur dessen Zeuge wird. Aidos versperrt dem Unrecht Tun den Weg, ihre Schwester Nemesis folgt ihm rachesinnend, erzählt ein griechischer Mythos.
[16] Dazu Kobusch: Wie man leben soll, S. 50–53.

oder Nutzengewinn, und die Rollen des starken und des schwachen Teils seien eindeutig mit einem der These des Kallikles nahtlos entsprechenden Glücksgewinn verteilt: Hier reagiert Kallikles ganz im Rahmen der Poliskonventionen demonstrativ entrüstet und empört – und hält nun seinerseits den Sokrates für schamlos.[17]

Die Wendung auf die Schuldfrage in Abkehr von der Kombination von unverantwortetem Erleiden und moralischer Inkriminierung mag den sokratischen Ansatz für eine moderne abendländische Leserschaft attraktiv erscheinen lassen; und nicht nur auf sie: Tatsächlich hat er historisch vor allem etwa auf die christliche Morallehre großen Eindruck gemacht. Doch ist dieser Ansatz alles andere als nur brav und »anständig« im Sinne von philanthroper Menschlichkeitsgefühle. Man bedenke nämlich die Konsequenzen, die zum Beispiel der christliche Platoniker Augustinus und mit ihm viele andere gezogen haben (da sie in der Betonung der Schuldzentriertheit in der Moral die Kommensurabilität von Schuldhaftem nicht für ebenso bedenkenswert hielten): Das moralisch bedenklichere Problem als eine Vergewaltigung müsse dann, wenn auf die Schuld als alleinigen Bewertungsmaßstab für Tadel und Lob gesehen werde, eigentlich etwa der Ehebruch darstellen, denn da gebe es zwei schuldig handelnde Personen, die sich in ihrem schuldhaften Handeln auch noch einig seien, bei einer Vergewaltigung hingegen nur eine – die andere erleidet ja Unrecht, was zur moralischen Beurteilung nicht der Maßstab ist. Hier wird es mit den Sympathien der aufgeklärten Leserschaft einer Schuldkultur für den sokratischen Ansatz schnell zuende sein und es bewahrheitet sich überraschend einmal mehr »Platons gefährlicher Sinn für gefährliche Themen«[18]. Denn in den Worten des Sokrates blitzt hier auf, was erst die *Politeia* klar aussprechen wird: Moralisch zu beurteilen ist dort nur das, was mich selbst und das jeweils Meine betrifft, das, was mein Belang ist; der Blick auf den anderen und seine Belange sind für die Beurteilung meines moralischen Handelns im letzten Grunde unmaßgeblich.

Eine besondere Komponente sollte schließlich noch mitbedacht werden: Sokrates spricht von »Unrecht« (*adikia*) und verwendet damit einen Begriff, den man im Deutschen unwillkürlich mit einer gewissen Art von Legalität, von gesellschaftlicher Konventionsfestle-

---

[17] 494e: »Ja schämst du dich denn gar nicht, Sokrates, hier im Gespräch solche Dinge im Mund zu führen?«. Dazu auch: Kobusch: Wie man leben soll, S. 52.
[18] So Sloterdijk, Peter (1999): Regeln für den Menschenpark, Frankfurt a.M., S. 49.

gung über das durchsetzbare Richtige verbindet. Das Wort meint im Griechischen, und vor allem im platonischen Denken, aber (auch) anderes und in mancher Hinsicht mehr: In der *Politeia* wird Platon ausführen, dass mit dem Gerechten eine Bestform der moralischen Selbstorganisation gemeint ist, ein lebensgestaltendes Programm der Tugenden, das vorgibt, wie das Leben am besten zum Gelingen geführt werden kann. Das zu tun, was dem entgegenläuft, und in Folge dessen zu leiden, dass jemand dies tut, lässt sich vielleicht als die eigentliche moralische Alternative der sokratischen Paradoxbehauptung über das Unrecht interpretieren und sie für die ethische Diskussion interessant erscheinen.

6. Die Rede des Sokrates (506c-522e)

Mit der Schlussprovokation in der Widerlegung des Kallikles durch Sokrates war der Dialog allerdings schon eine Weile in einen längeren Redeteil des Sokrates eingemündet, den der resigniert betretene Kallikles kaum noch unterbricht. Die Rede wendet sich nun der Gerechtigkeit als *der* politischen Tugend zu, angefangen mit der Behauptung, die vermeintlich glücklichen Hedonisten in der »Herrenmoral« des Kallikles könne es nur in sozialer Isolation geben (507e).[19] Daran und an den anderen Erwägungen des Gesprächs mit Polos und Kallikles knüpft sich ein fast schon mahnender Teil, in welchem Platon seinen Sokrates ausführen lässt, der wahre Staatsmann müsse in der Lage sein, die Gerechtigkeit unter den Leuten zu verbreiten und zu stärken, also – gemäß dem vorher Gesagten – die innere Ordnung im geistigen Leben der Menschen so zu gestalten, dass jedermann dem Erfüllungsziel seiner Existenz erfolgreich nachstreben könne (512e-514e; auch 503d-e). Das aber könnten die Sophisten und Rhetoriker vom Schlag seiner drei Mitunterredner nicht. Sie gerierten sich als Lehrer von Tugenden (d.h. von »Bestformen des Verhaltens«) und erreichten es dabei oftmals noch nicht einmal, dass ihnen ihre Studenten das Honorar bezahlten. Nach Meinung des Sokrates deswegen, weil sie eben außerstande sind, den Studenten tatsächlich Tugenden beizubringen (wie die »typisch gerechte« Bestform des Verhaltens, Geschuldetes zu

---

[19] Vgl. Kobusch: Wie man leben soll, S. 60.

entrichten).[20] Solchen Leuten die Kompetenz in Gesetzgebung und Überzeugung der Volksversammlung zuzusprechen, sei aber (gerade im Hinblick auf die Bestform des Verhaltens in Sachen Gerechtigkeit eben) mehr als bedenklich (520d).

7. Der Schlussmythos (523a-527e)

Mythen finden sich in beachtlich vielen platonischen Schriften, und ihre monologische Form und ihr Verzicht auf alles Argumentative scheinen zunächst einmal dem Grundanliegen von Platons bevorzugt dialogischer Darstellungsart zu widersprechen. Doch hat das mythische Erzählen durchaus seinen systematischen Sinn innerhalb des Dialogganzen. Mal soll die mythische Erzählung wie ein gedankenanregendes Aperçu zur Analyse eines Themas einladen (dann steht sie am Anfang eines Argumentationsteils), mal soll ein Argumentgang durch die pädagogische Bildlichkeit des Mythos emotional gefestigt werden (dann bildet der Mythos den Abschluss der Erörterung).[21] – Platon war nicht so naiv, zu glauben, dass das Verstehen und die Macht selbst eines einwandfreien Arguments allein schon zur Überzeugung verhilft (auch das macht das Thema der Rhetorik für Platon so brisant): Der Mensch will von der Wahrheit offenbar nicht gezwungen, sondern eher eingenommen werden. Bisweilen kann ein Mythos auch eingestreut werden, um einen Irrweg oder eine Sackgasse der Argumentation aufzuzeigen und eine neue Richtung zu weisen – etwa so, wie man in einer Diskussion den Fehler einer vorgebrachten Meinung dadurch aufzudecken und zu beheben versucht, dass man in einer fiktiven Geschichte das Argument des anderen illustrativ nachzeichnet und dann damit, dass man die Geschichte konsequent weitererzählt, das Ganze ad absurdum führt.[22] Der Mythos hat damit nicht nur empathische, emotional wirksame Kraft, er kann auch durchaus der gemeinsamen Wahrheitsfindung als methodischer Argumentbeitrag

---

[20] Sokrates greift damit den eher geäußerten Vorwurf des Kallikles auf, er, Sokrates, könne sich ja in seiner Beredsamkeit noch nicht einmal vor seinen Feinden schützen (508c-e), und überbietet ihn: die Sophisten könnten sich durch ihre Kunst noch nicht einmal gegen ihre Freunde und Schüler durchsetzen.
[21] Most, Glenn W. (2002): Platons exoterische Mythen, in: M. Janka/Chr. Schäfer (Hg.): Platon als Mythologie, Darmstadt, S. 7–19.
[22] Schäfer, Christian (2002): Herrschen und Selbstbeherrschung. Der Mythos des Politikos, in: M. Janka/Chr. Schäfer (Hg.): Platon als Mythologie, S. 115–136.

dienen. Gerade im *Gorgias* sagt Sokrates daher, er wolle einen *logos* erzählen (522e). Er vermeidet offenbar das Wort *mythos*, obwohl er eine Geschichte vorträgt, und der Grund dafür ist der, dass er dieser Geschichte gewichtige argumentative Kraft beimisst für den, der sie gedanklich richtig zu fassen und in den Zusammenhang des Gesprächs einzubringen vermag[23]. In 527e besteht Sokrates dann noch einmal darauf, seine Erzählung habe einen Argumentbeitrag offengelegt, einen *logos*, dem man folgen sollte, da kein besserer sich ergeben habe.

Der *logos-mythos*, den Sokrates zu Ende des *Gorgias* erzählt, lässt sich zusammenfassen wie folgt: Ehedem seien die Verstorbenen mit Leib und Seele vor den Totenrichtern im Jenseits erschienen. Doch diese hätten sich – genauso wie die herbeigezogenen Zeugen – von der körperlichen Verfassung der zu Richtenden allzu oft verführen lassen: Anmut, Schönheit, gewinnendes Auftreten oder Vornehmheit des Verhaltens hätten etwa zur Milde der Richter beitragen können. Das habe dem höchsten Gott in seiner Gerechtigkeitsliebe missfallen, und so sei es gekommen, dass auf seine Veranlassung hin die Toten nunmehr ihre Leiber auf der Erde lassen mussten und nur noch als Seelen ins Jenseits eingingen. Denn ohne die schöne oder abstoßende körperliche »Verpackung« sei es der nackten Seele als dem wahren Ich des jeweiligen Individuums sehr genau und ohne Verstellungsmöglichkeit anzusehen, ob diese Seele denn durch Lüge, Mord und ähnliche Schandtaten beeinträchtigt und beschädigt worden sei – und an diesen Beschädigungen sei nun für die Richter, die im Verfahren die Seele auf das Gelingen ihrer Existenz hin befragen und prüfen, genau zu ersehen, ob ihr Spruch auf Lohn oder Strafe im jenseitigen Leben lauten soll – der Mythos greift somit zurück auf die im Gespräch mit Polos getroffene doppelte Unterscheidung zwischen Schminkfertigkeit und Gymnastik als nur äußerlich glaubenmachend und tatsächlich schönheitsbildend einerseits und Kompetenzfeldern für das Leibliche (wie Gymnastik und Heilkunst) und für das Geistig-Seelische (wie Gesetzgebung und Verwandtes) andererseits.

Der Mythos verlegt also allem Anschein nach das Fundament für die Richtigkeitsannahme der paradoxen oder sogar skandalösen Behauptungen, die Sokrates im Gespräch geäußert hatte, in ein mythi-

---

[23] Kallikles werde den *logos* daher als *mythos* missverstehen, argwöhnt Sokrates schon vorher, also – wie man *mythos* dann wohl übersetzen müsste – als »bloße Geschichte«.

sches Jenseits: Erst dort werde sich zeigen, dass Übeltäter nicht ungeschoren davonkämen, während die Guten – geradezu wie in der Karikatur einer Vertröstungsmoral – zwar auf Erden Unrecht litten, aber im Jenseits ihren ewigen Lohn in Empfang nähmen. Die Platon-Deutungen der letzten Jahrhunderte waren häufig der Meinung, dass Platon hier eine Art Bankrotterklärung der Vernunft eingestehen muss: Was seiner Ansicht über den Vorteil des moralisch richtigen Lebens letzten Halt gebe, das könne er im Dialog nicht vernünftig auf seiner Gesprächsgrundlage begründen und müsse es daher in den Bereich von unüberprüfbarem Jenseitsglauben und religiösen Überzeugungen verlegen. Was aber neben der doch allzu modernen Auffassung von Glaube und Vernunftausschluss gegen diese Sicht der Dinge spricht, sind die deutlichen Anzeichen, dass die Jenseitserzählung des *Gorgias* alle Züge eines mal resümmierend-festigenden, mal korrektiven Mythos aufweist. Man ersieht bereits aus der bloßen Zusammenfassung, wie der Mythos die Gedankenstränge und losgelassenen Fäden der vorhergehenden Gespräche aufnimmt und das Gesagte perspektivisch ausweitet. Er deutet damit die Lösungen von Problemen an, die der Gesprächsteil des *Gorgias* schuldig bleibt, die aber etwa in der *Politeia* angesprochen werden. Zwei Beispiele seien zur Bestätigung kurz genannt:

1. Die kurze Bemerkung 527c: »glücklich sein wirst du (wenn du gerecht bist und nicht nur scheinst) im Leben und nach dem Tod.«[24] Der Mythos verlegt also nichts bloß in ein »Jenseits« und lässt daher Sokrates auch nicht um Antworten verlegen erscheinen, sondern deutet das »Diesseits« unter einer ganz bestimmten Perspektive. Es geht darum, die menschliche Welt nicht mit der Fehlerhaftigkeit des menschlichen Blicks auf die Dinge zu betrachten, sondern wie unter dem Blickwinkel des Ewigen, will sagen unter Maßgabe eines unbestechlichen »Ideals«. Was sich damit im Hintergrund auftut, ist die »Ideenlehre« Platons als (wie er in *Phaidon* 97e-99e sagt)

---

[24] Dalfen bemerkt dazu richtig: »Sokrates projiziert das, was der Mythos vom Jenseits erzählt, ins Diesseits zurück und behauptet damit [...], dass der Gerechte schon im Diesseits glücklich ist. Vorher, 525b, hat er mit der Wendung ›von Göttern und Menschen bestraft werden‹ den Blick von der Bestrafung der Seele im Jenseits ins Diesseits zurückgelenkt.« Dalfen, Joachim (2004): Platon, Gorgias (Übersetzung und Kommentar), Göttingen, S. 501.

beste Variante der Wirklichkeitserklärung.[25] 2. Die Bemerkung über das Glücklichsein in 527c lenkt die Aufmerksamkeit auf das Generalthema des Glückens der Existenz, das der *Gorgias* mit so vielen der platonischen Dialoge teilt und an dem sich die Argumentation ausdrücklich oder unausdrücklich abarbeitet. Der Mythos fasst den Aspekt des zustimmungswürdigen Gelingens des Lebens in das Bild des Jenseitsgerichts. Dabei wird die platonische Anthropologie illustrativ verdeutlicht, dass nämlich die körperliche »Fassung« des Menschen mit dem wahren Menschsein nichts zu tun habe. Dieses sei vielmehr mit der Seele zu identifizieren (platonische Hauptstelle dafür ist *Alkibiades I* 130d). Dem korrespondiert ein Gedanke, der die meiste Last der Erzählung trägt und der wiederum erst in der *Politeia* (505de) näher ausgeführt wird: dass es nämlich bei Gütern wie Schönheit, Klugheit, edle Geburt, Macht usw. wohl meistens ausreichen wird, sie scheinbar – »geschminkt« – zu besitzen, um anderen zu imponieren und einen lebensdienlichen Nutzen davon zu haben, d.h. um einen Handlungsutilitarismus zu begründen (so wird es übrigens auch in *Gorgias* 523c-e gesagt). Doch gerade beim Glück sei das eben anders: Beim Glück als Gelingen des Lebens wird keiner sich zufriedengeben, es nur scheinbar zu haben. Vielmehr wird es jeder wirklich haben wollen und es nur scheinbar und nicht wirklich zu haben würde nur Unglück auf Unglück häufen.[26] Doch gerade auf das Gelingen des Lebens, über das die Seelenrichter im Mythos unbestechlich befinden, kommt es bei allem Handeln an. Alles andere ist diesem Glücken untergeordnet oder auf es hingeordnet. Beim Glück also müsste man sich selbst belügen statt andere, und genau das geht nicht, wenn man wirklich glücklich sein will. Darin ist sich Platon mit heutigen Ethikern einig: »Es gibt kein Gelingen des Lebens um den Preis des Wirklichkeitsverlustes«, und »Gelingen läßt sich

---

[25] Es wird Aufgabe der *Politeia* sein, zu zeigen, dass und wie das Sollen, die Bestform der Anschauungsweise von Dingen und Sachverhalten, dem konkreten Sein vorhergeht und es in seiner Wirklichkeit bestimmt, nicht umgekehrt. Des Weiteren lässt sich hier ersehen, wie Sokrates in der Darstellung vorgeht: Alle »Aufstiege« aus der sinnlichen Welt hinaus erfordern einen »Abstieg«, der die Erkenntnisse des »Aufstiegs« appliziert und »von unten her« besser verstehbar macht. Die *Politeia* als Ganze und das »Höhlengleichnis« an ihrem kompositorischen Scheitelpunkt werden sich an diesem Darstellungsmuster ausrichten.

[26] Vgl. dazu Schäfer, Christian (2008): Der Besitz der Wahrheit und die Wette ums ewige Leben. Über zwei »sokratische« Motive bei christlichen Philosophen, in: Jahrbuch für Religionsphilosophie 7, S. 61–83.

nicht in Kategorien eines Erlebens ausdrücken, das indifferent ist gegenüber Wahrheit und Illusion. Es hat wesentlich mit Wahrheit, mit Wirklichkeit zu tun.«[27] Genau darauf weist der Schlussmythos des *Gorgias* hin und öffnet damit taktisch den Blick auf den Lösungsweg für die Probleme, die der Dialog aufwarf, als die Indifferenz gegenüber Wahrheit oder Inhalten im Gespräch mit Gorgias und Polos zum Thema wurde.

Und auch der Dialog selbst wird hier nochmals implizit zum Thema, und zwar in seinen positiven Möglichkeiten. Denn das prüfende Gespräch der Jenseitsrichter mit den Seelen hat, worauf einige wenige Platonexperten zu Recht hingewiesen haben,[28] mit dem prüfenden Gesprächsstil des Sokrates in den platonischen Dialogen mehr als nur die Form gemeinsam: Auch Sokrates weist ja in den Dialogen ein ums andere Mal darauf hin, er spreche nicht zu diesem oder jenem großen Gelehrten, Staatsmann oder Feldherrn, sondern allein zu den Seelen, die ihn soviel mehr interessierten als die äußere Aufmachung und der Stand der Personen, und zwar um des letzten Gelingens des Lebens willen.

Der Dialog lässt Kallikles auf die Erzählung des Sokrates übrigens mit keinem Wort mehr erwidern. Offenbar war Platon überzeugt, eine aufmerksame Leserschaft werde schon wissen, warum.

Literaturverzeichnis

Blößner, Norbert (1997): Dialogform und Argument, Stuttgart.
Bröcker, Walter (^{3}1985): Platos Gespräche, Frankfurt, S. 87.
Dalfen, Joachim (2004): Platon, Gorgias (Übersetzung und Kommentar), Göttingen.
Dodds, Eric R. (1970): Die Griechen und das Irrationale, Darmstadt.
Erler, Michael (2007): Kleines Werklexikon zu Platon, Stuttgart.
Heitsch, Ernst (1992): Platons Dialoge und Platons Leser, in: E. Heitsch: Wege zu Platon, Göttingen, S. 9–28.
Kahn, Charles (1983): Drama and Dialectic in Plato's Gorgias, in: Oxford Studies in Ancient Philosophy 1, S. 75–121.
Kobusch, Theo (1996): Wie man leben soll: Gorgias, in: Th. Kobusch/B. Mojsisch (Hg.): Platon. Seine Dialoge in der Sicht neuer Forschungen, Darmstadt, S. 47–63.
Kutschera, Franz von (2002): Platons Philosophie I, Paderborn.

---

[27] Spaemann, Robert (1989): Glück und Wohlwollen, Stuttgart, S. 61 und S. 79.
[28] Z.B. Erler, Michael (2007): Kleines Werklexikon zu Platon, Stuttgart, S. 43.

Most, Glenn W. (2002): Platons exoterische Mythen, in: M. Janka/Chr. Schäfer (Hg.): Platon als Mythologie, Darmstadt, S. 7–19.
Schäfer, Christian (2002): Herrschen und Selbstbeherrschung. Der Mythos des Politikos, in: M. Janka/Chr. Schäfer (Hg.): Platon als Mythologie, S. 115–136.
Schäfer, Christian (2008): Der Besitz der Wahrheit und die Wette ums ewige Leben. Über zwei »sokratische« Motive bei christlichen Philosophen, in: Jahrbuch für Religionsphilosophie 7, S. 61–83.
Sloterdijk, Peter (1999): Regeln für den Menschenpark, Frankfurt a.M.
Spaemann, Robert (1989): Glück und Wohlwollen, Stuttgart.
Stemmer, Peter (1985): Unrecht tun ist schlechter als Unrecht leiden, in: Zeitschrift für philosophische Forschung 39, S. 501–522.
Szlezák, Thomas A. (1993): Platon lesen, Stuttgart.

Leitfragen:

1. *Erklären Sie, warum Unrecht-Tun auch für das einzelne Individuum »schlimmer« als Unrecht-Leiden ist.*

2. *Grenzen Sie die Sophistik und die Philosophie voneinander ab (techné vs. epistemé).*

3. *Erörtern Sie die Rolle der Begriffe »Schuld«, »Schande« und »Scham« im Zusammenhang mit dem Gerechtigkeitsempfinden, wobei Sie diese zunächst voneinander abgrenzen.*

4. *Erklären Sie das Phänomen der Aporie in den Platonischen Dialogen und v.a. deren Zweckhaftigkeit*

Christian Schäfer
Platon: Politeia

Wahrscheinlich ist die Politeia das meistgelesene philosophische Werk der letzten 500 Jahre. Sie gilt häufig als Platons ›Hauptwerk‹ und viele Interpreten haben in ihr den Kulminations- und Scheidepunkt seiner philosophischen Tätigkeit sehen wollen. Tatsächlich finden sich in der Politeia Thesen und Probleme, die aus anderen Dialogen Platons bekannt sind, zusammengeführt und noch einmal erschöpfend und neu aufeinander abgestimmt dargestellt. Nach ihrer Abfassungszeit, die gegen Ende der 370er Jahre gelegen haben mag, spricht man gerne von der ›späten‹ Werkphase Platons. Erstaunlich ist, woran sich das lange Gespräch, das die Politeia wiedergibt, entzündet: Sokrates – der Ich-Erzähler des Dialogs – gerät in einer Runde von Freunden mit Thrasymachos aneinander. Er glaubt alsbald, die These des Thrasymachos von der Moral als bloßer Kaschierung eines rücksichtslosen Rechts des Stärkeren widerlegt zu haben: Man lebe den Nutzen für sich selbst dann am besten, wenn man auch moralisch gut lebt, so die Gegenthese des Sokrates. Da wird er von den anderen Teilnehmern dazu gedrängt, dies zu beweisen. Sokrates lässt sich darauf aber nicht ein. Vielmehr bietet er an, behutsam ein ›politisches Gemeinwesen im Geiste‹ aufzubauen, dessen Grundsätze es erlauben würden, glaubhaft davon ausgehen zu dürfen, dass Menschen in einer solchermaßen ideierten Form geregelten Zusammenlebens durchaus moralisch leben und einen Nutzen dabei haben, also in beiderlei Auffassungssinn des Wortes ›gut leben‹ können. Die halb erzählerisch, halb dialogisch durchgeführte Überzeugungsleistung des Sokrates arbeitet dabei ohne Scheu vor skandalösen Behauptungen abwechselnd kleinteilig argumentierend, geduldig auswertend und weltausgreifend veranschaulichend mit mythischem Material, Gleichnissen, philosophischen Lehrstücken, Genealogien und einer großangelegten Vision von der strukturellen Vergleichbarkeit und Vereinbarkeit der Abstimmungsverhältnisse in Staat, Individuum und Ideenreich im Hinblick auf das Gute.

1. Der Dialog und sein Thema

Der Dialog *Politeia* erhielt bereits in der Antike den erklärenden Untertitel ›Über die Gerechtigkeit‹. In der *Politeia*, so möchte es manchen Interpretationen scheinen, macht sich Platon ans Werk, seine Thesen zur Gerechtigkeitsfrage, wie er sie etwa im *Gorgias* vorformuliert hatte, weiterführend zu erproben und sich Gedanken über eine entsprechende pädagogische Anleitung zu machen.

Der Zusammenhang von politischer Vision und Gerechtigkeitsvorstellung in der *Politeia* lässt sich vielleicht am besten so erklären, dass Platon hier die Gerechtigkeit als die Bestimmung des geregelten menschlichen Zusammenlebens vorstellt (insofern ist das politische Ideal dem Gerechtigkeitsideal untergeordnet): Bestimmung sollte dabei im doppelten Sinne verstanden werden, den das Wort im Deutschen günstigerweise zulässt. Nämlich erstens im Sinne von Definition oder erklärender Festlegung, ähnlich also wie man von einer »Standortbestimmung« redet oder der biologischen »Bestimmung« (einer Spezies); zweitens im Sinne eines Zwecks, eines erklärenden Ziel- oder Fluchtpunkts. Es ist kennzeichnend für Platon, dass beide Aspekte von Bestimmung gleichbedeutend sind, d. h.: sie wollen dasselbe aussagen, und gleich bedeutend sind.[1]

Wer also wissen möchte, was ein Staatswesen ist, näher: wie ein Gemeinwesen aufgebaut und konstituiert ist (definitorische Bestimmung), und was ein Gemeinwesen »überhaupt soll« (Ziel/Zweckbestimmung), der fragt nach dem Gleichen. Und wonach genau? Platons Antwort wird sein: nach der Gerechtigkeit. Denn nach Maßgabe des Gerechtigkeitsgedankens wird sich der Aufbau (nicht nur des Staats, sondern) jeder komplexeren Gemeinschaftsform erklären lassen, letztlich auch der intrinsischen Gemeinschaft aller natürlichen Dispositionen im Menschen, sodass Platon ab Buch 9 des Dialogs auch von der »Verfassung (*politeia*) der Seele« sprechen kann. Der »Staat«[2] hat daher – wie nach Platon jede komplexere soziale Organi-

---

[1] Man kann sich das am Beispiel der menschlichen Hand verdeutlichen: Ihren Aufbau begreift man am besten dann, wenn man ihren Zweck als Greiforgan erkennt und ihr Wozu versteht, denn danach richtet sich für unser Begreifen ihr Aufbau. Mit der Zielbestimmung bestimmt sich auch definitorisch, was eine Hand überhaupt ist.
[2] Hier und im Weiteren wird der Konvention folgend des Öfteren verkürzend »Staat« stehen statt (wie richtiger) »Polis« – zur korrekten Bedeutung vgl. Schäfer, Christian (2007): Art. »Polis«, in: Christian Schäfer (Hg.): Platon-Lexikon, Darmstadt, S. 228–233.

sationsform – seine finale Bestimmung in der Gerechtigkeit, die ihn somit auch definitorisch in seinen Strukturen bestimmt.[3] Man ersieht daraus, dass »Gerechtigkeit« für Platon mehr heißt als der moderne Sprachgebrauch zunächst erahnen ließe.

Damit stellen sich aber gleich mehrere Fragen, die zunächst freilich v.a. das gesellschaftliche Miteinander betreffen. Einige davon seien kurz angedeutet:

(1) Gerechtigkeit herzustellen, ihr nachzukommen und sie auszuüben ist die Finalität des Staates und definiert ihn. Aber: Wozu und was ist der weiterführende Zweck der Gerechtigkeit? Kein Mensch will nur Gerechtigkeit und nichts weiter. Platon meint, das Glück (die *eudaimonia*) des Menschen sei die letzte Bestimmung der Gerechtigkeit wie überhaupt allen menschlichen Handelns, Strebens und des Tugendlichen. Erst mit dem Verweis auf das Glücken des Lebens endet alles Fragen nach Handlungsgründen, erläutert Platon andernorts (*Symposion* 204c-205a). Das Thema des Glückens des Menschen wird denn auch gleich zu Anfang der *Politeia* im Dialog des Sokrates mit Thrasymachos eingeführt (z.B. 343d). Freilich bedeutet *eudaimonia* nicht nur das überschwängliche Empfinden oder das Zufallsglück. Vielmehr geht es um den Gedanken des Gelingens der gesamten Existenz.

(2) Gerechtigkeit mag *idealiter* das Strukturprinzip menschlicher Gemeinwesen sein. Aber *realiter*? Der Einwand liegt auf der Hand und wird in der *Politeia* von den Argumentationsgegnern des Sokrates auch so formuliert: Staaten, so sagen sie, haben nach dem Nutzen der Mächtigen ihre Struktur, nicht nach Gerechtigkeitsaspekten, und Ähnliches gilt für Einzelpersonen und ihre moralische Gesamthaltung. Platons Entgegnung ist: Wer so argumentiert, lässt einen wichtigen Aspekt außer Acht, nämlich die Bestimmung als Ziel; Definitionen aber ergeben sich so recht erst aus dem Finalitätsaspekt von Bestimmung. Für Platon definieren sich Dinge nach ihrer »Bestform«, *aretê*, was im Griechischen auch das Wort für »Tugend« ist. Erst die Bestform oder »Tugend« einer Sache verrät, worum es sich bei dieser Sache handelt, auch wenn diese in der Wirklichkeit nicht ungemindert vorzufinden sein mag (432b). Damit verbunden ist die Frage: Bietet der Staatsentwurf der *Politeia* nur eine Utopie? Platons Sokrates beantwortet sie so: Seine Staatsvorstellung ist zwar

---

[3] Weiterführend vgl. Köhler, Michael (2002): Gerechtigkeit als Grund der Politik. In: Deutsche Zeitschrift für Philosophie. Sonderband 3, S. 25–40.

umsetzbar, aber insgesamt zunächst eher ein »Leitbild« (*paradeigma*) zur Orientierung für Staatswesen (472e).[4]

Der Sache nach richten sich Gemeinschaftsgebilde an ihrer Bestimmung aus. In der Dramaturgie des Dialogs *Politeia* wird das Ganze jedoch genau umgekehrt entwickelt: Platon konstituiert zuerst recht aufwendig im Geiste einen Staat, um dann in ihm die Gerechtigkeit zu entdecken. Seinsordnung und Erkenntnisordnung sind, so eine uralte philosophische Beobachtung, einander ohnehin meist gegenläufig: Genauso, wie man zunächst an einen Fluss kommt und erst nachdem man ihn hinaufgeht seine Quelle findet, obwohl doch zuerst die Quelle ist und danach daraus der Fluss wird.

Bei all dem bleibt im Dialog stets in der Schwebe, wie er zu lesen sein soll: als metaphysische Lehrschrift, als politisches Handbuch, als ethische Lebensanleitung oder als philosophischer Gesamtentwurf, als das »Testament« des Denkers Platon sozusagen? Weil die *Politeia* wohl all dieses zusammen und vielleicht sogar noch mehr ist,[5] stehen Interpretationen der *Politeia* vor der schier uneinlösbaren Aufgabe, keine dieser Sinnschichten verlorengehen zu lassen. Im Folgenden wird die »konventionellere« Darstellungsmethode gewählt, Platons eigenes Vorgehen zu imitieren: Anhand des vordergründig, doch nicht immer nur oberflächlich politischen Staatsaufbaus die Diskussion der Gerechtigkeitsfrage nachzuzeichnen und die sich eröffnenden Sinnschichten, wo Platz und Gelegenheit dafür ist, daran ersichtlich zu machen.

2. Der Beginn des Dialogs (327a-354c)

Der äußeren Aufmachung nach ist die *Politeia* der Bericht des Sokrates über ein sehr langes Gespräch, das er in interessierter Runde in der Hafenstadt Athens, dem Piräus, geführt haben will. Die Eröffnung des Dialogs liest sich wie folgt:

»Gestern ging ich mit Glaukon, dem Sohn des Ariston, zum Piräus *hinab*, um zur Göttin [Bendis] zu beten, gleichzeitig aber

---

[4] Ähnliches hat später Kant (in Anlehnung an Platons Aussagen über das sich Ausrichten nach Gestirnkonstellationen) über das moralische Ideal gesagt: Man orientiert sich an ihm, wie Seeleute sich am Polarstern orientieren. Nicht, um ihn selbst zu erreichen, sondern um ein Ziel auf dieser Welt zu erreichen.
[5] Vgl. dazu einleuchtend G.R.F. Ferraris Einleitung zu Ferrari, G.R.F. (Hg.) (2007): The Cambridge Companion to Plato's Republic, Cambridge, S. xv-xxvi.

wollte ich mir den Festzug ansehen, den man da jetzt zum ersten Mal veranstaltete. [...] Als wir gebetet und alles besehen hatten, begaben wir uns wieder auf den Heimweg *hinauf* zur Stadt« (327ab).

Eine unmissverständlich angedeutete doppelte Motivik von Abstieg und Aufstieg (die später für den Neuplatonismus nachgerade zum architektonischen Erkennungszeichen wird) und von Unterwelt und Oberwelt strukturiert die zehn Bücher der *Politeia* vom ersten Satz an. Sie kehrt wieder am Scheitelpunkt des Werks (die berühmten Gleichnisse und der Gedanken an die Philosophenkönige in den Büchern 5–7). Und sie kehrt wieder am Ende, denn die mythische Erzählung eines getöteten und aus dem Tod wiedergekehrten Soldaten namens Er über den Abstieg der Seelen in die Unterwelt und ihren Wiederaufstieg in die Menschengemeinschaft schließt den Dialog ab. Der Aufstieg hat dabei die Form des ideellen Entwurfs einer idealen Polis und behält die Blickrichtung nach oben, in die Ideenwelt, deren Erschließung die Gleichnisse dienen sollen (Buch 6 und 7). Hier hält der Dialog gleichsam auf dem Gipfel des Aufstiegs inne und Platon gewährt uns kurz Umschau. Der Abstieg hat – mit stetem Blick auf die Abschlusserzählung der Hadesfahrt des Er – die Analyse der Machbarkeit und der geschichtlichen Fährnisse, gleichsam die gedankliche »Dekonstruktion« dessen zum Thema, was das griechische Wort *politeia* meint (Buch 8–10): Nämlich nicht »Verfassung« im heutigen Sinne, denn nicht das gesetzlich Niedergelegte macht hier die strukturbestimmende Verfassung der Gemeinschaft aus, sondern ein Übereinkommen in der Lebensweise, welche die umfassende Zielbestimmung der Gemeinschaft als definitorische Bestimmung der gemeinschaftlichen Selbstorganisation in Regierungsform, hierarchischen Gliederungen, Bildungswesen oder auch ökonomischer und militärischer Selbstsicherung umsetzt. Diese Schlussbücher führen aber anhand der Ungerechtigkeit auch die Möglichkeit vor, die am Staatsbild gewonnene Gerechtigkeitstheorie auf das menschliche Individuum zu übertragen und diskutieren die pädagogische Umsetzbarkeit.

Das erste Buch des Dialogs handelt dementsprechend davon, was das für uns Bekannte in Sachen Gerechtigkeit sein könnte. Das Gespräch findet im Haus des Kephalos und seines Sohnes Polemarchos im Piräus statt. Nachdem man sich auf das Thema Gerechtigkeit für das Gespräch geeinigt hat, bringen die beiden Genannten sogleich traditionelle Vorstellungen von Gerechtigkeit zu Worte: Kephalos schlägt vor, Gerechtigkeit sei, »jedem das Geschuldete zurückzuerstatten«. Doch Sokrates zweifelt: Würden wir einem Freund, dem wir es schulden, eine ausgeliehene Waffe zurückzugeben, selbst wenn dieser mittlerweile geistig schwer gestört wäre? Polemarchos beruft sich mit einem Zitat auf den Dichter Simonides:[6] Gerechtigkeit bestehe darin, »jedem das Seine zu geben«. Kaum zu fassen, dass Platons Sokrates auch dieser Definition widerspricht. Denn sie wurde später nachgerade zum Standard, Aristoteles hat sie philosophisch verarbeitet, und durch den großen Juristen Ulpian fand sie als *die* Gerechtigkeitsdefinition Eingang ins Römische Recht: Als der feste und stete Wille, jedem das Seine zukommen zu lassen. Doch Sokrates hat Gründe, zu zögern: Gerechtigkeit ist eine Tugend, eine Bestform menschlichen Handelns. Wer aber etwa dem Feind, der ihm Böses tut, das Seinige zukommen lässt, nämlich Böses, und dem Freund, der ihm Gutes tut, Gutes, worin unterscheidet sich dessen Gerechtigkeitsbegriff vom Vergeltungsrecht, das ein reflexartiges »wie du mir, so ich dir« anwendet? Der Gegenentwurf des Sokrates in der *Politeia* wird zwar ähnlich aussehen wie der simonideische, aber in einem wesentlichen Gesichtspunkt doch markant anders: Dass jeder das Seine *tut*, ist Gerechtigkeit, heißt es im vierten Buch des Dialogs. Gerechtigkeit lässt sich nicht über andere ausmachen, soll das heißen, sondern nur mit sich selbst (433a).

Doch zunächst meldet sich im ersten Buch der Sophist Thrasymachos zu Wort.[7] Seine These ist herausfordernd und im Gespräch zwischen ihm und Sokrates wurde in der Forschung manchmal ein ursprünglich eigener platonischer Dialog namens »Thrasymachos« vermutet. Der Beginn des zweiten Buchs der *Politeia* (357a) jedenfalls betrachtet dieses Gespräch nur wie eine Art Aperçu. – Die Ansicht des Thrasymachos ist nun tatsächlich zu herausfordernd, als dass man sie in wenigen Worten widerlegen könnte. Sie lautet, dass Gerechtigkeit im Grunde nur ein beschönigendes Wort für den Nutzen des Stärkeren sei. Alle Regierungen redeten doch den Regierten ein, so Thrasymachos, der Vorteil der Herrschenden sei für die Gemeinschaft gut, und das nenne man dann großspurig Gerechtigkeit. In der Monarchie sei es der Nutzen eines einzigen, den die anderen als gemeinschaftlich gut anzuerkennen hätten, in der Aristokratie sei es

---

[6] Möglicherweise ein Vorverweis auf die Kritik der Dichter im weiteren Verlauf der Politeia.
[7] Vgl. Zum Folgenden Annas, Julia (1981): An Introduction to Plato's Republic, New York, S. 34–58; Kersting, Wolfgang (^{2}2006): Platons »Staat«, Darmstadt, S. 29–36.

der Nutzen der »Besten«, in der Demokratie der Nutzen des Pöbels.[8] Thrasymachos gibt dabei übrigens vor, eine Bestimmung nach dem unverblümten Ist-Zustand vorzulegen, nicht nach einem idealen Sollen. Die Konsequenz sei, dass den Machthabern eigentlich immer daran liege, ungerecht zu sein. Denn wer die Möglichkeit dazu hat, der ist tunlichst ungerecht, um sein eigenes Wohlergehen auf Kosten der anderen zu sichern. Um gut zu leben, so Thrasymachos, müsse man also ungerecht sein. Gerechtsein bringe nur Nachteile und werde doch selbstverständlich nur unwillig und unter Druck angenommen.

Vor allem aber ruft die Intervention des Thrasymachos den Sokrates auf den Plan. Hatte er sich vorher lediglich auf skeptische Anfragen beschränkt, um die Ansichten des Kephalos oder Polemarchos zu erschüttern, so muss er jetzt anders dagegenhalten. Die Meinung des Thrasymachos wird eigentlich nicht mehr widerlegt, sie wird vielmehr groß angelegt überwunden. Zwar hat Sokrates durchaus plausible Einwände gegen Thrasymachos, wie zum Beispiel folgenden: Ungerechtigkeit kann niemals gemeinschaftstragend sein. Selbst eine Räuberbande bedarf, um als solche zu bestehen und ihr unrechtes Treiben vollführen zu können, einer Verlässlichkeitsgrundlage, die durch Ungerechtigkeit nicht nur gefährdet, sondern geradezu verunmöglicht würde. Wo immer Menschen im Austausch miteinander stehen, ist eine merkliche Art von Gerechtigkeit (oder Gleichheit) immer die Grundlage, Ungerechtigkeit dagegen eine (wenn auch realiter häufige) Entgleisung oder erklärungsbedürftige Ausnahme. Es ist ein wiederkehrender Standpunkt des platonischen Denkens, dass alles Negative notwendig etwas Positives voraussetzt, das es negieren kann. Das Schlechtere kann nur als Parasit des Guten erklärt werden, insofern das Schlechte schadet, angreift und zersetzt. Es benötigt also etwas, dem es schaden, das es angreifen und zersetzen kann, und das ist somit das Primäre. Zwischen Gerechtigkeit und Ungerechtigkeit, so Platons implizite Annahme in der *Politeia*, existiert ein ähnliches Prioritätenverhältnis.

Das eigentliche Anliegen und die Überwindungsabsicht der folgenden Bücher der *Politeia* aber liegen in der Antwort auf eine andere Provokation des Thrasymachos: Dass nämlich der, der (moralisch) gut handelt, eben leider nie (im Sinne des Nützlichen) wohl lebt. Sokrates wird demgegenüber seine altbekannte These aus dem *Gorgias*-Dialog

---

[8] *demos* kann im Griechischen tatsächlich vor allem das »niedere Volk« meinen, und Thrasymachos nimmt das für seine ungeschönte Theorie auf.

zu verteidigen suchen, dass der, der gerecht ist, auch glücklich zu preisen sei, der Ungerechte jedoch unglücklich zu nennen. »Gut leben« (griechisch *eu zên*) ist nach Ansicht Platons aus gutem Grund sprachlich zweideutig: denn der, der moralisch gut lebe, der lebe auch gut im Sinne des Wohlergehens, er lebt »richtig gut«.

3. Der Staatsaufbau

Da sich Thrasymachos nun weitgehend und nicht ohne Groll aus dem Gespräch zurückzieht, glaubt sich Sokrates jeder weiteren Beweisführung enthoben. Doch die Brüder Platons Glaukon und Adeimantos verschärfen die Argumentation des Thrasymachos: Ist denn die Herrschergewalt im Gemeinwesen nicht so etwas wie eine perfekte Tarnung für das Unrechttun? Und würde denn dann nicht jeder, wenn er sich so tarnen könnte, mit größter anzunehmender Sicherheit ungerecht verfahren? Das beweise auch die Überlegung vom unsichtbaren Unrechttun (359c-360c): Wer die Macht besäße, ungesehen zu treiben, was er wolle, der wird freilich morden, Unanständiges tun und versuchen, seine eigene Position damit zu verbessern, ähnlich wie Gyges, der Stammvater des lydischen Herrscherhauses, damit zur Königswürde gelangte, dass er einen Ring besaß, der seinen Träger unsichtbar machen konnte. Und ließe sich dieser Gedanke, um »metaphysische Ängste« von vornherein auszuräumen, denn nicht auch noch ins Jenseits weiterverlängern? – Womit der eschatologische Ausblick als Argument, wie es der Schlussmythos des *Gorgias* aufbringt, offenbar umgangen werden soll. Denn die Götter ließen sich doch durch Opfer und Gebet erweichen und umstimmen, so erzählen es die Mythen und Dichter. Wer also Unrecht tut und damit Reichtum und Muße erlangt, hat genug Mittel frei, um die Götter für sich gnädig zu stimmen und sein Unrechttun wieder geradezubiegen. Nicht nur sei also Gerechtigkeit pragmatisch als Nutzen der Stärkeren entlarvt, sondern ebenso pragmatisch auch die Frömmigkeit als Furcht der Ungerechten (365e). Schließlich sei es doch so, dass niemand einen wirklichen Gerechten ertragen kann und niemand ihn haben möchte: Er würde ganz ohne Zweifel zuletzt von den Leuten abgestraft und aus der Welt geschafft werden (361e). Jedenfalls sei es am tunlichsten, und das habe Thrasymachos doch sagen wollen, gerecht zu scheinen und ungerecht zu sein, so komme man am besten durchs Leben.[9]

Glaukon und Adeimantos heben das begonnene Gespräch auf eine höhere Stufe: Sokrates, so fordern sie, solle ihnen vorführen, was denn Gerechtigkeit an sich sei und was ihre Auswirkungen für uns bedeuten würden. Das hatte Thrasymachos versäumt: Er hatte nur nach dem Nutzen, nach dem eingeschränkten »für uns« gefragt, und dabei die Definition der Gerechtigkeit, das, als was denn Gerechtigkeit nun eigentlich gelten soll, außer Acht gelassen. Die neue Fragestellung aber verschränkt beides miteinander und der Dialog wird dieser inneren Verschränkung in seinem Aufbau geordnet Folge leisten: Die Aufstiegsbewegung bis zum siebten Buch wird zu erweisen versuchen, was Gerechtigkeit für sich betrachtet, ihrem Sinngehalt nach, bedeutet, die Abstiegsbewegung bis zum Ende des Werks wird dann applizieren, was Gerechtigkeit in der Anwendung für uns und soweit für uns sinnvoll bedeutet.

Ab etwa 368d-369b findet im Dialog entsprechend ein doppelter Perspektivenwechsel statt: Zum einen übernimmt Sokrates die Gesprächsführung und tritt nun mit seinen eigenen Thesen auf, statt nur auf die Vorstöße anderer zu antworten. Zum anderen wird die Frage der Gerechtigkeit ab hier methodisch auf die Betrachtung der Gerechtigkeit des Gemeinwesens, der *politeia*, eingeschränkt. Das heißt, eigentlich werden sowohl die Gerechtigkeit der politischen Menschengemeinschaft wie des Individuums untersucht, da beide bei Platon strukturgleich sind und damit analog behandelt werden können: Sie sagen dasselbe, genauso wie ein und dasselbe Wort bedeutungsgleich gelesen wird, wenn es lediglich einmal in großen, einmal in kleinen Buchstaben geschrieben wird.[10] Anhand der »großgeschriebenen« Gerechtigkeit des Staates aber lässt sich die Sache leichter erkennen, so Sokrates, und daher sei es verfahrenstechnisch einfacher, die Bestimmung der Gerechtigkeit daraus zu ersehen.[11]

---

[9] Vgl. Kersting, Wolfgang: Platons »Staat«, S. 52–67.
[10] In Gorgias 507e operiert Sokrates mit einem ähnlichen Darstellungsmittel, für weiteres siehe den dazugehörigen Beitrag in diesem Band.
[11] Vgl. Williams, Bernard (1997): The Analogy of City and Soul in Plato's Republic, in: Richard Kraut (Hg.): Plato's Republic: Critical Essays, Lanham, S. 49–60.

3.1. Der Staatsaufbau im Geiste

Hierbei geschieht etwas ausgesprochen Bemerkenswertes: Statt die entgegengebrachten Provokationen und herausfordernden Fragen zu wiederlegen zu versuchen oder eine argumentative Letzbegrüdundung vorzulegen, fordert Sokrates seine Gesprächspartner dazu auf, das Modell einer vernünftig strukturierten Gemeinschaft von Menschen, in der Gerechtigkeit herrscht, zu entwerfen. Das könne er leisten, meint Sokrates: eine vernünftig annehmbare Alternativansicht zu bieten zu dem, was Thrasymachos und die beiden Brüder vorgebracht hätten, eine Ansicht, deren Stärke darin liege, jeden für sich gewinnen zu können, der an so etwas wie Gerechtigkeit überhaupt festhalten möchte (368c-369b). Der gesamte Rest der *Politeia* widmet sich allein der argumentativen Darstellung dieser Alternativansicht und zeigt damit die teilweise dysproportional langen Wege, die die Philosophie zumeist zur Bestellung einfachster fundamentaler Probleme und Fragen gehen muss. Der womöglich meistgelesene Text der Philosophiegeschichte stellt somit das Geschäft der Philosophie als ein Unterfangen dar, ein Angebot vernünftigen Auffassens einer Sache zu machen, ohne eine Überzeugung zu erzwingen oder als zwingend so und nicht anders anzunehmen vorzulegen.

Sokrates unternimmt es unter dieser Voraussetzung und Perspektive, einen Staatsaufbau im Geiste (*en logô*) vorzuführen. Es geht dabei um den Aufbau eines gerechten Staats und damit um das Ideal eines Staates (sonst würde das Argumentationsziel verfehlt), nicht um einen realen oder gar historisch benennbaren Staat, sondern die geistige Optimalform des politischen Gemeinwesens. Obwohl also der Dialog lang und breit von der rechten Verfassung des Gemeinwesens handelt, sollte nicht vergessen werden, dass der Staatsaufbau, den das Gespräch detailreich entwickelt, eigentlich als heuristisches Prinzip eingeführt wird, also in Funktion der Bestimmungsfrage steht.

Die Genealogie im Geiste, die Sokrates im zweiten Buch der *Politeia* entwickelt, hat dementsprechend folgende Ziele:

– eine gesellschaftstheoretische Grundfrage zu lösen: Warum leben Menschen in Gemeinschaft?
– eine gerechtigkeitstheoretische Grundfrage zu beantworten: Wie ist das gemeinschaftliche Leben optimal koordiniert?
– eine eudaimonistische Grundfrage zu bedenken: Wie sichert ein solches Gemeinwesen das Wohlergehen? Anders gesagt und im

Hinblick auf die Herausforderung des Thrasymachos so gefragt: Warum ist Gerechtigkeit ein Garant für Glück?

Alle drei sind personale Grundfragen und weisen weit über ein rein politisches Spektrum von Problemen hinaus, während Sokrates vor dem geistigen Auge seiner Zuhörer im Haus des Kepahlos sein *paradeigma* eines Staatswesens konstruiert. Dieser geistige Aufbau ist dreistufig und geht vom Elementaren zum Komplexeren. Die Erzählform, die Sokrates wählt, scheint zunächst offen zu lassen, ob die Aufbaubewegung zeitlich im Sinne einer historischen Genese menschlichen Zusammenlebens in drei abfolgenden Phasen oder strukturell im Sinne einer Logik fundamentaler Konstitutionselemente gemeint ist. Was dann für die zweite Annahme spricht, ist zum Beispiel die »gnomisch« aufzufassende Präsensform der Erzählung, aber auch, dass Sokrates im Dialogverlauf davon spricht, hier einen *logos* vorgetragen zu haben (eher ein Ausdruck für eine auseinandersetzende Darlegung), nicht einen *mythos* (was eher ein Wort für eine geschichtehafte Darstellung wäre). Auch sind diese Elemente wohl kaum »Phasen« in dem Sinne, dass die eine die nächste historisch ablösen und jede für sich selbständig existieren könnte. Vielmehr wird jede in verwandelter Form in den *genê*, also den »Klassen« oder »Unterarten« der von Sokrates vorentworfenen gerechten Polis, wieder auftauchen. Dort ist es ein System einander ergänzender und integrierender Aspekte, das zwar tektonische Abhängigkeitsverhältnisse, aber kein »vorher« oder »nachher« kennt.[12] Aus all dem wird sich auch die unterschiedliche Gewichtung der drei »Konstruktionsstufen« der idealen Polis erklären lassen.

3.1.1. Die »frugale« (oder »sozusagen gesunde«) Polis (369c-372e)

Am Beginn der Überlegungen des Sokrates steht ein Grunddatum, das, wohlgemerkt, anthropologisch aufzufassen ist, nicht als historische Erinnerung: Niemand ist ganz autark. Oder eher: Man könne zwar wohl als isolierter Einzelner irgendwie überleben (369e), doch bedarf es des Zusammenschlusses mehrerer Menschen, um – ein Verweis auf das *eu zên* – ein besseres Leben zu erreichen (369c). Das

---

[12] Eine eingängige Darstellung findet sich im achten Kapitel von Höffe, Otfried (^{3}2002): Politische Gerechtigkeit. Grundlegung einer kritischen Philosophie von Recht und Staat, Frankfurt/M.

bringe Arbeitsteilung mit sich und diese wiederum Spezialisierung. Beides müsste sich wohl auf individuelle Begabungsunterschiede stützen, wodurch eine Naturanlage (Begabung/natürliche Ausstattung), eine Sozialkomponente (Arbeitsteilung) und ein kulturschaffendes Element (fortschreitende Spezialisierung) ineinandergreifen und einen Kreislauf bilden: Denn Spezialisierung ergibt sich nicht nur aus Arbeitsteilung, sie erfordert sie auch in zunehmender Weise, und dies wiederum fordert natürliche Begabungen in wachsendem Maße heraus, etc. (Dieses Schema am Grunde der Polisentstehung wird dann auf dem Höhepunkt der Diskussion in der sogenannten »Idiopragieformel«[13] wiederauftauchen, die den Ausgangspunkt der platonischen Gerechtigkeitslehre bildet.)

Zum Ende hin wird der ursprünglich so »frugale« Staat im wachsenden Kreislauf stattliche Größe erreicht haben, meint Sokrates. Außenhandel, starke Spezialisierungen, Geldhandel und ähnliches mehr werden mit zunehmender Größe unabdingbar sein und gleichzeitig weiteres Wachstum erfordern. Dass diese Staatsbasis als Fundamentstruktur für spätere Staatsformen und als in ihrer Ursprünglichkeit frugal eingeführt wird, heißt nicht, dass man hier eine einfache, im Sinne von simple oder jeder Komplexität entbehrende Gemeinschaftsstruktur vor sich wähnen dürfe. Sie hat ihre Probleme und ihr gerechtigkeitsgefährdendes Potential. Insbesondere die Einführung des Geldes deutet, indem das griechische Wort für Währung (*nomisma*) unmissverständlich den Gegensatz von »Konvention« (*nomos*) und »Natur« (*physis*), anlauten lässt, auf zu erwartende Schwierigkeiten voraus. Doch trotz solcher inhärenter Schwierigkeiten und komplexer Verhältnisse wird diese Gemeinschaftsform von Platon als »gesund« dargestellt: Sie ist sozusagen »spontan gerecht«, bedarf keiner weitergehenden Gerechtigkeit erzwingenden Leistung. Gerechtigkeit stellt sich hier durch grundsätzliche Zufriedenheit ein, da die Primärbedürfnisse zum Wohl aller befriedigt werden. Und so leben denn die Menschen dieser Gemeinschaft in Platons Zusammenfassung auch genügsam beieinander, bescheiden sich fröhlich mit dem, was sie haben, und preisen die Götter dafür (372a). Denn sie kennen offenbar keine Katastrophen, keine Seuchen, keinen

---

[13] »Idiopragie« ist ein griechisches Kunstwort, das das Verrichten des jeweils Eigenen bezeichnet. Nicht »jedem das Seine« (wie bei Simonides und Ulpian), sondern »jeder das Seine« ist also die »Zauberformel« der Gerechtigkeitslehre in der *Politeia* (sh. dazu Abb. 1). Vgl. Schäfer, Christian (2007): Art. »Gerechtigkeit«, in: Christian Schäfer (Hg.): Platon-Lexikon, Darmstadt, S. 131–135.

Weltschmerz, keine Gefährdungen ihres gegenseitigen Wohlwollens. Platon sieht zumindest einen ökonomischen Kernbereich der Gerechtigkeit im menschlichen Zusammenleben. Er versucht, für seinen Gesellschaftsentwurf einige grundlegende Strukturierungsmerkmale festzustellen, die in jeder verwirklichungsfähigen Gesellschaftsordnung vorhanden sein müssen. Das »Gesunde« ist das Grundsätzliche: Wo der Kernbereich des Gerechten pervertiert wird, »erkrankt« und Einbußen erleidet, bröckelt das Ganze Abstimmungsverhältnis in seinen Fundamenten, und das Ergebnis wird dem Vergleich mit der *aretê* des Staates, nämlich der Gerechtigkeit, nicht mehr standhalten.

Man kann daraus ersehen, warum dieser »sozusagen gesunde Staat« als nahezu idyllisch, selbstgenügsam und als fundamental gerecht beschrieben wird (so *Politeia* 372a-c). Dass Platon sich hier gerade den ökonomischen Bereich als Vorführbeispiel der Gerechtigkeitsgrundlage auswählt, hat ähnliche Gründe wie die, welche später Aristoteles im fünften Buch der *Nikomachischen Ethik* dazu bewogen haben, die Gerechtigkeit vor allem im Bereich messbarer Grundgüter anzusehen: Tausch, Handel und Geldverkehr symbolisieren einen vergleichsweise einfachen und numerisch nachprüfbaren, mithin objektiv sicheren Berechnungsbereich dessen, was jedem billigerweise zusteht. Es muss hier also auch nicht Wunder nehmen, dass Platons »gesunder Staat« ohne hierarchische Strukturen oder so etwas wie ein Gesetzeswerk auszukommen scheint: Im Bereich von Tausch und Handel befindet man sich auf gleicher Ebene des menschlichen Austauschs. Diese »Staatsform« hat historisch nie existiert. Sie ist Platons Feststellung eines plausiblen Fundaments oder Nuklearbereichs für komplexere Formen zahlenmäßig bedeutenden menschlichen Zusammenlebens.

3.1.2. Die »opulente« (oder »kränkliche«) Polis (372c-374d)

Außer dem »Preisen der Götter« hat der frugale Staat keine Anzeichen von geistiger Beschäftigung oder von ernstzunehmender Pflege der Vernunfttätigkeit. Er betrachtet den Menschen allein unter dem Aspekt primärer Sättigungsbedürfnisse. Daher auch Glaukons berechtigter Einwand im Dialog: Die Menschen dieses »frugalen

Gemeinwesens« glichen zufriedenen Schweinen an vollen Trögen.[14] Wirkliche Staaten seien immer »mehr als gesund« (was nicht unbedingt »ungesund« heißen muss). »Opulente« Elemente spielen stets eine ernst zu nehmende Rolle, ein gewisses Raffinement kann und darf nicht fehlen. Sokrates hatte das anfänglich ja selber gesagt: Menschen finden sich zusammen, nicht um lediglich zu überleben, sondern um besser zu leben. Sie werden daher auch kaum bei frugaler Zufriedenheit Halt machen, sondern ganz menschlich auf Weiteres abzielen. Etwa auf das Glücklichsein als Überbietung der Zufriedenheit, so liegt es bei Platon wie bei vielen anderen antiken Denkern nahe. Als solche zu erwartende »opulente« Elemente nennt Platons Skizze der zweiten »Abwurfstufe« seines Polisaufbaus zunächst ohne eindeutige Wertung: leibliche Bequemlichkeiten, Kultur, Bildung, Künste, neue »Zivilisationskrankheiten«, inneren Zwist und äußere Kriege. Für letztere insbesondere ist das verantwortlich, was Platon mit einem Zentralbegriff seiner Theorie die *pleonexia* nennt: Damit ist eine menschliche Disposition zum Mehr-haben-Wollen gekennzeichnet, die durch die opulenten Elemente im Zusammenleben erst aktiviert wird und sich weiter aus diesen nährt: Hat der Mensch einmal die Gelegenheit, mehr zu haben, als er zum Stillen der Bedürfnisse bräuchte, so wird er über das Maß des Nötigen hinaus zu besitzen verlangen, und besitzt er dies, dann wird er diesen Besitz eigenartigerweise nur zum Grund dafür nehmen, noch mehr haben zu wollen, und stets so weiter.

Auf dieser Stufe kann man daher mit der Erklärung des menschlichen Zusammenlebens vernünftigerweise nicht mehr fortfahren, ohne gewisse politische Hierarchien, staatliche Durchsetzungsstrukturen u.ä. anzunehmen (373c). Der Staat muss nun nach innen und außen beschützt werden.[15] Somit kommt es bei Platon zur folgerichtigen Ausbildung dessen, was man schlecht eingebürgert seinen

---

[14] Das Schwein galt bei den antiken Griechen nicht vordringlich als schmutziges und vulgäres Tier, sondern als dumm und anspruchslos – Epikur etwa wurde von seinen Gegnern als »Schwein« beschimpft, weil sie seine Philosophie nicht als geistig anspruchsvoll genug anerkennen wollten. Glaukons Vorwurf gleicht daher dem, den Aristoteles später von gewissen geistig anspruchslosen Bauchmenschen als »grasenden Kühen« formuliert.

[15] Charakteristischerweise unterscheidet Platon nicht wirklich zwischen dem, was wir »Polizei« und »Militär« nennen würden und hat sich damit die Kritik zugezogen, bereits in der Grundlegung seines Staatsentwurfs einer Art von grundlegendem Militarismus das Wort zu reden.

»Wächterstand« zu nennen gewohnt ist.[16] Drei Voraussetzungen der Zugehörigkeit zu dieser Gruppe werden aufgeführt: Erstens, Tatkraft sowie eine gute körperliche Ausbildung (375a). Zweitens, Tapferkeit, was sich in der Milde gegen die Menschen der eigenen Gemeinschaft und der Unnachgiebigkeit gegenüber den Feinden (und sich selbst im Angesicht der Feinde) ausdrückt.[17] Drittens, die »Wächter« (*phylax* ist Platons Wort dafür) sollen von philosophischem Geiste sein, das heißt wissbegierig und weisheitsliebend. Gegenüber anderen, etwa totalitären Vorstellungen von wehrhafter Erziehung, dass die Jugend also z.B. zäh wie Leder, flink wie Windhunde und hart wie Kruppstahl sein solle, zeichnet sich Platons Entwurf also gerade durch die dritte, die Gipfelforderung für die Heranbildung aus: »Unser Wächter aber ist ein Kriegsmann und ein Philosoph« (525b). Dass die wichtigste und eigentlich alles andere integrierende Komponente der Erziehung gerade die dritte ist, zeigt ihre zeitliche Voransetzung vor den beiden anderen. Es sei darauf zu achten, so erklärt Sokrates im Dialog, dass zuerst der Geist der künftigen »Wächter« erzogen werde, dann erst der Körper ertüchtigt. Der Geist nämlich wird, einmal erstarkt, die körperliche Wildheit und den Impetus der körpervermittelten Leidenschaften bändigen und in die rechte Bahn lenken können (so des Öfteren 377a-412b). In diesem Gedanken wurzelt auch die berühmte Dichterkritik der *Politeia* (376e-402c; 595a-608c).[18] Zur Bildung der Jugend sollen demnach nur solche Dichtungen (und andere Kunstwerke) zugelassen werden, die Besonnenheit und Selbstbeherrschung als Ideale lehren, nicht solche, die an unreflektierte Faszination und das Gebeuteltwerden durch unkontrollierbare Affekte appellieren. Geistige Überwindung, nicht emotionales Überwundenwerden, ist das Ziel, der Mensch soll Gefühle haben, nicht die Gefühle den Menschen. Das kunsttheoretische Gegenprogramm Platons wird danach – in gesuchter Abgrenzung etwa zur Theaterpraxis seiner Zeit – lauten, solche Kunst zu erzeugen, die die Selbstbeherrschung stärkt, denn

---

[16] Zum Ganzen z.B. Taylor, C.C.W. (1997): Plato's Totalitarism, in: Richard Kraut (Hg.): Plato's Republic: Critical Essays, S. 31–48.
[17] Bemerkenswert ist daran, dass die im ersten Buch von Sokrates verworfene Gerechtigkeitsvorstellung des Simonides hier als Grundlage einer unreflektierten natürlichen Tapferkeit wieder auftaucht und somit gewissermaßen an ihren richtigen, und zwar untergeordneten oder nur vorläufigen, Ort gerückt wird: den Feinden Schlimmes, den Freunden Gutes.
[18] Vgl. Halliwell, Stephen (1997): The Republic's Two Critiques of Poetry, in: Otfried Höffe (Hg.): Platon, Politeia, Berlin, S. 313–332; Büttner, Stefan (2000): Die Literaturtheorie bei Platon und ihre anthropologische Begründung, Tübingen.

nur, wer sich selbst beherrscht, kann auch andere beherrschen – am Ende der Schrift wird Platon anhand seines Jenseitsmythos vorstellen, wie man das bewerkstelligen kann. Damit wird das heuristische Motiv der »Gerechtigkeit im Kleinen« und der »Gerechtigkeit im Großen« aufgegriffen, das ja den Anfang für den theoretischen Polisentwurfs bildete: Wer in sich als Einzelnem die Gerechtigkeit in Abstimmung aller seiner widerstrebenden geistigen und emotionalen Begabungen erlangt, der wird auch in der Lage sein, sie in der Polis und ihren widerstrebenden Konstituenten als passgenaues Kongruenzverhältnis zum allgemeinen Besten durchzusetzen.

Von Bedeutung bei alledem ist: Platon fordert eine Reinigung der »opulenten Polis« durch Erziehung. Der Mensch ist eben kein ungehemmter Löwe in einer fluchthemmenden Koppel, sondern zur Erkenntnis des Guten und zur geistigen Anleitung dazu fähig. Wer dessen nicht oder nicht im vollen Maße fähig ist, taugt auch nicht zur Führung eines Gemeinwesens, dessen Tauglichkeitsmaßstab, *aretê*, die Gerechtigkeit als Bestform der Koordination ist. Diese Überzeugung wird in der berühmten Gleichnisfolge am Scheitelpunkt des Dialogs ihren beredten Ausdruck finden.

Das ist der Rahmen, in welchem man den Selektionsprozess wohl zu lesen hat, den Platon für seine »Wächter« beschreibt (412b-415d). Hierher gehört auch der von Sokrates mit gutem Recht nur zögerlich und unter Bedenken vorgetragene Mythos von den Erdmenschen, die es mit Bronze-, Silber- und Goldbeimischung gebe. Der Mythos sei wohl so nicht wahr, wird den Dialogpartnern bedeutet, doch sei er ein billiges Mittel zur Illustration einer bestimmten Wahrheit, also gewissermaßen eine *pia fraus*.[19] Es gehe nämlich darum, die unangenehme Wahrheit begreiflich zu machen, dass es Menschen verschiedener Begabungsstufen für den Leitungsdienst im Gemeinwesen gebe, und dies ließe sich durch eine Aussonderung feststellen, die einem Erhitzungsprozess mit verschiedenen Schmelztemperaturen nicht unähnlich sei. So will es Sokrates jedenfalls offenbar nahelegen.

Der Auswahlprozess jedenfalls ist streng und hat viele Deutungsunternehmen – ob zu Recht oder zu Unrecht – immer wieder an die historischen Umstände in Sparta oder an die realen Zustände in modernen Diktaturen erinnert, andere wollen das in diesem Zusam-

---

[19] Zur Diskussion, ob es so etwas wirklich geben sollte, z.B. Schofield, Malcom (2007): The Noble Lie, in: G.R.F. Ferrari (Hg.): The Cambridge Companion to Plato's Republic, S. 138–164; Kersting, Wolfgang: Platons »Staat«, S. 136–139.

menhang Gesagte überhaupt nicht ernst nehmen und halten es für platonische Ironie tiefster Hintergründigkeit. Es ist zunächst auch durchaus schwierig ernst zu nehmen: Gemeinsame Unterbringung der geeigneten Jugendlichen in einer Organisation ohne Familienbande schwebt Sokrates etwa vor, was Parteilichkeiten und emotionale Bande verhindern soll, die einem in Entscheidungssituationen »Blut dicker als Wasser« erscheinen lassen würden; Verzicht auf Privatbesitz (416d) ist eine weitere Forderung, deren Umsetzung es erleichtern soll, das persönliche Glück zu suchen und das Glück der anderen zu sichern, da die Machthaber nichts für sich haben wollen werden – und sicherlich auch nichts für ihre Familien: das Verbot von eigenem Besitz ist das Schlüsselinstrument für die Abgewöhnung der *pleonexia*, die dadurch einmal mehr als eines der gemeinschaftsverderblichen Grundübel hervorgehoben wird.[20] Das Nötigste müsse danach eben von der Bürgerversammlung ihren Wächtern zugebilligt werden. Ein Umstand, der häufig übersehen wird: Es gibt bei Platon eine entscheidungsbefähigte Volksversammlung als Gegenüber der Wächtergruppe.

Diese und ähnliche Vorstellungen eines extremen Kommunitarismus haben seit jeher befremdet und Widerspruch hervorgerufen. Sokrates selbst räumt ein, seine Vorstellungen seien seltsam genug, sein ganzes Polisgefüge in »drei Wogen« wegzuspülen (472a): die relative Gleichstellung von Mann und Frau, die auch etwa den allgemeinen Kriegsdienst von Frauen vorsieht und generell mehr an eine – tatsächlich im Rahmen der platonischen Anthropologie nicht ganz abwegige – Austauschbarkeit der funktionalen Rollenverteilung von Mann und Frau in der Polisgemeinschaft zu grenzen scheint (451c-457e); die »zweite Woge« der Frauen-, Kinder- und Besitzgemeinschaft, wie sie modernisierend auch als »platonischer Kommunismus« verzeichnet wurde, sowie die nach eugenischen Gesichtspunkten arrangierte »Zucht« der Nachkommen (459c-460a) und anderes mehr.[21] Ob überhaupt und wenn, in welchem Maße Sokrates hier ernsthafte Thesen vorbringt oder ironisch spricht, ist heiß

---

[20] Im zehnten Buch wird zudem noch die *philotimia*, die Sucht nach Privilegien, als Pendant der *pleonexia* im Bereich nichtökonomischer Anerkennungsgüter genannt – auch diese soll die Wächtererziehung also von vornherein verhindern.
[21] Vgl. Kersting, Wolfgang: Platons »Staat«, S. 172–187.

umstritten,[22] Vorsicht bei der Ausdeutung ist jedenfalls geboten und die Zurückhaltung in der Beurteilung ist der exotischen Faszination am Wortlaut der »paradoxen« Thesen vorzuziehen. Die dritte »Woge« ist der Gedanke der Philosophenherrschaft selbst, der Gipfelpunkt der platonischen Polistheorie (so 487e, 499b, 501e, 540d).[23] Um hier Missverständnissen vorzubeugen, wird von Sokrates mehrmals sehr großer Wert auf Auswahl und Bildung der Philosophen gelegt.

Alles in allem wird aber recht schnell klar, was Platons Sokrates hier vorschwebt und worin er dann den Unterschied zwischen den »Wächtern« und den anderen Mitgliedern des Gemeinwesens sieht: Es geht auf dieser Stufe des Dialogs dabei offenbar um etwas, was man in Lebensart, kontemplativem Bildungsideal und teilweisem Weltverzicht (z.B. gegenüber Eigentum, Renommee und Familienbindung) am ehesten vielleicht einer Art Mönchsgemeinschaft und ihrem Lebensideal gegenüber einer von ihr abhängigen Laiengemeinschaft vergleichen könnte.[24]

Das Hauptaugenmerk der Ausführungen des Sokrates über die »Wächter«, die nun anders als der typische Politiker der Zeit (spätestens) nach Rousseau eben keine vom politischen Willen bestimmte »Akteure«, sondern idealerweise von Einsicht geleitete Koordinatoren darstellen – liegt ganz deutlich auf der Erziehung, wofür über etliche Bücher der *Politeia* hinweg die richtigen Konzepte erarbeitet werden: Auch das spricht für die These einer dem »Wächterstand« grundgeleg-

---

[22] Vgl. Ottmann, Henning (2001): Geschichte des politischen Denkens. Band 1/2: Die Griechen. Von Platon bis zum Hellenismus, München, S. 46–48.

[23] Spaemann, Robert (1997): Die Philosophenkönige (Buch V 473b-VI 504a), in: Otfried Höffe: Platon, Politeia, Berlin, S. 161–177; Sedley, David (2007): Philosophy, the Forms, and the Art of Ruling, in: G.R.F. Ferrari (Hg.): The Cambridge Companion to Plato's Republic, S. 256–283.

[24] Vgl. Hadot, Pierre (1999): Wege zur Weisheit, Berlin, S. 75–200 passim. Der Vergleich mit einer klösterlichen Gemeinschaft eröffnet aber auch den Blick auf etwas Anderes, das Platons Entwurf beeinflusst haben könnte: Was nämlich solch einer Mönchsgemeinschaft in der klassischen Antike am ehesten zu gleichen scheint, ist der Betrieb und das Zusammenleben in den Philosophenschulen. Diese waren immer mehr als nur wissenschaftliche »Akademien« in unserem heutigen Sinne: Sie waren, um es einmal kontrastierend zu formulieren, freie Lebensgemeinschaften mit strengen Verpflichtungsregeln, in denen das Gemeinschaftliche ein deutliches Element der Integration des Einzelnen war und die Bildung das Leitmotiv für eine zumeist religiös bestimmte, zumindest aber rituell konnotierte Lebensweise darstellte, die durch materielle Genügsamkeit oder Indifferenz gegenüber materiellem Besitz geprägt war und dem Einzelnen das volle Glück in Aussicht stellte, aber auch die Fähigkeit, anderen auf den Weg zum Glücklichsein zu verhelfen.

ten Vorstellung der – realen oder idealen – Verhältnisse in einer antiken Philosophenschule. In allem müsse »die Hinleitung der Seele zur Wahrheit und eine Heranbildung philosophischer Geisteshaltung« (527b) vorwalten. Und so ergibt sich denn letzten Endes, dass unter den »Wächtern« selbst noch einmal eine Sonderung nach Begabung entstehen wird: Es wird diejenigen geben, bei denen das kämpferische Element im Vordergrund steht, und diejenigen, die wahrhaft Philosophen sein werden. Als eine Unterscheidung von »Exekutive« und »Legislative« wird dies in modernen Veröffentlichungen dann gerne, aber nicht wirklich geglückt, vergleichend gedeutet. Bevor dies aber im Abschnitt über die dritte »Polisentwurfstufe« Platons näher beleuchtet wird, soll in einer kurzen Rückschau die bisherige Entwicklung des Arguments den geleisteten Gedankengang noch einmal deutlich machen und den folgenden vorbereiten:

3.1.3. Zwischenfazit: Platons Aufbau eines Staatsentwurfs in drei Phasen

Die »Phasen« des Staatsentwurfs, die Platon beschreibt, sind also offenbar als nichthistorisch aufzufassen. Es dürften vielmehr Aufbaustufen der Erklärung sein oder »Abwurfstufen« (wie bei Raketen, die zum Fortkommen abwerfen, was sie nicht mehr benötigen oder was sie gar bremsen würde). So bleiben sie im Übrigen auch auf das Problem der individuellen Gerechtigkeit rückübertragbar: Platons Polisentwurf ist ja seiner Darstellung nach zunächst einmal ein heuristischer, um das Wesen der Gerechtigkeit festzustellen und dann zu wissen, wie es sich mit dieser bei Individuen verhält (368d-369a).

Am Anfang steht ein fundamentales Befriedigen von Primärbedürfnissen; sie werden durch eine prä-reflexive Gerechtigkeit nach natürlicher Proportionalität befriedigt.

Die nächste Stufe gehört dem zunehmenden Raffinement, die *pleonexia* wird entdeckt: Kein fundamentales Bedürfnis, sondern ein gezüchtetes, letztlich nie stillbares Unbedürfnis, das die absolute Offenheit menschlichen Wünschens repräsentiert, und das sich aus zusehender Erfüllung ergibt und steigert. Je mehr hier erfüllt wird, desto weniger Glück stellt sich ein. Diese Paradoxie der Wunscherfüllung ist für Platon gleichermaßen eine Absage an den Hedonismus, ein gerechtigkeitsbehinderndes Konfliktpotential und der Grund zu einer Art Kulturkritik. Das Konfliktpotential insbesondere muss zur

»Gesundung« zurückgedrängt, besser noch: positiv überwunden werden.
Dafür schlägt Platon eine dritte Phase vor. Dabei verfolgt er kein utopisches *ad fontes*, keine Rückkehr zur Unschuld der »gesunden Polis«. Vielmehr nimmt er sich vor, Kulturprobleme durch Kultur zu überwinden. Der Mensch kultiviert sich selbst, er hat die Medizin zu den selbstverschuldeten Krankheiten und Missständen selbst in der Hand. Das Schema begegnet häufiger bei Platon: Im Mythos des Dialogs *Politikos* (268d-274d) leben die Menschen der Urzeit rundum von hilfreichen Geistern versorgt, die sie aber bald verlassen, und so kommen die Menschen nach viel Leiden und Verlusten dazu, sich selbst zu versorgen – was für sie besser ist, so wird als Ergebnis nahegelegt.

3.1.4. Die »schöne Polis« (Kallipolis)

Der Reinigungsvorgang von den Dekadenzerscheinungen in der »opulenten Polis« lässt Platons Entwurf eines idealen Gemeinwesens nun in drei »Baustufen« aufgeteilt erscheinen. Dass man von einem idealen Gemeinwesen ausgehen darf, zeigt die Bemerkung des Sokrates auf die skeptische Anfrage nach der Umsetzbarkeit seines Projekts einer »schönen Polis« (so 527c: *kallipolis*) in *Politeia* 502c.[25]

Man spricht hinsichtlich der kennzeichnenden inneren Dreiteilung dieser Kallipolis traditionell und wenig zutreffend von »Nährstand«, »Wehrstand« und »Lehrstand«. Platon spricht aber nirgendwo von »Ständen«, »Kasten« oder etwas Vergleichbarem für seine Philosophen-Wächter, Krieger-Wächter und produktiven Erwerbstreibenden, die ja alle nicht nur das sind, worauf diese Bezeichnungen sie einzuengen scheinen. Er spricht von *genê*, was eher soviel wie »Arten«, »Gattungen« oder vielleicht sogar »Naturunterschiede« heißt, und letztlich jegliche »Einteilungseinheit einer Menge« bezeichnet. Platon geizt nicht mit Vergleichen, um sein Dreierschema zu bebildern: wie Hirt, Hunde und Herde etwa verhielten sich die *genê* zueinander (416a; vgl. 440d). Das Beispiel fängt über den Hinweis auf die Hirtenhunde auch gut die doppelte Aufgabe der Wächter ein, nach

---

[25] »Unsere Vorschläge über die politische Verfassung sind die besten, wenn sie denn verwirklicht werden würden; die Umsetzung ist schwierig, doch nicht unmöglich.« Vgl. Annas, Julia: An Introduction to Plato's Republic, S. 185–189.

innen zu ordnen und nach außen zu beschützen. Das Beispiel deutet aber auch auf ein Problem voraus, das Platon sich im Dialog *Politikos* vornehmen wird: Dass Hirte, Hund und Herdentier nämlich ganz verschiedene natürliche Gattungen sind, in der Polis jedoch alle Beteiligten Menschen.[26]

3.2. Die Übertragung auf den Einzelnen

Die drei *genê* sind auch das Bindeglied zwischen der Diskussion des Staatsaufbaus und der Übertragung auf den Einzelmenschen, um die es Platon immer wieder ganz dringlich geht: Gemäß Platon handelt es sich hier nämlich um die drei *genê* der menschlichen Natur, also der drei »Arten« oder unterschiedlichen »Verfassungsweisen«, wie man *genos* dann wohl übersetzen sollte. Der menschlichen Natur nämlich, indem sie innerhalb der Gattung Mensch drei bestimmte Gruppen definieren, wie im Staatsaufbau gesehen; und indem sie im Menschen drei Arten von Dispositionen oder Charakterausprägungen ansprechen, die jeder Einzelne in sich vorfindet, und bei denen die Vorherrschaft einer über die jeweils anderen beiden ausmacht, welche Art von Mensch man ist – und welchem *genos* im Staat man somit angehören wird. Im Einzelnen entspricht, um es kurz und ohne die Tiefe von Platons Gedanken darüber andeuten zu können zu sagen, die Leitung des seelischen Lebens dem vernunfthaften Seelenaspekt (*logistikon*); die »Wächterfunktion« übernimmt ein Aspekt des Seelenlebens, den Platon *thymoeides* nennt, und der in den

---

[26] Was mit den *genê* gemeint sein könnte, wird vielleicht eher durch Platons anschließende Parallelisierung mit der Seele deutlich: Die Seele ist nur eine, sie ist immateriell und hat somit keine extensionalen »Teile«, die man voneinander sondern könnte. Doch das griechische Wort für »Teil« kann auch soviel wie »Aspekt« heißen, und das ist hier wohl gemeint: Die Seele integriert drei verschiedene »Aspekte«, verfügt über drei verschiedene »Stärken« oder in Gedanken (nicht in Wirklichkeit) sonderbare »Kompetenzen«, was Platon alles unter dem schillernden Begriff des *genos* zusammenfassen kann. Um das klarer werden zu lassen, wird in Politeia 436d anhand des Beispiels eines sich drehenden Kreisels ausgeführt, wie sich Hinsichten oder Aspekte in diesem Sinne unterscheiden können (und gleichzeitig das logische Widerspruchsprinzip diskutiert): In einer Hinsicht bewegt sich der Kreisel gar nicht, denn er steht doch auf demselben Fleck; in anderer Hinsicht bewegt er sich sehr wohl, denn er dreht sich ja. – In der »schönen Polis« kommen die drei *genê* jedenfalls ohne Streit und zum gegenseitigen Besten zum harmonischsten Zusammenspiel, das man sich denken kann.

älteren Übersetzungen gerne als »Muthaftes« wiedergegeben wird.[27]
– Dem »Nährstand« der »Erwerbsarbeiter« entspricht im seelischen Leben des Einzelnen das *epithymêtikon* (das »Begierdehafte«). Alle drei Facetten haben auf der Ebene des Gemeinschaftslebens und des Einzellebens dann genau dieselbe Funktion: Anleiten und Herrschen im Wissen um das Gute die höchste, inneren Antrieb zur Aktion, zur Exzellenz und zur steten Selbstüberwindung hin zum stets Besseren die zweite und die Selbsterhaltung im Erwerb, der Verwaltung und der Beherrschung der grundnötigen Güter die unterste – Beherrschung hier aber gemeint im Sinne von Beherrschtsein, und zwar einerseits von der Vernunft, und andererseits als Selbstbeherrschung im Wissen darum, was nötig ist und was nicht.

4. Die Idee der Gerechtigkeit

Was hat all das mit dem übergeordneten Thema der Gerechtigkeit zu tun? Jedes *genos* in der *Politeia*, sei es im Individuum oder im Staat, hat, wie alles bei Platon, seine entsprechende Bestform, in diesem Fall eine Bestform des Verhaltens oder Sichzeigens, eine »Tugend«. So ist die Bestform des Verhaltens für den »begehrenden« Seelenaspekt und für die Menschen des »Nährstands« das besonnene Maßhalten (definiert in 442cd) – wobei sich nun die Genealogie des Staatsaufbaus aus Buch zwei als erzählende Bilddidaktik bezahlt macht: Es ging hier ja in der »frugalen Polis« um ein zufriedenes und dankbares sich Bescheiden mit dem Nötigen. Die Bestform des Verhaltens für die kriegerischen Wächter in der Polis und den »muthaften« oder »aufbegehrenden« Seelenteil des Einzelnen scheint Platon die Tapferkeit zu sein (nach der Definition aus 429cd). Für die leitenden Philosophen im Staat oder den leitenden Vernunftaspekt der Einzelseele ist diese Tugend, diese habituelle Optimalform der spezifischen geistigen Dispositionierung, die Weisheit, das heißt das

---

[27] Worum es sich hierbei handelt, zeigt sich vielleicht am ehesten darin, wie Platon in 429cd und 442c (um nur dieses eine Beispiel einer Tugenderklärung zumindest kurz anzuführen) die »Bestform« für dieses *thymoeides* als feste innere Grundhaltung gegenüber Ängsten, Wünschen, Freuden und Leiden definiert, also als einen umfassenden charakterlichen Habitus gegenüber Versuchungen und Anfechtungen aller Art, der im Leben auf besondere Weise bestehen und die Dinge angehen lässt.

Haben sicheren Wissens, erscheine dieses Habenkönnen auch noch so utopisch.[28]

Gerechtigkeit ergibt sich, so Platon, aus der rechten Koordination der drei anderen Tugenden zueinander, als Optimalform der Konstellation von Optimalformen: Wenn besonnen Maßhaltenkönnen und Tapferkeit (als Tugend des »einsichtsvollen Durchhaltens«) von der Weisheit als dem Wissen um das jeweils Beste in optimale Übereinstimmung gebracht werden, so ist Gerechtigkeit das Resultat. Man erhält damit die Liste der klassischen vier Kardinaltugenden: besonnene Mäßigung, Tapferkeit, Weisheit und Gerechtigkeit. Anders gesagt: Gerechtigkeit besteht in der Einsicht in die eigenen Fähigkeiten oder »Dispositionen« und dem koordinierten Handeln gemäß diesen Fähigkeiten, kurz im »Tun des jeweils Eigenen« (434a). Ungerechtigkeit dagegen lässt sich dann als Ergebnis einer *polypragmosynê* bestimmen, des »Sicheinmischens« oder der »Vieltuerei«, wenn also der eine Seelenteil das vollführt, was eigentlich der »Kompetenzbereich« des anderen ist, wenn das eine *genos* der Polis sich in das einmischt, was eigentlich (d.h. optimalerweise) Sache eines anderen ist, usw. (434b). Man hat in diesem Zusammenhang von der »Idiopragie«-Vorschrift der Gerechtigkeit bei Platon gesprochen.[29]

Was aber gewinnt Platon mit seiner Gerechtigkeitsbestimmung gegenüber der traditionell häufigeren Definition von »jedem das Seine«? Nach Platons Auffassung muss Gerechtigkeit nicht an einem anderen gemessen werden; jeder ist sich selber das Maß der Gerechtigkeit und auch ein einsamer Robinson kann gerecht sein. Die Erkenntnis des Guten ist hier für jeden Menschen der Maßstab des Tuns. Die platonische Gerechtigkeit hat daher nichts mehr von Iustalionistischem an sich. Sie ist das Ergebnis rationaler Arbeit an sich selbst, während die konkurrierende *suum cuique*-Bestimmung (wie in 376ab gezeigt) auch reflexartig oder von Hunden vollführt werden kann. Drittens: Jeder Schaden durch Gerechtigkeit (»dem Feind oder Übeltäter schaden«) wird ausgeschlossen. Gerechtigkeit definiert sich nur am Tun des eigenen Guten, sogar Besten (allerdings: »das Eigene« der Wächter ist es, gegen Feinde vorzugehen und nach 373e ist Krieg ein Übel). Platons Gerechtigkeitsvorstellung ist intuitiv richtig. Gerechtigkeit ist hier etwas, das in Gemeinschaften im

---

[28] Zu den Tugendbestimmungen z.B. Kersting, Wolfgang: Platons »Staat«, S. 147–158 und 166–170.
[29] Vgl. Fußnote 13.

Grundsatz immer schon da ist und vorherrscht, nicht etwas, das man für gewisse Situationen erst herstellen muss, um Ungleichgewichte auszutarieren. Gerechtigkeit ist ein (wo nicht als Idee gemeint) habitueller Optimalzustand, kein Instrument, das bei Störungen dieses Bestzustands eingesetzt wird.

In *Politeia* 443c-444a resümiert Platon seine Gerechtigkeitslehre: Gerechtigkeit ist die beste Form (daher: *aretê*) harmonischer Übereinstimmung oder koordinierter Übereinkunft, die über Bildung erreicht wird. Diese lehrt, die verschiedenen Kräfte oder Aspekte eines organischen Ganzen (sei es ein Individuum oder eine Gemeinschaft) das sein zu lassen, was sie eigentlich sind, ohne dass sie über die Leisten schlagen würden, sondern so, dass jeder dieser Aspekte »bei seinem Leisten bleibt«. Was im Staat dabei als pädagogischer Selektionsprozess beschrieben wird, ist im individuellen Leben offenbar so etwas wie ein Selbsteinsichtsprozess. Gerechtigkeit ist damit kein nach außen gerichtetes diffusives Handeln an anderen, sondern eine innere Haltung, gewonnen in selbstkontrollierter Besinnung auf das Eigene und das dem Eigenen Zuträgliche. Man ersieht daraus: Gerechtigkeit und Besonnenheit stimmen in Vielem überein. Daher kam in der Polis-Genealogie die »spontane Gerechtigkeit« der ersten Aufbaustufe: die hier entsprechende Bestform ist ja das besonnene Maßhalten.

Platon hat damit eine Definition von Gerechtigkeit vorgelegt, die auf die Doppelfrage am Anfang des zweiten Buchs keine Erwiderung schuldig bleiben muss: Erstens hat er nämlich gesagt, was Gerechtigkeit ist. Zweitens hat er beantwortet, was Gerechtigkeit denn an Vorteil erbringt. Dieser liegt nämlich darin, dass der Mensch (drittens) in der gerechten Koordination seiner natürlichen Dispositionen das Glück als innere (individuelle) und äußere (gemeinschaftliche) Harmonie erreichen kann, dass er auf sich blickend frei und von der Ausrichtung auf andere unabhängig die Bestform des ihm zuträglichen Verhaltens einzulösen vermag.[30]

---

[30] Vgl. Annas, Julia: An Introduction to Plato's Republic, S. 294–320.

Staat und *gené*	Herden-Metapher	Seele und psychische Grunddisposition	Charakter	Funktion	Tugendentsprechung	„Genealogie"-Korrelat (aus Buch II)
„Nährstand" (Erwerbsarbeiter)	Herde	Begierde/Streben nach Befriedigung der Ansprüche (*epithymetikon*)	erwerbsliebend	Beherrschung (im S.v. „Beherrschtsein")	Besonnenheit/Maßhalten (*sōphrosynē*)	„sozus. gesunde" Polis: Sicherung ökonomischer Basis
„Wehrstand" (innenpolitische und militärische Gewalt)	Hunde	Mut (*thymoeides*)	ehrliebend, siegliebend, agonal	Verteidigung/Aktion	Tapferkeit (*andreia*) [→ Maß]	„opulente" Polis: Sicherstellung des Friedens angesichts der *pleonexia*
„Lehrstand" („Philosophenkönige")	Hirten	Vernunft (*logistikon*)	wissensliebend	Anleitung/Herrschen	Weisheit (*sophia*) [→ Tapferkeit und Maß]	die „schöne Polis": Läuterungszustand der opulenten Polis zur gerechten
⇒ richtige Koordination (unter Führung der Philosophen) ergibt Gerechtigkeit im Staat					⇒ richtige Koordination (unter Führung der Weisheit) ergibt individuelle Gerechtigkeit	

⇑ Ungerechtigkeit erweist sich als mangelnde oder fehlerbehaftete Koordination (und/oder Ausbildung) der drei Konstitutionselemente. Meist wird das als Folge eines Verstoßes gegen die „Idiopragie"-Forderung aufzufassen sein.

Abbildung 1. Platons »Idealstaat«-Entwurf. Dessen Verhältnis zur (individuellen und sozialen) Gerechtigkeit [Politeia Buch IV]

5. Die Gleichnisfolge (506b-519b)[31]

Aus all dem dürfte ersichtlich werden, warum Sokrates in der *Politeia* so großen Wert auf die Bildung des leitenden »philosophisch-vernünftigen« Teils in Gesellschaft und Individuum legt und dieses Thema nachgerade zum Kulminationspunkt seiner Ausführungen macht. Platon hat dafür innerhalb des Dialogs allerdings eine nichtdialogische bildhafte Form der Darstellung gewählt. Diese Bilder werden zwar anschließend kurz deutend ausgelegt, sie stehen jedoch in ihrem Assoziationsreichtum und ihrer Eindringlichkeit jedes streng und traditionsbildend für sich, auch ohne Detailauslegung, und man könnte geradezu versucht sein, Platons »ganze Philosophie« in sie hineinzulegen, wie das etliche philosophische Handbücher tun. Die Meisterschaft Platons zeigt sich übrigens nicht zuletzt darin, dass sie als Bilder einerseits jedes für sich aussagefähig sind, andererseits wie Darstellungen ein und derselben Problemlandschaft aus verschiedenen, je neu erschließenden Perspektiven wirken können und schließlich darüber hinaus auch noch einen Zusammenhang zu bilden vermögen, in welchem sie sich gegenseitig erläutern (vgl. dazu Abb. 2) Es ist daher beinahe schon eins, bei welchem Bild man die Darstellung beginnen lässt. Hier sei in Umkehrung der Reihenfolge bei Platon mit dem wohl bekanntesten der Anfang gemacht:

5.1. Das »Höhlengleichnis« (514a-519b)

»Stelle dir vor: Eine Anzahl Menschen, die zur Bewegungslosigkeit festgekettet in einer Höhle sitzend unausgesetzt an eine Wand starren müssen«, beginnt Sokrates seine Ausführungen. Hinter diesen Menschen brenne etwas erhöht ein Feuer und dazwischen würden Gegenstände herumgetragen und Leute gingen umher und unterhielten sich. Die Festgeketteten würden doch wohl sicher, wenn sie niemals etwas an ihrer Lage verändert hätten, denken, die Schatten an der Wand und das Echo der Stimmen, das die Wand zurückwirft, sei alles, was es überhaupt zu sehen und zu hören gibt. Doch was, wenn man einem von ihnen die Fesseln löste und ihn zum Feuer hin umdrehte: Würde er nicht erschrecken über das Licht, die Dreidimensionalität, die Farben und vieles andere? Und mehr noch: Wenn man ihn dann

---

[31] Vgl. Ebd., S. 242–271.

aus der Höhle herauszerrte, würde er dann nicht noch mehr staunen, ja sogar in existentiellen Schrecken geraten, wenn er sähe, dass es »da draußen« noch eine ganze Welt im lichten Schein der Sonne gibt? Er würde zetern, meint Plato, er würde zurückwollen in die Höhle, wie er denn auch in der Höhle vielleicht verängstigt von der Helligkeit des Feuers und der Plastizität der schattenwerfenden Körper lieber wieder nur an die Wand starren wollte; man müsste einen langen Gewöhnungsprozess in Kauf nehmen, und den Befreiten sehr langsam zuerst die Welt außerhalb der Höhle im Spiegel klaren Wassers betrachten lassen (also wieder zweidimensional wie die Wandschatten), bevor er den Blick zu den natürlichen Gegenständen erheben könnte.

Der Parallelismus im Aufbau des Bildes ist allenthalben spürbar, die Achse der Spiegelung ist dabei die Schwelle des Höhlenausgangs: In und außerhalb der Höhle wird zuerst zweidimensional in Schatten oder Spiegelungen betrachtet; in und außerhalb gibt es ein Zentrallicht, ein Feuer und die Sonne; drinnen und draußen tut der erste Schritt weh, ist das Blicken nach oben erst nach Gewöhnung zuträglich; jedes Mal aber ist das Zweite viel dimensionsreicher, intensiver, farbiger, schlicht: besser und »wirklichkeitsprioritärer« als das Erste. Und diese qualitative Stufung bestimmt auch das Bild als Ganzes: Das Feuer ist nur ein matter Abglanz der Lichtintensität der Sonne, und es ist künstlich, menschenerzeugt, nicht natürlich, wie auch die schattenwerfenden Gegenstände in der Höhle künstlich sind, und die Lage der gefesselten Menschen ebenfalls künstlich hergestellt. Insgesamt spielt aber auch noch eine düstere Farbgebung mit in die Komposition: Niemand, der einmal die Höhle verlassen hat, würde wieder gern dorthin zurück, meint Sokrates, ja er würde lieber als Taglöhner unter der Sonne sein Leben fristen als König unter den Gefesselten sein: Was eine wörtliche Anspielung auf Homers *Odyssee* ist, wo der verstorbene Achilleus sagt, er wäre lieber ein lebendiger Tagelöhner als König im Hades. Die Höhle Platons also ist ein Ort wie für Tote, die dort, wie die Toten in der *Odyssee*, nicht nur Schattenbilder betrachten, sondern selbst eigentlich nur noch bloße Schattenbilder von Menschen sind. Sokrates nun vergleicht diese seltsame und »wie tote« Situation der Gefesselten mit der – seiner Meinung nach nicht weniger seltsamen – der Menschen, die befangen in menschlichen, also künstlich gemachten, Meinungen leben und verharren. Erst wer ins Licht des Denkens der wahren Gegenstände tritt, könne sich daraus zu besserer Erkenntnis befreien.

5.2. Das »Liniengleichnis« (509c-511c)

Ab hier kann man sinnvoll ein nächstes Gedankenbild anschließen: »Stelle dir eine Linie vor«, hebt Sokrates an, »und teile sie in zwei Teile ungleicher Länge«. Danach soll man diese beiden ungleichen Teile wiederum in zwei ungleiche Teile zerschneiden, sodass man nun zwei Hauptteile und insgesamt vier Unterteile hat, die alle in einer Reihe immer kürzer werden. Der kleinere Hauptteil symbolisiert in diesem Bild den Bereich der Meinung (*doxa*), dessen also, was Menschen annehmen, weil sie sich offenbar ein Urteil darüber gebildet haben, doch ohne sich dabei auf ein Wissen berufen zu können. Der längere Hauptteil der Linie stehe für das Begreifen (*noêsis*), das begründete Wissen, das man annimmt, weil es gar nicht anders geht als so, die »Evidenz«, könnte man auch sagen: »sich ein Urteil bilden« und »Evidenz«, was so viel wie »klare Einsicht« heißt, zeigen nun auch den Bezug zum Höhlengleichnis und dem Bereich der künstlich von Menschen gebildeten Gegenstände in der Höhle einerseits und dem Bereich des klar im Sonnenlichte vor der Höhle zutage Liegenden andererseits.

Tatsächlich wird diese Parallele in den platonischen Benennungen der Unterteile der Linie noch deutlicher: Der kleinere Teil des »Meinungs-Abschnitts« der Linie steht nämlich für die *eikasia*, das heißt für die bloße »Vermutung«, deren Bezugsgegenstände die menschlichen (Ab)Bilder sind, und diese wiederum gleichen den menschengemachten Schattenbildern an der Wand im »Höhlengleichnis«. Was Platon mit solch einer bildbezogenen »Vermutung« kritisch anzeigt, kann man sich vielleicht am besten an dem extremen Fall klar machen, in dem wir uns ein Bild von einem anderen Menschen machen und diesen dann an diesem vorgefertigten Bild weiterhin beurteilen, ohne auf die nähere Erkenntnis seines »wahren Ichs« noch groß Mühe zu verwenden, da dieses Bild so schön passgenau zu sein scheint und extrem handhabbar ist, zum Umgang mit diesem Menschen offenbar auch ganz gewinnbringend taugt. Wer an Bildern festhält, ohne einzusehen, dass sie nur als Anzeichen für die Wirklichkeit fungieren, die sie darstellen sollen, bleibt also wie in Fesseln befangen. Das kann auch Aufschluss über Platons Verhältnis zu seinen eigenen Bildentwürfen wie den »Gleichnissen« geben und mag als eine Kautele Platons dazu gelesen werden. Die Höhle und die Linie sind nur künstliche Bilder und gehören somit selbst in den

Bereich der *eikasia*.[32] Die schattenwerfenden Artefakte der Höhle werden dagegen im zweiten Unterteil der *doxa*-Halblinie als der Bereich der *pistis* (»Glauben«) bezeichnet und was jedenfalls einen bloßen Vermutungsverlass auf eine Meinung kennzeichnen soll – etwa durch Indizien vielleicht, aber keinesfalls durch evidente Gründe o.ä. Die Beschäftigungsgegenstände der *pistis* sind die körperlichen, »anfassbaren« Dinge, nach denen hier geurteilt wird. Aus dieser *pistis* jedenfalls ergibt sich aber die menschliche bilderhafte Meinung schattenartig. Platons Standpunkt nimmt kaum Wunder, wenn man sich an ein anderes Bild erinnert, das Platon im *Timaios* (29a) einführt: Der »Erschaffer« der materiellen Welt sei eine Art göttlicher »Handwerker«, ein »Demiurg«, der den Kosmos als Abbild des Ideenkosmos künstlich geschaffen habe. Dieser Kosmos ist daher bereits selber ein Artefakt (wie die schattenwerfenden Gegenstände in Platons Höhle), etwas künstlich Gemachtes. – Das also ist der Bereich, in welchem sich die Menge der Menschen nach Platon befangen findet: Sie bilden sich ihre eigenen Meinungen und ihr Leben danach, als ob es Wahrheit wäre, was sie vermeinen, dabei entzünden sie sich nur einen matten künstlichen und gänzlich von ihrem technischen Umgangspotential manipulierbaren Wahrheitsstatthalter, wie das Feuer. (Ein Spruch von Heraklit mag für dieses Bild Pate gestanden haben.)

Platon macht mithin einen Unterschied zwischen »Faktum« (wörtlich: »Gemachtem«) und Wahrheit. Deren Erkenntnis widmet er sich erst mit dem längeren Hauptteil der Linie. Dieser weist als Unterteilungen zum einen die *dianoia* auf, das diskursive »Verstand(en)haben«, und zum anderen als längsten Teil der Linie die *epistêmê*, also das eigentliche »Wissen«. Hier insbesondere ersieht man, warum es ungleiche Teile sein müssen, die Platons Linie untergliedern: die größere Länge steht für die höhere Intensität oder »Stufe« der Einsicht. Die Gegenstände der *dianoia* sind dabei die mathematischen »Figuren« oder »Größen«. Sie lehren, wie man denkerisch mit Dingen umgeht, die keine »Fakten« sind und die (nach Platon: deswegen) immer wahr sind, da sie immer und ohne Varianzmöglichkeit so sind, wie sie sind: 2 + 2 ist immer gleich 4, gestern, heute, morgen, hier oder anderswo, ob ich das denke oder irgendein anderer. Das ist die große Einübung in den denkerischen Umgang mit der Wahrheit, wie ihn der Bereich der *epistêmê* bietet:

---

[32] Kunst sei nur eine Vermittlerin des Unaussprechlichen, meinte Goethe, und Platon ist als Erzähler kunstvoller Mythen und Gleichnisse offenbar ähnlicher Meinung.

Denn während die Zahlen »nur den Traum vom Sein haben«, gibt es Erkenntnisgegenstände, die wahrhaft und immer seiend sind und deren Erkenntnis die Erkenntnis von der gesamten Welt erschließt. Das sind die platonischen »Ideen«.

Grob gesagt leisten Ideen für die Erklärung der Welt, wie sie insgesamt ist, dasselbe wie Zahlen für die Welt, insofern sie quantitativ fassbar ist. Alles quantitativ fassbare Sein lässt sich in Absehung von den konkreten Dingen und in Hinwendung zu den ewigen, objektiven und rein zahlenmäßigen Verhältnissen mathematisch in seinen quantitativen Zuordnungen berechnen. Die Mathematik erlaubt somit, ohne mit den konkreten Dingen umzugehen, die quantitativ begreifbaren Beziehungen zwischen ihnen rational, exakt und sparsam zu bestimmen. Gegenüber der Ideenlehre, die das gesamte Sein der Dinge rational begründend vollkommen zu bestimmen vermag, verhält sich die Mathematik nach Platon somit wie das zweidimensionale Spiegelbild zum körperlichen Gegenstand, womit wiederum die Parallele zum Höhlenbild gegeben ist. Im Unterschied zur Mathematik kann die Ideenlehre auch für alle qualitativen Bestimmungen, für das Wie und sogar für das Warum der Dinge, eine vernünftig eindeutig fassbare Maßgabe aller Dimensionen ihres Seins vorlegen. An die Stelle der apriorisch begriffenen und den einzelnen quantitativen Bestimmungen der Dinge zuvor liegenden Zahlen rücken hier in einer das Gesamt der Wirklichkeit umgreifenden Erklärung die Ideen als apriorisch erfasste und allen im Einzelnen der Dinge verwirklichten qualitativen Wesensbestimmungen. Und an die Stelle der Mathematik als der Wissenschaft von den zahlenmäßigen Zuordnungen rückt im Bereich der *epistêmê* nun die Dialektik als die Wissenschaft von den inneren Zuordnungen, Verflechtungen und gegenseitigen Ergänzungsverhältnissen im Ideenkosmos (*Politeia* 476e). Im Vergleich mit der nur hinführenden Zahlenwissenschaft ist demnach mit den Ideen die ökonomischste Erklärung für die gesamte Weltwirklichkeit gegeben: Ähnlich wie der mathematisch Gebildete die unabweisbare Richtigkeit des Verhältnisses $2 + 3 = 5$ auf alle möglichen verschiedenen Einzelfälle – Äpfel, Menschen, Versuchsanordnungen, usw. – anwenden kann, ohne die Rechnung an jedem neuerlich erprobend durchführen und überprüfen zu müssen, so kann der »Wissende« alle Einzelfälle der Werdewelt durch das einmalige Eingesehenhaben der dafür zuständigen Ideen erklären. Zur Dialektik der Ideen gehört dann auch die Konvergenz aller Ideenzusammenhänge auf das Gute hin. Die *epistêmê* der Ideen ermöglicht es also, Paradigmen, d.h. für alles zutreffend anwendbare »Deklinationsmuster«, für die Vielzahl der Einzeldinge und Einzelfälle der Werdewelt sicher zu erkennen, und damit das exakte und intakte, alle inhaltlichen und formalen Bestimmungen umfassende Weltvorbild für die empirisch erfahrbare. Tatsächlich ist *paradeigma*, also »Vorbild« oder »Urbild«, eines der Synonyme, die Platon aspektuell variiert für »Idee« verwendet.

5.3. Das »Sonnengleichnis« (506b-509b)

Die Teilung in Höhlenwelt und Oberwelt, Linienteil *doxa* und Linienteil *noêsis* setzt sich auch in Platons drittem Bildangebot fort (vgl. nochmals Abb. 2). Es schließt an die positiven Assoziationen über die Sonne an, die das »Höhlengleichnis« hervorruft, relativiert diese aber auch sogleich gemäß Platons Bilderlese-Kautele, indem es auch die sichtbare Sonne nur als ein Bild für das Unaussprechliche erweist. Es sei doch die Sonne, kommt Sokrates im Gespräch mit seinem Dialogpartner überein, deren Licht es uns ermöglicht, Dinge zu sehen. Und die Sonne sei doch zugleich Ursache dafür, dass die Dinge, die wir sehen, wachsen, gedeihen und werden. Schließlich sei doch die Sonne auch das ordnungsgebende Gestirn, welchem wir den festen Rhythmus von Tag und Nacht, Jahreszeiten und Jahreswechseln verdanken. Das gelte alles für den Bereich des Sichtbaren, den also, dem im Liniengleichnis die *doxa*-Portion der Linie entsprach. Im Bereich des Denkbaren allerdings gebe es auch eine derartige »Zentralinstanz«, die einerseits das Denken überhaupt erst ermögliche (als *ratio cognoscendi*) und andererseits als Grund für das Sein (als *ratio essendi*) und die inneren Ordnungsverhältnisse des Denkbaren angegeben werden kann. Dies sei das Gute selbst (*agathon*), und die sichtbare Sonne sei nur wie ein »Sprössling« dieses Guten anzusehen, das Platon hymnisch als »noch über das Sein an Würde und Kraft hinausragend« (509b) beschreibt.

Die Beschreibung dieser Idee des Guten bleibt in der *Politeia* allerdings zurückgehalten und bestenfalls andeutend. Als Interpretationshilfe kann man aber vielleicht folgenden Gedanken heranziehen: Dinge sind das, was sie eigentlich sind, immer vor allem dann, wenn sie das, was sie sind, in guter Weise sind. So sprechen wir anerkennend oder zufrieden von einem guten Messer, wenn es das ist, was ein Messer idealerweise ist: ein scharfes Schneidewerkzeug, das bequem in der Hand liegt, sich nicht schnell abnutzt und dabei noch gleichzeitig robust, rostfrei und womöglich angenehm anzusehen ist. Von einem guten Menschen sprechen wir dann, wenn der Mensch unserem Ideal der Verwirklichung aller von uns in einem Menschen als Möglichkeiten schlummernd vermuteten Vorzüge recht nahe kommt oder sie sogar erfüllt. Platons Ideen, also die »wahren Gegenstände« des Denkens, sind, verkürzt gesagt, kausal wirkende Idealbestimmungen – oder, um an den Tugendpart anzuschließen, Optimalformen – aller möglichen Dinge und ihrer Verhältnisse (wieder in der zweifachen Bedeutung von »Bestimmung« als Definition und Zieleinlösungsvorgabe). Vielleicht wäre es nicht falsch zu sagen, dass wir von »gut« nur dann sprechen, wenn das, was als gut bezeichnet wird, vollständig zu seiner Bestimmung gefunden hat, wenn es ganz zur Ruhe seiner bemängelungsfreien Eigenart gekommen ist. Man ersieht daraus, in welcher kausalen Abhängigkeit die Erkenntnis und das Bestehen idealer Bestimmungen nach Platons Ansicht von der Bestimmung des Guten abhängen. Das Gute ist diejenige Bestimmungsinstanz, ohne die eine ideale Bestimmung alles anderen nicht auszukommen scheint, anders gesagt: ohne die keine platonische Idee auskommen kann. Und das Nämliche gilt dann für die optimalen Zuordnungen der Ideen zueinander: Auch sie lässt Platon nur im Licht der Idee des Guten bestimmt sein. Dazu kommt folgende Einsicht: Gerechtigkeit ist nicht letztes Ziel allen menschlichen Handelns. Gutes schon. Die Erkenntnis des Guten bietet sich also als Maßstab aller Maßstäbe für das Herrschen und die Selbstbeherrschung an. Eingeschlossen darin ist die Erkenntnis des »gut wozu«, des teleologisch Guten als eines Aspekts des Guten überhaupt.

Platon: Politeia

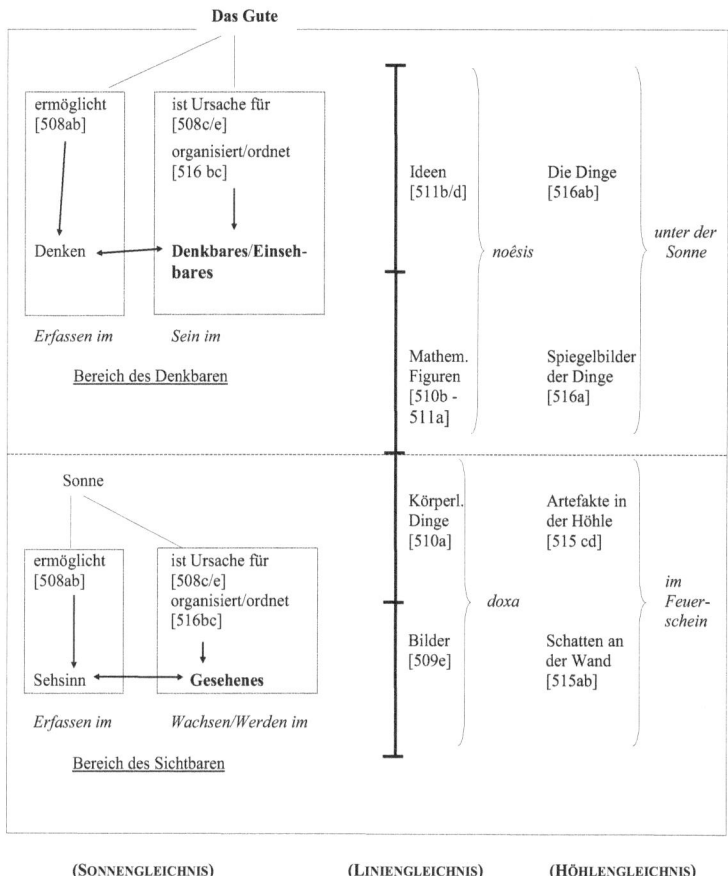

Abbildung 2. Die Gleichnisfolge in Politeia 506b – 518b

6. Der analytische »Abstieg«

Ab dem siebten Buch widmet sich der Dialog daher analytischeren Einzelfragen zur Erziehung der Wächter und den Gefahren der *polypragmosynê*. Notorisch bekannt ist daraus etwa die nähere Beschreibung der letzten Auswahlstufe für die Wächterbildung: Dazu gehört die wiederholte Forderung nach Frauengemeinschaft, gemeinschaftlicher Kindererziehung, nach einer Fünfzigjahrgrenze für die höchste Stufe der Philosophenbildung, etc.

Spätestens mit dem achten Buch wird dann die »Abwärtsbewegung« oder die mögliche »Dekonstruktion« der gesunden Polisstruktur zum Thema.[33] Dies geschieht in der Skizze von zu befürchtenden Verfallsweisen von Staatsformen, die jeweils ihre Übertragung auf den Einzelmenschen haben: Demokratie (als Auswucherungsform, in der der »Nährstand« unzuständigerweise die Funktionen der anderen beiden *genê* usurpiert), Tyrannis (als Herausbildung der Allmacht nur eines Höchsten) und Timokratie (als Herrschaft weniger selbstzentrierter Ehrsüchtiger) finden sich hier beschrieben, genauso wie der berühmte »Kreislauf der Verfassungen«, dessen Theorie darauf lastet, dass sich ein notwendiger geschichtlicher Ablösungsprozess von bestimmten Polisformen und deren Perversionserscheinungen ausmachen lässt, wobei der Perversionszustand jeweils eine neue Herrschaftsform notwendig macht, da er die Grenzen der eigenen allzu deutlich aufzeigt. So gilt Platon die Tyrannis als Pervertierung der Monarchie, die Timokratie als Pervertierung der Aristokratie etc. Alle aber lassen sich auf Abweichungen von der »Idiopragieformel« Platons erklären. Jedenfalls sind die fraglichen Passagen über die Staatsformen aber implikationsreicher, als diese bloßen Andeutungen zeigen können, und auf tiefer gehende moralische Wahrheiten, die in der Staatsformenlehre aufscheinen oder vielleicht gerade ihren eigentlichen Sinn darstellen, ist wiederholt hingewiesen worden.[34] Genauso wird hier wieder die Frage nach dem Glück gestellt und mit Hinweis auf das Gelingen der Existenzführung desjenigen beantwortet, der in psychischer Harmonie lebt.[35]

---

[33] Vgl. Frede, Dorothea (2011): Die ungerechten Verfassungen und die ihnen entsprechenden Menschen (Buch VIII 543a-IX576b), in: Otfried Höffe (Hg.): Platon, Politeia, Berlin, S. 251–270; Hellwig, Dorothee (1980): Adikia in Platons Politeia. Interpretationen zu den Büchern VIII und IX, Amsterdam.

[34] Ottmann: Geschichte des politischen Denkens, S. 57–63; Frede: Die ungerechten Verfassungen und die ihnen entsprechenden Menschen, S. 265–270.

[35] Kersting, Wolfgang: Platons »Staat«, S. 285–303.

7. Der Schlussmythos

Mythen stehen bei Platon gerne am Anfang oder am Ende eines Dialogs oder eines längeren Gedankengangs, der bildlich oder emotional gefestigt werden soll. Auch die *Politeia* endet mit einem Mythos, der die im Dialog argumentativ gewonnenen Ergebnisse erzählerisch rekapituliert.[36] Dieser Mythos handelt vom Bericht des gefallenen und aus dem Tod zurückgekehrten Soldaten Er über das, was er über das Schicksal der Seelen im Jenseits gesehen haben will.

Nur eine bestimmte Szene der Erzählung von der Reinigung, Verdammung und seligen Schau der entkörperten Seelen im Jenseits sei herausgegriffen. Sie bildet gleichsam den Kulminationspunkt des ganzen Jenseitsberichts. Die unsterblichen Seelen der Verstorbenen, so heißt es da, würden periodisch wieder ans Tageslicht geschickt, um eine neue Existenz zu führen. Welche Existenz die wiederkehrenden Seelen auf Erden führen werden, sei allein ihrer freien Entscheidung zuzuschreiben und laufe auf eine grundsätzliche Wahl folgender Art zurück (*Politeia* 617d-620e): Die Seelen haben aus verschiedenen vergangenen Leben ein gesättigtes Wissen über sich selbst gewonnen – oder zumindest hätten sie es gewinnen sollen. Diesen Seelen wird nun unmittelbar vor ihrer erneuten Inkarnation eine große Menge von »Lebenslosen« vorgelegt, die ihnen von Gott gewährt werden. Diese Lebenslose werden im Text von Sokrates erklärend als *biôn paradeigmata* bezeichnet, als »Umrisse von Lebensweisen«) oder »Lebensprojekte«. Platon erwähnt zwar in diesem Zusammenhang auch solche Lose, die tierischen Existenzen entsprechen, doch ausgeführt werden dann doch die Lebensweisen, die im Hinblick auf die Ergebnisse der vorangegangenen Argumentation als »politische«, d.h. auf verschiedene Art staatsbildende menschliche Lebensweisen, definiert worden waren: Tyrannen und Aristokraten etwa (618a), aber auch den unpolitisch Zurückgezogenen, den *idiotês*, thematisiert Platon (620cd). Bei all dem wird aber zunächst einmal kein Lebenslos als zu bevorzugendes nahegelegt. Platon lässt Sokrates nur erläutern, was für die Wahl eines richtigen Lebens im Hinblick auf das gerechte

---

[36] Vgl. dazu Cürsgen, Dirk (2002): Die Rationalität des Mythischen, Berlin, S. 88–121, sowie Blackburn, Simon (2007): Über Platon »Der Staat«, München, S. 148–151: Demnach ist die Lebenswahl der Seelen an die Stratifizierung der *genê* im Staat angeglichen, jede Seele hat also ein *forte*, demgemäß sie das ihr Zuträgliche wählt, das also, was ihr in der platonischen *genê*-Vorstellung entspricht und wo sie sich gleichsam zuhause fühlt, eine »politische Heimat« in der menschlichen Welt.

Zusammenleben vonnöten ist: Man muss wissen, so sagt er, welche Alternativen sich bieten und welche Folgen sie haben; man solle abwägen und überlegen können, was die Startchancen im Leben sind: Abkunft, Reichtum oder Armut, Bildung etc. – und in welchem Maße und in welchem Verhältnis zueinander sie zustimmungswürdig und in der gemeinschaftlichen Wirkung umsetzbar sind. Und das alles im Hinblick auf das übergeordnete Ziel des Lebens in Gerechtigkeit. Wir haben es hier also mit dem Bild einer nicht nur primordialen, sondern sogar pränatalen Entscheidungssituation zu tun, in der jeder anhand formaler Parameter in schleierlosem Wissen um seine eigenen Präferenzen eine definitive Wahl für eine bestimmte Rolle im menschlichen Gemeinwesen und für dessen gerechte Grundordnung trifft.

Bei dieser Erzählung handelt es sich um ein bildhaftes Resümee oder vorstellungshaftes Erklärmittel der Ergebnisse des Dialogs über den Staat; und zudem lastet dieser gesamte Dialog auf der Annahme einer formal austauschbaren Strukturgleichheit der Gerechtigkeit von seelischer Einzelexistenz und gemeinschaftlicher Staatsform. Daher lässt sich sagen: Diese Existenzwahl ist ein Bild für die Wahl einer Form menschlichen Zusammenlebens und der zustimmungsfähigen eigenen Einpassungsmöglichkeiten in diese Gemeinschaftsform, die man aufgrund eigener Präferenzvorgaben im Wissen um sich selbst befürworten kann. Ziel und Bestimmung dieser Gemeinschaft ist die Umsetzung von Gerechtigkeit. Jeder wählt sich selbst das Glücken seines Lebens, ein Gott gibt die Möglichkeiten, doch er überlässt dem Menschen unbestechlich die Wahl.[37] So definiert es ja Platon zu Eingang der Schrift: Ähnlich, wie es eine Bestform des Messers gibt, nämlich, ein scharfes Schneidewerkzeug zu sein, so gibt es eine Bestform des Staates: nämlich das gerechte Zusammenleben aller integrierenden Konstituenten.[38] Gleichzeitig gibt Platon somit am Ende seines großen Dialogs einen Rückblick unter den Vorzeichen der Verschränkung von Wahlfreiheit, Willensfreiheit und gemeinschaftlicher Existenzführung unter der Maßgabe des Glückens des menschlichen Lebens in einem Bild, das seinen Eindruck auf die Leserschaft kaum jemals verfehlt hat.

---

[37] Das Unbestechlichkeitsmotiv des *Gorgias*-Mythos taucht hier auf und somit gleichzeitig eine Antwort auf die Vorstellung des Adeimantos über die Erpressbarkeit oder Käuflichkeit der Götter in 365e.
[38] Vgl. Stephen Halliwell: The Life-and-Death Journey of the Soul: Interpreting the Myth of Er, in: G.R.F. Ferrari (Hg.): The Cambridge Companion to Plato's Republic, S. 445–472.

8. Zusammenfassung

Platons »Staatenbildungslehre« in der *Politeia* stellt eher ein heuristisches Vorgehen denn eine eigene »Lehre« vor. Denn die Bestform oder »Tugend« der Polis (432b) ist dieselbe wie die des Einzelmenschen, nämlich, die »Bestimmung« der Gerechtigkeit zu erfüllen. Diese gilt dabei als innere Ordnung, die garantiert, dass die einzelnen Fähigkeiten jedes der einzelnen Konstitutionselemente, der *genê*, wie Platon sagt, ihren angestammten Platz einnehmen, ohne mit anderen zu interferieren und wie sie zusammen mit dem Ganzen, das sie bilden, somit zur jeweils eigenen Bestform zu gelangen, einer Bestform, die auch zur Bestform der Existenz, nämlich zu deren Glücken, hinzuführen gedacht ist. Deshalb schließt die *Politeia* mit den Worten, dies alles sei beschrieben worden, *hina ... eu prattômen*, »auf dass wir glücklich seien« – oder: »damit wir gut handeln«, wie man denselben Ausdruck auch übersetzen könnte.

Literaturverzeichnis

Annas, Julia (1981): An Introduction to Plato's Republic, New York.
Blackburn, Simon (2007): Über Platon »Der Staat«, München.
Büttner, Stefan (2000): Die Literaturtheorie bei Platon und ihre anthropologische Begründung, Tübingen.
Cürsgen, Dirk (2002): Die Rationalität des Mythischen, Berlin.
Ferrari, G.R.F. (Hg.) (2007): The Cambridge Companion to Plato's Republic, Cambridge.
Frede, Dorothea (2011): Die ungerechten Verfassungen und die ihnen entsprechenden Menschen (Buch VIII 543a-IX576b), in: Otfried Höffe (Hg.): Platon, Politeia, Berlin, S. 251–270.
Hadot, Pierre (1999): Wege zur Weisheit, Berlin.
Halliwell, Stephen (1997): The Republic's Two Critiques of Poetry, in: Otfried Höffe (Hg.): Platon, Politeia, Berlin, S. 313–332.
Hellwig, Dorothee (1980): Adikia in Platons Politeia. Interpretationen zu den Büchern VIII und IX, Amsterdam.
Höffe, Otfried (^{3}2002): Politische Gerechtigkeit. Grundlegung einer kritischen Philosophie von Recht und Staat, Frankfurt/M.
Kersting, Wolfgang (^{2}2006): Platons »Staat«, Darmstadt.
Köhler, Michael (2002): Gerechtigkeit als Grund der Politik. In: Deutsche Zeitschrift für Philosophie. Sonderband 3, S. 25–40.
Ottmann, Henning (2001): Geschichte des politischen Denkens. Band 1/2: Die Griechen. Von Platon bis zum Hellenismus, München.

Schäfer, Christian (2007): Art. »Polis«, in: Christian Schäfer (Hg.): Platon-Lexikon, Darmstadt, S. 228–233.
Schäfer, Christian (2007): Art. »Gerechtigkeit«, in: Christian Schäfer (Hg.): Platon-Lexikon, Darmstadt, S. 131–135.
Schofield, Malcom (2007): The Noble Lie, in: G.R.F. Ferrari (Hg.): The Cambridge Companion to Plato's Republic, S. 138–164.
Sedley, David (2007): Philosophy, the Forms, and the Art of Ruling, in: G.R.F. Ferrari (Hg.): The Cambridge Companion to Plato's Republic, S. 256–283.
Spaemann, Robert (1997): Die Philosophenkönige (Buch V 473b-VI 504a), in: Otfried Höffe: Platon, Politeia, Berlin, S. 161–177.
Taylor, C.C.W. (1997): Plato's Totalitarism, in: Richard Kraut (Hg.): Plato's Republic: Critical Essays, S. 31–48.
Williams, Bernard (1997): The Analogy of City and Soul in Plato's Republic, in: Richard Kraut (Hg.): Plato's Republic: Critical Essays, Lanham, S. 49–60.

Leitfragen

1. *Beschreiben Sie, wie Platons Idealstaat aufgebaut ist, wobei Sie die »Stände« und ihnen zukommenden genê berücksichtigen.*

2. *Begründen Sie, warum der Idiopraxie-Ansatz nicht mit »Jedem das Seine« gleichzusetzen ist.*

3. *Legen Sie die Kernaussagen der drei Gleichnisse dar! Zeigen Sie Unterschiede und Gemeinsamkeiten in diesen auf.*

4. *Erläutern Sie, wie sich die Struktur des Auf- und Abstieges der Gleichnisse auch im Aufbau des Werkes wiederfindet.*

Reflexionsfrage: Halten Sie Platons Entwurf eines idealen Staates für eine gelungene Utopie?

Johannes Hübner

Aristoteles: Nikomachische Ethik

Die Nikomachische Ethik ist im Vergleich zu anderen aristotelischen Abhandlungen ein wohlorganisiertes und methodisch reflektiertes Ganzes, das von mehreren Ausgangspunkten die Frage nach dem Glück umkreist. Wenn man die (nicht von Aristoteles selbst stammende) Einteilung in zehn Bücher zugrunde legt, kann man die Gliederung so beschreiben: Buch I stellt die Leitfrage nach dem Glück und skizziert die Antwort, wonach Glück in vernünftiger Tätigkeit nach Maßgabe der Tugend oder der Tugenden besteht. Der Rest des Werks führt diese Antwort weiter aus, wobei die Differenzierung der Tugenden in charakterliche und intellektuelle Tugenden leitend ist. Die Bücher II-V behandeln allgemein und im Detail die Charaktertugenden und führen Grundbegriffe der Handlungstheorie ein (III.1-8), während Buch VI den intellektuellen Tugenden gewidmet ist. Anschließend erörtert Aristoteles diejenigen charakterlichen Einstellungen, die man zu meiden hat, insbesondere Unbeherrschtheit und Laster (VII.1-11), und diskutiert weitere Elemente des guten Lebens, nämlich Lust (VII.12-15, X.1-5) und Freundschaft (VIII und IX). Schließlich wird die theoretische Reflexion als diejenige Art vernünftiger und tugendgemäßer Tätigkeit bestimmt, in der das Glück im besten Fall besteht (X.6-9), sowie die Frage nach der praktischen Verwirklichung der gewonnenen Einsichten aufgenommen (X.10).

1. Einordnung, Aufbau und Titel der Nikomachischen Ethik

›Glück‹ (*eudaimonia*) und ›Tugend‹ (*aretê*) sind die Leitbegriffe der gesamten antiken Ethik. Die zentrale Frage, was das Glück ausmacht, zielt auf das glückliche oder gelingende Leben ab: Worin besteht für den Menschen das gute Leben? Wie muss man sein, um glücklich zu sein? Von Sokrates und Platon an setzt die Antike auf die innere Verbindung von Glück und Tugend: Man muss tugendhaft sein, um ein gutes Leben zu führen. Die Agenda der antiken Ethik ist durch die Fragen bestimmt, was Tugend ist, wie man sie erwirbt und in welchem Maß ihr Erwerb eine intellektuelle Angelegenheit ist.

Aristoteles (384–322 v. Chr.) steht mit beiden Beinen in dieser Tradition. Der Einfluss seines Lehrers Platons ist in der *Nikomachischen Ethik* besonders stark; er wird in der vorliegenden Einführung durch Verweise auf Parallelstellen nachvollziehbar gemacht. Aristoteles entwickelt seine Ethik im Rahmen einer Auffächerung der wissenschaftlichen Disziplinen, die sich in erster Linie an den Zielsetzungen orientiert, ferner an den Gegenstandsbereichen und Methoden. Während theoretische Wissenschaften wie Mathematik und Physik um der Erkenntnis willen betrieben werden, dienen praktische Wissenschaften dem Handeln. Die Ethik ist eine praktische Disziplin, denn ihr »Ziel ist nicht Erkenntnis, sondern Handeln« (I.1 1095a5f.).[1]

Sie soll unter anderem dann Orientierung geben, wenn man über das eigene Glück reflektiert und Entscheidungen mit weitreichenden Konsequenzen treffen muss. Der genuin praktischen Zielsetzung gemäß schenkt Aristoteles der Frage viel Aufmerksamkeit, wie man tugendhaft und glücklich wird. Da die Bedingungen dafür nicht vollständig in der Macht des Einzelnen und auch nicht in der eines Familienverbundes liegen, sondern nur in einer Polis sichergestellt werden können, begreift Aristoteles wie Platon den guten Gesetzgeber als Erzieher zur Tugend[2] und bezeichnet seine ethische Untersuchung als »eine Art von politischer Wissenschaft« (I.1 1094b11).

Auch wenn zwei weitere ethische Schriften als aristotelisch überliefert sind, nämlich die *Eudemische Ethik* und die (meist einem seiner Schüler zugeschriebenen) *Magna Moralia* (›Große Ethik‹ – der Titel kontrastiert mit der Kürze des Werks), gilt die *Nikomachische Ethik* als »die« ethische Abhandlung des Aristoteles. Wie fast alle seiner überlieferten Werke war die *Nikomachische Ethik* für den Gebrauch im philosophischen Unterricht bestimmt und nicht zur weiteren Verbreitung über die Schulgrenzen hinaus vorgesehen. Es handelt sich wohl um Studien und Vorlesungstexte zu einem bestimmten Thema, die Aristoteles wiederholt überarbeitet und ergänzt hat. Daraus resul-

---

[1] Stellennachweise ohne Werkangabe beziehen sich stets auf die *Nikomachische Ethik*. Die Übersetzungen stammen vom Autor und sind mit der Übersetzung von Frede (2020) abgeglichen. Belege zu Aristoteles werden gemäß der klassischen Werkausgabe von Immanuel Bekker mit Seitenzahl, Spalte und Zeile(n) angeführt. Die Kapiteleinteilung folgt Bekker; englischsprachigen Übersetzungen und Kommentaren liegt öfters eine andere Einteilung zugrunde.
[2] II.1 1103b3f.; V.5 1130b25f. In Platons *Kriton* 51e werden die Gesetze als Erzeuger und Erzieher der Bürger verstanden. Vgl. *Gorgias* 464bc, 502d-503a, 521d.

tieren gewisse Eigenarten in Stil und Aufbau: Einige Ausdrücke und Thesen werden sehr knapp eingeführt, andere Themen werden umständlich oder auch mehrfach und abweichend behandelt. Die Bücher V-VII sind nach der Überlieferung identisch mit den Büchern IV-VI der *Eudemischen Ethik*, was man mit der dominierenden Experteneinschätzung erklären kann, dass diese das frühere Werk sei, aus dem sich Aristoteles später bedient habe.

2. Glück und Lebensform

Die *Nikomachische Ethik* setzt mit der Beobachtung ein, dass das menschliche Handeln zielorientiert ist, und gelangt durch zwei Schritte zur Frage nach dem Glück. Zunächst führt Aristoteles einen elementaren begrifflichen Zusammenhang ein: Das Ziel (*telos*), auf das eine Disziplin, ein Verhalten oder eine Einstellung aus ist, ist das Gut (*agathon*) oder der Wert, der erreicht werden soll (I.1 1094a2f.). Der zweite Schritt ist eine Reflexion über die Zielstruktur des Handelns. Typischerweise lassen sich unter- und übergeordnete Ziele unterscheiden. Zum Beispiel steckt man Geld ein, um später eine Fahrkarte lösen zu können; man kauft die Fahrkarte, um die U-Bahn benutzen zu können; man fährt mit der U-Bahn, um zur Universität zu gelangen; man sucht die Universität auf, um in der Bibliothek ein Buch einzusehen. Derartige Hierarchien von Zielen bestimmen nicht nur das individuelle Handeln, sondern, wie Aristoteles betont, auch die Organisation von technischen Disziplinen: Die Sattlerei dient dem Ziel der Reitkunst, die Reitkunst wiederum ist dem Ziel der Kriegsführung untergeordnet (1094a11–13).

Die Zielstruktur erlaubt eine spezifische Form der Erklärung, nämlich die sogenannte teleologische Erklärung, also die Angabe eines Ziels. So macht das beabsichtigte Ziel, in der Bibliothek etwas nachzuschlagen, die vorausgehenden Handlungen verständlich; das Wesen der Sattlerei kann mit Bezug auf das Ziel der Reitkunst erläutert werden. Man kann teleologische Erklärungen mehr oder weniger weit fortsetzen. Könnte man sie jedoch *unbegrenzt* fortsetzen und würde jede Angabe eines Ziels ein neues ›und warum willst du das?‹ oder ein ›und wozu ist das gut?‹ nach sich ziehen, so würde sich das zu Erklärende nicht erschließen, der Sinn des Ganzen bliebe unklar (1094a20f.). Mit der Annahme der Verständlichkeit des menschlichen Verhaltens ist daher die Annahme von wenigstens einem Ziel notwendig, das nicht wieder übergeordneten Zielen dient, sondern um seiner selbst willen verfolgt wird. Die Leitfrage der *Nikomachischen Ethik* ist, worin ein solches Ziel bestehen könnte. Was ist, mit den Worten des Aristoteles, das »Gute und Beste«, was ist das »menschliche Gute«? (1094a22, 1094b7)

Dabei geht es um den höchsten Wert, den ein Mensch durch Handeln erreichen kann (*prakton agathon*), und nicht einfach um den höchsten Wert überhaupt. Die Einschränkung ist wichtig, denn für Aristoteles gibt es Werte, die unabhängig davon bestehen, ob der Mensch sie erreichen kann. Überdies sind manche (angeblich) höchste Werte für seine Fragestellung irrelevant. In diesem Punkt setzt Aristoteles sich von seinem Lehrer ab: Selbst wenn es so etwas wie die Platonische Idee des Guten gäbe, wäre sie nach Aristoteles für ethische Belange zwecklos, denn die Idee wäre »für den Menschen nicht durch Handeln realisierbar und erreichbar – aber nach etwas Derartigem wird hier gesucht« (I.4 1096b34f.).

Das höchste Gut im Bereich des menschlichen Handelns ist nichts anderes als das Glück: »sowohl die gewöhnlichen als auch die kultivierteren Leute bezeichnen es als Glück und sie nehmen an, dass das Glücklichsein dasselbe ist wie das gute Leben und das Wohlergehen.« (I.2 1095a18f.) Die Gleichsetzung des letzten Ziels des Handelns mit dem Glück leuchtet ein. Wenn jemand eine U-Bahnfahrt mit dem Ziel erläutert hat, in der Bibliothek ein Buch einzusehen, ist es sinnvoll weiter zu fragen, welchem Ziel die Lektüre dient. Wenn aber eine Person erklärt hat, sie habe das und das getan, um glücklich zu sein, ist das Ende des sinnvollen Weiterfragens erreicht. Wir Menschen wollen nicht glücklich sein, um damit etwas anderes zu erreichen, sondern wir wollen glücklich sein. Darauf will Aristoteles hinaus, wenn er das Glück als ein »vollkommenes« Ziel beschreibt (I.5 1097a25-b5). Überdies sei es insofern »autark«, als es allein hinreiche, das Leben wünschenswert und frei von Mangel zu machen (I.5 1097b6–21).

Auch wenn in der Erklärung von Handlungen mit der Berufung auf das Glück eine letzte Antwort erreicht ist, erklärt die Antwort wenig, weil sie bloß formal ist. Das Ziel glücklich zu sein gibt keine konkreten Handlungsziele vor und kann nicht direkt angesteuert werden, sondern bedarf einer Interpretation. Um das Glück verfolgen zu können, muss die einzelne Person eine Auffassung davon haben, worin das Glück für sie besteht. Eine solche Interpretation wird im Rahmen einer Lebensform (*bios*) gegeben, für die man sich bewusst entscheiden kann, der man aber auch unreflektiert hingegeben sein kann.[3] Eine Lebensform besteht aus einer Identifikation des höchsten Werts oder der höchsten Werte und einer Organisation des Lebens, die sich an diesem Wert oder diesen Werten orientiert. Aristoteles zufolge können wir dem menschlichen Verhalten drei hervorstechende Lebensformen ablesen: die hedonistische, die politische und die theoretische Lebensform. Sie setzen den höchsten Wert jeweils mit der Lust, der Ehre und der theoretischen Reflexion gleich (I.3). Was aber ist die beste Lebensform für den Menschen?

Man darf, wie Aristoteles wiederholt betont, von der Antwort keine mathematische Exaktheit und Begründung verlangen. Da sich die Menschen in ihren natürlichen Anlagen, Lebensumständen und Werten unterscheiden, muss man mit einem »Umriss« und mit Schlussfolgerungen zufrieden sein, die nur »im Großen und Ganzen« (*hôs epi to poly*) zutreffen (I.1 1094b19–22). Aristoteles geht es nicht um ein bis ins Detail festgelegtes Ideal, sondern um ein Modell, dessen Verwirklichung individuelle Schattierungen erlaubt.

3. Die Funktion des Menschen

Der entscheidende Schritt in der Antwort ist eine an Platon anknüpfende Überlegung in I.6, die auf das *ergon*, d.h. die besondere Funktion oder Leistung des Menschen abstellt und daher »*ergon*-Argument« genannt wird.[4] Erstmals in der *Nikomachischen Ethik* erhält der zweite Leitbegriff, der Begriff der Tugend, seine tragende Rolle, indem ein funktionaler Begriff des Guten entwickelt wird. Aristoteles' Ziel ist eine einfache Gleichsetzung: Die beste Lebensform für den Menschen, das *Gute für den Menschen*, ist eben das, *wofür der Mensch gut* ist, die Lebensform, zu der er besonders geeignet ist. Das Argument geht von der Prämisse aus, dass Dinge verschiedener Art verschiedene spezifische Funktionen haben, also für verschiedene Leistungen geeignet sind. Das soll nicht nur für technische Experten wie den Baumeister und für Organe wie das Auge gelten, sondern auch für den Menschen als solchen. Die zweite Prämisse identifiziert die artspezifische Funktion des Menschen als eine »Tätigkeit der Seele,

---

[3] Zum Begriff der Lebensform vgl. Platon, *Gorgias* 500c.
[4] Zum Platonischen Vorbild vgl. *Politeia* 352d–354a. Auch die *Eudemische Ethik* II.1 1218b32–1219a35 enthält eine Version des *ergon*-Arguments.

die nach Maßgabe der Vernunft oder jedenfalls nicht ohne Vernunft« erfolgt (1098a7f.). Schließlich stützt sich Aristoteles auf den funktionalen Begriff des Guten, wonach das Gute für die Mitglieder einer Art in ihrer spezifischen Leistung bestehe, genauer in der tugendhaften oder exzellenten Ausübung der Leistung (1098a15). Die Tugend ist die Beschaffenheit, durch die etwas seine Funktion in exzellenter Weise erfüllen kann (II.5 1106a15–17). Im Ergebnis erweist sich »das menschliche Gute als Tätigkeit der Seele nach Maßgabe ihrer Tugend; wenn es mehrere Tugenden gibt, dann gemäß der besten und vollkommensten« (I.6 1098a16-18). Wenn man die populäre, auch bei Platon anzutreffende Dreiteilung der Güter in äußere (Ehre, politischer Einfluss, materielle Güter), körperliche (Gesundheit, Schönheit, Stärke) und innere oder psychische zugrundelegt, erweist sich das höchste als ein psychisches Gut (I.8).[5]

Das *ergon*-Argument ist grundlegend, weil es die so zentrale Verbindung zwischen Glück und Tugend etabliert. Es hat in der Forschung besondere kritische Aufmerksamkeit erfahren. Ein erster Einwand nimmt Anstoß an der Idee einer spezifischen Funktion des Menschen und macht geltend, dass Dinge Funktionen nicht auf Grund ihrer Zugehörigkeit zu natürlichen Arten haben, sondern allenfalls deshalb, weil intelligente Wesen ihnen Funktionen zuweisen. – Demgegenüber kann man Aristoteles damit verteidigen, dass Menschen aufgrund ihrer Vernunft Fähigkeiten haben, die sich bei keiner anderen Art finden.

Ein zweiter Vorwurf diagnostiziert im Übergang von der Frage nach dem guten Leben zum funktionalen Begriff des Guten eine Konfusion, weil das für den Menschen gute Leben einfach etwas anderes als das sei, wofür der Mensch gut sei.[6] Ein Beleg für den Unterschied besteht darin, dass der funktionale Begriff des Guten es erlaubt, von einem guten Menschen in einer ähnlichen Weise wie von einem guten Messer zu sprechen: Ein guter Mensch ist ein solcher, der exzellent darin ist, die mit dem Menschsein verbundenen Anforderungen zu erfüllen, wie auch ein Messer eben dann gut ist, wenn es exzellent zum Schneiden geeignet ist. Warum sollte ein in diesem Sinn guter Mensch auch ein gutes Leben haben? – Darauf kann man mit einer Gegenfrage reagieren: Wie anders sollte man erklären, welches Leben gut für die Menschen ist, wenn nicht mit Rücksicht auf

---

[5] Vgl. z.B. Platon, *Gorgias* 467e; *Menon* 87e-88a.
[6] Vgl. Glaasen (1957).

ihre besonderen Fähigkeiten? Allgemein geht es Lebewesen einer Art eben dann gut und ist eine Lebensweise gut für sie, wenn sie das ihnen gemäße Leben führen. Und das ist eben die Lebensführung, zu der sie besonders befähigt sind. Deshalb sollte ein im funktionalen Sinn guter Mensch auch ein gutes Leben haben.

4. Die Unterscheidung von ethischen und intellektuellen Tugenden

Die Bestimmung des Glücks als Tätigkeit der Seele nach Maßgabe der Tugend oder der besten Tugend ist, wie Aristoteles sagt, lediglich eine »Skizze« (I.7 1098a20), die offensichtlich zu weiteren Fragen führt: Was genau ist die Tugend, oder besser, was sind die Tugenden, die mit der menschlichen Vernunft zu tun haben? Und welche ist die beste? Das Kapitel I.13 widmet sich der näheren Bestimmung der psychischen Vermögen des Menschen und führt eine grundlegende Differenzierung der Tugenden ein. Die spezifisch menschlichen Tugenden sind exzellente Beschaffenheiten derjenigen Vermögen, die in irgendeiner Weise vernünftig sind.

Die Teilhabe an der Vernunft kennt zwei wesentlich unterschiedene Modi, denen zwei unterschiedliche psychische Vermögen entsprechen. Aristoteles begründet das mit einer Strategie, die von Platon stammt und auf das Phänomen psychischer Konflikte abstellt. Da überall, wo Konflikte herrschen, wenigstens zwei widerstreitende Parteien am Werk sein müssen, zeigen innerpsychische Konflikte innerpsychische Vielfalt an.[7] Solche Konflikte sind typisch für beherrschte und unbeherrschte Charaktere. Die Vernunft, über die beide verfügen, gibt ein korrektes Urteil darüber, worin das richtige Handeln besteht. »Aber in ihnen erscheint neben der Vernunft von Natur noch etwas anderes, was gegen die Vernunft kämpft und sich ihr widersetzt.« (I.13 1102b16–18) Aristoteles bezeichnet das Widerspenstige als das »Begehrende und überhaupt das Strebende« (1102b30) und identifiziert es mit dem Sitz der Emotionen und des Charakters. Wenn z.B. die Vernunft einer gekränkten Person dazu auffordert, keine Rache zu üben, lehnt sich die Rachsucht dagegen auf. Der Unterschied zwischen beherrschten und unbeherrschten Personen liegt darin, welche Partei in dem Konflikt die Oberhand behält: Die Beherrschte fügt sich wider-

---

[7] Vgl. Platon, *Politeia* 436a-441c.

strebend und den Emotionen zum Trotz dem vernünftigen Urteil, die Unbeherrschte handelt ihm zuwider.

Also muss man das rationale Vermögen des Urteilens vom emotionalen Vermögen des Strebens und analog zwei Weisen der Teilhabe an der Vernunft unterscheiden. Das eine besitzt die Vernunft, das andere »kann auf sie hören, wie man auf den Vater hören kann« (1103a3) – und ihr den Gehorsam versagen. Den beiden Vermögen entsprechen zwei Gattungen der menschlichen Tugenden, da eine Tugend ja in der exzellenten Eignung eines Vermögens besteht. Die Tugenden der Vernunft – es handelt sich um mehrere Tugenden, da die Vernunft eine Mehrzahl von Vermögen einschließt – sind die dianoetischen oder intellektuellen Tugenden, die Tugenden der emotionalen Fakultät sind die ethischen oder charakterlichen Tugenden, weil die emotionalen Reaktionsweisen den Charakter (*êthos*) ausmachen.

Die Emotionen sind in einer spezifischen Weise vernunftgemäß: Sie unterliegen der rationalen Bewertung, auch wenn sie nicht als Vernunftvermögen gelten können; z.B. kann Ärger begründet oder unbegründet sein, Eifersucht angebracht oder grundlos. Mit den einzelnen Emotionen sind Einstellungen des Strebens und Meidens verbunden, wenn z.B. die gekränkte Person sich rächen möchte. Die Bewertung der Emotionen überträgt sich auf die Handlungen, zu denen sie eventuell den Impuls geben: Eine Handlung, die aus grundloser Eifersucht heraus vollzogen wurde, ist unberechtigt. Die Verknüpfung von Emotion und Handlungsimpuls und die Teilhabe an der Vernunft machen einsichtig, warum die charakterlichen Tugenden und allgemein die Charaktereigenschaften für das menschliche Handeln so wichtig und Gegenstand der rationalen Bewertung sind.

Die weiteren Schritte der *Nikomachischen Ethik* sind durch Buch I vorgezeichnet: Die ethischen Tugenden, die intellektuellen Tugenden und ihr relativer Wert sind zu untersuchen, damit die Frage nach der besten Lebensform beantwortet werden kann.

5. Die Definition der ethischen Tugend

Emotionen oder, wie Aristoteles sie nennt, »Affekte« (*pathê*) bereiten Lust oder Schmerz und sind typischerweise mit Vorstellungen verbunden, die ebenfalls angenehm oder unangenehm sind. Die Vorstellung vom verprügelten Rivalen ist dem Eifersüchtigen angenehm.

Lust schließt nicht nur körperliche Lust ein, sondern auch so etwas wie Wohlbehagen, die Freude am richtigen Handeln und intellektuelles Vergnügen; Entsprechendes gilt für den Schmerz. Lustgewinn (unter Einschluss der Schmerzvermeidung) ist eines der wichtigsten Motive des menschlichen Handelns und wird daher von Aristoteles so ernst genommen, dass er die Lust als »Bezugspunkt der ganzen Abhandlung« (II.2 1105a6) auszeichnet. Seiner Ansicht nach wäre es verfehlt, die Gefühle und das Verlangen nach Lust abtöten zu wollen; Empfindungslosigkeit ist ein Schimpf (II.2 1104a24) und kein Vorzug, wie diejenigen meinen, welche die Tugenden fälschlich mit Freiheit von Affekten (*apatheia*) gleichsetzen (II.2 1104b24), d.h. mit emotionalem Unbeteiligtsein.[8] Es kommt nicht darauf an, die Emotionen und das Luststreben abzuschaffen, sondern sie in der richtigen Weise zu haben. Genau das ist die Aufgabe der ethischen Tugenden: Als exzellente Beschaffenheit des emotionalen Vermögens ist eine ethische Tugend die richtige Disposition (*hexis*) zu gewissen Emotionen, die Tapferkeit etwa zu Angst und Zuversicht. Wer in einer Situation emotional in der richtigen Weise reagiert, hat das richtige Handlungsmotiv und wird sich tendenziell richtig entscheiden und richtig handeln. Deshalb bezieht sich die ethische Tugend nicht nur auf Emotionen, sondern auch auf Entscheidung und Handlung (II.4 1106a3f., II.5 1106b16f.).

Welche Disposition ist richtig? Hier führt Aristoteles die berühmte Rede von der *Mitte* (*meson, mesotês*) ein: Richtig ist die Einstellung, welche die Mitte zwischen einem Zuviel und Zuwenig hält, wobei die Mitte von Situation zu Situation verschieden sein kann. Aristoteles meint eine »Mitte relativ auf uns« und erläutert das mit einem Vergleich aus dem Sport: Dieselbe Menge an Nahrung ist für die Leistungssportlerin zu wenig und für die Anfängerin zu viel (II.5 1106a36-b7), d.h. die Mitte zwischen Zuviel und Zuwenig variiert von Fall zu Fall. Die ethische Tugend führt zur emotionalen Reaktion, die relativ auf uns, d.h. relativ auf unsere konkrete Handlungssituation angemessen ist (II.5 1106b18–23): »So kann man sowohl zu viel als auch zu wenig an Furcht, Zuversicht, Begehren, Zorn, Mitleid und überhaupt an Lust und Schmerz empfinden, und beides ist nicht gut; sie dagegen zu empfinden, wann man soll (*dei*), worüber, gegenüber

---

[8] Möglicherweise zielt die Kritik auf Speusipp, der Platons Neffe und Nachfolger als Leiter der Akademie war. Auch in der späteren stoischen Philosophie wird die Affektlosigkeit positiv gewertet.

wem, weswegen und wie man soll, das ist das Mittlere und Beste, was eben die Tugend auszeichnet.« (II.5 1106b18-23)

Da jede ethische Tugend die richtige Mitte zwischen einem Zuviel und einem Zuwenig hält, ist sie jeweils selbst eine Mitte zwischen charakterlichen Einstellungen, welche die Mitte verfehlen, indem sie sie entweder unter- oder überschreiten, und die deshalb als Laster gelten. So ist die Tapferkeit die Mitte zwischen Feigheit und Tollkühnheit, die das situationsgerechte Maß an Furcht und Zuversicht jeweils über- und unterschreiten.

Persönliche Charakterzüge zählen *nicht* zu den Umständen, denen die Emotion angemessen sein muss. Die Emotionen entsprechen sowieso immer dem Charakter. Die Forderung nach situationsgerechter Reaktion wäre also von Haus aus erfüllt, wenn der Charakter Teil der Umstände wäre, denen Rechnung zu tragen ist. Dann könnte z.B. eine feige Person ihre Furcht und Flucht damit rechtfertigen, dass sie ihrer Feigheit angemessen und daher tugendhaft sei, und der Begriff der Tugend wäre nicht mehr geeignet, einen Unterschied zwischen dem falschen und dem richtigen Verhalten zu machen. Dann wäre der Begriff der Tugend kein normativer Begriff.

Wenn Handlungssituationen Anforderungen stellen, denen die Tugendhaften zu genügen haben, dann müssen die Tugendhaften die Situationen und Erfordernisse in ihnen *erkennen* können. Ethische Tugend ist deshalb untrennbar mit einem Erkenntnisvermögen verbunden, dessen Exzellenz eine intellektuelle Tugend sein muss. Das ist die Klugheit (*phronêsis*). Die Definition der ethischen Tugend, in der Aristoteles seine Überlegungen bündelt, macht ihren Begriff deshalb von dem der Klugheit abhängig:

> »Die [ethische] Tugend ist also eine Disposition zu Entscheidungen, die in einer Mitte relativ auf uns liegt und die durch die richtige Überlegung (*logos*) bestimmt ist, das heißt so, wie sie der Kluge (*phronimos*) bestimmen würde. Sie ist eine Mitte zwischen zwei Lastern, von denen das eine einem Übermaß entspricht, das andere einem Mangel, und zwar insofern, als die einen [Laster] hinter dem in den Affekten und Handlungen Gesollten (*deon*) zurückbleiben und die anderen darüber hinaus gehen, während die Tugend das Mittlere findet und wählt.« (II.6 1106b36–1107a6)

Die Rede vom »Gesollten« (*deon*) nimmt das »wann man soll (*dei*)« und »wie man soll« aus dem obigen Zitat auf. Hier kommt der Gedanke hinzu, dass kluge Überlegung bestimmen kann, was man in einer Situation empfinden und tun soll. Das zeigt, dass Aristoteles nicht darauf aus ist, die Begriffe des moralischen Sollens und des moralisch Richtigen zu vermeiden. Dieses Bestreben wird erst für die Anfänge der modernen Tugendethik charakteristisch, die sich als Wiederbelebung und Fortführung der aristotelischen Ethik versteht.[9]

6. Einzelne ethische Tugenden

Die *Nikomachische Ethik* gibt kein oberstes Gesetz richtigen Verhaltens an, aus dem sich untergeordnete Regeln ableiten ließen, sondern präsentiert als Ideal den tugendhaften und bewährten Menschen, der »wie Richtschnur und Maß« für das im konkreten Handlungsvollzug Richtige sei (III.6 1113a33). Wenn man so wie die tugendhafte Person ist, wird man auch richtig handeln. Aristoteles setzt auf ein Vorbild und nicht auf Regeln, weil sich das situationsgerechte Handeln aufgrund der Vielzahl nicht vorab absehbarer Umstände einem Regelwerk entziehe (II.2 1104a3–10). Er beschreibt das Vorbild, indem er die einzelnen ethischen Tugenden nach einer ersten Auflistung in Kapitel II.7 von III.9 bis zum Ende von Buch V detailliert schildert und so mehr als ein Viertel des Werks seinem Tugendkatalog widmet.

Einige der erörterten ethischen Tugenden sind von Platon her bekannt, nämlich Tapferkeit (*andreia*), Mäßigkeit oder Besonnenheit (*sôphrosynê*) und Gerechtigkeit (*dikaiosynê*). Die Tapferkeit ist die richtige Einstellung zu Furcht und Zuversicht. Tapfer im primären Sinn ist, wer den Tod im Krieg zwar fürchtet, aber standhält (III.10). Die Mäßigkeit bezieht sich auf die »körperliche« Lust, die auf dem Kontakt des eigenen Körpers mit anderen Körpern beim Essen, Trinken und Sex beruht (III.13 1118a31).

Die Gerechtigkeit, der das ganze Buch V gewidmet ist, spielt eine besonders wichtige Rolle. Das griechische *dikaion* kann wie das deutsche Wort »recht« allgemein das richtige Verhalten und die richtige Einstellung auszeichnen, und entsprechend kann »Gerechtigkeit« nach Aristoteles in einem umfassenden Sinn gebraucht werden und die ganze Tugend bezeichnen. Die Gerechtigkeit im umfassenden Sinn, auch »vollkommene Tugend« genannt, ist die Gesamtheit aller Tugenden, insofern sie »in Bezug auf einen anderen« ausgeübt werden (V.3 1129b27). Unser Verhalten ist häufig, wenn auch nicht immer,

---

[9] Vgl. Anscombe (1958) und Ricken (2004, Kap. IX).

unter sozialen Aspekten zu beurteilen. Weil im heutigen Verständnis von ›moralisch‹ ein Verhalten nur dann als moralisch gilt, wenn es den Interessen der anderen Rechnung trägt, und weil die Gerechtigkeit im umfassenden Sinn bei Aristoteles diejenige Einstellung ist, die das den anderen Geschuldete berücksichtigt, ist sie das engste Äquivalent zur moralischen Einstellung im heutigen Sinn.

Neben der Gerechtigkeit im umfassenden Sinn unterscheidet Aristoteles verschiedene Arten von Gerechtigkeit im partikularen Sinn, die jeweils soziale Tugenden sind. Die in V.6 erörterte *distributive* Gerechtigkeit betrifft die Verteilung von Gütern wie Ehre und Geld, die »umkämpft« sind (IX.8 1168b19, 1169a21), weil dann, wenn die eine Person mehr von ihnen hat, für die andere weniger übrigbleibt. Ihre Ausübung setzt einen gemeinschaftlichen Pool an zu verteilenden Gütern voraus (V.7 1131b28). Die korrespondierende Ungerechtigkeit besteht darin, mehr als den gebührenden Anteil zu beanspruchen (*pleonexia*, V.4 1130a16–24). Die *korrigierende* Gerechtigkeit (V.7) wird im richterlichen Ausgleich von Vor- und Nachteilen gebraucht, sofern diese im zwischenmenschlichen Verkehr unrechtmäßig zustande gekommen sind.

Die *kommutative* Gerechtigkeit schließlich (V.8) bezieht sich auf den Austausch von Gütern und ist im Vergleich zur distributiven und korrigierenden Gerechtigkeit elementar, weil sie nicht schon die Existenz einer Gemeinschaft voraussetzt, in der Güter verteilt werden und Recht gesprochen wird, sondern vielmehr eine Voraussetzung für die Existenz von Gemeinschaften darstellt. Die Bildung von sozialen Verbünden wurzelt, wie Aristoteles mit Platon meint, in der Bedürftigkeit und mangelnden Autarkie der Individuen: »der Bedarf hält alles zusammen« (V.8 1133a27).[10] Daher ist das Individuum auf die Kooperation in einer Gemeinschaft angewiesen, die wiederum auf einem fairen Austausch beruht: »weder gäbe es Gemeinschaft ohne Austausch, noch Austausch ohne Gleichheit« (V.8 1133b17f.). Die Mitglieder der Gemeinschaft sind einerseits unterschiedlich, da sie unterschiedliche Leistungen erbringen müssen, um einander nützlich zu sein, andererseits aber gleich, insofern die Bewertung der Güter sich nach den Bedürfnissen und nicht etwa nach dem Status der Mitglieder richtet. Die Gerechtigkeit im Austausch sorgt dafür, dass die Gleichheit gewahrt wird und ist deshalb notwendig für die Gemeinschaftsbildung.

---

[10] Vgl. Platon, *Politeia* 369b.

Aristoteles kennt eine Vielzahl weiterer zum Teil nur in Nuancen unterschiedener ethischer Tugenden, von denen einige namenlos bleiben und andere griechische Bezeichnungen tragen, die nicht immer treffende deutsche Äquivalente haben: Freigebigkeit (IV.1–3), Großzügigkeit (IV.4–6), Hochgesinntheit (IV.7–9), die richtige Disposition zu kleineren Ehrungen (IV.10), Sanftmut (IV.11), freundliches Wesen (IV.12), Wahrhaftigkeit (IV.13) und Unterhaltsamkeit (IV.14). Offensichtlich wird man nicht alle dieser Tugenden zu den Eigenschaften zählen, die für einen guten Charakter erforderlich sind. Sie gelten bei Aristoteles als Tugenden, weil sie bewundernswert sind und dafür sorgen, dass man für andere ein angenehmer Umgang ist.

7. Erwerb und Stufen der ethischen Tugend

Noch vor der Definition der ethischen Tugend erörtert Aristoteles die für ihn so wichtige Frage, wie man tugendhaft wird (II.1–3).[11] Ethische Tugend setzt zwar eine natürliche Anlage voraus, die zur Tugend gebildet werden kann (II.1 1103a24f.), ist aber nicht naturgegeben, sondern kommt wie technische Fertigkeit durch Gewöhnung und Einübung zustande: »Wir werden gerecht, indem wir Gerechtes tun, besonnen, indem wir Besonnenes und tapfer, indem wir Tapferes tun.« (II.1 1103b1f.) Muss man also etwa schon gerecht sein, um Gerechtes tun zu können, allgemein schon die Tugend besitzen, um sie erwerben zu können?

Dass dies nicht der Fall ist, wird klar, wenn man eine Unterscheidung berücksichtigt, welche die Kantische Differenzierung zwischen einem pflichtmäßigen Handeln und einem Handeln aus Pflicht vorwegnimmt:[12] Etwas zu tun, das der Tugend entspricht, ist nicht dasselbe wie eine Handlung in der Weise zu vollziehen, in der sie die tugendhafte Person vollzieht, also tugendhaft (II.3). Letzteres setzt drei innere Einstellungen voraus, nämlich erstens das Wissen darum, dass die Handlung tugendhaft ist und zweitens die Entscheidung, die Handlung eben deshalb zu vollziehen, weil sie tugendhaft ist; wie Aristoteles vielfach betont, beruhen gute, tugendhaft vollzogene Handlungen darauf, dass man das Gute tun möchte.[13] Die dritte

---

[11] Grundlegend dazu Burnyeat (1980).
[12] Vgl. Kant, *Grundlegung zur Metaphysik der Sitten*, Akademieausgabe Band IV, 397.
[13] Vgl. III.10 1115b12f., 23; IV.2 1120a23f.; IV.2 1122b6f.; VI.13 1144a18–20.

Bedingung ist eine gewisse Festigkeit und Unbeirrbarkeit im Handeln (II.3 1105a28-b9). Wer sich leicht von der tugendhaften Handlung abbringen ließe, würde sie nicht tugendhaft vollziehen. Nur Tugendhafte besitzen alle drei Einstellungen. Deshalb kann nur eine gerechte Person die Tat, die der Gerechtigkeit gemäß ist, in der gerechten Weise vollziehen – aber schon ein Kind kann Dinge tun, die der Gerechtigkeit gemäß sind, ohne sie in der gerechten Weise tun und damit schon gerecht sein zu müssen, weil es einfach gerechte Verhaltensweisen nachahmen kann.

Freilich setzt diese Lösung voraus, dass gerechtes Verhalten nicht nur gelegentlich und durch Zufall zustande kommt, sondern wiederholt eingeübt wird. Dafür sind beständige Vorbilder und die Überwachung des nachahmenden Verhaltens nötig – mit anderen Worten *Erziehung* (*paideia*). Die Zöglinge üben das tugendhafte Verhalten gewissermaßen blind ein, die Erziehenden leiten sie gestützt auf das Wissen um die Tugend an und werden dabei, wenigstens in einem guten Staat, durch die Gesetze unterstützt. Im Ergebnis wird die Neigung zum tugendhaften Handeln den Zöglingen zur zweiten Natur, sie tun nicht nur das Richtige, sondern sie tun es auch gern, weil ihre Lustempfindungen und damit ihre Handlungsmotive in die richtigen Bahnen gelenkt werden. Die tugendhafte Person empfindet das Gute als lustvoll, sie tut es gerne und nicht nur widerstrebend, und ist deshalb in der Lage, die beiden letzten Motive des menschlichen Handelns zu vereinen, nämlich das Gute und das Lustbringende (II.2 1104b31).

In der Bildung zur ethischen Tugend lassen sich verschiedene Stufen unterscheiden. Ihren Ausgang nimmt sie bei den natürlichen Anlagen des Kindes, dessen Verhalten durch zu schulende Lust- und Unlustempfindungen motiviert ist. Im Übergang zum tugendhaften Menschen gewöhnt sich das Kind nach und nach daran, das Gute als lustvoll zu empfinden, es lernt, welches Verhalten tugendgemäß ist, und wählt das Tugendgemäße. Das Wissen und die Begründung der Wahl können dabei eher rudimentär sein. Wer die reflektierte Tugend besitzt, die als »Tugend im eigentlichen Sinn« bezeichnet wird (VI.13 1144b14) und den Besitz der Klugheit voraussetzt, kann für seine Handlung (im Nachhinein) Begründungen angeben, die über das rudimentäre ›das gehört sich so‹ hinausgehen: Dann kann man sie vor dem Hintergrund einer klugen Konzeption des guten Lebens rechtfertigen.

Die Stufung hilft, eine Frage hinsichtlich des Nutzens der Ethik zu beantworten. Die Ethik richtet sich an Leser, die über praktische Erfahrung verfügen und eine gute Kinderstube genossen haben, weil nur sie die Abhandlung beurteilen und anwenden können (I.1 1095a1–11). Einer Person mit einem schlechten Charakter leuchten ethische Prinzipien gar nicht ein (VI.5 1140b17–20), denn die Einsicht in solche Prinzipien müsste zu entsprechenden Handlungen motivieren, während die schlechte Person durch ethische Grundsätze ungerührt bleibt. Daher muss man schon einen guten Charakter haben, um die Ethik verstehen zu können. Worte allein führen nicht zur Tugend (X.10 1179b4). Andererseits betreiben wir Ethik, »damit wir gut werden« (II.2 1103b28) (vgl. § 1). Was also ist der Nutzen der Ethik, wenn sie schon voraussetzt, was sie erreichen möchte? Die Antwort lautet: Die Ethik setzt lediglich die Einübung des tugendgemäßen Verhaltens voraus, und hat ihren Nutzen darin, dass sie zur reflektierten Tugend führt. Die reflektierte Tugend bestärkt die Einübung und leitet die bewusste Gestaltung des eigenen Lebens und der politischen Verfassung.

8. Überlegung, Entscheidung und Handlung

Da die ethische Tugend eine Disposition zu Entscheidungen ist, ist die richtige Entscheidung einerseits Sache der ethischen Tugend. Da die richtige Entscheidung aber auch auf Überlegung beruht, ist sie andererseits Sache der intellektuellen Tugend und so gemeinsamer Spross von beiden Typen der Tugend. Die Ausführungen zu Überlegung und Entscheidung finden sich in den handlungstheoretischen Diskussionen in III.1–8, die in der zeitgenössischen Philosophie stark rezipiert worden sind. Aristoteles entwickelt zunächst den Begriff des freiwilligen und damit zurechenbaren Tuns (III.1–3). Etwas freiwillig zu tun besteht darin, etwas wissentlich und deshalb zu tun, weil man es zu tun wünscht, und nicht deshalb, weil man dazu gezwungen wird. Wenn man etwas tut, weil man es zu tun wünscht, dann liegt der Ursprung des Tuns in der Person selbst (III.1 1110a15–18). Die Handlung, die auf einer Entscheidung (prohairesis) beruht, ist der Spezialfall des freiwilligen Tuns, in dem der Ursprung des Tuns eine Entscheidung und nicht lediglich etwa eine Anwandlung der Lust ist (III.4 1111b7–10).

In der praktischen Überlegung berät man nicht über das Ziel, sondern über den Weg: »Man setzt das Ziel fest und prüft dann, wie und wodurch es zu erreichen ist. Wenn sich zeigen sollte, dass es durch mehreres zu erreichen ist, prüft man weiter, wodurch es am leichtesten und am besten geht; wenn es sich dagegen nur durch eines erreichen lässt, prüft man, wie es [das Ziel] durch dieses erreicht wird und wiederum, wodurch jenes erreicht wird, bis man zur ersten Ursache kommt, die im Findungsprozess zuletzt erreicht wird.« (III.5 1112b15–20) Die praktische Überlegung fächert alternative Wege zum vorausgesetzten Ziel auf, sondert den alles in allem besten aus und analysiert diesen sozusagen rückwärts vom Ziel aus bis hin zu dem Schritt, der in der Umsetzung des Ziels als erster zu erfolgen hat. Die Entscheidung wird zugunsten des Ziels für die zu ergreifenden Maßnahmen getroffen. In gleicher Weise wird die Handlung, die in der Durchführung der Maßnahmen besteht, zugunsten des Ziels vollzogen (III.5 1112b32–34). Der impulsgebende Motor liegt in dem Streben, das sich auf ein Ziel richtet und durch die Überlegung auf die Mittel zur Erfüllung gelenkt wird. Die Überlegung erweitert den Fokus auf ein erstrebtes Ziel derart, dass in seinem Licht gewisse Verhaltensweisen als Schritte zum Ziel erscheinen. Die überlegte Entscheidung nimmt das Streben auf und verursacht die Handlung, indem sie die Durchführung des ersten Schrittes initiiert. Daher ist die Entscheidung als »überlegtes Streben nach dem, was in unserer Macht steht« (III.5 1113a11) definiert, als »strebendes Denken« oder »denkendes Streben« (VI.2 1139b4f.). Die Frage, woher das bei Überlegung, Entscheidung und Handlung vorausgesetzte Ziel stammt, wird im folgenden Abschnitt wieder aufgenommen.

9. Die intellektuellen Tugenden

Aristoteles leitet seine Diskussion der intellektuellen Tugenden mit dem Hinweis ein, dass seine Rede von der »richtigen Überlegung« noch keine Erläuterung erfahren habe. Man wird ihm daher den Anspruch unterstellen, die Lücke zu schließen, die seine Definition der ethischen Tugend gelassen hat (vgl. § 5). Tatsächlich begnügt er sich mit einer Definition der intellektuellen Tugenden. Aristoteles unterscheidet zur Bestimmung der intellektuellen Tugenden zunächst die theoretische Vernunft, die sich auf Unveränderliches bezieht, von der praktischen Vernunft, die über das beratschlagt, was im Einflussbereich unseres Handelns liegt, also veränderlich und kontingent ist (VI.2 1139a5–15). Die praktische Vernunft teilt sich wiederum in die im engen Sinn praktische und die produktive Vernunft, die im technischen Sachverstand besteht.

Für die aristotelische Ethik ist auch die theoretische Vernunft relevant, weil das beste Leben letztlich mit dem an der Theorie orientierten gleichgesetzt wird (vgl. § 12). Die umfassende Tugend der theoretischen Vernunft ist die theoretische Weisheit (*sophia*), die als Vereinigung von Wissenschaft und intuitiver Vernunft verstanden wird (VI.7 1141a18–20). Wissenschaft (*epistêmê*) im Sinn des Aristoteles führt Beweise und ist, da Beweise Schlüsse aus Prinzipien sind, auf Prinzipien angewiesen, deren Erkenntnis Sache der intuitiven Vernunft (*nous*) ist (VI.6). Die theoretischen Disziplinen, die das Tätigkeitsfeld der theoretischen Vernunft ausmachen, sind nach dem Wert ihrer Objekte geordnet. Die Theologie nimmt den ersten Rang ein, da sie in einem ewigen und immateriellen Gott das wertvollste Objekt hat.

Das praktische Denken im engen Sinn regiert und motiviert das produktive Denken, denn letzteres ist stets auf ein technisches Produkt wie z.B. ein Haus hin orientiert, das nicht an sich Wert besitzt und nicht an sich seine Herstellung motiviert, sondern nur deshalb, weil es im übergreifenden Rahmen eines Lebensvollzugs in Gebrauch genommen werden kann (VI.2 1139a35–b4).[14] Eben die Orientierung am gelingenden Handlungsvollzug (*eupraxia*) und damit letztlich der »Bezug auf das gute Leben insgesamt« (VI.5 1140a28) zeichnet die praktische Vernunft und die Klugheit als zugehörige Tugend aus. Die Klugheit (*phronêsis*) ist »eine wahre, mit Überlegung (*logos*) verbundene Disposition zum Handeln, die sich auf das bezieht, was für den Menschen gut und schlecht ist.« (VI.5 1140b4–6)

Technischer Sachverstand erwägt z.B., wie man einen technisch guten Sportwagen baut. Die Klugheit dagegen beurteilt, ob es überhaupt gut ist, einen Sportwagen zu bauen. Die kluge Antwort orientiert sich daran, dass das gute Verhalten in einen insgesamt gelingenden Handlungsvollzug integriert sein soll. Analog unterscheiden sich technische und praktische Bewertung: ein und dasselbe Verhalten (der Bau eines Sportwagens) kann technisch exzellent und aus der übergeordneten praktischen Perspektive schlecht sein.[15] Die Klugheit

---
[14] Vgl. Hübner (2008).
[15] Auch hier steht Platon Pate; vgl. *Gorgias* 511c-512c.

befähigt nicht nur zur Einsicht in den richtigen Lebensentwurf, sondern auch dazu, einzelne Entscheidungen im Licht des Entwurfs zu treffen und in den konkreten Situationen Handlungen so zu vollziehen, dass sie sich insgesamt zu einem guten Leben fügen (VI.8 1141b12–23). Deshalb bedarf sie einer durch Erfahrung geschärften Wahrnehmung für die relevanten Umstände.[16]

Der Bezug auf das gute Leben ist relevant für die strittige Deutungsfrage, ob die Klugheit für Aristoteles die Exzellenz einer rein instrumentellen Vernunft ist. Dafür spricht, dass die Klugheit die Vortrefflichkeit in der praktischen Überlegung ist und diese sich auf den Weg und nicht auf das Ziel richtet (vgl. § 8). In diesem Sinn heißt es: »Die [ethische] Tugend macht das Ziel richtig, die Klugheit dagegen das, was zu ihm führt.«[17] Auch wenn die Klugheit nicht die neutrale Fähigkeit ist, Wege zu beliebigen Zielen zu finden, sondern nur guten Zielen dient (VI.13 1144a22–36), scheint sie demnach nicht selbst zwischen guten und schlechten Zielen unterscheiden zu können. Vielmehr ist sie für ihre Orientierung auf das Gute anscheinend auf die ethische Tugend angewiesen.

Das wäre eine sachlich schwierige Position. Beträfe die Kompetenz des Klugen nur die Wege zu gegebenen Zielen, könnten die Ziele selbst nicht rational erkannt und kritisiert werden. Gerade die Ziele sind aber ausschlaggebend für den sittlichen Wert von Handlungen, während die Wahl der Mittel in dieser Hinsicht zweitrangig ist. Ziele zu haben ist allgemein Sache des Strebens (*orexis*), das einen vernünftigen Modus kennt, das rationale Wollen (*boulêsis*), sowie einen unvernünftigen, insbesondere das auf die Lust zielende Begehren (*epithymia*).[18] Eine hinsichtlich der Ziele ohnmächtige Vernunft würde die Zielbestimmung dem unvernünftigen Streben überantworten, das damit der Beurteilung nach richtig und falsch entzogen wäre. Die Berufung darauf, dass nur das unvernünftige Streben des ethisch Tugendhaften das richtige Ziel trifft, hilft nicht, sondern führt in einen Zirkel, denn die ethische Tugend richtet sich ja *per definitionem* nach den Bestimmungen der klugen Person (§ 5), und die wäre wiederum für die Bewertung der Ziele auf die ethische Tugend angewiesen.

---

[16] Für die Bedingung der Erfahrung vgl. VI.8 1142a11–16; VI.11 1143b14. Zur Wahrnehmung vgl. II.9 1109b20–23.
[17] VI.13, 1144a8f.; vgl. 1144a22–22, 1145a4–6.
[18] Vgl. *De Anima* II.3 414b2; III.9 432b5–7; *De Motu Animalium* 6, 700b22.

Der einzige Ausweg scheint für Aristoteles darin zu liegen, die Zielerkenntnis zur Sache der Klugheit und damit des rationalen Wollens zu machen. Einige Aussagen sprechen dafür, dass er dies tatsächlich beabsichtigt (VI.10 1142b33). Außerdem wäre der erwähnte terminologische Unterschied zwischen vernünftigen und unvernünftigen Streben hinfällig, wenn das eine unter der Fuchtel des anderen stünde. Ferner wäre unerklärlich, wie Vernunft und emotionales Begehren in Widerstreit geraten könnten, wenn die Vernunft nur Wege zur Erfüllung des Begehrens ersinnen würde; sie könnte dann einem aktuellen Gefühlsimpuls allenfalls entgegentreten, indem sie sich auf mögliche Konflikte mit anderen Emotionen beriefe und geltend machte, dass die Befriedigung der aktuellen Begierde insgesamt zu einem Verlust an Lust führen würde. Die Klugheit wäre der anordnenden Kraft beraubt, die Aristoteles ihr zuschreibt (VI.11 1143a8f.). Das Problem kann hier nicht entschieden werden, doch verliert es seine Schärfe, wenn man berücksichtigt, dass eine kluge Person sich gerade durch die Fähigkeit auszeichnet, eine Interpretation des glücklichen Lebens zu entwerfen und untergeordnete Entscheidungen im Licht dieses Entwurfs zu treffen. Weil das, was eine solche Interpretation als höchstes Gut erkennt, sich zum Glück nicht wie das Mittel zum Zweck verhält, sondern mit ihm identisch ist, ist die Klugheit nicht allein Meisterschaft in der instrumentellen Überlegung. Da sich die Deutung des höchsten Guts ferner an der Einsicht in die vernünftige und soziale Natur des Menschen orientieren muss, gehört sie in den Bereich vernünftiger Erkenntnis und Kritik.

10. Die Lust

Die Lust ist für Aristoteles ein unvermeidliches Thema der Ethik, weil die menschliche Gattung auf Lustgewinn und Schmerzvermeidung aus ist und es daher für die ethische Tugend darauf ankommt, dass man die richtigen Dinge als lustvoll empfindet (§ 5, 7), ferner, weil die Lust von den gewöhnlichen Leuten mit dem Glück identifiziert wird. Die *Nikomachische Ethik* enthält zwei Abhandlungen zur Lust, die erste (kurz: A) in VII.12 – 15, die zweite (kurz: B) in X.1 – 5.[19] In beiden Abhandlungen interessiert sich Aristoteles in erster Linie für den

---

[19] Für eine vergleichende Deutung vgl. Ricken (1995).

Wert der Lust und verteidigt sie gegen einige Positionen, die unterschiedlich vehement antihedonistisch sind. Zwei Fragen sind leitend, erstens, ob irgendeine Art von Lust mit dem Glück gleichgesetzt werden kann, und zweitens, ob jede Art von Lust gut ist. Beide Fragen werden in A (vorsichtig) bejaht und in B verneint.

A definiert Lust als ungehinderte Tätigkeit einer natürlichen Disposition (VII.13 1153a14f.). Da das glückliche Leben jedenfalls eine Aktivität oder eine Mehrzahl von Aktivitäten ist, muss es eine »Art von Lust« sein, sofern die erste Definition gilt (VII.14 1153b9–13). Am ehesten wird wohl die Lust, die im theoretischen Denken besteht, mit dem höchsten Gut gleichgesetzt werden können. A verteidigt die These vom Wert jeder Lust durch Differenzierung; so impliziere die Schlechtigkeit, die im Übermaß eines Typs von körperlicher Lust liege, nicht die Schlechtigkeit des Typs selbst (VII.15 1154a13-18).

B bestimmt die Lust dagegen nicht als Tätigkeit, sondern als etwas, das Tätigkeiten begleitet und »vollkommen macht« (X.4 1174b23–25). Die genaue Bedeutung dieser Formulierung ist strittig, doch klar ist die Konsequenz, dass keine Art von Lust das höchste Gut ausmachen kann, sofern die Lust keine Tätigkeit ist. Man wird Aristoteles recht geben, wenn er die in A vertretene Gleichsetzung der Lust mit Aktivitäten wie der Wahrnehmung und dem Denken in B als »ungereimt« bezeichnet (X.5 1175b34). Denn Wahrnehmung und Denken beziehen sich auf andere Objekte als die Lust. Das Sehen z.B. bezieht sich auf Farben, während die Lust nicht unmittelbar Farben betrifft, sondern die Einstellungen, die diese Dinge zum Gegenstand haben. Ferner sind Akte der Wahrnehmung trügerisch oder zuverlässig und Akte des Denkens wahr oder falsch, während Lustempfindungen weder die einen noch die anderen Eigenschaften haben können. Was die zweite Frage angeht, verweist B zur Begründung der Antwort, dass nicht alle Arten der Lust gut sind, unter anderem darauf, dass »niemand wählen würde, das ganze Leben lang den Geist eines Kleinkindes zu haben und sich an dem zu freuen, woran ein Kleinkind den größten Spaß hat« (X.2 1174a1–3). B räumt aber ein, dass einige Arten der Lust wählenswert seien (X.2 1174a8–11).

Wenn B aufgrund der sachlichen Überlegenheit die Position ist, die man Aristoteles unterstellen sollte, scheidet die hedonistische Auffassung der besten Lebensform aus. Aber selbst dann, wenn A das letzte Wort wäre, bliebe zu prüfen, in welcher Art von Tätigkeit denn die glückskonstitutive Lust bestünde. Die Frage nach der besten Lebensform ist nach wie vor offen.

11. Die theoretische Lebensform

In den letzten Kapiteln der *Nikomachischen Ethik* gibt Aristoteles eine klare Antwort: Das Glück müsse in der tugendgemäßen Tätigkeit des besten Teils des Menschen bestehen. »Ob das nun die Vernunft (*nous*) oder etwas anderes ist, was anscheinend seiner Natur nach regiert, lenkt und Einsicht in Schönes und Göttliches hat, ob es selbst göttlich oder das Göttlichste in uns ist – jedenfalls wird dessen Tätigkeit gemäß der ihm eigenen Tugend das vollkommene Glück sein. Dass diese die theoretische Tätigkeit ist, ist gesagt.« (X.7 1177a13–18) Die theoretische Tätigkeit meint nicht das mühsame Ringen z.B. um einen mathematischen Beweis, sondern die souveräne Betrachtung eines schon gemeisterten Gegenstands. Aristoteles führt im Anschluss eine ganze Reihe von Argumenten für die Auszeichnung der theoretischen Tätigkeit an: Sie sei die beste, weil die Vernunft das Beste in uns und seine Objekte die besten seien – dies betrifft insbesondere die Betrachtung des Gottes; sie sei die Aktivität, die wir am ehesten kontinuierlich vollziehen können; sie sei nach übereinstimmender Einschätzung die lustvollste; sie zeichne sich durch Autarkie aus, insofern wir sie in Abgeschiedenheit und ohne Kooperation ausüben können; sie allein werde ausschließlich um ihrer selbst willen geschätzt, weil sie außer dem Vollzug keine Resultate zeitige; sie könne in der Muße betrieben werden, auf der das Glück zu beruhen scheine.

Im Kontrast zur Kontemplation zeichnet Aristoteles ein eher düsteres Bild der ruhelosen Tätigkeiten, in denen wir die praktischen Tugenden ausüben, also die ethischen Tugenden und die Klugheit. Dass in einer Abhandlung über das gute Leben für den *Menschen* ausgerechnet die Eigenschaft menschlich zu sein eine Abwertung darstellt, erklärt sich aus dem platonischen Gedanken, dass der Mensch zu einer göttlichen Tätigkeit fähig ist und sich durch theoretische Aktivität dem Unsterblichen angleichen kann (*athanatizesthai*): »Aber ein solches Leben ist höher, als es dem Menschen entspricht, denn nicht insofern er ein Mensch ist, wird er so leben, sondern insofern in ihm etwas Göttliches ist.« (X.7 1177b26–28) Gleichwohl identifiziert Aristoteles den Menschen emphatisch mit der ihm innewohnenden Vernunft und fordert ihn auf, nach Möglichkeit Theorie zu treiben. Weil die geistige Nahrung den Körper aus Fleisch und Blut nicht am Leben hält, werden die Theorie Treibenden allerdings ihr Zusammenleben mit anderen organisieren und praktische Tugenden ausüben müssen (X.8 1178b5–7).

An dieser Stelle erheben sich sachliche Bedenken, die zu exegetischen Fragen führen. Steht das Ideal der in Abgeschiedenheit betriebenen Theorie nicht im Widerspruch zur sozialen und politischen Natur des Menschen? Immerhin ist die Betonung dieses Aspekts ein Kernsatz des Aristoteles, der ihn zu der Aufforderung veranlasst, seine Rede von Autarkie des Glücks so zu verstehen, dass sie Eltern, Kinder, Frau, Freunde und Mitbürger einschließe (I.5 1097b8–11). Verhalten sich die Theorie Treibenden nur deshalb den ethischen Tugenden gemäß, weil es lebensnotwendig ist? Wenn tugendhafte Handlungen um ihrer selbst willen vollzogen werden müssen, könnten sie dann überhaupt noch ethisch tugendhaft handeln? Ist nicht das angebliche Ideal des besten Lebens das Bild eines selbstsüchtigen Schmarotzers?

Die Fragen rühren an das Problem, ob man der *Nikomachischen Ethik* eine »dominante« oder »inklusive« Auffassung des höchsten Ziels unterstellen soll.[20] Nach der dominanten Auffassung besteht das Glück aus einem einzigen Ziel (etwa der Lust), das allen übrigen Zielen übergeordnet ist und ihnen ihren Wert verleiht. Nach der inklusiven Auffassung besteht das Glück dagegen aus einer Mehrzahl von Zielen, die zwar unterschiedlich gewichtet sein mögen, aber durchaus an sich und nicht lediglich als Mittel zu einem einzigen letzten Ziel wertvoll sind. Die Komplexität der Weisen, in denen Menschen sich entfalten können, scheint sich kaum in einen einzigen Zweck-Mittel-Zusammenhang bringen zu lassen. Der Großteil der *Nikomachischen Ethik* legt nach Meinung einiger Interpreten die inklusive Konzeption nahe. Eine Ausnahme bilden die letzten Kapitel, die für die dominante zu sprechen scheinen.[21] Da der Versuch, alle Elemente eines Lebens einem einzigen Zweck unterzuordnen, zur Missachtung des intrinsischen Werts vieler Tätigkeiten führen wird, scheint die dominante Auffassung sachlich nicht angemessen zu sein.

12. Warum tugendhaft sein?

Den ethischen Tugenden entsprechen Forderungen, die durch gesetztes Recht vorgeschrieben werden können, etwa »die Taten des Tapferen zu tun, nämlich die Schlachtordnung nicht zu verlassen, nicht

---

[20] Die Unterscheidung stammt von Hardie (1965, p. 278f.).
[21] Vgl. Ackrill (1974).

zu fliehen und nicht die Waffen wegzuwerfen« (V.3 1129b19–21). Angenommen, Verstöße würden nicht sanktioniert, warum sollte man dann die Gebote achten? Eine tugendhafte Person kann zwar nicht umhin, zu erkennen und zu tun, was die Tugend jeweils in der konkreten Handlungssituation fordert. Aber auch sie kann sich fragen, ob es sich auszahlt, tugendhaft zu sein.[22] Bei Aristoteles ist die Antwort: nur Tugend führt zu der Harmonie, die ein glückliches Leben ausmacht.

Aristoteles gibt sie in seiner Abhandlung über die Freundschaft (*philia*) (VIII-IX). Freundschaften im weiten Sinn von Bindungen zwischen Menschen und Gesellschaften beruhen darauf, dass die Partnerinnen und Partner durch ihren Verkehr etwas haben, was sie schätzen (*philêton*), und sie unterscheiden sich je nachdem, ob das Geschätzte etwas Gutes, etwas Lustvolles oder etwas Nützliches ist (VIII.2 1155b18f.). Daher gibt es drei Arten der Freundschaft: die auf dem Guten, die auf der Lust und die auf dem Nutzen beruhende. Da freundschaftliche Beziehungen aus Selbstbeziehungen abgeleitet sind (IX.4 1166a1f.), und da nur der tugendhafte Mensch ein harmonisches Selbstverhältnis besitzt, kann nur er echte Freundschaften haben: »Denn dieser steht in Übereinstimmung mit sich selbst (*homognômonei*), und er strebt mit der ganzen Seele nach demselben« (1166a13f.), d.h. das lustorientierte Begehren und das rationale Wollen richten sich auf dasselbe. Das Streben wiederum steht mit dem Handeln in Einklang, und das Handeln verwirklicht ein gutes Dasein: »Er will auch für sich selbst das, was gut ist und ihm so erscheint, und tut es, denn es zeichnet den Guten aus, sich um das Gute zu bemühen; und um seiner selbst willen, nämlich um des denkenden Vermögens willen, welches das Wesen eines jeden zu sein scheint.« (1166a14–17) Für schlechte Personen gelte das Gegenteil (1166b6ff.): Sie tun, was für sie selbst schädlich ist; machen sich den anderen verhasst; sind auf der Flucht vor sich selbst, innerlich zerrissen und unbeständig in dem, was ihnen Lust und Schmerz bereitet. »Wenn es allzu jämmerlich ist, in einem solchen Zustand zu sein, muss man sich anstrengen, die Schlechtigkeit zu meiden und versuchen, anständig zu werden« (1166b26-28).

Die Antwort wirft aber die Frage auf, ob tugendhafte Personen nicht egoistisch sind. Dazu ist zweierlei zu sagen. Zum einen ist die ethische Tugend die Einstellung, aus der heraus man eine gute

---

[22] Für die Frage vgl. Platon, *Politeia* 345ab, 358b-d, 427d.

Handlung um ihrer selbst, d.h. um ihres sittlichen Werts willen vollzieht. Auch wenn der Wunsch nach einem harmonischen Leben das Motiv dafür sein mag, durch Charakterbildung tugendhaft(er) zu werden, kann er *nicht* das Motiv sein, aus dem heraus nach erfolgreicher Charakterbildung eine tugendhafte Handlung ausgeführt wird. Letztere muss aus begrifflichen Gründen um ihres sittlichen Werts willen getan werden. Ferner handelt die tugendhafte Person, wenn sie um ihrer selbst willen handelt, nach Aristoteles zugunsten ihrer (praktischen) Vernunft, mit der sie sich identifiziert.[23] Eine Handlung zugunsten der Vernunft und um ihrer selbst willen zu vollziehen läuft auf dasselbe hinaus. Dieser in IX.8 entwickelte Gedankengang ist schwierig, doch man kann die Verbindung zum *ergon*-Argument erkennen: Tugendhaft zu sein heißt, dem eigenen vernünftigen Wesen gerecht zu werden.

Literaturverzeichnis

Ackrill, J.L. (1980): »Aristotle on Eudaimonia«, in A.O. Rorty (ed.), Essays on Aristotle's Ethics, Berkeley & Los Angeles, p. 15–33.

Anscombe, G.E.M. (zuerst 1958): »Modern Moral Philosophy«, in R. Crisp & M. Slote (eds.), Virtue Ethics, Oxford 1997, p. 26–44.

Bostock, D. (2000): Aristotle's Ethics, Oxford.

Broadie, S. & Rowe, C. (2002): Aristotle: Nicomachean Ethics. Translation, Introduction, and Commentary, Oxford.

Burnyeat, M. (1980): »Aristotle on Learning to Be Good«, in A.O. Rorty (ed.), Essays on Aristotle's Ethics, Berkeley & Los Angeles, p. 69–92.

Frede, D. (2020): Aristoteles. Nikomachische Ethik. Übersetzt, eingeleitet und kommentiert. (Aristoteles Werke in deutscher Übersetzung), Berlin & Boston.

Glassen, P. (1957): »A Fallacy in Aristotle's Argument About the Good«, Philosophical Quarterly 7, p. 319–322.

Hardie, W.F.R. (1965): »The Final Good in Aristotle's Ethics«, Philosophy 40, p. 277–295.

Hübner, J. (2008): »Produktion und Praxis in der *Nikomachischen Ethik*«, Zeitschrift für philosophische Forschung 62, p. 31–52.

Pakaluk, M. (2005): Aristotle's *Nicomachean Ethics*. An Introduction, Cambridge.

Polansky, R. (Hg.) (2014): The Cambridge Companion to Aristotle's *Nicomachean Ethics*, Cambridge.

Ricken, F. (1995): »Wert und Wesen der Lust (VII 12–15 und X 1–5)«, in O. Höffe (ed.), Aristoteles. Die Nikomachische Ethik, Berlin, p. 207–228.

---

[23] IX.4 1166a17, 22; IX.8 1168b31–1169a3.

Ricken, F. (2004): Gemeinschaft, Tugend, Glück. Platon und Aristoteles über das gute Leben, Stuttgart.
Wolf, U. (Hg.) (2006): Aristoteles, Nikomachische Ethik, Reinbek.
Wolf, U. (^{2}2007): Aristoteles' ›Nikomachische Ethik‹, Darmstadt.

Leitfragen:

1. *Skizzieren Sie die teleologische Vorstellung der menschlichen Lebensform und die Funktion des Menschen, die Aristoteles postuliert (ergon-Argument).*

2. *Erläutern Sie, was man unter der Mesotes-Lehre versteht und welche Rolle sie für die ethische Tugend nach Aristoteles spielt.*

3. *Zeichnen Sie die Stufen der Entwicklung ethischer Tugend bei Aristoteles nach.*

4. *Grenzen Sie die intellektuellen und ethischen Tugenden bei Aristoteles voneinander ab.*

Reflexionsfrage: Ist die von Aristoteles geforderte Lebensführung, die ein gelingendes Leben (Eudaimonia) erreichen soll, auch umsetzbar?

Rolf Schönberger

Thomas von Aquin: Quaestionen zur Handlungstheorie

Die Grundlegung der sittlichen Handlung bei Thomas von Aquin

Thomas von Aquin (1224/25–1274), einer der bedeutendsten Philosophen und Theologen des Mittelalters, späterhin Magister (heute Professor) an verschiedenen Universitäten und Hochschulen in Paris, Rom und Neapel, wird früh mit dem damals erst seit kurzem wieder zugänglichen Werk des Aristoteles konfrontiert. Wie man sich auf theologischem Terrain zu dieser Philosophie stellen solle, war hochkontrovers. Eine Vielzahl von Konzepten, Argumenten und Denkfiguren des Aristoteles scheint Thomas von großer Überzeugungskraft und er übernimmt sie deswegen. Er macht aber auch eine Reihe von Schriften des Aristoteles zum Gegenstand von umfänglichen Kommentaren – etwa die »Nikomachische Ethik«.

Im Jahr 1265 nimmt Thomas sein großes Projekt einer »Summa Theologiae« (Summe der Theologie) in Angriff, an der er sieben Jahre arbeiten wird. Der schwer übersetzbare Begriff »Summa« meint eine Gesamtdarstellung einer Disziplin – also nicht eines speziellen Faches, sondern einer Wissenschaft als ganzer. Thomas teilt die »Summa« in drei große Teile. Der erste Teil handelt von Gott und von der Schöpfung insgesamt. Der zweite Teil widmet sich dem Menschen, insofern er Ebenbild Gottes ist, d.h. ein Wesen, das mit Wissen und Willen, also frei handelt.[1] Es geht also um die menschliche Praxis, ihre Prinzipien und Ziele. Der dritte, unvollendet gebliebene Teil erörtert zuerst die Lehre von

---

[1] Eine deutsche Übersetzung liegt für den gesamten Textteil vor: K. Jacobi (2022), q. 18 – 21 zu haben: Thomas von Aquin (1990): Über die Sittlichkeit der Handlung, Sum. theol. I-II, q. 18 – 21, Einleitung von R. Spaemann, übersetzt und kommentiert von R. Schönberger, Weinheim; 2. Auflage (2001; 2022): Über sittliches Handeln, Stuttgart.; eine englische Übersetzung mit prägnanten Zusammenfassungen: St. Thomas Aquinas, Summa theologiae, ed. Th. Gilby, London 1966.

> *Christus und dann die durch ihn gestifteten Heilmittel, nämlich die Sakramente.*

1. Der Begriff der Handlung

Da dieser zweite Teil – später dann seinerseits nochmals in einen ersten und einen zweiten Teil[2] unterteilt – umfangreicher ist als die beiden anderen Teile zusammen, empfiehlt es sich, sich zuerst einen kurzen Überblick über die Gesamtarchitektonik dieses Teils zu verschaffen, bevor wir den detaillierten und differenzierten Gedankens dieses hier zu betrachtenden Abschnittes aus der Nähe folgen.[3] Obwohl die ungefähr 3000 "Artikel" genannten Einzelfragen der ›Summa‹ durchweg dieselbe Struktur aufweisen, stellt Thomas an den Schaltstellen eine kurze Überleitung voran, aus denen sich die Gliederung des Werkes und seiner Teile entnehmen lässt.

Handlungen sind durch Ziele bestimmt, auch die Verfolgung von Zielen dient noch höheren oder doch umfassenderen Zielen. Da dies zum Gedanken eines höchstes Zieles führt, muss zuerst die Zielbestimmtheit der Handlung und das, was das letzte Ziel allen praktischen Wollens ausmacht – die Glückseligkeit (*beatitudo*) – erörtert werden. Das geschieht in q. 1–5. Der überaus umfangreiche übrige Teil hat dann mit dem zu tun, was durch dieses letzte Ziel bestimmt ist und ihm entweder näher kommt oder sich von ihm entfernt.

Der erste Komplex thematisiert die allgemeinen Aspekte der menschlichen Handlungen (q. 6–114), der zweite (Sum. theol. II-II) die besonderen, d. h. die einzelnen Tugenden. Hier erst ist der Ort der Tugendlehre. An erster Stelle stehen dabei die sog. göttlichen Tugenden (q. 1–46: Glaube, Hoffnung, Liebe), an zweiter die Kardinaltugenden (q. 47–170: Klugheit, Gerechtigkeit, Tapferkeit, Maß).[4]

---

[2] In der Literatur fast durchgängig zitiert als "I-II" und "II-II".

[3] Ein solcher Durchgang soll die eigenständige Lektüre erleichtern, aber nicht ersetzen. Nur in der Erfahrung des eigenen intensiven Studiums stößt man auf Gedanken, die man bei einer bestimmten Frage gar nicht erwartet hätte, kann die Entwicklung des Gedankengangs nachvollziehen und sieht, wie differenziert eine Antwort ausfällt und ggf. wie stark die Frage auch selbst korrigiert werden muss, um sie sinnvoll beantworten zu können.

[4] In diesen langen Partien wird auch eine Vielzahl von Themen verhandelt, die man nicht unter diesem Vorzeichen 'Tugend' erwarten würde, etwa Krieg, Religion, Ordensleben usw.

Jener erste Komplex (ab I-II, q. 6) setzt ein mit den Grundzügen dessen, was menschliche Handlungen überhaupt ausmacht (u.a. Freiwilligkeit und Willensbestimmung, Absicht, Überlegung und Wahl). Daran schließt sich die Konzeption der Komponenten jeder Handlung und die darin begründete moralische Beurteilung (q. 18–21).

Die Initiierung von Handlungen enthält Antriebe wie die Leidenschaften bzw. die Affekte, die der Mensch mit anderen Lebewesen gemeinsam hat, auch wenn diese keine 'Handlungen' vollziehen (q. 22–48). Hier geht es um Liebe und Hass, Freude und Trauer, Zorn und Furcht.

Der daran anschließende Teil handelt von den Prinzipien der Handlungen. Dies sind einerseits die Tugenden im Allgemeinen (ihre Kategorie: Habitus; das Zusammenspiel der verschiedenen Tugenden usw.). An diesen als den inneren Prinzipien (q. 49–89) schließt sich der komplementäre Teil der äußeren Prinzipien: Dieser handelt zuerst vom Gesetz in seinen verschiedenen Formen und den Geboten (q. 90–108) und dann von der Gnade (q. 109–114), mit welcher Gott den Menschen, für die seine Gebote gelten, zu ihrer Erfüllung zu Hilfe kommt.

Schließlich noch ein kurzer Blick auf die Feingliederung des Abschnittes, der hier in Rede steht. Q. 6 handelt vom Freiwilligen, ohne das eine Handlung gar keine Handlung, also niemanden zuzuschreiben wäre, und q. 7 von den Umständen, die ebenfalls zu jeder Handlung gehören. Dann geht es um das, worin die Freiwilligkeit begründet liegt: den Willen. Das geschieht zuerst allgemein (q. 8–9) und dann im Hinblick auf die besonderen Formen des Wollens: Zuerst geht es um die Willensvollzüge wie Beabsichtigen, etwas in Gebrauch nehmen usw., die zum Willen selbst gehören (q. 10–16) und im Anschluss daran um diejenigen Tätigkeiten, die ihren Ort nicht im Willen selbst haben, sondern die er in den anderen Vermögen der Seele initiiert, Thomas sagt hier terminologisch "befiehlt" (q. 17).

Der schon erwähnte Abschnitt über die Komponenten einer Handlung (q. 18–21) beginnt mit einer Ausdifferenzierung der jeweiligen Komponenten (q. 18), dem folgt die innere Handlung des Willens (q. 19), dann die äußere Handlung und ihre Folgen (q. 20) und schließlich die Folgerungen für die moralischen Bewertungsbegriffe (q. 21).

Die meisten dieser Aspekte sind zweifellos schon vor Thomas und dies in vielfacher Weise Themen gewesen. Aber der hier einschlägige Text bietet eine Handlungstheorie, die einen bis dahin unbekannten Grad an Ausdifferenzierung und Systematisierung erreicht.

Wenn in diesem zweiten Teil der ›Summa‹ der Mensch als »Ebenbild Gottes«[5] thematisiert wird, dann muss die Ebenbildlichkeit in demjenigen liegen, wodurch sich der Mensch von anderen Wesen unterscheidet. Dies ist sein Geist. Gemeint ist damit aber nicht, dass der Mensch wie Gott auch Geist hat, sondern dass er durch seinen Geist dazu in der Lage ist, selbständig tätig zu sein. Thomas vergleicht den Hervorgang der menschlichen Praxis mit dem der Geschöpfe aus Gott. Die Ebenbildlichkeit des Menschen liegt also zunächst in der Form seines Geistes, zeigt sich aber dann in der vernunft- bzw. willensbestimmten Tätigkeit. Deshalb ist der Mensch nicht bloß eine Ursache; jede natürliche Ursache ist ihrerseits wieder verursacht. Der Mensch aber ist Ursprung seiner Tätigkeit, d.h. er verursacht sie selbst – dies wiederum schließt ein, dass er ein bestimmtes Tun auch nicht verursachen könnte. Als geistbegabtes Wesen ist er also frei. Er verhält sich verstehend zu den Zwecken, die er verfolgt – er verfolgt sie nicht instinktiv, sondern auf Grund seiner Antizipation. Solche Zwecke können, obwohl sie ja gerade noch nicht real sind, zum Grund seines Handelns werden, weil der Mensch im Vorhinein Zwecke erfassen und dann schrittweise verfolgen bzw. realisieren kann. Dies schließt auch ein, dass der Mensch ein besonderes Verhältnis zu Mitteln hat. Er kann Dinge zu Mitteln machen und er kann zwischen verschiedenen Mitteln wählen. Der Mensch wird also nicht wie eine Marionette oder ein Roboter auf ein Ziel hinbewegt, vielmehr bewegt er sich selbst auf die Ziele hin, die er sich steckt. Dass die Verfügung über das eigene Handeln den Menschen als Ebenbild Gottes zeigt, ist natürlich ein theologischer Gedanke. Aber was Thomas unter diesem Vorzeichen als Handlungstheorie vorlegt, enthält einen universalen Anspruch und gilt nicht nur für irgendeine Gruppe von Menschen – durch welches Kriterium auch immer restringiert.

Damit sind nun offensichtlich sonstige Bewegungen und Tätigkeiten ausgeschlossen. Relevant ist weder das, was zwar im und am Menschen geschieht (*actio hominis*), ohne für ihn spezifisch zu sein – die spezifisch menschliche Handlung nennt Thomas *actio humana*[6] oder *actus humanus* – noch die unwillkürlichen Tätigkeiten (etwa

---

[5] Gen. 1, 27.
[6] Sum. theol. I-II, q. 1, a. 1.

mit den Beinen wippen).[7] Es geht um diejenigen Tätigkeiten, die selbstbestimmt, also gewollt sind, nicht aus purem Verlangen oder einem momentanen Reiz hervorgerufen sind.

Damit ist nun der Begriff der menschlichen Handlung gewonnen. Diese ist bestimmt durch eine strukturelle Finalität, die alle natürliche Aktivität kennzeichnet, doch ist sie gegenüber dieser dadurch abgehoben, dass sie aus einem selbstbestimmten Ziel hervorgeht. Dieser Unterschied hat auch noch eine weitere Konsequenz: Von diesen Zielen her ist nicht nur bestimmt, *dass* der Mensch handelnd tätig ist – er handelt jeweils um eines Zieles willen –, sondern auch dies, *was* er tut. Die Tötung eines anderen Menschen als solche ist ein moralisch noch unbestimmtes Geschehen. Zur Handlung wird es erst durch die finale Bestimmtheit, dadurch also, dass ein Mord, eine von einem Gericht vollstreckte Hinrichtung, ein Akt der Notwehr oder eine Nebenfolge einer anderen Handlung vorliegt.

Der zweite Schritt nach der Unterscheidung der rationalen Zielsetzung und Zielverfolgung von derjenigen der nicht-vernunftbegabten Wesen ist die Lösung des Problems, ob die Mittel-Zweck-Relation ein Ganzes bilden kann oder ob jedes beliebige Ziel seinerseits ein Mittel für ein weiteres Ziel sein kann, das auch seinerseits bloß Mittel für ein noch höheres oder noch entfernteres Ziel und so weiter bis ins Unendliche ist.[8] Nun ist das Ziel der Grund dafür, ein bestimmtes Mittel zu wählen. Das entscheidende Argument lautet: Wenn es kein letztes Ziel gäbe, ein Ziel also, das *nicht* wiederum möglicherweise nur instrumentellen Charakter hat, gäbe es überhaupt keinen Grund, etwas zu wollen.[9] Nichts Einzelnes ist ein Grund schlechthin, sondern vielmehr ist sein Grundsein seinerseits begründet. Genau dies ist es nur dadurch, dass der Wille »zuletzt« ein höchstes Ziel erstrebt. Das »zuletzt« muss in Anführungszeichen gesetzt werden, denn streng genommen ist es das Erste, nämlich derjenige Grund, von dem das Grundsein aller anderen Gründe abhängt.[10] Das gesetzte Ziel macht also seine Verfolgung verständlich und umgekehrt sein Erreichen das Erlöschen des Strebens. So bildet also die finale Struktur der menschlichen Praxis ein Ganzes: Ebenso wie das Handeln einen unersetzlichen Ursprung in der handelnden Person selbst hat, dieser

---

[7] Sum. theol. I-II, q. 1, a. 1, ad 3.
[8] Sum. theol. I-II, q. 1, a. 4.
[9] Sum. theol. I-II, q. 1, a. 4: „»Wenn es kein letztes Ziel gäbe, würde nichts erstrebt.«
[10] Sum. theol. I-II, q. 1, a. 4: »Der Anfang der Absicht ist das höchste Ziel.«; diese Einsicht hat auch schon Platon formuliert: Lysis 219.

also nicht eine x-beliebige Ursache ist, die auf derselben Ebene ihrerseits wieder verursacht ist, so impliziert das Handeln, das auf einem Streben beruht, ebenfalls auf der Ausrichtung auf ein letztes Ziel. Es ist nicht im zeitlichen Sinne das letzte im Horizont unserer Bestrebungen, sondern das höchste und abschließende, weil es nicht mehr zum Mittel für anderes gemacht werden kann.

Zur Verdeutlichung sei nochmals hervorgehoben, dass es nicht bloß allgemein im Spektrum der menschlichen Handlungen neben solchen, die instrumentellen Charakter haben, solche gibt, die man um ihrer selbst willen vollzieht. Vielmehr soll einsichtig gemacht werden, dass die Initiierung einer jeden Handlung wegen ihrer Zielbestimmtheit durch ein höchstes Ziel bedingt ist. Das höchste Ziel muss nun aber ein solches sein, das in jeder Hinsicht gut ist, dessen Erreichen also nichts mehr zu wünschen übrig lässt. Genau so sagt es Thomas: »Es ist also notwendig, dass das letzte Ziel derart das gesamte Streben des Menschen erfüllt, dass nichts außerhalb seiner zu erstreben übrig bleibt.«[11] Dieser Charakter der Vollendung schließt es aus, dass mehrere höchste Ziele die Praxis des Menschen bestimmen. Selbstzweck können viele Handlungen oder Zustände sein; aber die Vollendung kann nur in einem liegen. Gewiss haben die Menschen unterschiedliche Vorstellungen von dem, worauf es ihnen am Ende ankommt. Aber hier ist nicht von einem vorgestellten oder bewusst gesetzten Ziel die Rede, sondern von dem Ziel, das in aller konkreten Zielverfolgung, in jedem bestimmten Streben, als dessen Grund angestrebt wird. Wenn dem übrigens nicht so wäre, gäbe es nicht das Phänomen, dass man trotz des Erreichens eines Zieles unbefriedigt bleiben kann. Als eine in der Natur des Willens liegende Ausrichtung ist es ein einziges Ziel. Da dies in der Natur des Menschen liegt, bestimmt es aber nicht nur alles, was der jeweilige Mensch anstrebt, worum ihm, wie man sagt, zu tun ist, sondern gilt auch für alle Menschen.[12] Dass der Charakter des höchsten Zieles für alle Menschen dasselbe sein muss, schließt überhaupt nicht aus, dass Menschen unterschiedliche Konzeptionen davon haben, worin das höchste Ziel liegt. Nur gibt es hier nicht einfach irgendetwas Beliebiges zu wollen und zu verfolgen, ein Streben kann nicht auf seine Erfüllung verzichten. Das, worin man diese Erfüllung setzt, ist

---

[11] Sum. theol. I-II, q. 1, a. 4.
[12] Sum. theol. I-II, q. 1, a. 6.

offenkundig beliebig, aber die Erfüllung ist es nicht. Man wird also nicht nach gänzlich beliebiger façon selig.[13]

Thomas hält Vollendung und Glück – wie schon die Antike, aber auch wie bereits Augustinus – für die zwei Seiten derselben Medaille: Das höchste Ziel ist das höchste Gut und dieses wiederum ist das Glück, besser die Glückseligkeit (*beatitudo*). Schon Aristoteles hat in der *eudaimonia* (Glückseligkeit) nicht eine Vorgabe der Philosophie oder gar einer bestimmten Philosophenschule gesehen, sondern eben das, was die Menschen selbst zuletzt und im Grunde anstreben. Dies scheint allen sog. »Eudaimonisten« unbestreitbar. Dies ist nicht die Frage, vielmehr gilt es erstens zu klären, was genau für die Legitimität und die Bestimmung des menschlichen Handelns daraus folgt, und zweitens, worin das Glück besteht. Denn so allgemein der Konsens bezüglich seines Status als höchstes Ziel sein mag – worin es besteht, dies ist eine offenkundig nicht so leicht mit Überzeugungskraft zu beantwortende Frage.

Thomas widmet sich dieser in der zweiten *quaestio*. Dort steht manches Erwartbare, aber auch manches Überraschende. Man muss sich auf diese Überlegungen wirklich einlassen; nur ist dies deswegen nicht ganz leicht, weil man ja gerade weithin voraussetzt, womit ich glücklich bin, weiß ich am besten selbst.[14] Thomas setzt bei den vermeintlichen Glücksgütern bei den äußeren Gütern ein. Ist der Reichtum das Glück des Menschen?[15] Dies ist unmöglich, denn die natürlichen Güter sind Mittel zur Behebung natürlicher Mängel. Und was diese nicht auszugleichen vermögen, sollen die künstlichen Güter beheben. Reichtum ist also ein Mittel und kein Zweck. Übrigens hat das Streben nach Reichtum auch kein Maß und daher auch kein bestimmtes Ende. Und die Ehre? Diese ist, wenn sie zu Recht erwiesen wird, ja nur ein Zeichen für die Vollkommenheit des Menschen und

---

[13] Wenn das höchste Glück reine Glückssache wäre, kann gäbe es hier überhaupt nichts zu überlegen; es gäbe nichts zu raten und vor nichts zu warnen. Die Praxis unterstellt also das genaue Gegenteil. Die Aussagen über das Glück sind also wahrheitsfähig und nicht lediglich und ausschließlich Sache subjektiven Beliebens.

[14] Solche Redeweise ist zweideutig. Es ist die Parole der durch nichts irritierten Selbstbestimmung, für die aber gleichwohl ein Wissen reklamiert wird. Wenn zweiteres zu Recht besteht, dann gibt es hier Erkenntnis und Irrtum. Durch Nachdenken ist dabei eben doch bereits eine geistige Leistung erbracht: Der Mensch setzt das Glück in etwas (und verfolgt es, so gut er kann). Mit dem Wort ›Glück‹ wird also ein Inhalt bzw. ein Anspruch verbunden. Und daher hat es eben doch Sinn zu fragen, ob das Glück wirklich in dem liegt, wo man es gesucht hat, da es sich nicht einfach einstellt.

[15] Sum. theol. I-II, q. 2, a. 1.

nicht diese selbst. Daher kann die Ehre ebenso wenig das Glück des Menschen sein wie auch der Ruhm – dieser liegt ja in einer Einschätzung anderer Menschen, die an der Realität ihr Maß hat. Die Beurteilungen sind irrtumsanfällig und dies insbesondere bezüglich derjenigen Dinge, die bei der menschlichen Praxis eine wesentliche Rolle spielen. Auch in der Macht kann das menschliche Glück nicht liegen, denn das Glück – immer im Sinne der *beatitudo* verstanden – ist der Inbegriff des Guten, die Macht jedoch ist ambivalent, zu schädlichen und förderlichen Zwecken zu nutzen. Auch bei den inneren Gütern ist Thomas' Befund zunächst negativ: Dass das Glück ein Gut des Körpers sein könnte, kann man zwar erwägen, muss es aber ebenso schnell wieder verwerfen. Der Körper des Menschen ist ein lebendiger Körper, das Glück kann also sowieso nicht im Körperlichen als solchen liegen, denn dieses ist beim Menschen wesentlich auf das Seelische bezogen. Der Mensch ist ein Wesen aus Leib *und* Seele und daher muss sein Glück eine Vollendung sein, die beides umfasst.[16]

Dieses Kriterium scheint die Empfindung zu erfüllen, denn nur lebendige, also beseelte Wesen empfinden Lust. Eine körperliche Lust kann zwar durchaus in gewisser Hinsicht die Autonomie darstellen, welche die menschliche Glückseligkeit ausmacht, denn sie stellt sich ein, wenn das erstrebte Gut erreicht ist; aber es ist doch immer nur *ein* konkretes Gut; »nur« deshalb, weil ein konkretes Gut der Universalität des Guten nicht entspricht. Es muss sich aber gleichwohl um ein Gut handeln, das in der menschlichen Seele sozusagen seinen Ort hat. Ein Glück, das nicht bewusst wird, ist keines. Aber der Inhalt kann doch nicht etwas Seelisches sein. Wenn man die Frage ganz ernst nimmt, welches Glück dem Menschen als Menschen zukommt, dann kann es nur daraus verständlich gemacht werden, was den Menschen als Menschen ausmacht. Dies ist sein Geist, der sich als Vernunft und Wille artikuliert. Was immer der Wille im Einzelnen will, kann nur etwas Bestimmtes sein. Auch wenn ihm dies zuteilwird, bleibt immer noch ein unabsehbarer Spielraum offen, in dem sich der Wille ebenso bewegen könnte, wo ebenfalls Erfüllung und Nicht-Erfüllung möglich ist. Daraus folgert nun Thomas: Es kann für den Menschen kein Gut geben, das ihn vollständig bestimmt und sein Glück ausmacht, wenn dieses nicht ein universales Gut ist – nicht im Sinne von abstrakt-begrifflich, sondern im Sinne von umfassend. Es muss eine Wirklichkeit sein und nicht ein noch so

---

[16] Sum. theol. I-II, q. 2, a. 5.

adäquater Begriff davon. Keine endliche Wirklichkeit hat aber den erforderlichen umfassenden Charakter. Jedes endliche Gut ist nur eines neben anderen. Das Wollen hingegen bewegt sich im Raum der Gründe und der Begriffe. Es gehört ja gerade zum Wollen, etwas Gutes anzustreben. Es ist aber eben nur *etwas* Gutes und nicht alles, was überhaupt gut ist. Daraus schließt Thomas: »Daher vermag allein Gott den Willen des Menschen zu erfüllen; demgemäß heißt es im Psalm: ›der dein Verlangen im Guten erfüllt‹ [Ps. 103 (102), 5]. Einzig in Gott besteht also die Glückseligkeit des Menschen.«[17]

In der q. 2 hat Thomas somit die Inhalte diskutiert, in die vielfach, aber im Widerspruch zum Kriterium der Nicht-Instrumentalisierbarkeit das Glück des Menschen gesetzt wird. Erst in der q. 3 stellt er die Frage in einem formalen Sinne: Was ist die Glückseligkeit? Gemeint ist: Welche Komponenten hat sie, was gehört im Kern zu ihr, was macht sie sonst noch aus? In welchen Kategorien ist denn der Begriff der Glückseligkeit zu fassen? Diese dritte Frage, die dem Begriff des Glückes gewidmet ist, geht darum ungleich tiefer als die vorangegangene, greift aber auch die dort gewonnenen Thesen und Argumente auf. So wie die q. 2 endet, müsste man annehmen, dass, wenn Gott das Glück des Menschen ist, dieses Glück einfachhin etwas Ungeschaffenes ist. Genau diese Frage steht nun am Anfang der q. 3 und gibt Thomas wiederum Gelegenheit, nicht einfach mit »Ja« oder »Nein« zu antworten, sondern die Antwort zu differenzieren. Glück wird nicht als faktischer Zustand verstanden. Dies ergibt sich schon daraus, dass man Menschen selbst ihr Glück vereiteln sehen kann. Abgesehen davon hat das Bewusstsein ohnehin nicht einfach wie ein Stück Materie Zustände, in denen es sich befindet, sondern Bezug auf ein Ziel und auf sich selbst. Glück hat immer etwas mit einem Ziel zu tun, das erreicht wird. Andernfalls ließe sich der für das Glück konstitutive Charakter der Erfüllung nicht verstehen.

Aber der Begriff des Zweckes wird in einem doppelten Sinn verstanden. Diese Unterscheidung ist schon aristotelisch[18] und Thomas kommt vielfach auf diese zurück. Zweck ist zum einen das, was erreicht wird. Aber Zweck ist ja nicht nur die Sache als solche, sondern eben auch ihr Besitz und ihr Gebrauch. Im Sinne dieser getroffenen Unterscheidung kann man nun sagen, dass nur das unendliche Gutsein Gottes das spezifisch unendliche Verlangen des

---

[17] Sum. theol. I-II, q. 2, a. 8.
[18] Aristoteles, De an. II, 4; 415 b 2–3; Met. XII, 7; 1072 b 2–3.

Menschen zu erfüllen vermag. Freilich kann nicht dieses unendliche Gutsein als solches gemeint sein, denn es muss ja ein Verhältnis dazu gedacht werden, weil es als Erfüllung eines Verlangens zu verstehen ist. Daher ist also nicht nur das unendliche Gutsein als solches, sondern vielmehr auch dessen Genuss das Ziel. Der Inhalt (*obiectum*) ist also etwas Ungeschaffenes, aber dessen Genuss ist – im Unterschied zum ersten nicht der Grund, sondern seinem Wesen nach – etwas Geschaffenes.

Die Dinge entfalten sich nicht schon in dem, was sie sind, sondern vielmehr in ihrer Tätigkeit. Daher kann Thomas auf Grund derselben Prämissen wie Aristoteles dieselbe Schlussfolgerung ziehen: Die Glückseligkeit ist eine Tätigkeit (*operatio*) – sie liegt somit nicht bloß im Sosein des Menschen.[19] Wenn es sich um keinen spezifisch (!) bestimmten Inhalt handelt, dann kann es sich auch nicht um den Inhalt einer sinnlichen Wahrnehmung, sondern nur um eine Erkenntnis des Geistes handeln.[20]

Eine ähnliche Antwort gibt Thomas auch bei der Frage, ob die Glückseligkeit zum Verstandes- oder zum Willensteil gehört. Auch hier besteht die Antwort nicht einfach darin, zwischen diesen beiden Alternativen begründet zu votieren. Es kann nicht bloß das Erreichen eines Zieles sein, sondern das Aufgehen der Wahrheit. Schon im *sed contra* hat Thomas den Vers aus dem Johannes-Evangelium angeführt: »Dies ist das ewige Leben, dass sie dich, den einen wahren Gott erkennen.«[21] Es muss sich um ein Erkennen und kann sich nicht um ein Wollen handeln. Aber eben um keine Erkenntnis wie irgendeine beliebig andere, denn in ihr soll ja gerade die Freude liegen, die das Glück ausmacht: »Freude an der Wahrheit«, davon hat Augustinus[22] gesprochen und Thomas zitiert dies hier.[23] Diese Art der Antwort, dass einerseits zwischen zwei Alternativen einer der beiden eindeutig der Vorzug gewährt wird, ohne dass doch die andere Alternative völlig

---

[19] Sum. theol. I-II, q. 3, a. 2.
[20] Auch wenn der menschliche Verstand auf die Wahrnehmung der Sinne angewiesen ist. Aber nicht allein als Vorbedingung, auch als Folge geistiger Tätigkeit ist die Sinnlichkeit von der Erfüllung betroffen.
[21] Joh. 17, 3.
[22] Conf. X, 23, 33 (CCSL 27, p. 173): *gaudium de veritate*.
[23] Sum. theol. I-II, q. 3, a. 4; vgl. q. 4, a. 1, s.c.; De ver., q. 14, a. 2 (ed. Leon. XXII, 443, 284–286); Comp. theol. II, 9 (ed. Leon. XLII, 204, 404–409); In Ioh. 10, 1 (ed. R, Cai, Turin 1952, nr. 1370); 15, 2 (nr. 2004). Super I Tim. 3, 3 (Super Epistulas S. Pauli lectura, ed. R. Cai, Turin 1953, nr. 128); Super II Tim. 4, 2 (nr. 151).

verworfen würde, wiederholt sich auch beim Folgenden. Auch der Verstand ist ja zu unterscheiden als praktischer und theoretischer, auf Handlung oder auf Wahrheit gerichtet. Das Glück besteht in der Betrachtung – aber das gilt nur für das vollkommene Glück; das unvollkommene dieses Lebens liegt auch in der praktischen Tätigkeit. Ist es also im eigentlichen Sinne die Schau, die Anschauung Gottes, oder die Freude an ihm bzw. an ihr, welche das Glück des Menschen ausmacht? Die These, das Glück des Menschen bestehe in der Anschauung des Göttlichen, einfach eine christliche und damit religiöse Bestimmung des Glückes sein könnte, war Thomas schon deswegen unerfindlich, weil er dies ja bereits bei Aristoteles, einem Philosophen der nicht-christlichen Antike, finden konnte.[24] Thomas sagt allerdings, dass Aristoteles von einem unvollkommenen Glück spricht,[25] weil er es gleichzeitig für eine ganz seltene und nur wenigen Menschen mögliche Erfüllung gehalten hat. Dies musste Aristoteles, weil er sich auf das zu beschränken hatte, was dem Menschen aus sich selbst möglich ist. Aber er hat anders als die hellenistischen Philosophenschulen den Glücksbegriff nicht auf das beschränkt, was dem Menschen angesichts der Wirrnisse und Unbilden dieses Lebens möglich ist. Das Christentum revidiert diese Reduktion des Glücksbegriffes, es »verlegt« die vollendete (!) Wirklichkeit des Glückes dafür aber in das ewige Leben, ein unvollendetes, weil begrenztes und bedrohtes Glück in diesem Leben gesteht Thomas ausdrücklich zu. Die Philosophie kann nicht ein allgemeines Streben nach Glück konstatieren und für sich selbst beanspruchen, sagen zu können, worin es besteht und wie man es erreicht, dann aber die Erfüllung auf das beschränken, was der Mensch in der Hand hat. Dieses Kriterium ergibt sich nur aus dem philosophischen Anspruch, nicht aus dem Phänomen. Schon eine unvorhergesehene Freude kann einfach überwältigend sein. Während also die hellenistischen Philosophien den Glückbegriff restringieren, beansprucht das Christentum das

---

[24] Aristoteles, Eth. Nic. X, 7.
[25] Sum. theol. I-II, q. 3, a. 6, ad 1; Sent. Eth. I, 9 (ed. Leon. XLVII/1, p. 32, 162–165): *Loquitur enim in hoc libro Philosophus de felicitate, qualis in hac vita potest haberi. Nam felicitas alterius vitae omnem investigationem rationis excedit* [»Aristoteles spricht in diesem Werk von der Glückseligkeit, wie man sie in diesem Leben besitzen kann. Denn die Glückseligkeit des anderen Lebens übersteigt die Untersuchung der Vernunft.«]; cf. I, 15 (54, 52–56); IX, 11 (XLVII/2, p. 540, 150–151).

wesentliche Moment vollständigen Erfülltseins festhalten zu können. Das aber scheint zum Glücksbegriff unverzichtbar zu gehören.[26]

Erst in der q. 4 werden die Bedingungen der *beatitudo* erörtert. Die Frage, ob etwa die Rechtheit des Willens erforderlich ist, interessiert, weil nicht selten Glück ganz formal als Kongruenz von beliebigem Wollen und Erfüllung verstanden wird. Auf einem solchen Glücksbegriff beruht beispielsweise auch die Eudaimonismuskritik Kants.[27] Nur ein Ziel, das nicht beliebig gesetzt wird, kann auch in belangvoller Weise verfehlt werden: »Die Glückseligkeit kann nicht statthaben ohne den rechten Willen.«[28] Dies kann auch schon deswegen nicht anders sein, weil der Wille als ein geistiges Streben sich immer auf ein im weitesten Sinne beurteiltes, auf ein aufgefasstes Gut richtet. Jede Beurteilung kann nun aber wahr oder falsch sein und diese Differenz macht offenkundig auch beim Erreichen des Zieles einen wesentlichen Unterschied.

2. Die Elemente der Handlung

Mit der q. 6 beginnt der zweite Teil, in dem die zuvor nur allgemein bestimmten Erfordernisse auf die rechte Handlung bezogen werden. Es geht jetzt um diejenigen Handlungen, die zur Bestimmung des Menschen führen – oder diese vereiteln. Die erste *quaestio* dieses Teiles (q. 6) handelt von der Freiwilligkeit. Hier ist die Orientierung an den Anfangskapiteln des 3. Buches der *Nikomachischen Ethik*[29] unverkennbar, nicht zu übersehen sind freilich auch die Verschiebun-

---

[26] Vgl. R. Spaemann, Glück und Wohlwollen, S. 94: „In seiner radikalen Form ist der Eudaimoniebegriff wesentlich überschwänglich. Glückseligkeit benennt das, was wir nur in Augenblicken ahnen, was aber nicht zur Form unserer endlichen Existenz werden kann." Einem solchen Zustand vollständig aufgehobener Entzweiung am utopischen Ende der Geschichte hat Ernst Bloch als ‚Heimat' bezeichnet und in einer viel zitierten Formulierung an das Ende seines umfangreichen Hauptwerkes gerückt, Das Prinzip Hoffnung, in: Gesamtausgabe V.2, Frankfurt a. M. (Suhrkamp) 1959, p. 1628: "So entsteht in der Welt etwas, wasuns allen in die Kindheit scheint und wo noch keiner war – Heimat."

[27] Kant, KpV A 224 (AA V, 124): »Glückseligkeit ist der Zustand eines vernünftigen Wesens in der Welt, dem es, im Ganzen seiner Existenz, alles nach Wunsch und Willen geht, und beruht also auf der Übereinstimmung der Natur zu seinem ganzen Zwecke, im gleichen zum wesentlichen Bestimmungsgrunde seines Willens.«

[28] Sum. theol. I-II, q. 4, a. 4.

[29] Eth. Nic. III, 1–3.

gen. Aristoteles beginnt mit der Bestimmung der Unfreiwilligkeit: Wenn eine Handlung aus Zwang oder aus Unwissenheit über die Bedeutung dieser Handlung geschieht, dann ist sie unfreiwillig. Es geht wohlbemerkt nicht um die Freiheit des Willens und der Entscheidung, sondern um den Charakter der Handlungen.[30] Bei Aristoteles ist eine Handlung somit dann freiwillig, wenn die beiden Negativbedingungen des Zwanges und/oder der Unwissenheit nicht zutreffen. Thomas nennt Handlungen dann und insofern freiwillig, als ihr Prinzip »innen«, d.h. im Handelnden selbst, liegt, wenn diese handelnde Person Ursprung ihrer Handlung ist. Auf der Freiwilligkeit beruht die Zuschreibbarkeit von Handlungen. Dadurch dass Thomas im Lateinischen den Begriff der *voluntas* (des Willens) zur Verfügung hat, kann er eine Unterscheidung machen, die in den eher juristisch geprägten Untersuchungen des Aristoteles keine Rolle spielt: Thomas unterscheidet den hervorgerufenen Akt des Willens selbst von den äußeren, vom Willen »befohlenen« Handlungen des Menschen. Damit ist aber auch dem Zwang eine engere Grenze gezogen: Während Aristoteles darin, dass sich jemand nicht zwingen lässt, selbst eine sittliche Leistung erblickt, die Bewunderung hervorruft, hingegen Mitleid, wenn jemand dazu nicht imstande ist, macht Thomas jenen Unterschied für den Freiwilligkeitsbegriff geltend: Man kann zu Handlungen gezwungen werden, jedenfalls doch an Handlungen physisch gehindert werden, man kann aber niemand zwingen, etwas zu wollen. Man kann nicht von außen machen, dass es von innen kommt. Und Gott? Gott kommt eben nicht »von außen«, denn er ist der Schöpfer des Menschen. Das Freisein des Menschen ist also gewollt und wird daher nicht durch die göttliche Wirksamkeit wieder aufgehoben, sondern gerade ermöglicht.

Zu einer Handlung gehört nicht nur die Freiwilligkeit, sondern auch, dass sie immer unter bestimmten Umständen geschieht. Bei der Beurteilung von Handlungen ist davon unmittelbar die Rede – etwa, dass eine Handlung, die an sich in Ordnung ist, unter *diesen* Umständen gerade falsch ist, oder dass eine an sich falsche

---

[30] Nur dann, wenn sie wirklich freiwillig sind, sind sie wirklich unsere Handlungen. Auf der anderen Seite hängen diese beiden Aspekte doch zusammen. Dies tun sie im Lateinischen schon aus sprachlichen Gründen: *voluntarium* (freiwillig) ist etwas durch den Willen (*voluntas*). Thomas hat dies selbst bemerkt (Sum. theol. I-II, q. 6, a. 2, ad 1; q. 6, a. 3).

Handlungsweise unter *diesen* Umständen nicht so gravierend ist.[31] Was zu den Umständen gehört, lässt sich an Beispielen leicht erläutern: Ort, Zeitpunkt u. dgl. Aber was ein Umstand seiner Definition nach ist, ist weniger offenkundig. Thomas vergleicht sie mit den nicht wesentlichen, also bloß faktischen Eigenschaften der Dinge. Allerdings können sie die sittliche Qualität der Handlungen in weit größerem Maße bestimmen als die faktischen Eigenschaften der Dinge deren Wesen. Eine faktische Eigenschaft ändert nichts an der Art des Dinges, das diese Eigenschaft hat, oder ist allenfalls ein Anlass, die Artzuordnung zu korrigieren.

Von besonderer Wichtigkeit ist es nun aber, genauer den Willen zu bestimmen, aus dem das menschliche Handeln hervorgeht. Thomas fasst den Willen als eine Art von Streben; Oberbegriff des Wollens ist also das Auf-etwas-aus-sein. Spezifisch aber am Willen im Unterschied zu sonstigen Arten des Strebens ist die rationale Form. Wollen[32] heißt, etwas als etwas Bestimmtes und dies aus Gründen anstreben. Thomas kann daher oftmals mit Aristoteles sagen, der Wille sei »in der Vernunft«[33]. Jedes Streben ist auf etwas Gutes gerichtet – ‚gut' selbstverständlich nicht im Sinne von moralisch gut, sondern von erstrebenswert. Das mag beim Streben einleuchten, doch beim Willen springt dies nicht ohne weiteres in die Augen – man kann doch Gutes und Böses gleichermaßen wollen! Thomas macht jedoch dagegen geltend, dass der Wille sich zu den beiden Polen der Alternative nicht in gleicher Weise verhält. Das Erstreben des Guten ist nicht im selben Sinne ein Wollen wie das Fliehen des Bösen. Dass man etwas flieht oder vermeidet, liegt ja gerade daran, dass man etwas Anderes will.[34] Darin liegt zudem eine Analogie zu den außerrationalen Formen des Strebens. Auch wer apathisch und willenlos geworden ist, dem ist es auch nicht mehr darum zu tun, etwas zu vermeiden. Etwas Gutes im oben erläuterten Sinne zu wollen, macht dieses Wollen überhaupt erst verständlich. Das Wollen des Bösen bleibt hingegen unerfindlich. Nun wollen freilich Menschen offenkundig immer wieder Böses. Man kann nun entweder

---

[31] Sum. theol. I-II, q. 7, a. 1.
[32] Wollen ist hier verstanden als reale Willenstätigkeit.
[33] Aristoteles, De an. III, 9; 432 b 5: »In dem Begriffsfähigen entsteht ja der Wille« [Übers. Th. Buchheim]; vgl. Sum. theol. I-II, q. 9, a. 5; q. 15, a. 1, ad 1; q. 15, a. 4; q. 15, a. 4, ad 2.
[34] Sum. theol. I-II, q. 8, a. 1, ad 1.

den Willen als pure Dezision oder reinen Impuls fassen, dann ist das Wollen seinem Inhalt gegenüber völlig indifferent. Oder man kann das Wollen als etwas wenigstens prinzipiell Verständliches nehmen – und diese Konzeption ist genau diejenige, die der menschlichen Praxis in Alltag und Wissenschaft zugrunde liegt. Die Frage: Warum?, die Suche nach einem Motiv entspricht genau diesem Verständnis. Die rationale Einbettung des Willens erklärt auch das böse Wollen – jedenfalls bis zu einem gewissen Maße. Wie schon hervorgehoben, handelt es sich immer um ein beurteiltes Gut. In der Beurteilung liegt freilich die Möglichkeit der Täuschung; man hält etwas für gut, was es doch nicht ist. Das Objekt des Wollens ist notwendig ein Gut, aber möglicherweise nur ein scheinbares. Das Gute, worauf der Wille gerichtet ist, hat zunächst den Status eines Zweckes bzw. eines Zieles. Der Zweck ist, wie eingangs schon herausgestellt, die Bedingung der Mittel, d.h. dafür, was für die Erreichung des Zweckes gut ist.[35] Der Zweck ist der Grund für die Wahl des Mittels. Aber weil der Zweck das Mittel zwar bestimmt, dies aber nicht hinreichend tut – denn dann gäbe es eben gar keine Wahl der Mittel –, müssen die Mittel auch ihrerseits und eigens gewollt werden.

Wie aber kommt es nun zum wirklichen Wollen? Diese Frage gibt Thomas Gelegenheit, auf eine wesentliche Unterscheidung im Akt des Wollens zu sprechen zu kommen. Die Bestimmung kann nämlich zweierlei betreffen: Man kann inhaltlich dieses oder jenes wollen. Dies ist aber grundsätzlich zu unterscheiden davon, überhaupt zu wollen oder nicht zu wollen. Diese beiden Formen des Bestimmtseins machen offensichtlich auch zwei unterschiedliche Gründe nötig. Da das Objekt des Willens das Gute überhaupt ist, ist der Wille der Grund für die Tätigkeit der anderen Vermögen – auch des Verstandes: »Und deshalb bewegt der Wille in dieser Hinsicht die anderen Vermögen zu ihren Akten: wir gebrauchen die anderen Vermögen, wenn wir dies wollen.«[36] In inhaltlicher Hinsicht bestimmt hingegen umgekehrt der Verstand den Willen, denn um etwas zu wollen, muss dieses Etwas dem Willen präsent sein.

Thomas geht davon aus, dass der Mensch aus Gründen handelt, aus guten und schlechten, aus starken und schwachen, aus angemes-

---

[35] Es ist merkwürdig, dass Thomas das Wort *medium* zwar als Mittel des Beweises oder als ein Vermittelndes (eben als Medium) kennt, wenn er aber von Zwecken spricht, die Umschreibung benutzt: *id quod est ad finem* (das, was auf einen Zweck bezogen ist).

[36] Sum. theol. I-II, q. 9, a. 1; vgl. q. 16, a. 1.

senen und überschätzten Gründen. Es kann sich also nicht einfach um einen spontanen und einförmigen Impuls handeln; es kann aber auch nicht eine reine Verstandesleistung vorliegen. Denn etwas als gut beurteilen heißt noch lange nicht, es zu wollen und zu tun. Es müssen also eine Beurteilung und eine Bejahung zusammenkommen. Wie sie zusammenspielen, kann nicht beobachtet werden – schon deswegen nicht, weil es sich nicht um konkrete Gegebenheiten handelt. Die Frage lautet also: Wie muss die Bestimmung des Verstandes und des Willens gedacht werden, dass das Hervorgehen einer freien Handlung aus ihnen verständlich gemacht werden kann?

So kann etwa auch das sinnliche Streben als Bestimmungsgrund des Willens gedacht werden. Auch und gerade als sinnlich bestimmtes Wesen erscheint dem Menschen etwas als gut und erstrebenswert. Einem Zornigen erscheint etwas als gut, was einem Besonnen als aussichtslos erscheint. Dies tut keineswegs dem an sich bestehenden Kräfteverhältnis Abbruch: Natürlich ist der Wille als solcher dem sinnlichen Begehren überlegen, er kann ein Begehren bejahen oder verwerfen oder auch nur mäßigen. Der Wille kann sogar sich selbst bewegen. Diese Selbstbewegung hat der Voluntarismus als singuläre Auszeichnung des Willens verstanden. Aber dies bestreitet Thomas. Auch der Verstand ist Herr seiner Akte, denn auch er »bewegt sich«, etwa von Gründen zu den Folgerungen.[37] Der Wille kann von etwas Äußerem zum Wollen bewegt werden. Dieses »Äußere« ist aber allein Gott. Ich kann zu etwas verleitet, verführt, verdammt werden. Aber all dies ist eben noch kein Wollen.

Wirklich verständlich zu machen ist diese 'Selbstbewegung' aber nur, weil es sich nicht um eine reine Spontaneität handelt. Das konkrete Wollen, von dem jetzt die Rede ist, tritt nicht aus dem Nichts in Erscheinung. Das heißt positiv formuliert: Der Wille hat als Wille bereits eine Ausrichtung. Das einzelne Wollen ist dessen Konkretisierung und diese geschieht unter der Voraussetzung, dass

---

[37] Sum. theol. I-II, q. 9, a. 3.

der Mensch immer schon etwas will. Es besteht von Natur aus, durch die Natur des Willens selbst, eine Ausrichtung auf das Gute.[38]

Nachdem von der Bewegung des Willens und deren verschieden Arten die Rede war, sind im Folgenden die Willensakte das Thema: Genuß (q. 11), Absicht (q. 12), Wahl (q. 13), Beratung (q. 14), Einwilligung (q. 15), Gebrauch (q. 16). Der erste und letzte Begriff überraschen. Dass der Mensch sich andere Dinge zunutze macht, ist ebenso eine alte Beobachtung wie die Dienlichkeit von Dingen für andere. Aber erst Augustinus hat den Gebrauch für andere Zwecke und die unmittelbare Zuwendung als eine Sache des Willens, als bestimmte und einander entgegengesetzte Formen des Wollens aufgefasst. Nachdem diese Lehre auch in das wichtigste theologische Lehrbuch des Mittelalters – die »Sentenzen«[39] des Petrus Lombardus – eingegangen ist und dort das zweite Thema bildet, platziert Thomas diese Thematik an dieser Stelle, wo vom Willen in praktischer Hinsicht die Rede ist. Dies gibt ihm zugleich Gelegenheit, nicht nur die objektive Erfüllung des Strebens, sondern auch die subjektive Komponente des Erfülltseins und sozusagen Angelangtseins genauer in den Blick zu nehmen. Seit Augustinus hat sich hierfür der Begriff *fruitio* eingebürgert.[40] Der Genuss, auch der des höchsten Gutes, ist eine Tätigkeit des Strebevermögens. Denn wo kein Streben, da keine Erfüllung. Der Genuss ist in seiner vollkommenen Form eine Tätigkeit des vernünftigen Geschöpfes, denn hierzu gehört die Erkenntnis des

---

[38] Die Frage der Bestimmungsart ist in doppelter Ausrichtung zu differenzieren. Das Gute als solches ist unabweisbar: Dieses kann man nicht nicht wollen; es zu wollen liegt in der Natur des Willens. Aber man kann erfahrungsgemäß ein konkretes Gut auch nicht wollen, nämlich in der Hinsicht, in der es in irgendeinem Sinne nicht gut ist. Man kann sich zum Abnehmen entschließen, weil es das Wohlbefinden fördert; man es aber auch nicht wollen, weil es mit Verzicht, mit dem Durchbrechen hartnäckiger Gewohnheiten verbunden ist (vgl. Sum. theol. I-II, q. 13, a. 6).
[39] Sententiae in IV libris distinctae, lib. I, d. 1 c. 2–3 (ed. Coll. S. Bonaventurae, Grottaferrrata, 1971, I, 56–61).
[40] Wie Thomas selbst zurecht vermerkt – mittelalterliche Etymologien sind meistens verunglückt –, hat dieses Wort mit *fructus* (Frucht) zu tun. Die Erfüllung des Wollens ist wie der Genuss einer Frucht, dem letzten, was eine Pflanze hervorbringt. Im Deutschen scheint das Wort nicht sonderlich geeignet, im Zusammenhang mit Gott verwendet zu werden. Doch Thomas verbindet gerade die ganz konkrete Bedeutung mit dessen Verwendung im Zusammenhang der Bestimmung des Menschen: »Die sinnlich empfindbare Frucht (*fructus*) ist das, was von einem Baum erwartet und was mit Süße wahrgenommen wird. Daher scheint der Genuss (*fruitio*) zur Liebe und zur Lust zu gehören, die jemand vom zuletzt Erwarteten, welches das Ziel ist, hat.« (Sum. theol. I-II, q. 11, a. 1.).

Zieles, aber in einer unvollkommenen Form kann man von Genuss auch bei der nicht-geistigen Kreatur sprechen. Diese Abstufung kehrt auch beim Gegenstand des Genusses wieder. Der Begriff bezieht sich darauf, dass etwas als es selbst Inhalt der Freude ist. Alles andere wird nur gebraucht, also auf Grund seines Charakters als Mittel, mithin als etwas Nützliches geliebt. Aber insofern das Streben doch zumindest in gewisser Hinsicht zur Ruhe kommt, kann man auch auf den geringeren Stufen von 'Genuss' sprechen. Andernfalls wäre auch die Vertauschung des höchsten Gutes mit einem niederen Genuss nicht verständlich.[41]

Bei der anschließenden Erörterung der willentlichen Handlungselemente steht an erster Stelle die Intention. Dieses lateinische Fremdwort meint, wie Thomas wiederum zu Anfang vermerkt, sich auf etwas ausrichten (*in aliquid tendere*). Das Intendieren ist also im eigentlichen Sinne ein Akt des Willens. Die Absicht geht also immer auf ein Ziel bzw. einen Zweck, doch ist dieser nicht notwendig und nicht immer das höchste Ziel bzw. der letzte Zweck. Dies ist auch keine exklusive Tätigkeit. Man kann auf einander bezogene Ziele verfolgen, man kann aber auch Ziele im Auge haben, die voneinander unabhängig sind (unter Umständen sich sogar ausschließen). Wie verhält sich aber das Wollen des Zieles zum Wollen der Mittel? Dieses Verhältnis kommt in zweifacher Weise vor: Man kann beides jeweils für sich wollen, dann handelt es sich eben um zwei Willensakte. Man kann aber etwas als Mittel wollen, d.h. sofern man ein durch es erreichbares Ziel verfolgt. Dann liegt nur ein Willensakt vor. »Bittere Arzenei« will man nur wegen der Wirkung, die man damit erzielen will. Die Intention ist, sofern die Erkenntnis des Zieles zu ihr gehört, eine spezifische Leistung der vernünftigen Kreatur; aber im allgemeineren Sinne kann man auch bei Lebewesen von Absicht sprechen, nur ist die Ausrichtung auf das entsprechende Ziel diesen vorgegeben.

Wenn das Ziel gesetzt ist, steht die Wahl der Mittel zu seiner Erreichung an. Der Prozess des Wählens ist freilich nicht einem einzigen Vermögen zuzuordnen. Zu ihm gehört offenkundig eine Erkenntnisleistung, denn es wird etwas erfasst, erwogen und beurteilt. Aber die Meinung, dass das Mittel A besser ist als das Mittel B, ist noch nicht identisch mit der Wahl von Mittel A. Diesen Schritt vollzieht daher der Wille. Wegen der kognitiven Voraussetzung, zu der es ja gehört, mehrere Möglichkeiten gleichzeitig vor Augen zu

---

[41] Sum. theol. I-II, q. 11, a. 3.

haben, ist das Wählen im strengen Sinne eine typisch menschliche Leistung. Daher umfasst die Wahl nur das praktisch Mögliche und nicht auch das irgendwie Wünschenswerte. Im konventionellen Sinne besteht Freiheit eben darin, wählen zu können und wirklich zu wählen, Notwendigkeit hingegen in der alternativlosen Ausrichtung auf nur ein Ziel. Aber Thomas nimmt es genauer: Zum einen ist die Alternative nicht bloß von einer Art. Die Wahl besteht nicht nur darin, das eine oder das andere zu tun, sondern auch darin, überhaupt etwas zu tun oder es zu lassen. Zum anderen schließen sich die notwendige und die freie Ausrichtung nicht in jeder Hinsicht aus. Im Gegenteil ist die notwendige Ausrichtung auf das Gute überhaupt die unerlässliche Bedingung dafür, zwischen verschiedenen Gütern wählen zu können. Denn erst dadurch ist das konkrete Gut abgehoben gegenüber dem Guten überhaupt, ist es *ein* Gut neben anderen Gütern. Der Mensch will nicht faktisch glücklich werden, sondern will dies notwendig. Die Wege aber, die zum Glück wirklich oder vermeintlich führen, kann er wählen.[42]

Die Wahl einer Handlung setzt wiederum eine Beurteilung voraus. Diese wird gewonnen in der Form eines *consilium*, eines Sich-Beratens – mit anderen Menschen oder mit sich selbst. Dies muss geschehen, weil sich die menschliche Praxis auf einem – gemessen an den Standards der theoretischen Wissenschaft – weitaus unsicherem Gefilde bewegt. Es handelt sich um einzelne Gegebenheiten, die sich zufällig einstellen, die sich daher nicht einfach wiederholen, in ihrer ganzen Konkretheit sogar einmalig sind.[43] Was zu tun ist, muss daher überlegt werden; diese Überlegung, so Thomas, hat die Form einer Untersuchung. Ausgenommen das höchste Ziel kann jedes Ziel auch seinerseits als Mittel genommen werden. Und in diesem Sinne kann man sich auch das Wollen des Zieles selbst nochmals überlegen. Dies tut man übrigens ja immer dann, wenn man sich überlegt, ob sich angesichts der zur Verfügung stehenden Mittel die Verfolgung des Zieles überhaupt lohnt oder sittlich gerechtfertigt ist. Denn wenn die Mittel nicht zu rechtfertigen sind, dann auch nicht das Ziel. Der Zweck heiligt die Mittel nicht – kein einziges. Die Lage kann sehr unübersichtlich erscheinen, daher ist die Beteiligung anderer am Prozess des Mit-sich-zu-Rate-gehens noch dringlicher als beim Nachdenken über theoretische Fragen. Entsprechend der Fassung des Begriffes

---

[42] Sum. theol. I-II, q. 13, a. 6.
[43] Sum. theol. I-II, q. 14, a. 1.

der Wahl muss auch für den Begriff der Beratung gelten, dass ihr möglicher Gegenstand nur das sein kann, was durch unser Handeln zum Mittel gemacht werden bzw. wofür unser Handeln als Mittel eingesetzt werden kann. Freilich gilt dies nicht ohne Einschränkung: Belanglose Dinge sind einfach egal[44] und auch diejenigen Handlungen, die durch fachliche Kompetenz (*ars*) festgelegt sind, bedürfen keiner Beratung. Die Beratung kommt damit zum Abschluss, dass der besseren Alternative zugestimmt wird. Diese Zustimmung kann also nicht wiederum eine Sache der Auffassung sein, denn diese wird dadurch gewonnen, dass die relevanten Umstände untersuchend beraten werden. Die Beurteilung ist jedoch im Verhältnis zu dem hier und jetzt zu Tuenden immer allgemeiner. Aber die aus der Beurteilung erwachsene Neigung zur besseren Alternative ist eine Einwilligung.[45]

Ähnlich wie beim schlechthin nicht-instrumentellen Verhältnis des Willens zum höchsten Gut hat sich auch beim Verhältnis zu den Mitteln ein eigener Terminus eingebürgert: *usus* (Gebrauch). Thomas´ These ist, dass das Gebrauchen eine voluntative Tätigkeit darstellt, jedenfalls im grundsätzlichen Sinne. Die für den Verstand typische Tätigkeit ist, eine Relation herzustellen – denn diese besteht bei einem praktischen Mittel zu einem Ziel ja nicht von Natur aus –, aber die wirkliche Inanspruchnahme von etwas beruht eben doch auf einer Neigung, einer Tendenz. Und diese gehört zum Willen. Dabei werden aber nicht nur äußere Dinge gebraucht; alles, was für ein Ziel in Anspruch genommen wird, fällt unter den Begriff 'Gebrauch'. Daher gilt dies auch für die Tätigkeit des Verstandes selbst. Wiederum scheint die begriffliche Bestimmung es von vornherein auszuschließen, dass noch anderes als Mittel gebraucht werden könnte, schon gar nicht das höchste Ziel. »Gebrauch« bezieht sich immer auf das, was auf ein Ziel bezogen ist.[46] Das Gutsein der Mittel besteht in ihrer

---

[44] Sum. theol. I-II, q. 14, a. 4.
[45] Dies ist aber nicht eine Zustimmung im Sinne des *assentire* – man wendet sich an ein anderes – so wie man beispielsweise einer Auffassung oder einer Lehrmeinung »zustimmt«. Im praktischen Handeln liegt jedoch ein »gemeinsamen Sinnes sein« (*simul sentire*) vor, eine innere Verbindung mit dem, dem man zustimmt. Zustimmen in diesem erläuterten praktischen Sinne ist eine Sache des Wollens, es ist das Wollen, die einsetzende Tendenz zur Handlung. Daher gilt auch hier, dass es als spezifisches Element der Handlung nur beim Menschen vorkommt. Denn es handelt sich nicht um ein Angezogen-werden durch etwas, sondern um eine bewusste Bestimmung des Willens.
[46] Thomas verweist darauf, dass konsequenter Weise auch dies im Lateinischen *utilis*, nützlich – nämlich zur Erreichung eines Zieles – genannt wird.

Nützlichkeit. Der Leser, mit dem Thomas rechnet, weiß, dass Augustinus die eigentliche Perversion des menschlichen Verhältnisses zu Welt und Gott darin gelegt hat, dass das, was man nur gebrauchen soll, genossen wird; und das, dem man sich um seiner selbst willen zuwenden soll (und das gerade nicht mehr als Mittel genommen werden soll, gebraucht (*fruendis uti*). Meister Eckhart wird mit der ihm eigenen Drastik davon sprechen, dass mitunter die Menschen in hemmungsloser Instrumentalisierung Gott zur Kuh machen.[47] Thomas spricht unter Verwendung einer bereits eingeführten Unterscheidung davon, dass man etwas zum Zweck Erhobenes auch gebrauchen kann – nicht perverser–, sondern legitimerweise. Im eigentlichen Sinne ist der Zweck die Sache selbst (beim geizigen Menschen das Geld); man kann aber durchaus auch sagen, die Aneignung (*adeptio*) bzw. der Gebrauch sei das Ziel.[48] Doch hängt dessen Gutsein ja an der Sache als etwas Gutem. Doch wird das Geld gleichwohl in bestimmter Hinsicht erstrebt, nämlich in Hinblick auf Besitz und Gebrauch. Man kann also verständlich machen, dass man auch einen zum höchsten Ziel erhobenen Zweck seinerseits noch einmal gebrauchen kann.

In der letzten *quaestio* (q. 17), bevor Thomas zur inneren Struktur der Handlung selbst kommt, bezieht er sich bereits auf das Verhältnis des Willens bzw. der Vernunft zu diesen äußeren Handlungen. Dieses ist das, was der Wille bzw. die Vernunft befiehlt. Die Verschränkung dieser beiden Vermögen war schon mehrfach hervorgehoben worden. Hier sagt nun Thomas – vielleicht doch entgegen der ersten Vermutung –, dass das »Befehlen«, also das Anordnen einer Handlung, Sache der Vernunft sei.[49] An der Verschränkung der beiden Vermögen wird aber nichts geändert: So wie man sich das wirkliche Wollen über-

---

[47] Pred. 16b (DW I, 274): »Aber manche Leute wollen Gott mit den Augen ansehen, mit denen sie eine Kuh ansehen und wollen Gott lieben, wie sie eine Kuh lieben. Die liebst du wegen der Milch und des Käses und deines eigenen Nutzens. So halten´s alle Leute, die Gott um äußeren Reichtums oder inneren Trostes willen lieben: die aber lieben Gott nicht recht, sondern sie lieben ihren Eigennutz«; Pred. 4 (DW I, 69): »Du suchst etwas mit Gott und tust gerade so, wie wenn du aus Gott eine Kerze machtest, auf dass man etwas damit suche; und wenn man die Dinge findet, die man sucht, so wirft man die Kerze hinweg.«
[48] Zu den beträchtlichen Verschiebungen gegenüber Aristoteles vgl. Jacobi (2022), 693–703.
[49] Sum. theol. I-II, q. 17, a. 1.

legen kann, so muss man auch umgekehrt das Überlegen wollen.[50] Es kann also, was nur ganz abstrakt als *eine* Tätigkeit des *einen* Vermögens genommen, durchaus als ein Moment im anderen enthalten sein. So ist es auch hier: Die Vernunft befiehlt in der Form des *intimare* (Mitteilens) und des *denuntiare* (Ankündigens). Dies aber geschieht in doppelter Weise, die sich in jeweils anderen grammatikalischen Formen artikuliert: In einem »absoluten« Sinne, wenn man unter Verwendung des Indikativs sagt: »Dies ist es, was du tun sollst.« In anderer Weise, wenn jemand in Form des Imperativs dazu gebracht wird, dies zu tun: »Tue das!« Das Moment der Beziehung macht das vernünftige Moment zum entscheidenden, aber da ja die Vernunft dabei tätig ist, muss der Wille dem vorausgehen, denn der Wille ist auch nach Thomas der erste Beweger aller seelischen Vermögen. Beides schließt es aus, dass ein solcher Akt auch nicht-rationalen Wesen zugeschrieben werden könnte. Aber ist nicht wiederum das Befehlen das eine und die angeordnete Handlung das andere, sind es also streng genommen nicht doch zwei verschiedene Akte? Man kann eine solche Frage gar nicht gründlich beantworten, ohne sich auf das Verhältnis von Einheit und Vielheit einzulassen. Dies tut Thomas auch und hebt dann abschließend hervor, dass es sich tatsächlich um *einen* menschlichen Akt handelt, dessen Einheit aber die Einheit eines Ganzen bildet. Es ist also keine Einheit, an der sich nicht verschiedene Teile unterscheiden ließen. Diese müssen auch unterschieden werden, weil ja die Anordnung zu einer bestimmten Handlung gegeben werden kann, deren Ausführung jedoch unterbleiben kann, etwa weil man daran gehindert wird. Auch die inneren Handlungen müssen hier berücksichtigt werden: Die Vernunft kann den Willensakt anordnen, aber kann auch der Vernunftakt selbst angeordnet werden? Im Hinblick auf den bloßen Akt ja, aber nicht im Hinblick auf das, was den Vernunftakt als solchen kennzeichnet: Vernunft ist eine Leistung der Erfassung, Erkenntnis lässt sich aber nicht befehlen.[51] Aus anderen Gründen ist ein sinnlicher Akt nicht ohne weiteres anzuordnen. Diese Vollzüge hängen ja mit körperlichen Dispositionen zusammen und diese liegen nicht in unserer Macht. So kann die Vernunft zwar die Vorstellungen in Grenzen regulieren, sofern sie aber von der Verfassung des Körpers abhängig sind, bleibt

---

[50] »Ich erkenne, weil ich will«: De malo, q. 6 (ed. Leon. XXIII, p. 149, 351); In Sent. III, d. 23, q. 1, a. 2, ad 3; In Is. 6, lect. 2 (ed. Leon. XXVIII, 152, 424–425): ›*nolite intelligere*‹ [6, 9]; *quasi: quia non vultis, non intelligitis.*
[51] Sum. theol. I-II, q. 17, a. 6.

der Vernunft die Möglichkeit der Anordnung versagt. Schon gar nicht unterliegen die natürlichen Bestrebungen der Vernunft; die Glieder des Körpers sind der Vernunft nur insofern unterstellt, sofern sie den sinnlichen Vermögen unterstehen.

3. Die Sittlichkeit der Handlung

In welchem Sinne und mit welchem Recht sagt man von Handlungen, dass sie gut oder schlecht sind? Die Beurteilung von Handlungen gehört ebenso selbstverständlich zu unserer Praxis wie die Handlungen selbst. Dabei rekurrieren wir auf bestimmte Aspekte – wir verweisen auf die gute Absicht oder die besonderen Umstände etc. –, aber im Grenzfall wird dann eben auch strittig, welches Gewicht dem jeweiligen Gesichtspunkt zukommt. Thomas unternimmt es hier in systematischer Weise, sowohl die Grundlage für diese Beurteilungsaspekte anzugeben als auch ihr Gewicht zu bestimmen. Die interne Gliederung der Quaestionen-Sequenz ist oben schon angegeben worden.

In einem rudimentären Sinne sind nach Thomas Handlungen gut, insofern sie überhaupt eine Wirklichkeit darstellen. Denn es ist dafür, dass sie wirklich sind, etwas erforderlich. Aber Handlungen sind zugleich eine bestimmte Weise der Tätigkeit. Nicht nur ist etwas erforderlich, dass sie überhaupt sind, sondern ihr Sein ist gelungener oder auch weniger gelungen. Diese ganz grundsätzliche Bestimmung des Seins der Handlungen unterscheidet sie noch nicht von natürlichen Dingen. Wie dieses ist das Gutsein von Handlungen prinzipiell vielfältig. Es ist von vornherein einsichtig, dass mehrere Aspekte zu unterscheiden sind, was wiederum einschließt, dass etwas – eine Handlung ebenso wie ein natürliches Ding – in einer Hinsicht gut und in einer anderen Hinsicht schlecht sein kann. Ein natürliches Ding hat seine Art durch seine Struktur (*forma*); die Handlung hingegen hat ihre Art von ihrem Objekt. Der Begriff »Objekt« darf nicht im Sinne eines Gegenstandes missverstanden werden; er meint vielmehr den Inhalt einer Handlung. In einer Buchhandlung ein Buch ohne Bezahlung mitzunehmen, ist keine unübliche Art des Einkaufs, sondern Diebstahl. Nicht das Buch ist, wie man meinen könnte, das »Objekt« der Handlung, sondern vielmehr das Stehlen. 'Objekt' ist das, worum es geht, worin die Handlung besteht. Schon die Handlung selbst und nicht nur ihre Folgen können gut oder schlecht sein.[52] Handlungen haben auch rein faktische Bestimmungen, die aber moralisch relevant sein können. Diese nennt man die Umstände der Handlung.[53] Aus der Zielorientierung wird einsichtig, dass die sittliche Qualität des Zieles ebenfalls die der Handlung bestimmt. Thomas spricht also von der moralischen Qualität von Handlungen in einem vierfachen Sinne: als eine intakte Handlung überhaupt (Gattung), im Hinblick auf den jeweiligen Inhalt (Art), im Hinblick auf die Umstände (nicht-spezifische Eigenschaften) und schließlich im Hinblick auf das Ziel als dem Grund der Handlung und deren Gutsein.

Handlungen sind etwas spezifisch Menschliches, also muss ihre sittliche Qualität darin begründet liegen, woraus dieses Handeln hervorgeht. Dies ist die Vernunft. Wenn man keine Gründe verstehen könnte, könnte man nicht nur nicht verstehen, dass jemand handelt, man würde überhaupt nicht verstehen, was da geschieht.[54] Es gibt bei anderen Dingen der Welt Prozesse und Abläufe, Tätigkeiten und Vollzüge, aber ohne menschliche Rationalität gäbe es so etwas wie Handlungen nicht.[55] Es wird also sozusagen nur gefragt, ob Handlungen wirklich Handlungen sind, ob sie nicht bloß im formalen Sinne aus Überlegung, aus bewusstem Wollen hervorgehen, sondern ob sie der Vernunft auch inhaltlich Genüge tun. Vielleicht erwartet der moderne Leser, der Dominikanermagister werde hier die Gebote Gottes oder überhaupt den Willen Gottes ins Spiel bringen. Das tut er nicht. Aber es ist auch völlig einsichtig, warum dies an dieser Stelle noch keine Berechtigung haben kann. Handlungen haben wie gezeigt ein inneres Maß, denn der Mensch ist dadurch gekennzeichnet, dass er nachdenken, verstehen und Ziele verfolgen kann: *secundum rationem*

---

[52] Sum. theol. I-II, q. 18, a. 2.
[53] Sum. theol. I-II. q. 18, a. 3; vgl. q. 7, a. 1–4.
[54] Thomas sagt daher mit aller nur wünschenswerten Prägnanz – wenn auch offenkundig nicht im Sinne gewisser Vorurteile gegenüber dem Denken des Mittelalters: »Bei menschlichen Handlungen wird ›gut‹ und ›schlecht‹ im Verhältnis zur Vernunft ausgesagt.« Sum. theol. I-II, q. 18, a. 5.
[55] Aristoteles sagt, dass der Mensch Ursprung der Praxis; Eth. Nic. III, 5; 1112 b 31–32: »Es scheint nun [...] der Mensch der Ausgangspunkt der Handlungen zu sein« [Übers. O. Gigon].Und viele ähnliche Formulierungen auch sonst: Der Mensch ist Ursprung und Erzeuger seiner Handlungen wie er Erzeuger seiner Kinder ist (Eth. Nic. III, 7; 1113 b 17–19); »wenn [...] wir auf keine andern Ursprünge zurückgehen können als auf diejenigen, die in uns selbst sind und deren Ursprünge auch in uns selbst sind, dann sind auch die Handlungen selbst bei uns und freiwillig« (Eth. Nic. III, 7; 1113 b 19–21 [Übers. O. Gigon]).

esse.⁵⁶ Wenn man von diesem Maß absähe, würde man vom Charakter der Handlung als solchem absehen. Thomas sagt selbst, dass die Zeugung eines Menschen die natürliche Folge des Beischlafs sein kann und zwar unabhängig davon, welche Art von Handlung vorliegt, der Vollzug der Ehe, ein Ehebruch oder gar eine Vergewaltigung. Dass bei einem solchen Ablauf verschiedenartige Handlungen vorliegen, kann also nur an der Vernunft und nicht an der Natur liegen. Vielleicht wird man auf ein Drittes verweisen und einräumen, in der Tat nicht die Natur, aber deswegen doch noch nicht die Vernunft, sondern eben eine Konvention. Aber auch Konventionen unterliegen einer sittlichen Beurteilung, nicht hingegen natürliche Abläufe als solche. Handlungen, so das Resultat von a. 5, können also ihrer Art nach gut oder schlecht sein; Maßstab hierfür muss die Vernunft als Fundament der Praxis überhaupt sein. Woher aber nimmt die Vernunft die Artbestimmung der Handlung? Thomas´ These ist: aus ihrem Zweck; dies begründet er folgendermaßen: Wie schon zuvor angeführt, muss man beim Willensakt einen inneren und einen äußeren unterscheiden: Das innere Wollen ist auf einen Zweck, auf ein Ziel gerichtet. Dies ist der Begriff für das, was wir wollen. Was wir aber willentlich tun, ist der spezifische Inhalt (Objekt). Der innere Willensakt hat sein Objekt, seinen Inhalt, wie eben gesagt, in seinem Ziel. Freilich können sich daraus nicht zwei Objekte ergeben, denn dann wären es zwei Handlungen. Was jemand tut, kann man dem äußeren Geschehen gar nicht immer völlig eindeutig ansehen. Jemand geht zum Fenster und öffnet es. Welche Handlung vollzieht er? Will er seine Neugierde befriedigen und zum Fenster hinausschauen? Will er für frische Luft sorgen? Will er jemand mit kalter Luft vertreiben? Will er prüfen, ob das Fenster noch knarzt? Wenn man wissen will, welche Handlung diese Person vollzieht, muss man sich auf deren Willen beziehen. Die äußere Handlung verhält sich zum Willen wie der Stoff zur Form, d.h. sie bekommt allererst dadurch ihre Bestimmung. Ob und wie man diese Bestimmung eruieren kann, steht freilich auf einem anderen Blatt.

Wenn nun die spezifische Bestimmung der Handlung in der Vernunft begründet liegt, dann könnte man vielleicht folgern, dass jede Handlung entweder der Vernunft entspricht und also gut ist oder der Vernunft widerspricht und also schlecht ist. Aber so weit geht Thomas nicht. Wir tun doch auch Dinge, bei denen man nicht

---

[56] Sum. theol. I-II, q. 18, a. 5.

sagen kann, derlei zu tun sei vernünftig oder unvernünftig. Die Ordnung der Vernunft (*ordo rationis*) ist von so belanglosem Tun wie einen Grashalm aufheben gar nicht tangiert. Und überall dort, wo dies gilt, wo also der Bezug zur Vernunft als dem Ursprung der Handlung keinen Unterschied hinsichtlich der Vernünftigkeit ergibt, liegt eine Handlung vor, die moralisch indifferent ist.[57] Diese moralische Neutralität betrifft allerdings nur die Art der Handlung, nicht die konkrete Handlung. Denn jede konkrete Handlung besteht eben auch nicht nur aus dem, was sie im Wesentlichen ist, sondern ist auch durch ihre Umstände bestimmt. Der Umgang mit diesen ist aber Teil eines Lebenskontextes und Ausdruck eines Lebensstiles. Sie können daher niemals dem Bezug auf die Vernunft entgehen. Die je konkrete Handlung hier und jetzt ist daher immer moralisch relevant:[58] einen Grashalm aufheben – statt jemand aufmerksam zuzuhören; einen Grashalm aufheben – und seine Struktur betrachten etc. Nichts was Menschen tun, ist in den Augen des Thomas in jeder Hinsicht harmlos. Dies ergibt sich aus der Relevanz der Umstände und deren unvermeidlichen Bezug auf die Vernunft. Erst wo diese zweite Bedingung nicht erfüllt ist – und dies kann nur bei der allgemeinen Handlungsart der Fall sein –, liegt moralische Indifferenz vor.[59]

Die Umstände sind nur in bestimmter Hinsicht mit den faktischen Eigenschaften der natürlichen Dinge vergleichbar. Da die Handlungen ihrer Art nach durch die Vernunft konzipiert sind, können die Umstände für das, was man tut, sittlich relevant sein. Ein Lied zu trällern, ist harmlos; wenn man dies aber tut, während jemand mit einem spricht, missachtet man das Gegenüber. Wenn ein Diebstahl an einem heiligen Ort begangen wird, ist er nicht bloß ein Diebstahl, sondern ein Sakrileg. Die Umstände können also das Gut- bzw. Schlechtsein einer Handlung verstärken oder abschwächen, aber auch die Art der Handlung verändern. Der pure Umstand ändert nicht die Handlungsart, es sei denn, es handelt sich um einen vernunftrelevanten Umstand.

---

[57] Sum. theol. I-II, q. 18, a. 8.
[58] Sum. theol. I-II, q. 18, a. 9.
[59] Es liegt dann auch keine Handlung vor, sondern etwas, was man gedankenlos tut – Thomas sagt, was aus der (vorrationalen) Imagination hervorgeht. Er denkt dabei an bestimmte »Handlungs«weisen, die man unbewusst vollzieht; es sind zunächst keine Handlungen im strengen Sinn, sondern eher Bewegungen, die man sich angewöhnt hat: mit den Beinen wippen etc. Sobald man aber damit jemand auf die Nerven geht, bekomme es eben doch eine Bedeutung.
Sum. theol. I-II, q. 18, a. 9.

Die q. 19 widmet sich in nicht weniger als zehn, meist deutlich ausführlicheren Artikeln dem Problem, wie es mit der sittlichen Qualität des inneren Willensaktes bestellt ist. Gut und schlecht sind die beiden Prädikate, die dem Willensakt als solchem zukommen. Etwas zu wollen heißt also immer, etwas Gutes oder etwas Schlechtes zu wollen. Dies richtet sich zunächst, wie schon zuvor hervorgehoben, nach dem, was man will, mit anderen Worten nach dem Objekt des Willens. Thomas betont hier nochmals, dass der Wille zwar der Ort dieser Alternative ist, dass er aber nicht als solcher garantieren kann, dass das Gewollte wirklich gut ist. Die Differenz von Wirklichkeit und Schein ist Sache der Vernunft. Aber müssen nicht auch die Umstände mit eingerechnet werden? Dies kann man in doppelter Hinsicht verstehen: Entweder im Hinblick auf den Inhalt des Wollens: Eine an sich gute Handlung am falschen Ort oder zum falschen Zeitpunkt zu wollen, ist eben kein guter Wille. Es lässt sich aber auch auf den Akt des Wollens selbst beziehen und dann gilt: Der Wille will als solcher das Gute; er bedarf eines Grundes und dieser kann nur etwas sein, was – zu Recht oder zu Unrecht – als erstrebenswert erscheint. Er will womöglich irgendein Gut, nur eben nicht dies, was er wollen soll.[60]

Thomas hat nur bestimmt, dass die Sittlichkeit des Wollens in dem liegt, was man will. Wovon hängt aber nun ab, ob das Objekt ein angemessenes oder ein nicht-angemessenes ist? Der Wille wird nur dann als Wille aufgefasst, wenn er als ein geistiges Vermögen genommen wird. Aller Inhalt des Willens ist immer in irgendeiner Weise durch die Vernunft vermittelt. Wir haben einen Begriff vom Guten und nicht nur die Tendenz zu diesem oder jenem oder die Möglichkeit des Angesprochenwerdens durch dieses oder jenes. Dies mag für manchen Betrachter auf den ersten Blick irritierend rationalistisch klingen, aber der Grund hierfür ist durchaus nachvollziehbar: Nur weil wir einen (sicherlich unausdrücklichen) Begriff des Guten haben, wird überhaupt die Möglichkeit der Abwägung einsichtig. In der Sinnlichkeit begründete Tendenzen sind und bleiben dem Konkreten verhaftet, der Wille nicht. Damit ist das Argument klar: Wenn das Objekt über die Gutheit oder Schlechtigkeit des Wollens entscheidet, das Objekt aber durch die Vernunft vermittelt wird, dann hängt die sittliche Qualität von der Vernunft ab.[61]

---

[60] Sum. theol. I-II, q. 19, a. 2, ad 2.
[61] Sum. theol. I-II, q. 19, a. 3.

Damit ist aber noch nicht der letzte Grund erreicht. Was setzt die Vernunft denn dazu instand? Thomas versteht die Vernunft nicht als Mittel der Lebensbewältigung und reduziert sie nicht auf bloße Zweckrationalität. Er verweist bei dieser Frage nicht nur hier auf einen Psalmvers. Der Psalmist stellt zuerst die verzweifelt anmutende Frage: »Wer zeigt uns noch Gutes?«, gibt aber dann unmittelbar selbst die Antwort darauf: »Über uns leuchtet dein Angesicht.«[62] Es kann nach Thomas mit dem Licht des göttlichen Angesichts nur die Vernunft gemeint sein, die uns das Gute zeigt – insofern es problematisch wird, ob etwas wirklich gut ist; insofern gut und schlecht keinen relativen Unterschied bilden wie erlaubt und unerlaubt; insofern das Tun des Richtigen ja etwas ist, was man begründet und anderen verständlich machen kann. Daher hängt die faktisch irrtumsanfällige Vernunft am Sittengesetz, am ewigen Gesetz (*lex aeterna*). Dieses Gesetz ist der oberste Maßstab.[63]

Dies führt unmittelbar zum nächsten Problem. Wenn die moralische Qualität des Wollens von der Vernunft abhängt, diese aber nicht nur die Differenz von Wirklichkeit und Schein ausmacht, dann muss Thomas der Frage nachgehen, wie es mit der fraglichen moralischen Qualität des Wollens bestellt ist, wenn die Vernunft einem Irrtum erliegt. Man kann das Problem in die Frage umformulieren: Bindet auch das irrende Gewissen?[64] Die Frage setzt natürlich voraus, dass das Gewissen kein unhinterfragbares Orakel, ein moralischer Impuls aus dem angeblich völlig integren Inneren (als könnten sich darin nicht auch Abgründe auftun!) ist, sondern einfach das Gebot der praktischen Vernunft. Thomas' Antwort lautet: Auch wenn ein Mensch sich im Irrtum darüber befindet, was er tun soll, kann er sich davon ja nicht unmittelbar distanzieren. Was einem einleuchtet, leuchtet einem eben ein. Man muss also die für richtig gehaltene Handlung ausführen. Das heißt aber nicht, dass alles in bester Ordnung ist. Denn die Vernunft, auf deren Beurteilung der Wille unabdingbar angewiesen ist, befindet sich im Irrtum, wo sie doch eine sittliche Einsicht hätte gewinnen sollen! Der Wille darf sich also niemals von der Vernunft dispensieren, sei sie nun irrig oder nicht irrig.[65] Aber kann man umgekehrt sagen, dass ein irrendes Gewissen die Falschheit des Handelns entschuldigt? Die Frage kann man nur beantworten,

---

[62] Ps. 4, 7.
[63] Sum. theol. I-II, q. 19, a. 4; zur Lehre vom ewigen Gesetz: Sum. theol. I-II, q. 93.
[64] Sum. theol. I-II, q. 19, a. 6.
[65] Sum. theol. I-II, q. 19, a. 5.

wenn man genauer angibt, welche Art von Irrtum denn jeweils vorliegt bzw. wie es zu einem Irrtum gekommen ist. Wenn es sich um einen Irrtum handelt, der sich ohne Nachlässigkeit eingestellt hat, dann ist das falsche Handeln damit entschuldigt; wenn man auf Grund eines vorausgehenden Fehlverhaltens selbst an der irrtümlichen Einschätzung Schuld hat, dann ergibt sich daraus offenkundig auch kein Entschuldigungsgrund.

Ist dies grundsätzlich geklärt, dann kann sich Thomas den einzelnen Momenten des Willens zuwenden. An erster Stelle steht die Doppelung des Willens in die Beabsichtigung eines Zieles und das willentliche Ergreifen von Mitteln. Wenn das Ziel die hinreichende Bedingung des Mittels ist, dann verleiht die Gutheit des Zieles auch dem Wollen des Mittels seine Gutheit. Wenn man aber etwas tut und erst nachträglich dies mit einem bestimmten Sinn ausstattet, dann sind auch die sittlichen Qualitäten der beiden Willensmomente unabhängig voneinander.[66]

Ähnlich wie die Übereinstimmung mit der Vernunft muss aber auch die Übereinstimmung mit dem göttlichen Willen überlegt werden. Dies scheint für Thomas auf der Hand zu liegen. Er gibt aber gleichwohl eine Begründung: Die sittliche Qualität des Willens ergibt sich aus der Ausrichtung auf das Ziel. Das höchste Ziel ist für den Willen das höchste Gut. Also kann dieses höchste Ziel nur erreicht werden, wenn man das höchste Gut erreicht, also das, was der göttliche Wille als Gut festsetzt. Damit ist aber noch nicht gesagt, worin die Übereinstimmung überhaupt liegen muss. Man muss, so scheint die nächstliegende Erläuterung zu sein, einfach das wollen, was Gott will. Die Unterwerfung unter den göttlichen Willen ist eine bekannte Figur der religiösen Lebensform. Doch ist damit noch nicht verstanden, wie das überhaupt möglich ist. Sowohl den Abstand zwischen dem Menschen und dem Schöpfer der Welt gilt es zu beachten wie auch das Problem zu bewältigen, wie der Mensch überhaupt wissen kann, was Gott will. Kann er das nämlich gar nicht wissen, ist das mit der Übereinstimmung allzu leicht bzw. nur fromm gesagt. Das entscheidende Problem ist dabei wohl das erste. Thomas erläutert das Verhältnis zwischen dem universalen Willen Gottes und dem besonderen Willen des Menschen an einem Beispiel: Soll der Übeltäter gefasst und bestraft werden? Der Richter hat das Ganze im Blick; er verfolgt den Übeltäter, um ihn seiner gerechten Strafe zuzuführen. Die Ehefrau sieht, dass die

---

[66] Sum. theol. I-II, q. 19, a. 7.

Familie den Vater braucht und will daher, dass er seiner Strafe entgeht. Ähnlich ist der göttliche Wille derjenige, dem das Gute der gesamten Wirklichkeit vor Augen steht. Beim Menschen ist dies hinsichtlich der Art des göttlichen Willens anders: Der göttliche Wille will einerseits die Erfüllung der Gebote. Mit dieser Übereinstimmung gibt es keine theoretische Schwierigkeit. Aber auch das, was faktisch geschieht, unterliegt der göttlichen Vorsehung und ist somit ebenfalls Gottes Wille. Der Mensch kennt aber nicht die Zukunft. Die Frau erfüllt also durchaus den göttlichen Willen, wenn sie will, dass ihr Mann seiner Strafe entgeht. Der Wille Gottes und der eines bestimmten Menschen müssen also nicht inhaltlich übereinstimmen, da dies unmöglich ist; die geforderte Übereinstimmung kann daher nur eine formale sein: Der Mensch muss wollen, von dem Gott will, dass er es will und von dem er wissen kann, dass er es wollen soll.

Wie in der Übersicht angegeben, behandelt Thomas nach den Problemen der sittlichen Qualität des inneren Aktes die des äußeren Aktes. Bei diesem sind freilich zwei Aspekte zu unterscheiden. Es gibt Handlungen, die in sich gut sind – vorausgesetzt, die Umstände sind entsprechend. Aber 'gut' nennt man etwas ja auch insofern, als die Relation zu einem Ziel im Blick steht. An sich ist Almosengeben gut; wenn man jedoch nur aus Geltungsbedürfnis oder Werbezwecken etwas spendet, dann ist das Spenden schlecht (auch wenn die Spende selbst nützlich ist). Es ist völlig naheliegend, dass das Ziel den Ausschlag gibt – und damit der Wille, denn dieser hat ja das Ziel im Auge. Daher ist die moralische Qualität des äußeren Aktes durch den Willen vermittelt, doch an sich, also abgesehen von den damit verfolgten Zielen, liegt sein moralisches Maß in der inneren Rechtfertigung und damit bei der Vernunft. Es ist also die Absicht nicht allein entscheidend. Von jemand zu sagen, er habe es gut gemeint, heißt nur seine Absicht loben, nicht das, *was* er getan hat. Wenn man also eine Handlung beurteilt, dann muss gewiss die ursprüngliche Absicht, aber eben auch das Tun selbst beurteilt werden. Wenn eines von beiden nicht gut ist, ist eben auch die Handlung insgesamt nicht moralisch gut. Der gute Wille ist notwendig, aber nicht hinreichend. Die moralische Qualität der äußeren Handlung hängt also davon ab, in welchem Verhältnis sie zum verfolgten Ziel steht. Wenn sie nur um des Zieles willen gut ist – ein wirksamer, aber widerlich schmeckender Hustensaft –, dann ist die Qualität der Handlung identisch mit der des Willens. Hat die äußere Handlung hingegen eine davon unabhängige Qualität, dann ist ersichtlich nicht allein der Wille dafür maßgebend.

Besondere Aufmerksamkeit schenkt Thomas der Frage, ob denn die äußere Handlung der Qualität der inneren Willenshandlung etwas hinzufügt. In der Tradition der Moralphilosophie ist dies immer wieder bestritten worden, meist mit demselben Argument: Da nur der eigene Wille, nicht aber die äußere Handlung in der Macht des Handelnden selbst liegt, kann dieser kein Gewicht zukommen. Die Stoiker haben dies vertreten und im Mittelalter sind ihnen Peter Abaelard, Meister Eckhart und die Nominalisten gefolgt. Thomas folgt ihnen nicht, doch ist es für ihn allerdings keine einfache Ja/Nein-Entscheidung, sondern eine, bei der es verschiedene Gesichtspunkte zu berücksichtigen gilt. Wenn die äußere Handlung auf den Willen (und dessen moralische Qualität) bezogen wird, hat jene nur eine indirekte Bedeutung; Thomas denkt an folgende Fälle: Das Wollen ist bereits festgelegt, es kommt aber nicht zur Ausführung der Handlung, doch wird später der Entschluss erneut gefasst: Dann liegen zwei getrennte Willensakte vor. Es kann aber auch sein, dass die Ausführung wegen einer Schwierigkeit unterbleibt, die mit einer anderen Handlung überwunden wird; im letzteren Fall liegt offenbar die höhere moralische Qualität vor; das Tun ist manchmal erfreulich und manchmal beschwerlich und daher verstärkt oder schwächt es den Willen zur Handlung. Wenn nun aber der Wille nicht in seinem Bezug auf die Handlung, sondern unter dem Aspekt seiner gesamten inhaltlichen Bestimmung im Blick steht, zu der Thomas die Art der Handlung und die realen Umstände rechnet, dann scheint sich das Eigengewicht der Handlung nicht so ohne weiteres zu erschließen. Aber der Wille ist ja sozusagen erst vollständig, wenn er auch tatsächlich ausgeführt wird; solange noch ein inneres Zögern vorliegt, besteht der Wille eben noch nicht wirklich. Wenn freilich nur irgendetwas unvorhergesehener Weise dazwischenkommt, dann ist das Unterbleiben der guten Handlung ja unfreiwillig und begründet daher keinen moralischen Defekt des Willens.

Noch weiter wird der Kreis gezogen, wenn nicht allein die äußere Handlung, sondern auch noch deren Folgen in Rechnung gestellt werden. Wenn die Folgen vorhersehbar, weil typisch sind, dann spielen diese für die Qualität der Handlung natürlich eine Rolle. Wer sehenden Auges die negativen Folgen in Kauf nimmt, hat offensichtlich einen moralisch schlechteren Willen als einer, der diese Folgen als Grund nimmt, von der Handlung abzulassen. Viele Handlungsfolgen werden freilich von der handelnden Person nicht vorhergesehen. Dann gilt es, zwei Fälle zu unterscheiden: Wenn es sich um typische Folgen handelt, um solche also, die man hätte wissen können, dann sind diese moralisch relevant. Wenn es sich hingegen um Konsequenzen handelt, die sich wider Erwarten und rein zufällig ergeben, dann spielen diese keine Rolle. Thomas schließt die q. 20 mit der Frage ab, ob denn dieselbe äußere Handlung gut und zugleich auch schlecht sein kann. Auch wenn man in Rechnung stellt, dass dies nicht die unterschiedlichen Perspektiven auf die Handlung betrifft, sondern die Handlung selbst, wird nicht sogleich ersichtlich, woraus sich dieses Problem ergibt. Für den Aristotelismus ist klar, dass dieselbe Sache nicht entgegengesetzte Eigenschaften haben kann. Also, was soll die Frage? Sie gibt Thomas nochmals Gelegenheit, auf die beiden Aspekte hinzuweisen, die bei einer Handlung vorliegen. Man kann sie als Ablauf bzw. Geschehen oder eben als Handlung betrachten. Man kann ein Geschehen – jemand macht einen Spaziergang – als Einheit betrachten: Dies ist die Einheit eines natürlichen Ablaufs (*genus naturae*). Man kann es aber nichtsdestoweniger unter moralischem Gesichtspunkt (*genus moris*) als eine Reihe verschiedener Handlungen betrachten; um beim Beispiel zu bleiben: Man macht bei einem Spaziergang kurz vor zuhause absichtlich noch einen Umweg, damit die unangenehme Arbeit noch etwas aufgeschoben wird oder um seine Neugierde zu befriedigen oder um noch jemandem Guten Tag zu sagen. Sobald die Intention wechselt, liegt eine andere Handlung vor, weil das Handeln durch sein Ziel bestimmt ist. Das Moralische an der Handlung ist niemals auf das Natürliche zu reduzieren. Man sieht übrigens dabei leicht, dass das Problem: ›Wie kann man das in jedem Fall wissen?‹, überhaupt nicht im Vordergrund steht. Es genügt Thomas, einsichtig zu machen, dass das eine nicht das andere ist.

Die letzte quaestio (q. 21) in diesem Abschnitt dient dazu, die durch verschiedene Gesichtspunkte gewonnene Unterscheidung des moralischen Gut- bzw. Schlechtseins auf andere Begriffspaare zu beziehen, die ebenfalls bei der Beurteilung von Handlungen eine Rolle spielen. Thomas versucht, diese anderen Bezeichnungen in sein zuvor entwickeltes Konzept zu integrieren bzw. auch umgekehrt, ihnen einen aus seinem Konzept begründeten Gehalt zuzuweisen. Ohne diese Bewertungsausdrücke bestimmten Traditionen zuzuordnen, scheinen sich wohl doch verschiedene ›Diskurse‹ unterschieden zu lassen, sie werden aber nicht isoliert. Man spricht etwa von rechten Handlungen (im Lateinischen auch, insbesondere seit Anselm von Canterbury, von Rechtheit bzw. Richtigkeit: *rectitudo*) und von Sünde. Schlecht ist alles, was irgendeinen Mangel aufweist. Von Sünde (*peccatum*) spricht man – auch Aristoteles – in einem engeren Sinne überall dort, wo zwar eine Finalität zugrunde liegt, die erforderliche Erfüllung des Zweckes jedoch nicht erreicht ist. Dies gibt es sowohl in der Natur – Missbildungen etwa – wie auch bei dem, was durch den freien Willen geschieht. Hierfür ist die Vernunft bzw. am Ende das ewige Gesetz der Maßstab. Eine Handlung ist 'richtig', sofern sie diesem Maßstab genügt, eine 'Sünde', sofern sie dies nicht tut. Ähnlich ist eine gute bzw. schlechte Handlung auch zugleich 'lobensbzw. tadelnswert'. Dies ist sie als Handlung, denn sie ist unmittelbar mit einem Akteur verbunden: »Man nennt eine Handlung insofern tadelns- bzw. lobenswert, als sie einem Handelnden zugeschrieben wird. Jemand zu loben bzw. zu tadeln heißt nämlich nichts anderes als ihm die Schlechtigkeit bzw. das Gutsein seiner Handlung zuzurechnen.«[67] Ein Einwand, den sich Thomas selbst macht, verdient eigens berücksichtigt zu werden: In allen durch Fachkunde bestimmten Handlungen wird das Gute wie das Schlechte absichtlich und eben mit Könnerschaft gemacht; es kann also u.U. zwar schlecht gemacht sein, ist aber doch deswegen nicht tadelnswert. Thomas bestreitet aber die Berechtigung des Vergleichs. Zwischen moralischen Handlungen und solchen der Fachkundigkeit besteht sogar ein spezifischer Unterschied: Die durch fachliches Können verfolgten Ziele sind, weil das Können ja immer ein bestimmtes Können ist, notwendigerweise stets partikulare Ziele, moralische Handlungen betreffen hingegen immer das Leben als Ganzes.[68] Aber hat auch jede moralisch positiv oder negativ qualifizierte Handlung den Charakter eines Verdienstes bzw. des Strafwürdigen? Im Sprachgebrauch wird dies meist nur auf besonders gute oder besonders schlimme Handlungen bezogen. Es scheint aber keine einsichtige Differenz zu geben, so dass Thomas diesen Aspekt allen guten oder schlechten Handlungen zuspricht; und zwar aus folgendem Grund: Beides sind Formen der Vergeltung auf der Basis der Gerechtigkeit. Der Grund liegt darin, dass Handlungen für andere Menschen förderlich oder schädlich sind. Dies kann in direkter Weise gelten, dies kann aber auch bloß indirekt sein, sofern nämlich die Gesellschaft als ganze betroffen ist, welcher der Handelnde angehört. Die Vergeltung kann daher Sache eines Einzelnen wie auch der Gesellschaft sein. Dieser Aspekt hat sogar dann eine Berechti-

---

[67] Sum. theol. I-II, q. 21, a. 2.
[68] Vgl. R. Spaemann, Glück und Wohlwollen. Versuch über Ethik, Stuttgart (Klett-Cotta) 1989, 19–21.

gung, wenn von einer Handlung faktisch kein anderer betroffen ist. Denn jede Handlung geschieht im Raum einer Gemeinschaft und steht daher unter dem Gesichtspunkt der Gerechtigkeit. Die bislang genannten Kategorien ergeben sich somit aus den unterschiedlichen Charakteren der Handlung: aus der Willentlichkeit, der Finalität und der in der Gemeinschaft gründenden Gerechtigkeit. Dieser letzte Gesichtspunkt wird in der abschließenden Frage auch noch auf das Verhältnis zu Gott ausgedehnt. Dass eine Handlung Lohn oder Strafe verdient, ergibt sich aus ihrer Relation zu anderen Menschen oder aus ihrer Bedeutung für die Gesellschaft insgesamt. Thomas versucht nun zu zeigen, dass beide Aspekte auch den Bezug zu Gott betreffen. Der erste Aspekt ergibt sich schon daraus, dass Gott als das höchste Ziel des Menschen bestimmt ist. Da ja, wie eingangs gezeigt, dieser Bezug schon in der Finalität der Handlung selbst begründet liegt, ist die Vergeltung auch im Bezug zu Gott enthalten. Zum anderen ist der Mensch ein Teil der vernünftigen Geschöpfe, die wie die Schöpfung überhaupt, der göttlichen Vorsehung unterstehen. Darin liegt aber doch eine Differenz zu allen anderen Gemeinschaften, denen der Mensch angehören kann. Der Mensch gehört der Gesellschaft nicht in jeder Hinsicht an, daher steht nicht ausnahmslos jede Handlung unter dem Maßstab gerechter Anerkennung. Diese Einschränkung, die jeder politische Totalitarismus aufzuheben bestrebt ist, ist nach Thomas aber einzig bei Gott aufgehoben.

4. Abschließende Einordnungen

Nach dieser Fülle von Einzelschritten und partikularen Gesichtspunkten scheint es ratsam, die verfolgten Gedanken abschließend noch in einen größeren Zusammenhang zu stellen.

Um überhaupt die menschliche Praxis nicht bloß aus traditionalistischer oder progressiver Warte, sondern philosophisch betrachten zu können, schien es Platon unumgänglich, den Begriff des Guten zu bestimmen. Was immer man darüber sagt, es muss doch ein eindeutiger Begriff sein. Er spricht von der »Idee des Guten« oder »dem Guten selbst«. Kant legt hingegen das sittlich Gute in eine bestimmte Form der Willensbestimmung. Nur der gute Wille ist überhaupt gut und da es nicht an seinem Inhalt liegen kann, ist auch in seinem Fall das Gute eindeutig. Selbst Nietzsches Versuch, das Gute im moralischen Sinne auf eines im außermoralischen Sinne zu reduzieren, unterstellt – noch ganz abgesehen von der Einsichtigkeit seiner Begründung – dann *eine* Art von Kraft der Persönlichkeit.

Aristoteles hat gegen die These Platons zwei fundamentale Einwände: Die Idee des Guten kann mit der menschlichen Praxis nichts zu tun haben, denn sie lässt sich gar nicht realisieren; sie ist ja schon real. Und außerdem hat der Begriff des Guten wie alle Grundbegriffe des menschlichen Denkens mehrere Bedeutungen. Diese Bedeutungen lassen sich zwar kategorisieren und aufeinander beziehen, sie sind aber zu unterscheiden.

Thomas konstatiert ebenso die Mehrdeutigkeit der Rede vom Guten innerhalb der menschlichen Praxis, aber es handelt sich für ihn um keine unabsehbare Folge von verschiedenen Bedeutungen, vielmehr bilden diese ein Ganzes. Man kann die verschiedenen Hinsichten, in denen eine Handlung gut ist, angeben und man Handlungen denken, die in jeder Hinsicht, also vollständig gut sind: in ihrer Absicht, in der damit verfolgten Absicht und hinsichtlich der Umstände.

Bei Platon hatte alles Gute in der Welt *einen* umfassenden Grund, während für Thomas der Begriff des Guten sowohl in der Natur wie bei Handlungen sinnvoll gebracht wird, doch liegt dabei nur ein Verhältnis der Analogie vor. Um die Handlungsaspekte überhaupt unterscheiden zu können, folgt er zunächst der Analogie. Diese ist aber kein Gängelband, denn an mehreren Stellen macht er auf einen markanten Unterschied aufmerksam:

Umstände von Handlungen sind wie Akzidentien von Dingen, während aber letztere die Art der Dinge niemals ändern können, tun dies die vernunftbezogenen Umstände manchmal durchaus. Wegen eines Umstandes wird eine an sich gute Handlungen zu einer schlechten – und die bedeutet, sie ist von anderer Art.

Das Schlechte ist bei Handlungen wie bei Dinge eine Beraubung (*privatio*), etwas, das vorhanden sein sollte, was aber fehlt. Während allerdings die dingliche Privation immer die Substanz voraussetzt, kann die moralische Privation die Art der Handlung vollständig umkehren.

Die Entsprechung, in der das Gute liegt, ist in beiden Fällen eine unterschiedliche: Die Artnatur bestimmt, ob ihr etwas entspricht oder nicht. Bei Handlungen ist es hingegen die Vernunft. In Bezug auf sie kann etwas wesentlich werden, was für sich genommen nur ein beiläufiges Vorkommnis ist.

Thomas unterscheidet sich aber auch noch in anderer Hinsicht sowohl von Aristoteles wie auch von Kant. Es ist hervorgehoben worden, dass Aristoteles die äußeren Handlungen freiwillig nennt. Kant hingegen fasst den inneren Willen als das eigentlich sittlich Gute. Die bestimmende Motivation ist sogar so verborgen, dass man diese – wie bei Thomas die Tugend der Liebe als Wohlwollen – nicht einmal selbst wissen kann. Thomas nun entfaltet eine ganze Theorie des inneren Willensaktes, denkt aber nicht, dass die äußere Handlung, auf die der innere Wille ja bezogen ist, im moralischen Sinne nicht ins Gewicht fällt. Er verbindet also auf eine wohlbestimmte Weise den inneren und den äußeren Aspekt des Handelns.

Bemerkenswert scheint mir zudem, dass die Vernunft in doppelter Bedeutung vorkommt. Sie ist auf der einen Seite das allgemeine Prinzip des Handelns und damit auch Maßstab des guten Handelns. Sie ist aber auf der anderen Seite auch eine individuelle Instanz. Es kommt auf meine Einschätzung an – jedenfalls in bestimmter Hinsicht. Wenn meine Gedanken irrig sind, so darf ich mich doch nicht darüber hinwegsetzen, was mir faktisch einleuchtet. Die Subjektivität bekommt eine prinzipielle Bedeutung, die individuelle Einschätzung ist nicht nur die faktische Variation des allgemeinen Prinzips. Ähnlich ist ja auch das Nachdenken eine potentiell unendliche Reflexion, so dass Thomas eigens bestimmen muss, wie es zum Entschluss kommt.

Hervorzuheben ist hier auch, dass einzelne Handlungen nach Thomas niemals moralisch indifferent sind. Auch wenn die Art der Handlung keinen spezifischen Bezug zur Vernunft hat, sie also weder gut noch schlecht ist, so kommt doch bei der konkreten Handlung von dieser Art dieser Bezug immer ins Spiel.

Literaturverzeichnis

Übersetzungen des Textes:
Schneider, C.M. (1887): Die katholische Wahrheit oder Summe der Theologie, Bd. V, Regensburg. Im Internet: Bibliothek der Kirchenväter (unifr.ch) [abgerufen am 30.7.2022].
Gilby, Th. (ed.) (1966): St. Thomas Aquinas, Summa theologiae, London.
Thomas von Aquin (1990): Über die Sittlichkeit der Handlung, Sum. theol. I-II, q.18 – 21, Einleitung von R. Spaemann, übersetzt und kommentiert von R. Schönberger, Weinheim; 2. Aufl. (2001; 2022): Über sittliches Handeln, Stuttgart.

Thomas von Aquin (2015): Über das Glück. De beatitudine (Summa theologiae i-II, Quaestiones 1–5). Lateinisch-deutsch. Übersetzt, mit einer Einleitung und einem Kommentar herausgegeben von Johannes Brachtendorf, Hamburg.

Thomas von Aquin (2022): Summa theologiae, Bd. 9A–B: Ziel und Handeln des Menschen. Übersetzt und kommentiert von Klaus Jacobi, Berlin / Boston [Die Deutsche Thomas-Ausgabe].

Sekundärliteratur:

Spaemann, R. (1989): Glück und Wohlwollen. Versuch über Ethik, Stuttgart.

Speer, Andreas (2005): Das Glück des Menschen, in: ders., Thomas von Aquin, Die Summa theologiae. Werkinterpretationen, 141–167.

Mertens, Karl (2005): Handlungslehre und Grundlagen der Ethik, in: Thomas von Aquin, Die Summa theologiae. Werkinterpretationen, 168–197.

Schönberger, Rolf (2021): Thomas von Aquin – neue Tugenden und alte Tugendethik?, in: Christoph Halbig / Felix Uwe Timmermann (Hrsg.), Handbuch Tugend und Tugendethik, Wiesbaden, 177–197.

Leitfragen

1. Erläutern Sie, was Thomas von Aquin als oberstes Strebensziel menschlicher Handlung betrachtet.

2. Stellen Sie die Unterschiede zwischen der Glücksvorstellung von Thomas von Aquin und Aristoteles dar.

3. Erklären Sie den Aufbau und Ablauf einer sittlichen Handlung nach Thomas von Aquin.

Reflexionsfrage: Ist die Konzeption der sittlichen Handlung bei Thomas von Aquin auch in einer säkularisierten Gegenwart noch erschöpfend?

Jörn Müller
Thomas Hobbes: Leviathan

Thomas Hobbes (1588–1679) kann mit Fug und Recht als der erste Denker der Neuzeit gelten, der ein sich wesentlich von antiken und mittelalterlichen Entwürfen unterscheidendes neues ethisches und staatsphilosophisches Paradigma vorgelegt hat.
Das mag auf den ersten Blick etwas überraschen, denn im historiographischen Standardmodell wird nahezu durchgängig René Descartes (1596–1650) als demjenigen gehuldigt, der die philosophische Neuzeit eingeläutet und sich aus den scholastischen Fesseln des Mittelalters befreit hat, um zu neuen Ufern des Denkens aufzubrechen. Dies ist für den Bereich der theoretischen Philosophie auch eine durchaus plausible Folie: Descartes setzt in seinen grundstürzenden Meditationes de prima philosophia (1641) mit einer fundamentalen epistemologischen Skepsis ein, die als Zielpunkt aber nicht die Annullierung aller gewissen Erkenntnis, sondern die Konstruktion eines absolut sicheren Wissenssystems hat. Im Gegensatz zum antiken Skeptizismus à la Pyrrhon von Elis, der in der konsequenten Urteilsenthaltung – und damit in einem Leben ohne Meinungen – landet, geht es bei Descartes um einen methodischen Zweifel, der im Cogito-Argument gestoppt wird, um just von diesem unerschütterlichen Fundament aus ein über jeden Zweifel erhabenes Wissensgebäude zu errichten.
Diesen Schritt vollzieht eben erst Thomas Hobbes, der seine Ethik und politische Philosophie explizit auf den Prämissen des neuzeitlichen Wissenschaftskonzepts aufbaut, wie es von Descartes und anderen Denkern philosophisch entwickelt wird. Den Höhepunkt dieser Überlegungen markiert seine berühmt-berüchtigte Schrift Leviathan (1651 auf Englisch, 1668 auf Latein veröffentlicht), in der er seine bis heute viel diskutierte und kritisierte Staatslehre entwickelt.[1]
Zum Vorgehen im Folgenden: Zur Rekonstruktion und zum tieferen Verständnis der in dieser Schrift präsentierten Ethik sowie politischen Philosophie ist es zuerst notwendig, die ihr zugrunde liegenden wissenschaftstheoretischen Grundideen zu erläutern. Daraus entsteht ein bestimmtes Bild vom Menschen, das seinerseits die Basis für die ethischen und politischen Vorstellungen

---

[1] Für deutschsprachige Darstellungen zu Leben und Werk von Hobbes vgl. Höffe (2010), Kersting (2005), Münkler (2001) und Schröder (2012). Beiträge zu verschiedenen Passagen und Fragestellungen im *Leviathan* bieten die Sammelbände von Kersting (2008), Newey (2008) und Springborg (2007). Eine konzise Darstellung des *Leviathan* findet sich bei Kreimendahl (1994).

von Hobbes im Leviathan bildet. Dieser Dreischritt von Wissenschaftstheorie (Teil 1), Anthropologie (Teil 2) und Ethik sowie Staatslehre (Teil 3) ermöglicht es, abschließend das neue ethische und politische Modell von Hobbes, den sog. Kontraktualismus, angemessen zu konturieren und einzuordnen (Teil 4).

1. Wissenschaftstheoretische Voraussetzungen im 17. Jahrhundert

In der neuzeitlichen Philosophie etabliert sich im Anschluss an Descartes das Konzept einer rigorosen wissenschaftlichen Einheitsmethode, mit der man offensiv den Anspruch vertreten kann, ein Höchstmaß an epistemischer Gewissheit zu erzeugen. Dies bedeutet eine Abkehr von der aristotelischen – und auch für die mittelalterliche Scholastik noch weitgehend maßgeblichen – Idee, dass sich die Erkenntnis (und auch die Sicherheit bzw. Gewissheit der Erkenntnisse) wesentlich über die verschiedenen Gegenstandsbereiche bestimmen lasse und sich deshalb methodisch an diesen in ihrer Pluralität zu orientieren habe. Dieser in der spätmittelalterlichen Scholastik äußerst einflussreichen methodologischen Grundauffassung setzt man in der Neuzeit einen einheitlichen *mos geometricus*, also eine an der Mathematik geschulte Vorgehensweise, entgegen. Diese kann dann konsequent auf alle Bereiche des menschlichen Wissens angewandt werden, d.h. auch in der Ethik kann *more geometrico* verfahren werden, wie es etwa Baruch de Spinoza (1632–1677) in seiner *Ethica ordine geometrica demonstrata* vorführt.[2]

Aber was ist eigentlich unter einer ›geometrischen‹ Vorgehensweise genauer zu verstehen?[3]

---

[2] Aristoteles hingegen grenzt seine Ethik als praktische Wissenschaft explizit von der Mathematik ab, und zwar im Blick auf die erreichbare Genauigkeit (*akribeia*). Vgl. hierzu *Nikomachische Ethik* I, 1, 1094b 11–27. Zur aristotelischen Ethik vgl. Müller 2018 sowie den Beitrag von Johannes Hübner in diesem Band.

[3] Zu den theoretischen Grundlagen von Hobbes' Staatsphilosophie vgl. die konzise Hinführung bei Kersting (2005), S. 42–65, auf die ich mich im Folgenden wesentlich stütze. Zu Hobbes' operationaler Wissenschaftstheorie und -philosophie siehe auch Fiebig (1973); zur Verankerung seines politischen Denkens in seinem Konzept von Naturwissenschaften vgl. Spragens (1973). Nützliche Überblicke für Hobbes' Verständnis der einzelnen Disziplinen bzw. Wissenschaftszweige liefern die Beiträge in Sorell (1996).

Normalerweise wird die Sicherheit der Mathematik als Wissenschaft damit begründet, dass sie aus Axiomen bzw. obersten Prinzipien alle anderen auf sie folgenden Sätze demonstrativ ableiten kann: Sie ist ein komplett deduktives System, in dem die epistemische Gewissheit auf den Axiomen beruht. Hobbes gibt dieser Idee von mathematisch-exakter Sicherheit nun folgende Wendung: Wirkliches Wissen kann man nur von dem haben, was man selbst hergestellt bzw. produziert hat. Geometrisches Wissen ist nicht Wissen von Formen und Figuren, die irgendwo in der Natur vorkommen und die wir mental aus ihr abstrahieren, sondern es ist ein technisches Herstellungswissen. In der Geometrie handelt es sich damit im Kern um bestimmte Anweisungen zur Konstruktion von Figuren, und unsere Erkenntnisgewissheit in diesem Bereich liegt darin, dass wir selbst es sind, die diese Figuren konstruieren. Wie Giambattista Vico (1668–1744) es später richtungweisend formuliert: »*Verum et factum convertuntur*« – das Wahre und das Gemachte laufen auf das Gleiche hinaus.[4] Dieser von Hobbes und anderen Denkern in Anschlag gebrachte »generative Erkenntnisbegriff« (Kersting 2005, S. 49) mündet somit in der Auffassung, dass Wissen wesentlich im (Machen-)Können besteht. Das ist die tiefere Bedeutung des oft zitierten Slogans von Francis Bacon (1561–1626), dass Wissen Macht sei (*Scire est posse*).

Folgt man dieser Grundüberlegung, ist die Konsequenz unausweichlich: Wahres und vollständiges Wissen haben wir nur von den Artefakten unserer eigenen Produktion. Dieser Grundgedanke ist dann aber auch auf die Staatslehre anwendbar, denn der Staat ist nach Hobbes eben kein natürliches, sondern ein künstliches, von Menschenhand errichtetes Gebilde.[5] Dieser Wissensbegriff hat dann zugleich auch eine Pointe, die Hobbes als Kritiker des Katholizismus gerade recht kommt: Auf diese Weise ist nämlich – allen unermüdlichen Beteuerungen der mittelalterlichen Scholastik seit Thomas von Aquin[6] zum Trotz – Theologie keine wirkliche Wissenschaft; denn Gott ist ja gerade im Verständnis der Gläubigen als erstes Prinzip alles geschöpflichen Seienden selbst das Unerschaffene bzw. Ungewordene, das damit nicht unter den Grundsatz: »*Verum et factum convertuntur*« (s.o.) fällt.

---

[4] Vgl. hierzu Kersting 2005, S. 55–57.
[5] Auch hier ist wieder der Gegensatz zu Aristoteles instruktiv, der den Staat für eine natürliche Entität und den Menschen für ein von Natur (*physei*) staatliches Lebewesen hält; vgl. hierzu *Politik* I 2; 1253a1–18.
[6] Siehe hierzu den Beitrag von Rolf Schönberger in diesem Band.

Zum *mos geometricus* als wissenschaftlicher Methodik gehören nun zwei sukzessive und zueinander komplementäre Teilschritte, die Galileo Galilei (1564–1642) klar konturiert hat:

(i) ein *ordo resolutivus*, d.h. eine Analyse, ein Zerlegen der untersuchten Sache: Hier geht es um die Suche nach den ursächlichen Prinzipien und Elementen, hinter die nicht mehr weiter zurückgegangen werden kann;
(ii) ein *ordo compositivus*, d.h. eine Synthese. Diese leistet anschließend den konstruktiven Aufbau der wissenschaftlich untersuchten Sache aus den zuvor resolutiv freigelegten Ursachen bzw. Elementen.

Hobbes wendet diese zweistufige Methodik von Analyse und Synthese, zu der er sich explizit bekennt,[7] nun konsequent im Aufbau seines Wissenschaftssystems an, das er in seinen *Elementen der Philosophie* entwirft.[8] Diese ›Elemente‹ gestalten sich wie folgt:

(1) In *De corpore* entwirft Hobbes eine umfassende Theorie des physikalischen Körpers und dessen verschiedener Bewegungen. Im Zentrum dieses Verständnisses der Wirklichkeit steht ein dynamischer Materialismus, der die Welt in toto in Kategorien des Wechselspiels von Körpern bzw. materiellen Kräften auffasst. Damit werden die vier traditionellen Ursachentypen der aristotelischen *Physik* auf zwei reduziert: auf die Stoffursache (*causa materialis*) und die Bewegungsursache (*causa efficiens*), also das Prinzip von Stoß und Druck.[9]

Diese bereits von Descartes und Galilei initiierte Mechanisierung des Weltbildes beruht auf einer fundamentalen Kritik an der Scholastik und ihrer an Aristoteles orientierten teleologischen Sichtweise der Natur. Aus Sicht der neuzeitlichen Physik ist die Natur kein Reich der Zwecke mehr, und daraus folgt zweierlei: Zum einen kann die Natur selbst auch keine Quelle von moralischer Normativität mehr sein, wie sie das in der antiken und mittelalterlichen Ethik

---

[7] Vgl. hierzu ausführlich *De corpore*, Kap. 6, no. 1–12 (Übers. Schuhmann, S. 75–89).
[8] Diese ›Elemente‹ werden in drei aufeinander folgenden Abteilungen: *De corpore, De homine* und *De cive* entwickelt, die auch in deutschen Textausgaben vorliegen; vgl. das Literaturverzeichnis am Ende des Beitrags.
[9] Dass Hobbes in manchen Punkten der aristotelischen Physik dennoch verbunden bleibt, insofern er auf die Terminologie und Argumente des spätscholastischen Aristotelismus rekurriert, zeigt Leijenhorst (2002) instruktiv für *De corpore*. Die von Aristoteles postulierte Formursache (*causa formalis*) sowie die Ziel- bzw. Zweckursache (*causa finalis*) werden hingegen in das Reich der wissenschaftlichen Fiktionen oder Fantasieprodukte verbannt.

weitgehend war (hier liegt die Wurzel des späteren Arguments gegen den sog. naturalistischen Fehlschluss vom Sein auf das Sollen); zum anderen wird die Natur damit beliebig disponierbar und instrumentalisierbar für den Menschen, der sich seit der Neuzeit immer weniger als Naturding oder als Geschöpf, sondern als Herr und Eigentümer der Natur (als *maître et possesseur de la nature*, wie Descartes es formuliert) versteht.

(2) Dieser ursachentheoretische Reduktionismus in der Physik wird nun von Hobbes konsequent auch auf den Menschen ausgedehnt, und zwar in der Schrift *De homine*. Hier erscheint der Mensch nicht mehr als ein aus der Naturordnung herausgehobenes Wesen, sondern lediglich als Spezialfall des dynamischen, mechanistischen Materialismus. Dies zeigt nicht zuletzt die Definition, die Hobbes bereits in *De corpore* gegeben hat: »Der Mensch ist ein belebter, sinnlich wahrnehmender und vernunftbegabter Körper«.[10] Hobbes behält damit zwar die traditionelle spezifische Differenz des Menschen in Gestalt der Rationalität aufrecht, setzt ihr aber die Sinneswahrnehmung ›gleichberechtigt‹ an die Seite und fasst den Menschen in seiner Gattungsbestimmung (das *genus proximum* in der klassischen Definitionslehre) eben als belebten Körper.

Auf diesen beiden Teilen bzw. Elementen, wie Hobbes sie in *De corpore* und *De homine* detailliert entwickelt, baut dann systematisch der dritte auf:

(3) In *De cive* entfaltet Hobbes schließlich die Grundzüge seiner Staatslehre und legt die Bürgerwerdung des Menschen dar. Zur Erforschung der staatlichen Rechte und bürgerlichen Pflichten hält er es für

> »nötig, dass der Staat zwar nicht aufgelöst, aber doch gleichsam als aufgelöst betrachtet wird, das heißt, es muss richtig erkannt werden, wie die menschliche Natur geartet ist, inwieweit sie zur Bildung eines Staats geeignet oder nicht geeignet ist und wie sich die Menschen zusammentun müssen, wenn sie eine Einheit werden wollen.«[11]

Für die Struktur der praktischen Philosophie heißt dies Folgendes: Ethik und Politik (*De cive*) setzen bei ihm eine Anthropologie (*De homine*) voraus, aber diese ist ihrerseits fundiert in einer ›physikalischen‹ Betrachtungsweise (*De corpore*). Hobbes kleidet die wissen-

---

[10] Hobbes, *De corpore*, Kap. 6, (ed. Molesworth, Bd. 1, S. 73).
[11] Hobbes, *De cive*, Vorrede, ed. Waas, S. 13.

schaftstheoretischen Zusammenhänge in folgende prägnante Formulierung:

> »Nach der Physik ist auf das Gebiet des Moralischen überzugehen, in welcher [Sparte] die Gemütsbewegungen betrachtet werden, also Begehren, Abneigung, Liebe, Wohlwollen, Hoffnung, Furcht, Zorn, Eifersucht, Neid, usw.: was ihre Ursachen sind und wofür sie ihrerseits Ursachen sind. Sie sind deswegen nach der Physik in Betracht zu ziehen, weil ihre Ursachen in Sinneswahrnehmung und Einbildungskraft liegen, die Gegenstand physikalischer Betrachtung sind.«[12]

Einen solchen Ableitungszusammenhang hatte Aristoteles in seiner Trennung von praktischer und theoretischer Philosophie (bzw. von Ethik und Physik)[13] letztlich zurückgewiesen; bei Hobbes ist dieser deduktive Aufbau, wie oben dargestellt, Konsequenz und Resultat seines *more geometrico* konzipierten wissenschaftlichen Einheitskonzepts. Die gravierenden Unterschiede zu Antike und Mittelalter sind bei ihm aber nicht bloß wissenschaftstheoretischer Natur, sondern sie betreffen ebenso ganz fundamental das so entwickelte Bild des Menschen, also die Anthropologie. Dies wird auch zu Beginn des *Leviathan* deutlich, dem wir uns nun auf der etablierten epistemologischen Basis zuwenden.

2. Hobbes' Menschenbild im Leviathan

Die anthropologischen Grundlagen der praktischen Philosophie von Hobbes finden sich im ersten Teil des *Leviathan*, also in den Kapiteln 1–16.[14] Hier wird zuerst einmal eine empiristische bzw. sensualistische Erklärung der menschlichen Erkenntnisvermögen – im Sinne des *ordo resolutivus* – entfaltet: »Der Ursprung von dem allen heißt Sinn (*sense*). Denn wir können uns nichts denken, wenn es nicht zuvor ganz

---

[12] Hobbes, *De corpore*, Kap. 6, (ed. Molesworth, Bd. 1, S. 64); Übers. K. Schuhmann, S. 81f.
[13] Vgl. hierzu Müller (2006), bes. S. 132–136.
[14] Vgl. hierzu Chwaszcza (2008).

oder zum Teil in einem unserer Sinne erzeugt war. Von diesen ersten Eindrücken aber hängen alle nachherigen ab.« (*L*, Kap. 1, S. 11)[15]

Hobbes formuliert hier einen allgemeinen erkenntnistheoretischen Grundsatz des Empirismus, der von dessen Vertretern im 17. und 18. Jahrhundert (etwa von John Locke) ihren rationalistischen bzw. intellektualistischen Opponenten (wie z.B. Gottfried Wilhelm Leibniz) entgegengehalten wurde: Die von ihnen behauptete Primordialität des Intellekts in der Erkenntnis scheitere letztlich an der epistemologischen Priorität der Sinnlichkeit; denn schließlich sei nichts im Intellekt, was nicht zuvor in den Sinnen gewesen sei. Alle Sinneseindrücke entstehen aber durch die kausale Einwirkung von wahrgenommenen Gegenständen auf unsere Sinnesorgane; sie beruhen somit auf den Prinzipien von Stoß und Druck im Sinne einer rein bewegungsursächlich gedachten Mechanik (s.o., Teil 1). Alle inneren Vorgänge des Menschen, seine Gefühle ebenso wie seine Denkprozesse, sind damit aber Teil einer mechanisch und deterministisch ablaufenden Kausalkette, denn alle weiteren Prozesse ergeben sich aus den ersten Eindrücken, von denen sie abhängen.

Das ist bei Hobbes zugleich eine dezidierte Abwendung von Descartes und seiner dualistischen Unterscheidung von ›denkendem Ding‹ (*res cogitans*) und ›räumlich ausgedehnter Sache‹ (*res extensa*). Der Mensch wird bei Hobbes ganz konsequent als bewegter Körper gedacht, und das meint nicht nur seine äußeren, sondern zuletzt auch seine inneren Bewegungen. Er ist in seiner Gesamtheit *matter in motion*. Das heißt aber zuvorderst: Alles menschliche Streben und Verlangen ebenso wie auch alles Fliehen bzw. Meiden beruhen somit auf sinnesphysiologischen Eindrücken:

> »Wie bei der Empfindung in einem empfindenden Körper nur eine Bewegung stattfindet, die durch die jeweiligen Gegenstände bewirkt wurde, [...] ebenso ist auch die bis zu den Augen, Ohren und anderen Sinneswerkzeugen fortgesetzte Wirkung allemal ein *Bewegen* oder

---

[15] Die übersetzten Zitate aus dem *Leviathan* werden im Text nachfolgend immer mit dem Kürzel »*L*« und unter Angabe des Kapitels sowie der Seitenzahl in der im Literaturverzeichnis angeführten Reclam-Ausgabe referenziert; die Übersetzung stammt von Jacob Peter Mayer. Eine Parallelstelle ist *L*, Kap. 3, S. 21: »Wie jede Vorstellung entweder ganz oder ihren Teilen nach zuvor von uns empfunden gewesen sein muss, so kann auch kein Übergang von einem Gedanken zu einem anderen stattfinden, der nicht zuvor in unserer Empfindung gewesen wäre. Der Grund dafür ist folgender: Alle Vorstellungen sind innere Bewegungen, gleichsam das, was von den Bewegungen bei der Empfindung zurückblieb.«

Streben, welches in Hinsicht auf einen Gegenstand Neigung oder Abneigung sein wird.« (*L*, 6. Kap., S. 50f.)

Durch diese Zurückführung menschlichen Handelns auf eine in seinen inneren Empfindungen, seinen Neigungen bzw. Abneigungen gegründete physiologische Mechanik wird nun auch die gesamte ethische Semantik, v.a. die fundamentale Differenz von ›gut‹ und ›böse‹ erklärt:

> »*Gut* nennt der Mensch jedweden Gegenstand seiner Neigung, *böse* aber alles, was er verabscheut und hasst, *schlecht* das, was er verachtet. Es müssen also die Ausdrücke *gut, böse* und *schlecht* nur mit Bezug auf den, der sie gebraucht verstanden werden; denn nichts ist durch sich selbst *gut, böse* oder *schlecht,* und der Bestimmungsgrund dazu liegt nicht in der Natur der Dinge selbst, sondern er muss von dem, der dieselben gebraucht, [...] abhängen.« (*L*, 6. Kap., S. 50)

Gutheit und Schlechtheit sind also weder eine intrinsische Qualität der Dinge (oder auch unserer Handlungen) noch sind sie etwas durch die Vernunft Vorgegebenes bzw. durch sie Erkennbares.[16] Auf metaethischer Ebene verneint Hobbes somit eine realistische und eine kognitivistische Sicht auf die Gegenstände der Moral. Das klingt im ersten Moment nach einem schrankenlosen Subjektivismus bzw. Relativismus, in dem moralische Urteile rein emotivistisch aufgefasst werden, so als handle es sich dabei um rein individuelle Geschmacksurteile.[17] Dieser sich *prima facie* zweifelsfrei aufdrängende Eindruck wird bei Hobbes aber dadurch erheblich gemindert, dass er mit dieser Aussage letztlich methodisch auf eine im Reinzustand vorgegebene menschliche Natur hinsteuert. Die Verschiedenheit von Geschmack, Sitte und Konvention, also der gesellschaftlichen *mores* bzw. Moralität, wird heutzutage meist in kulturanthropologischer Perspektive auf die Einflüsse der jeweiligen Sozialisation zurückgeführt. Hobbes' Anthropologie ist hingegen in höchstem Maße antihistorisch bzw. antisoziologisch konzipiert. Sein Programm ist es gerade, im Sinne einer *resolutio* erst einmal alles in die ersten Bestandteile und Prinzipien zu zerlegen. Er arbeitet also mit der Fiktion des Menschen im Naturzustand, der aller späteren Sozialisierung und kulturellen

---

[16] Die praktische Vernunft wird von Hobbes als »eine Art von Rechnen« (*L*, Kap. 5, S. 40) aufgefasst, also im Sinne einer rein instrumentellen Vernunft.
[17] In diese Richtung weisen *prima facie* die Ausführungen zu den »schwankenden Benennungen« bei Tugenden und Lastern in *L*, 4. Kap., S. 38.

Prägung noch vorausliegt.[18] Bei Hobbes wird aus dieser Prämisse ein auf das im Naturzustand befindliche Individuum bezogener methodischer Atomismus abgeleitet.

Hierbei geht Hobbes durchaus davon aus, dass alle Menschen im Naturzustand ein gleiches Ziel verfolgen: Er postuliert ein Glücksstreben des Menschen, das auf die Summe der Befriedigung aller Bedürfnisse zielt, also darauf, dass sich möglichst alle Neigungen des Einzelnen in die Tat umsetzen lassen.[19] Ebenso sieht Hobbes auch das Ziel des Staates in der Schaffung von Voraussetzungen für das erfolgreiche Glücksstreben seiner Bürger. Hier finden sich bei ihm – allen schon erwähnten Diskontinuitäten zum Trotz – durchaus noch Spurenelemente des antiken Glückslehre in Ethik und Politik, also eine Art residualer Eudaimonismus.[20]

Was dem Menschen allerdings im Naturzustand, also vor aller Art von Sozialisierung bzw. Vergesellschaftung, wesentlich bei seinem Glücksstreben im Weg steht, sind die anderen Menschen, die in erster Linie Konkurrenten um die limitierten materiellen Güter sind. Nicht alle können alles haben, und auf diese Weise entsteht ein erbarmungsloser Kampf zwischen den menschlichen Individuen um die knappen äußeren Ressourcen. Dieser immerwährende Konflikt hat seine Wurzeln nun in einer spezifischen Wendung, die Hobbes dem Eudaimonismus gibt. In der hellenistischen Antike wurde Glück, ebenso wie bei Hobbes, wesentlich als eine Empfindungsqualität des Subjekts gefasst. Die Pointe der hellenistischen Entwürfe war nun, dass die zum Glück des Menschen erforderliche und zu erwerbende innere Haltung wesentlich als eine negative gefasst wurde, mithin als eine Form von innerer Autarkie:[21]

Bei den Stoikern gründete die normative Leitvorstellung der absoluten Leidenschaftsfreiheit des Weisen, also die Apathie, in der grundlegenden Einsicht, dass die äußeren und körperlichen Güter in ihrer Verfügbarkeit nicht bei uns (*eph'hemin*) liegen, und man ihnen deswegen in seinen Urteilen kein zentrales Gewicht beimessen sollte.

---

[18] Das erinnert in der Struktur an das bereits bei Epikur zu findende »Wiegenargument« (*cradle argument*), demzufolge die Natur des Menschen in dem zu suchen ist, was angeboren ist und aller Sozialisierung noch vorausliegt (nach Epikur ist es letztlich das Streben nach Lust).
[19] Vgl. hierzu v.a. das 13. Kapitel des *Leviathan*: »Von den Bedingungen der Menschen in Bezug auf das Glück ihres Erdenlebens«.
[20] Zum Zusammenhang in der Antike vgl. Horn (1998).
[21] Vgl. hierzu Forschner (1993), S. 22–79.

Im epikureischen Hedonismus findet man zwar auf den ersten Blick eine ähnliche Grundidee wie bei Hobbes, nämlich die der Lustmaximierung. Diese wird dann aber dadurch zu einem ›negativen Hedonismus‹,[22] dass Epikur die Unerschütterlichkeit (*ataraxia*) als den besten Seelenzustand kennzeichnet. Dieser wird aber im Wesentlichen durch eine Bekämpfung der Ängste und v.a. durch eine Selbstbescheidung bzw. Mäßigung erreicht. Diese Befreiung von Schmerz und Furcht ist der therapeutische Ausweg, den die epikureische Philosophie anbietet.

Gegen diese auch in der römischen Philosophie – z.B. bei Cicero und Seneca – artikulierte Vorstellung einer Seelenruhe (*tranquillitas animi*) als normativem Leitideal wendet sich Hobbes nun dezidiert:

> »Vor allen Dingen muss angemerkt werden, dass das Glück des Erdenlebens durchaus nicht in einer ungestörten Seelenruhe besteht; denn es kann in ihr das *letzte Ziel* und *höchste Gut*, wovon die älteren Sittenlehrer reden, gar nicht sein. [...] *Glückseligkeit* schließt in sich einen beständigen Fortschritt von einem Wunsch zum andern, wobei die Erreichung des ersteren immer dem folgenden den Weg bahnen muss. Der Grund dafür liegt darin, dass es bei den Wünschen der Menschen nicht darauf ankommen darf, dass sie das, was sie sich wünschen, etwa nur einmal und gleichsam für einen Augenblick genießen, sondern dass vielmehr der Genuss auch für die Zukunft sichergestellt werde. [...] Zuvörderst wird also angenommen, dass alle Menschen ihr ganzes Leben hindurch beständig und unausgesetzt eine Macht nach der anderen sich zu verschaffen bemüht sind.« (*L*, Kap. 11, S. 90f.)[23]

Der Mensch im Hobbes'schen Naturzustand versucht also, sein auf der ständigen Erfüllung neuer Wünsche basierendes Glück zu erreichen bzw. zu sichern, und zwar indem er seine Verfügungsgewalt über die äußeren Güter ständig steigert. Macht bzw. Machterwerb (und nicht asketische Selbstbescheidung) ist hier das Schlüsselkonzept zur Sicherung des eigenen Glücks. Wer sich auf seinem Besitz auch nur ausruht, steht schon in der Gefahr, von seinen menschlichen Konkurrenten in der Jagd nach knappen Ressourcen ausgestochen zu werden; ebenso sind diese eine permanente physische Bedrohung,

---

[22] Vgl. hierzu Hossenfelder (2018), 63–75.
[23] Hobbes begründet die Unmöglichkeit einer ununterbrochenen Gemütsruhe damit, dass »das Leben selbst eine Bewegung in sich schließt und der Mensch, ohne etwas zu wünschen, zu fürchten usw., ebenso wenig wie ohne Empfindung leben kann« (*L*, Kap. 6, S. 59).

welcher der Mensch im Naturzustand erst einmal dadurch begegnet, dass er seine eigenen Machtressourcen so weit wie möglich steigert.

Das ist nicht mehr und nicht weniger als eine Rehabilitierung des »Mehr-haben-wollens« (*pleonexia*) oder der Habgier, die der hedonistisch gesinnte Sophistenschüler Kallikles in Platons *Gorgias* – in expliziter Wendung gegen die sokratische Tugendmoral – als grundsätzliche Antriebsfeder menschlichen Wünschens und Handelns im Naturzustand identifiziert.[24] Hobbes nobilitiert diese Position als normative Forderung: »Deshalb muss jedem auch die gewaltsame Vermehrung seiner Besitzungen um der nötigen Selbsterhaltung willen zugestanden werden.« (*L*, Kap. 13, S. 114)

Nach Hobbes haben alle Menschen im Naturzustand somit ein gleiches Recht auf alles (*ius in omnia*).[25] Das heißt aber auch: Die Rede von ›gerecht‹ und ›ungerecht‹ macht im Naturzustand noch überhaupt keinen Sinn, weil es noch gar keinen Besitz, kein Mein und Dein, gibt. Die menschliche Natur ist in ihrer Grundverfasstheit nach Hobbes zwar erst einmal ungesellig, aber das ist für sich betrachtet noch kein Anlass für eine negative moralische Bewertung, wie er konsistent betont. Der Mensch ist bei Hobbes also nicht ›von Natur aus böse‹, wie es in plakativer Kontraposition zu Jean-Jacques Rousseau des Öfteren in populären Darstellungen formuliert wird. Die Begriffe von ›gut‹ und ›böse‹ sind nach Hobbes, wie oben gesehen, nur auf menschliche Empfindungsqualitäten zu beziehen (und nicht auf Charakterzüge oder Güterverteilungen); und die Kennzeichnung der natürlichen Habgier als ›ungerecht‹ setzt eine normativ verpflichtende Besitzordnung voraus, die es als solche im Naturzustand ja noch gar nicht gibt.

Was für eine Anthropologie lässt sich hieraus holzschnittartig rekonstruieren? Der Mensch wird bei Hobbes grundlegend begriffen als eine Art individueller Nutzenmaximierer, wie er auch noch heute in den Modellierungen des sog. *homo oeconomicus* in den Wirtschaftswissenschaften und darüber hinaus des Öfteren vorausgesetzt wird. Hobbes postuliert somit einen konstitutiven Egoismus der menschlichen Natur, was es durchaus berechtigt erscheinen lässt, von einer pessimistischen (oder zumindest äußerst skeptischen) Anthropologie

---

[24] Vgl. Platon, *Gorgias* 483a–484c (mit Antizipation der späteren Rede von Sklaven- und Herrenmoral bei Nietzsche). Zum *Gorgias* vgl. auch den Beitrag von Christian Schäfer in diesem Band.
[25] Vgl. *L*, Kap. 14, S. 119.

zu sprechen.²⁶ Denn die auf dieser anthropologischen Basis zwischen den Menschen erwachsenden Interaktionen im Naturzustand und deren kulturellen Flurschaden könnte man sich kaum alptraumhafter vorstellen, als Hobbes sie selbst beschreibt:

> »Hieraus ergibt sich, dass ohne eine einschränkende Macht der Zustand der Menschen ein solcher sei, wie er zuvor beschrieben wurde, nämlich ein Krieg aller gegen alle (*bellum omnium contra omnes*). [...] Da findet sich kein Fleiß, weil kein Vorteil davon zu erwarten ist; es gibt keinen Ackerbau, keine Schifffahrt, keine bequemen Wohnungen, keine Werkzeuge höherer Art, keine Länderkenntnisse, keine Zeitrechnung, keine Künste, keine gesellschaftlichen Verbindungen; stattdessen ein tausendfaches Elend; Furcht gemordet zu werden; stündliche Gefahr; ein einsames kümmerliches, rohes und kurz dauerndes Leben.« (*L*, Kap. 13, S. 115f.)

Solche schaudererweckenden Formulierungen haben Anlass dazu gegeben, Hobbes' Anthropologie in der blutrünstig klingenden Metapher zu komprimieren, dass der Mensch dem Menschen eben ein Wolf sei: *Homo homini lupus*.²⁷

Der so beschriebene Naturzustand sollte nun – bei Hobbes wie bei vielen anderen Autoren der Neuzeit und Gegenwart, die sich dieser Figur bedienen – nicht buchstäblich als eine reale historische Entwicklungsphase der Menschheitsgeschichte begriffen werden, sondern als eine notwendige methodische Konstruktion, als ein Gedankenexperiment im Dienste des *mos geometricus*: Ganz im Sinne der resolutiven

---

²⁶ Ein aufschlussreiches Detail in diesem Zusammenhang ist der Umstand, dass Hobbes sich noch vor der Abfassung seiner philosophischen Werke intensiv mit dem antiken Historiker Thukydides beschäftigte und dessen *Geschichte des Peloponnesischen Krieges* übersetzte, in der ebenfalls ein eher düsteres Bild der menschlichen Natur und ihrer Antriebe gezeichnet wird. Für einen detaillierten Vergleich der beiden siehe Johnson 1993.

²⁷ Dies ist eine Formulierung, die ursprünglich auf den römischen Komödiendichter Plautus (ca. 254–184 v.Chr.) zurückgeht und die sich so gar nicht im *Leviathan*, sondern nur in der Widmung von *De cive* findet. Vgl. Hobbes, *De cive*, Übers. Waas, S. 3. – Hobbes' Hinweis, »dass die Natur die Menschen so ungesellig gemacht und sogar einen zu des anderen Mörder bestimmt habe« (*L*, Kap. 13, S. 116), ist allerdings durchaus geeignet, als eine Art Paraphrase der »wölfischen Natur« des Menschen durchzugehen – sofern man freilich im Hinterkopf behält, dass Wölfe de facto äußerst soziale (und auch furchtsame) Rudeltiere sind, die sich somit insgesamt schlecht als Metapher für blutrünstige und einzelgängerische Raubtiere eignen, mit denen der Mensch im Naturzustand bei Hobbes ja eigentlich verglichen werden soll. Vgl. hierzu auch die explizite Kritik an Hobbes' Diktum bei Frans de Waal: *Primates and Philosophers. How Morality Evolved*, Princeton / Oxford 2009, 3f.

Analyse löst Hobbes den späteren Staat erst einmal in seine ursprünglichen elementaren Bestandteile, also die Individuen, auf und fragt nach deren treibenden Gründen bzw. Motiven, überhaupt in einem Staat zu leben – und nicht in einem natürlichen bzw. außerstaatlichen Zustand. Zum Ende des obigen Zitats klingt nämlich bereits die zweite natürliche Leidenschaft des Menschen an, die ihn letztlich dazu bringt, den Naturzustand zu verlassen: Gerade weil die egoistische Habgier als erste Leidenschaft das menschliche Verhalten dominiert und ggf. auch die gewaltsame Aneignung oder gar den Mord als geeignetes Mittel zur Steigerung der eigenen Macht zum Einsatz bringt, lebt der Mensch im Naturzustand in permanenter Furcht.

Das hängt nun wesentlich von folgender Prämisse ab: Hobbes setzt voraus, dass alle Menschen an Körperkräften und Geistesfähigkeiten in etwa gleich ausgestattet sind. Hier geht es ihm aber nicht um die Begründung eines egalitären Status aller Menschen, sondern darum, dass kein einzelner Mensch den anderen so weit überlegen ist, dass er seiner Furcht vor ihnen enthoben wäre: Jeder kann im Schlaf erdolcht werden; selbst über dem mächtigsten Tyrannen schwebt immer ein imaginäres Damoklesschwert, das jederzeit auf ihn herunterfahren kann. Nur diese Furcht voreinander ist es letztlich, welche die Menschen im Naturzustand dazu bringt, überhaupt einen Vertrag miteinander zu schließen und damit ihr Leben zu sichern, indem sie vom Naturzustand in den Staatszustand übergehen. Der Mensch wird durch den Vertragsschluss zum Bürger, der durch positive Gesetze und staatliche Sanktionierung des Verstoßes gegen sie vor seinen bedrohlichen ›Mitmenschen‹ geschützt wird: Denn der Gesetzesgehorsam ist seinerseits ein Resultat der Furcht vor Strafe durch die Zwangsmacht des Staates.[28] Hobbes baut also, mit Kant gesprochen, nur auf Legalität, aber nicht auf Moralität (also eine Befolgung des Gesetzes aufgrund der Einsicht in seine Richtigkeit).

Die Wurzel des neuzeitlichen Kontraktualismus, also der Idee, dass der staatliche Zusammenschluss menschlicher Individuen sich einer freien wechselseitigen Vereinbarung verdankt, ist also zumindest bei Hobbes nicht etwa die Idee einer auf diese Weise zu steigernden Güterproduktion durch gemeinsame Arbeit; vielmehr ist es die Angst vor den anderen in ihrer Bedrohlichkeit für Leib und Leben. Dadurch ist dem ethischen Kontraktualismus bei Hobbes aber von

---

[28] Vgl. *L*, Kap. 17, S. 151. Zum abschreckenden Charakter von Strafen vgl. auch *L*, Kap. 28.

Beginn an ein Problem eingeschrieben, das Peter Stemmer einmal in der sog. ›Machtbedingung‹ formuliert hat:

> »Nur wer über Handlungsmöglichkeiten verfügt, vor denen der andere sich rationalerweise schützen oder deren er sich rationalerweise vergewissern will, kann Mitglied der moralischen Gemeinschaft sein. Wenn A das Interesse hat, nicht verletzt zu werden, ist dieses Interesse nur dann auch an B gerichtet, wenn B die Möglichkeit hat, A zu verletzen. Wenn B sie nicht hat, geht As Interesse an B vorbei.«[29]

Anders gewendet: Wer diese Machtbedingung nicht erfüllt, also z.B. Kinder, schwerstbehinderte oder sehr alte Menschen, ist kein relevanter Vertragspartner und bleibt deshalb ggf. von der normativen Berücksichtigung seiner Interessen ausgeschlossen. Deshalb hat Ernst Tugendhat den Kontraktualismus auch als eine »Moral der Starken«[30] gegeißelt, bei der die ›Schwachen‹ tendenziell auf der Strecke zu bleiben drohen.

3. Ethik und Staatslehre im *Leviathan*

Die Menschen im Naturzustand entschließen sich also zu einer Aufhebung dieser wechselseitigen Bedrohung (und damit zu einer Beseitigung ihrer eigenen Furcht um Leib und Leben) durch einen Vertragsschluss, der den Staat konstituiert. Die wesentlichen Inhalte des Vertrags legt Hobbes dann im zweiten Teil des *Leviathan*, in den Kapiteln 17–31, dar. Zu Beginn grenzt Hobbes dabei sein politisches Projekt erst noch einmal dezidiert von der antiken Staatstheorie, insbesondere von Aristoteles, ab: Der entstehende Staat ist kein natürliches Ding, sondern ein von Menschen gemachtes Werk; er ist eine Kunstschöpfung bzw. ein Produkt menschlichen Schaffens. In der aristotelischen Tradition waren auch Bienen und Ameisen staatenbildende Wesen (*zôa politika*), aber Hobbes markiert hier einen deutlichen Unterschied, denn »die Eintracht unter jenen Tieren ist ein Werk der Natur, unter Menschen ist sie aber ein Werk der Kunst und eine Folge der Verträge« (*L*, Kap. 17, S. 154). Diese Differenz hat auch einen strebens- bzw. gütertheoretischen Hintergrund. Denn in den natürlichen Tierstaaten fallen das Gut des einzelnen Lebewesens und das

---

[29] Stemmer (2000), S. 255f.
[30] Tugendhat (1993), S. 356.

der Gemeinschaft zusammen; es gibt hier keinen wirklichen Riss zwischen dem einzelnen Guten (*bonum individuale*) und dem gemeinsamen Guten (*bonum commune*), weshalb alle auf das gleiche gemeinsame Ziel hinarbeiten. In menschlichen Staaten verhält es sich anders: Der Mensch ist ja gerade durch ein seiner Natur endemisches Mehrhaben-Wollen für sich selbst gekennzeichnet, sodass keine Koinzidenz von allgemeinem und individuellem Gut angenommen werden kann.

Einen ›Vertrag‹ (*contract*) bestimmt Hobbes terminologisch als »wechselseitige Übertragung des Rechtes« (*L*, Kap. 14, S. 121). Beim Gesellschaftsvertrag, durch den der Staat ins Leben gerufen wird, geht es aber nicht, wie man vermuten könnte, um Reziprozität, also darum, dass die werdenden Bürger ihre Rechte aufeinander übertragen oder sich in ihren Rechten wechselseitig anerkennen. Vielmehr zielt Hobbes darauf ab, dass alle beteiligten Individuen ihr natürliches ›Recht auf alles‹ aufgeben und stattdessen ihre Macht auf einen einzigen Oberherrn bzw. Souverän übertragen:

> »[Der Staat] beruht auf dem Vertrage eines jeden mit einem jeden, wie wenn ein jeder zu einem jeden sagte: ›*Ich übergebe mein Recht, mich selbst zu beherrschen, diesem Menschen oder dieser Gesellschaft unter der Bedingung, dass du ebenfalls dein Recht über dich ihm oder ihr abtrittst*‹. Auf diese Weise werden alle einzelnen eine Person und heißen *Staat* oder *Gemeinwesen*. So entsteht der große *Leviathan* oder, wenn man lieber will, der *sterbliche Gott*.« (*L*, Kap. 17, S. 155)

Hieran sind zwei Aspekte besonders bemerkenswert:

(1) Der sog. Herrschaftsvertrag ist im Wesentlichen ein gemeinsamer Unterwerfungsvertrag; alle Beteiligten verzichten auf ihre Rechte bzw. auf ihre Souveränität, und die Abgabe der Rechte an den Staat ist vollkommen und unwiderruflich. Es handelt sich also nicht um eine letztlich revozierbare Übertragung einer Volkssouveränität an die staatlichen Gewalten, sondern um einen totalen Machtverzicht der Individuen. Nur der auf diese Weise geschaffene Souverän selbst ist Herrscher, alle anderen sind Untertanen: »Es gibt aber nur ein Grundgesetz, nämlich, dass alle Bürger dem jeweiligen Oberherrn Gehorsam leisten müssen. Denn mit diesem Gesetz steht und fällt ein Staat.« (*L*, Kap. 27, S. 242)

(2) Der Oberherr bzw. Souverän ist selbst nicht Vertragspartner, wie Hobbes ausdrücklich betont.[31] Das bedeutet aber auch, dass er nicht an irgendeine vertragliche Übereinkunft mit den Untertanen gebunden ist; er kann folglich niemandem Unrecht antun, sondern ist ein absoluter Herrscher, ein selbst über den bürgerlichen Gesetzen stehender *princeps legibus solutus*.[32] Nicht zuletzt aufgrund dieser Machtstellung des Souveräns gilt Hobbes gemeinsam mit Jean Bodin (1529–1596) als einer der grundlegenden Theoretiker des Absolutismus in der Neuzeit. Die Machtfülle des absoluten Herrschers drückt sich auch darin aus, dass der Souverän alle Staatsgewalten in sich vereint: Er ist Legislative, Exekutive und Judikative in einem, also zugleich oberster Gesetzgeber, Richter und Kriegsherr;[33] zusätzlich soll er auch als Oberhaupt einer Staatskirche bzw. -religion fungieren. Diese Machtfülle im weltlichen ebenso wie im geistlichen Bereich wird auch im Titelbild des *Leviathan*, das auch den Anfang dieses Textes ziert (s.o.), in kunstvoller Weise veranschaulicht.[34]

Diese aus heutiger Sicht unheimlich anmutende Machtkonzentration des Souveräns ist nun nicht etwa darauf zurückzuführen, dass Hobbes die möglichen Alternativen in der Machtverteilung nicht gesehen hat, wie John Locke (*Two Treatises of Government*, 1690), Charles de Montesquieu (*De l'esprit des lois*, 1748) und andere neuzeitliche Staatstheoretiker sie später in Gestalt der Gewaltenteilung entwarfen. Hobbes hält die Teilung von Gewalten innerhalb des Staates geradezu für die Quelle allen Übels bzw. für die Dysfunktionalität von Herrschaft: »Getrennte Macht zerstört sich selbst.« (*L*, Kap. 29, S. 271) Dies ist sicher bis zu einem gewissen Grad vor dem persönlichen historischen Erfahrungshintergrund von Hobbes zu sehen. Das 17. Jahrhundert war in England ein Zeitalter der Revolutionen und Bürgerkriege, die wesentlich durch eine kriegerische Auseinandersetzung zwischen dem König und dem Parlament bedingt waren. Hobbes sieht in der Teilung der höchsten Gewalt gerade die Grund-

---

[31] Vgl. hierzu *L*, Kap. 18, S. 158.
[32] Vgl. *L*, Kap. 29, S. 270f. Klar formuliert Hobbes das auch schon in *L*, Kap. 26, S. 229: »Der Oberherr ist zweitens den bürgerlichen Gesetzen nicht unterworfen; denn da er nach Gutdünken Gesetze gibt und aufhebt, kann er sich auch nach Gefallen von der lästigen Unterwerfung unter sie befreien.«
[33] Vgl. *L*, Kap. 18, S. 162.
[34] Zur genaueren Interpretation dieses Titelblatts vgl. auch Brandt (2008) sowie die umfassende Studie von Bredekamp (2020).

wurzel dieser Auseinandersetzungen, die er durch seine absolutistische Machtkonzentration verhindern oder remedieren möchte.

Der gegenüber Hobbes erhobene Vorwurf einer ›Betriebsblindheit‹ gegenüber den Gefahren eines solchen Modells, wie er v.a. durch die totalitären Erfahrungen des 20. Jahrhunderts gespeist ist, liegt auf der Hand, greift dabei allerdings nur zum Teil. Denn Hobbes konstatiert selbst explizit, dass natürlich eine Problematik in seinem Modell vorliegt:

> »Freilich ist es wahr, dass in allen drei Staatsverfassungen [scil. der monarchischen, aristokratischen und demokratischen] der oder die Stellvertreter des Staates auch allemal natürliche Personen oder Menschen sind; und so sehr sie auch als Staatspersonen nach dem allgemeinen Besten streben, so sehen sie doch auch nicht weniger auf das Wohl ihres Hauses, ihrer Verwandten und Freunde und ziehen, falls ihr eigenes Wohl unter dem allgemeinen Wohle leiden sollte, nicht selten das ihrige dem Besten des Staates vor. Die Vernunft der Menschen wird nur zu oft von ihren Leidenschaften übertönt! Wo das öffentliche Wohl mit dem besonderen Wohl aufs genaueste verbunden ist, ist jenes am stärksten gesichert; und dies ist der Fall in jeder monarchischen Verfassung, wo der Reichtum, die Macht und die Ehre des Königs von dem Vermögen und der Achtung der Bürger abhängt. Wenn nämlich seine Untertanen arm, unvermögend oder verächtlich sind, ist er selbst weder reich noch groß noch sicher.« (*L*, Kap. 19, S. 169)

Hobbes ist also keineswegs ein hemmungsloser Optimist im Blick auf den Souverän und dessen Potenzial zum Missbrauch seiner absoluten Macht. Das würde ja auch überhaupt nicht zu seiner »pessimistischen Anthropologie« (s.o., Teil 2) und der Betonung des der menschlichen Natur inhärenten Egoismus passen.[35] Hobbes glaubt aber zumindest, dass gerade im Falle der Monarchie das *bonum individuale* des Herrschers in besonderem Maße vom *bonum commune* abhängt, dass also in dieser Konstellation individuelles Herrscherinteresse und Gemeinwohl letztlich koinzidieren. Die Macht des absoluten Souveräns ist nur so groß wie die Summe der Macht aller seiner Untertanen. Da aber zwischen den Staaten auch weiterhin der Naturzustand herrscht, also ein Krieg aller gegen alle, gilt hier das Postulat der

---

[35] Auch Platon geht in seinem ›realistischen‹ Spätwerk der *Nomoi* davon aus, dass die philosophisch gebildeten Herrscher trotz ihrer epistemischen Qualifikation nie davor gefeit sind, willensschwach zu werden und statt der Interessen aller die ihrer selbst zu realisieren; vgl. Platon, *Lg.* 875a-c.

Machtmaximierung des Souveräns, die nicht nur in seinem eigenen Interesse, sondern auch in dem des von ihm zu schützenden Volkes liegt. Hieraus erklärt sich dann auch, weshalb Hobbes unter den drei traditionellen Staats- bzw. Herrschaftsformen der Monarchie den Vorzug gegenüber der Aristokratie und der Demokratie gibt.[36]

Die Frage, in welcher Herrschaftsform Hobbes nun den absoluten Souverän am effektivsten realisiert sieht, muss natürlich rückgekoppelt werden an dessen primordiale Aufgabe, die er wie folgt bestimmt:

> »Und nun erinnere man sich, dass Friede und Schutz der allgemeine Endzweck bei der Errichtung eines Staates sind. [...] Die Verpflichtung der Bürger gegen den Souverän kann nur so lange dauern, als dieser imstande ist, die Bürger zu schützen; denn das natürliche Recht der Menschen, sich selbst zu schützen, falls kein anderer es tun kann, wird durch keinen Vertrag vernichtet.« (L, Kap. 31, S. 193 u. S. 197)

Damit ist ein heißes Eisen der Hobbes-Rezeption und -Forschung angepackt, nämlich die Frage, ob die Bürger des Staates gegenüber dem Souverän überhaupt keine Interventionsmöglichkeit mehr besitzen, sobald sie ihm die absolute Macht übertragen haben – und zwar selbst, wenn er diese zu seinen eigenen Gunsten missbraucht. Hobbes räumt den Untertanen nun zwar kein vertraglich verbrieftes Widerstandsrecht ein; denn das hieße ja gerade, das Gewalt- und Machtmonopol des Staates bzw. des Souveräns wieder zu untergraben und Tür und Tor für innere Zwistigkeiten und Bürgerkriege zu öffnen. Die hinter einem verbrieften Widerstandsrecht stehende Maxime ist innerhalb eines absolutistischen Staatsdenkens selbstwidersprüchlich. Aber zugleich verdeutlicht Hobbes auch immer wieder, dass die Grenze des staatsbürgerlichen Gehorsams seitens der Untertanen in einem natürlichen Gesetz liegt: »Das natürliche Gesetz aber ist eine Vorschrift oder allgemeine Regel, welche die Vernunft lehrt, nach welchem keiner dasjenige unternehmen darf, was er als schädlich für sich selbst erkennt« (L, Kap. 14, S. 118). Hierbei unterscheidet Hobbes zwischen dem natürlichen *Recht*, das in der *Freiheit* besteht, etwas zu

---

[36] Zu erwähnen wäre hier natürlich noch als vierte Option, die bereits in der Antike (insbesondere von Polybios und Cicero) propagierte Mischverfassung (*constitutio mixta*), die Elemente der drei anderen in sich vereint und auszubalancieren versucht, womit sie der neuzeitlichen Idee der Gewaltenteilung nahekommt. Diese Staatsform kommt aber für Hobbes aufgrund der von ihm als fatal betrachteten Machtzersplitterung gar nicht erst in Frage.

tun oder zu unterlassen, und dem natürlichen Gesetz als einer *Verbindlichkeit*, etwas zu tun oder zu unterlassen. Auch mit der Abgabe des natürlichen ›Rechts auf alles‹ (*ius in omnia*, s.o.), also seiner schrankenlosen Freiheit, ist der Bürger weiterhin auf ein fundamentales Gesetz der Selbsterhaltung – notfalls auch gegen einen malevolenten Souverän – verpflichtet, das auch im Staatszustand noch gilt.[37]

Hobbes formuliert nun im *Leviathan* eine ganze Reihe von »natürlichen Gesetzen« (vgl. L, Kap. 14–15), z.B. den berühmten Grundsatz, dass Verträge zu achten bzw. vertragliche Abkommen zu erfüllen sind (*pacta sunt servanda*).[38] Alle diese Regelungen sind nach seiner eigenen Auskunft in ihrem sachlichen Gehalt zurückführbar auf die schon biblisch fundierte sog. goldene Regel in ihrer negativen wie positiven Formulierung, und sie zielen sämtlich auf einen Punkt ab: »Die Absicht dieser natürlichen Gesetze geht dahin, alle Menschen miteinander in Frieden leben zu lassen.« (L, Kap. 15, S. 140) Hier wird einmal mehr der Frieden als ultimatives Ziel des menschlichen Strebens sichtbar, was Hobbes den willkommenen Anlass bietet, um unter Bezug auf dieses Telos der natürlichen Gesetze seine begriffliche Bestimmung der Ethik zu formulieren:

> »In der Wissenschaft der natürlichen Gesetze besteht die einzige wahre Sittenlehre, welche all das in sich begreift, was in der gesellschaftlichen Verbindung der Menschen gut oder böse ist. [...] Der Friede wird von allen als etwas Gutes und Wünschenswertes betrachtet, und folglich muss alles, was zum Frieden führt, auch für etwas Gutes angesehen werden. Was kann aber eher dazu führen als Gerechtigkeit, Billigkeit und was sonst die natürlichen Gesetze zur Pflicht machen. [...] Nun sind aber Tugenden und Laster Gegenstand der Moralphilosophie, und folglich ist die Kenntnis der natürlichen Gesetze die wahre Sittenlehre.« (L, Kap. 15, S. 141f.)

Tugenden und Laster, also das moralisch Gute oder Böse, sind letztlich in funktionaler Abhängigkeit von ihrer Tendenz bestimmt, Frieden oder Krieg zu befördern: Tugend ist, in anderen Worten, das, was das natürliche Gesetz der Friedenssuche fördert, Laster hingegen das, was es hindert. Hobbes unternimmt also letztlich eine rein instrumentelle Bestimmung der Tugenden im Blick auf ihre Wirkungen. Er negiert

---

[37] Vgl. hierzu L, Kap. 21, S. 197.
[38] Zur (umstrittenen) Verortung von Hobbes gegenüber der hier anklingenden antiken und mittelalterlichen Theorie des Naturrechts (*lex naturalis*) vgl. Bobbio (1993), Ludwig (1998) und Cooper (2018).

damit ihre intrinsische moralische Qualität im Sinne eines – wie Cicero im Anschluss an die Stoiker sagen würde – *honestum*, also eines sittlich Ehrenvollen, das nur um seiner selbst willen zu erstreben ist.[39]

Entscheidend ist, dass die Moralphilosophie bzw. die Ethik in Gestalt der Erkenntnis und Ausarbeitung der natürlichen Gesetze durchaus ein eigenes Feld hat.[40] Sie dient dem gleichen Ziel wie die Staatsbildung, nämlich der Erhaltung von Frieden und Sicherheit. (Praktische) Philosophie ist somit eine Art »Friedenswissenschaft«,[41] da nach Hobbes die Wurzel allen Unglücks der Krieg, genauer gesagt: der Bürgerkrieg ist. Hier zeigt sich Hobbes einmal mehr als politisch gebranntes Kind seiner Zeit. Sein absolutistisches Konstrukt ist eine Form der (Über-)Reaktion auf die Wirren seiner eigenen Zeit, die der staatliche Leviathan als Garant von Ruhe und Ordnung konterkarieren soll.

Nach Hobbes liegt der Mangel aller vorherigen praktischen Philosophie darin, dass es bisher eben keine klare und exakte Methode gab, um die wahren Gesetze des bürgerlichen Lebens ausfindig zu machen. Deshalb hat sich nach Hobbes die griechisch-römische Staatstheorie bei Aristoteles, Cicero und anderen nur an den vorhandenen Traditionen orientiert und nicht an den Prinzipien der Natur.[42] Man hat die wirklichen Ursachen von Krieg und Frieden bisher nicht erkannt, und genau das will Hobbes mit seiner an der Geometrie als technischer Konstruktionswissenschaft geschulten ethischen und staatsphilosophischen Betrachtung nachholen. In seiner Orientierung an einem mathematisch und naturwissenschaftlich imprägnierten Methodenideal versteht er sich dabei gewissermaßen als der »Galilei der Staatsphilosophie« (Kersting 2005, S. 44).

---

[39] Zum tugendhaften *honestum* und den daraus folgenden Pflichten vgl. das bis weit in die Neuzeit einflussreiche Werks Cicero, *De officiis*, v.a. Buch I, §§ 18–151.
[40] Zu Hobbes' Moralphilosophie im engeren Sinne des Wortes vgl. Gauhier (1969) und Ewin (1991).
[41] Vgl. hierzu Kersting (2005), S. 44–49.
[42] Vgl. *L.* Kap, 21, S. 192.

Dieses Programm ist zum Ende des zweiten Teils[43] im *Leviathan* hin weitgehend realisiert: »Stoff, Form und Gewalt eines kirchlichen und bürgerlichen Staates« – so der Untertitel des *Leviathan* – sind komplett analysiert und synthetisiert im Sinne der zwei Schritte des *mos geometricus* (s.o., Teil 1). Grafisch lassen sich die Verhältnisse, die durch den Gesellschaftsvertrag etabliert werden, wie folgt darstellen:

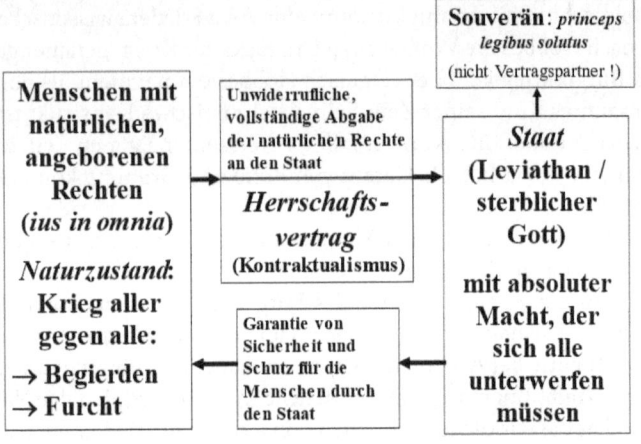

---

[43] Was danach im *Leviathan* noch folgt, ist für die Geschichtswissenschaft interessanter als für die Philosophie bzw. deren Historiographie: Im dritten Teil (*Vom christlichen Staat*) bemüht sich Hobbes um den Nachweis, dass seine Staatstheorie sich auch aus biblischen Autoritäten heraus legitimieren lässt; der vierte Teil (*Vom Reich der Finsternis*) bietet eine verschwörungstheoretisch angehauchte antikatholische Polemik, die sich v.a. gegen die Lehre vom Papst als Stellvertreter Gottes auf Erden richtet. Das sich hier abzeichnende Verständnis von Religion und Politik soll an dieser Stelle nicht weiter untersucht werden. Vgl. hierzu Großheim (2008) sowie die Beiträge in Apeldoorn / Douglass (2018).

4. Synopse: Hobbes als paradigmatischer Repräsentant des Kontraktualismus

Kontraktualistische Motive sind in der Philosophiegeschichte auch schon vor Hobbes vereinzelt anzutreffen. So finden sich etwa bei Epikur Überlegungen dazu, dass die staatliche Ordnung sich nicht der Natur verdankt, sondern den auf eigenen Nutzen bzw. Vorteil schauenden Motiven der Bürger, die sich zu diesem Zweck auf kontingente gesetzliche Normen verständigen, die ihre Gültigkeit nur der Zustimmung der Beteiligten verdanken.[44] Dennoch ist der Kontraktualismus als Grundtypus der ethischen sowie der politischen Reflexion in seiner fortdauernden Wirksamkeit primär als Schöpfung des Szientismus im 17. Jahrhundert adäquat zu begreifen. Erst auf diesem wissenschaftstheoretischen Hintergrund formiert sich eine systematische Theorie des Erfindens und Herstellens von staatlichen Werten und Normen. Der Staat ist eine Art menschliche Schöpfung, wie Hobbes es in Anlehnung an den biblischen Kreationsgedanken formuliert:

> »Die Natur oder die Weisheit, welche Gott in der Hervorbringung und Erhaltung der Welt darlegt, ahmt die menschliche Vernunft so erfolgreich nach, dass sie unter anderen Werken auch ein solches liefern kann, welches ein künstliches Tier genannt werden muss. [...] Der große Leviathan (so nennen wir den Staat) ist ein Kunstwerk oder ein künstlicher Mensch – obgleich an Umfang und Kraft weit größer als der natürliche Mensch, welcher dadurch geschützt und glücklich gemacht werden soll.« (*L*, Einleitung, S. 5)

Der Staat hat damit keine metaphysische oder natürliche Verankerung mehr; er ist ein bloßes Artefakt bzw. eine künstliche Person, die sich – wie das Frontispiz des *Leviathan* bildlich zeigt – im Körper aus seinen Bürgern zusammensetzt, mit dem von ihnen getrennten Souverän als Kopf. Der diesem rein menschlichen Konstrukt zugrunde liegende Vertragsgedanke wird erst bei und durch Hobbes zu einer grundlegenden Figur der ethischen Reflexion. Hierbei geht es dann um nicht und nicht weniger als um die Frage nach der Legitimität von Herrschaft überhaupt. In der antiken Philosophie wurde die Notwendigkeit von irgendeiner Form von Herrschaft weitgehend

---

[44] Vgl. hierzu Epikur, Entscheidende Lehrsätze 31–40, ed. Krautz, S. 74–79. Zum ›politischen Epikureismus‹ im *Leviathan* vgl. Ludwig (1998), S. 401–424, der meint, dass Hobbes hier eine bewusste Rehabilitation der epikureischen Staatsphilosophie betreibt.

vorausgesetzt, und es wurde dann lediglich gefragt, was die beste Form von Herrschaft ist, also das Arrangement, das dem Wohl bzw. Glück der Bürgerschaft am meisten zuträglich ist (politischer Eudaimonismus). In der mittelalterlichen Theologie wird die Legitimation irdischer Herrschaftsverhältnisse durch eine Rückkopplung an den göttlichen Willen hergestellt. Die neuzeitliche bzw. moderne Frage nach Herrschaft zielt hingegen auf deren Begründung und Berechtigung überhaupt. Hobbes' im *Leviathan* entwickelte Idee eines von den beteiligten Individuen frei – wenn auch unter dem Druck ihrer zentralen Leidenschaften von Habgier und Furcht – geschlossenen Sozial- bzw. Staatsvertrags, erwies sich dabei als sehr einflussreich, v.a. in Form des etablierten triadischen Grundmusters von: »Naturzustand → Vertrag → Staat«.

Die Idee eines Gesellschaftsvertrags ist jedoch nicht unbedingt geknüpft an die methodischen und anthropologischen Prämissen von Hobbes. Das beste Beispiel ist die von Jean-Jacques Rousseau (1712–1778) in seinem Werk *Du contrat social* (1762) präsentierte Version dieser Figur: Rousseau geht davon aus, dass die Menschen im Naturzustand in einer harmonischen Ordnung von Freiheit, Selbstliebe und Mitleid leben, die erst durch das Eigentum und die Arbeitsteilung, also durch die systematische Schaffung von Ungleichheit, zerstört werden. Der Gesellschaftsvertrag dient dann nicht der Zügelung der menschlichen Natur (wie bei Hobbes), sondern eher der Behebung individueller und sozialer Kollateralschäden der Eigentumsordnung. Und *more geometrico* will der eher literarisch ambitionierte (und darin auch begabte) Rousseau dabei auch nicht vorgehen.

Für den Kontraktualismus als ethische Theorie bzw. Figur sind dennoch gerade die bei Hobbes besonders deutlichen methodischen und anthropologischen Voraussetzungen entscheidend: Hobbes operiert mit einem methodischen Atomismus, der von egoistischen Interessen der Menschen ausgeht. Diese werden als unveränderliche Konstanten angenommen, und die Pointe der Moral besteht nicht in einer Umpolung aller Menschen zu intrinsisch tugendhaften Akteuren oder gar Altruisten, sondern in der Idee einer normativen Rahmenordnung, der alle Akteure zustimmen (oder zumindest zustimmen könnten). Das von Hobbes präsentierte Menschenbild ist das eines tendenziell bindungslosen und seinen Eigennutzen maximierenden Individuums, das in seiner Autonomie keinem Gott mehr untersteht, außer dem, den er sich selbst durch Vertragsschluss geschaffen hat – und das einzig und allein, weil es in seinem ureigensten Interesse liegt.

Diese Anthropologie des Hobbes'schen Kontraktualismus ist bei aller Kritik an ihrem Pessimismus doch bis in die Moderne und Gegenwart hinein als Ausgangspunkt ethischer und politischer Reflexion präsent (z.B. in der Vorstellung des *homo oeconomicus*)[45] – auch wenn das im *Leviathan* präsentierte Modell absolutistischer Herrschaft als Königsweg zur Sicherung des Friedens unter den Menschen mittlerweile wohl als obsolet zu betrachten ist.[46]

Literaturverzeichnis

Textausgaben von Thomas Hobbes
Gaskin, J.C.A. (Hg.) (1996): *Leviathan*, Oxford.
Leviathan. Erster und zweiter Teil, übers. von J.P. Meyer, mit einem Nachwort von M. Diesselhorst, Stuttgart 1970 u.ö. (Reclam-UB 8348).
Leviathan, übers. von J. Schlösser, hg. v. H. Klenner, Hamburg 1996 (Philosophische Bibliothek, Bd. 491).
Molesworth, W. (Hg.) (1839): Thomas Hobbes: *Opera philosophica quae latine scripsit*, 4 Bde., London.
Schuhmann, K. (Hg.) (1997): Thomas Hobbes: *Der Körper. Elemente der Philosophie – erste Abteilung*, Hamburg.
Waas, L.R. (2017): *Vom Bürger. Vom Menschen*, Hamburg.

Literatur zu Hobbes und zum *Leviathan*
Apeldoorn, Laurens v./Douglass, Robin (Hg.) (2018): Hobbes on Politics and Religion, Oxford.
Bermbach, Udo / Kodalle, Klaus-M. (Hg.) (1982): Furcht und Freiheit. LEVIATHAN – Diskussion 300 Jahre nach Thomas Hobbes, Opladen.
Bobbio, Norberto (1993): Thomas Hobbes and the Natural Law Tradition, Chicago.
Boucher, David (2018): Appropriating Hobbes. Legacies in Political, Legal, and International Thought, Oxford.
Brandt, Reinhard (2008): Das Titelbild des Leviathan, in: Kersting (s.u.), S. 25–45.
Bredekamp, Horst (2020): Thomas Hobbes – Der Leviathan. Das Urbild des modernen Staates und seine Gegenbilder (1651–2001), 5. Aufl., Berlin.

---

[45] Zu den historischen und philosophischen Wurzeln dieses Modells sowie dem damit verbundenen Modell praktischer Rationalität, das tief im Denken der Neuzeit verwurzelt ist, vgl. Rüfer (2019).
[46] Zur Rezeption und Aktualität von Hobbes in verschiedenen Bereichen vgl. die Beiträge in Bermbach/Kodalle (1982) und Lloyd (2013), sowie die Studien von Hampton (1986), Zarka (1995) und Boucher (2018).

Chwaszcza, Christine (2008): Anthropologie und Moralphilosophie im ersten Teil des Leviathan, in: Kersting (s.u.), S. 69–88.
Cooper, Kody W. (2018): Thomas Hobbes and the Natural Law, Notre Dame.
Ewin, R.E. (1991): Virtues and Rights. The Moral Philosophy of Thomas Hobbes, Oxford.
Fiebig, Hans (1973): Erkenntnis und technische Erzeugung. Hobbes' operationale Philosophie der Wissenschaft, Meisenheim.
Gauthier, David P. (1969): The Logic of Leviathan. The Moral and Political Theory of Thomas Hobbes, Oxford.
Großheim, Michael (2008): Religion und Politik. Die Teile III und IV des *Leviathan*, in: Kersting (s.u.), S. 233–259.
Hampton, Jean (1986): Hobbes and the Social Contract Tradition, Cambridge.
Höffe, Otfried (2010): Thomas Hobbes (Beck'sche Reihe: Denker), München.
Johnson, Laurie M. (1993): Thucydides, Hobbes, and the Interpretation of Realism, Ithaca.
Kersting, Wolfgang (2005): Thomas Hobbes zur Einführung, 3. Aufl., Hamburg.
Kersting, Wolfgang (Hg.) (2008): Thomas Hobbes: Leviathan oder Stoff, Form und Gewalt eines kirchlichen und bürgerlichen Staates (Klassiker Auslegen, Bd. 5), 2. Aufl., Berlin.
Kreimendahl, Lothar (1994): Thomas Hobbes: Leviathan, in: ders., Interpretationen. Hauptwerke der Philosophie. Rationalismus und Empirismus, Stuttgart, S. 247–278.
Leijenhorst, Cees (2002): The Mechanisation of Aristotelianism. The Late Aristotelian Setting of Thomas Hobbes' Natural Philosophy, Leiden / Boston / Köln.
Lloyd, S.A. (2013): Hobbes Today. Insights for the 21st Century, Cambridge.
Ludwig, Bernd (1998): Die Wiederentdeckung des Epikureischen Naturrechts. Zu Thomas Hobbes' philosophischer Entwicklung von *De Cive* zum *Leviathan* im Pariser Exil, Frankfurt a.M..
Münkler, Herfried (2001): Thomas Hobbes (campus Einführungen), 2. Aufl., Frankfurt / New York.
Newey, Glen (Hg.) (2008): Routledge Philosophy Guidebook to Hobbes and *Leviathan*, London / New York.
Schröder, Peter (2012): Hobbes (Grundwissen Philosophie), Stuttgart.
Sorell, Tom (Hg.) (1996): The Cambridge Companion to Hobbes, Cambridge.
Spragens, Thomas (1973): The Politics of Motion. The World of Thomas Hobbes, Kentucky.
Springborg, Patricia (Hg.) (2007): The Cambridge Companion to Hobbes's *Leviathan*, Cambridge.
Zarka, Yves Charles (1995): Hobbes et la pensé politique moderne, Paris.

Sonstige zitierte Literatur
Aristoteles (2006): *Nikomachische Ethik*, übers. v. U. Wolf, Hamburg.
Aristoteles (2012): *Politik*, übers. u. hg. v. E. Schütrumpf, Hamburg.

Cicero, Marcus Tullius (2007): *De officiis / Vom pflichtgemäßen Handeln* (lat.-dt.), übers. u. hg. v. H. Gunermann, Stuttgart.
Epikur (2000): *Briefe, Sprüche, Werkfragmente* (Griechisch/Deutsch), übers. u. hg. von H.-W. Krautz, Stuttgart.
Forschner, Maximilian (1993): Über das Glück des Menschen. Aristoteles – Epikur – Stoa – Thomas von Aquin – Kant, Darmstadt.
Horn, Christoph (1998): Antike Lebenskunst. Glück und Moral von Sokrates bis zu den Neuplatonikern, München.
Hossenfelder, Malte (2018): Epikur (Beck'sche Reihe: Denker, 250), 4. Aufl., München.
Müller, Jörn (2006): Physis und Ethos. Der Naturbegriff bei Aristoteles und seine Relevanz für die Ethik, Würzburg.
Müller, Jörn (2018): Glück und menschliche Natur. Aristoteles' eudaimonistische Tugendethik, in: ders./H.-G. Nissing (Hg.), Grundpositionen philosophischer Ethik. Von Aristoteles bis Jürgen Habermas, 2. Aufl., Darmstadt, S. 23–52.
Platon (2011): *Gorgias* (Griechisch/Deutsch), übers. u. hg. v. M. Erler, komm. v. T. Kobusch, Stuttgart.
Platon (2019): *Nomoi*, übers. von K. Schöpsdau, hg. v. M. Erler, Stuttgart.
Rüfer, Nils (2019): Die Ethik der ökonomischen Rationalität, Berlin.
Stemmer, Peter (2000): Handeln zugunsten anderer. Eine moralphilosophische Untersuchung, Berlin.
Tugendhat, Ernst (1993): Vorlesungen über Ethik, Frankfurt a.M.

Leitfragen

1. Schildern Sie die historische Situation, in der Hobbes' Leviathan entstand, und wie diese Einfluss auf sein Werk nahm. Ergänzen Sie dies durch Annahmen anderer philosophischer Denker, auf die Hobbes sich bei seinen Überlegungen bezog.

2. Stellen Sie dar, von welchem Menschenbild Hobbes im Leviathan ausgeht.

3. Diskutieren Sie die ethischen Prinzipien seiner Staatslehre kritisch.

Reflexionsfrage: Erörtern Sie, weshalb Menschen überhaupt einen solchen »Unterwerfungsvertrag« eingehen sollten.

Herbert Huber

Immanuel Kant: Grundlegung zur Metaphysik der Sitten

Die gewöhnliche Sittlichkeit, die jedermanns Alltag bestimmen zu sollen den Anspruch erhebt, besteht in der Pflicht zur Achtung vor der Würde jedes selbstzwecklichen Wesens. Dies zeigen die Analysen des ersten und zweiten Abschnitts: Der erste Abschnitt der »Grundlegung zur Metaphysik der Sitten« führt das gewöhnliche sittliche Bewusstsein auf die tragenden Begriffe von Pflicht, Gesetz und Achtung. Der zweite Abschnitt bestimmt das Gesetz näher: formal als universal gültigen Imperativ, inhaltlich als autonome Achtung vor dem Selbstzweckcharakter – der Würde – des Vernunftwesens (implizit aller selbstzwecklichen Wesen). Dies entspricht dem »populären« Reflexionsverständnis von Sittlichkeit. Mit der Selbstzwecklichkeit rückt aber ein metaphysischer Gegenstand in den Blick, und mit dessen Explikation wird der Übergang zur Metaphysik der Sitten (426/27–30) vollzogen. Dass ich ein Selbstzweck bin, ergibt sich nicht aus äußeren empirischen Befunden, sondern aus meinem Selbsterleben als Zentralpunkt von Welt. Die Selbstzwecklichkeit ist aber eine jedem Einzelnen notwendig zukommende Daseinsqualität. Dass diese Einsicht induktiv ungesichert bleibt und sich dennoch unabweisbar gegen jeden Destruktionsversuch affirmiert (429/2–9; 430/28f-431/1–9; 448/9–22), macht ihren metaphysischen Charakter aus.

Der dritte Abschnitt will zeigen, dass Sittlichkeit (unbedingte Pflicht), trotz dem, was »empirisch-bedingte Vernunft« (Kant KpV, 16/4f) über Welt und Mensch weiß (dass alles in ihr, auch das Handeln, naturkausal bedingt ist), als möglich gedacht werden kann. Es stellen sich drei Fragen im Text: Wie kann es für einen Willen, der sonst durch seine partikularen Neigungen bedingt ist, unbedingte allgemeingültige Verpflichtung geben (1./2.)? Wodurch gewinnt Pflicht ihre »Gültigkeit« (449/29) (3./4.)? Wie kann Pflicht den Willen motivieren, d. h. wie kann Vernunft praktisch sein (5./6.)?

I. Erster Abschnitt

Guter Wille

(1) »Es ist überall nichts in der Welt, ja überhaupt auch außer derselben zu denken möglich, was ohne Einschränkung für gut könnte gehalten werden, als allein ein guter Wille [...], der [...] das ganze Princip zu handeln berichtige und allgemein-zweckmäßig mache« (393/5–19).[1]

Da wir unsere Tugenden und Begabungen auch zum Schlechten gebrauchen können, kann der Wille nicht durch eine bestimmte Tugend oder Begabung gut werden. Und da die Inhalte, mit denen unser Handeln zu tun hat, je nach Situation andere sind, kann der Wille nicht dadurch gut sein, dass er sich an einen bestimmten materialen Inhalt oder Zweck bindet (und dabei andere übergeht), sondern allein dadurch, dass er – egal, um welche Tugend und welchen Inhalt, welches Gut es geht – auf *gute Art und Weise* will. Wir nennen jemanden sittlich gut, wenn er in seinem Handeln *nicht allein sein partikulares Interesse* verfolgt, sondern bereit ist, dieses nötigenfalls hintanzusetzen und auch auf die Belange anderer Rücksicht zu nehmen. Der gute Wille verfolgt Zwecke nicht bloß *für sich*, sondern *allgemein*, d. h. im Blick auch auf andere. Kant erläutert den guten Willen in drei Sätzen.

Pflicht

(2) *Erster Satz*: Einen *ersten Satz* führt Kant nirgendwo an. Dass es einen gibt, wissen wir daher, dass er von einem *zweiten* und einem *dritten Satz* spricht. Der *erste Satz* müsste erläutern, was mit *guter Wille*, und d. h. mit *Pflicht*, gemeint ist, denn: »Um [...] den Begriff eines [...] guten Willens [...] zu entwickeln: wollen wir den Begriff der Pflicht vor uns nehmen« (397). Pflicht ist das, was wir aus moralischer Notwendigkeit (nicht aus physischem oder psychischem Zwang) tun müssen (439/33; vgl. 489/10–16), egal was wir sonst gerade wollen. Das veranschaulicht Kant durch Beispiele (397/11–399/34). Solche moralische Notwendigkeit erlebt jemand, der etwa einem verletzten Kind einfach helfen *muss*: Er hat keine Wahl, obgleich er physisch

---

[1] Kant wird zitiert nach der Akademieausgabe, Band IV, Seite/Zeile.

anders könnte. Und der Nachtwächter muss nicht bloß unter der Bedingung wachen, dass er gerne wacht, sondern auch und gerade dann, wenn er lieber schlafen würde. Pflicht ist das, was *unbedingt* getan werden muss, d. h. auch dann, wenn ich es gerade nicht gerne tun will. Um Pflicht handelt es sich da, wo es moralisch *notwendig* ist, etwas Bestimmtes zu tun. Das ist es, was der zweite und dritte Satz nicht aussprechen, sondern voraussetzen, und somit ist es der Inhalt des ersten Satzes.

(3) »Der zweite Satz ist: eine Handlung aus Pflicht hat ihren moralischen Werth nicht in der Absicht, welche dadurch erreicht werden soll, sondern in der Maxime, nach der sie beschlossen wird, hängt also nicht von der Wirklichkeit des Gegenstandes der Handlung ab, sondern blos von dem Princip des Wollens, nach welchem die Handlung unangesehen aller Gegenstände des Begehrungsvermögens geschehen ist« (399/35–400/3).[2]

Der moralische Wert einer Handlung aus Pflicht hängt nicht vom beabsichtigten Ziel oder Inhalt ab, sondern davon, dass das Ziel (egal welches) auf die rechte Art und Weise gewollt wird. Man hat Kant den Vorwurf gemacht, seine Ethik sei formalistisch und inhaltslos. Das scheint dieser Text zu belegen, wenn er verlangt, über die Gutheit oder Schlechtheit einer Handlung müsse »*unangesehen aller Gegenstände des Begehrungsvermögens*« geurteilt werden. Wie sollte ich entscheiden können, ob eine Handlung gut oder schlecht ist, ohne auf den Inhalt, um den es in ihr geht, zu betrachten? Aber Kant sagt nur, man solle die Handlung »unangesehen aller Gegenstände *des Begehrungsvermögens*« beurteilen. Dem Begehrungsvermögen erscheint der Gegenstand nicht als er selbst, sondern als Spiegel meines Bedürfnisses oder Interesses. Orientiere ich mich am Gegenstand des Begehrungsvermögens (also daran, wie der Gegenstand dem Begehrungsvermögen erscheint, statt wie er für sich selbst ist), dann werde ich *nicht dem Gegenstand gerecht*, sondern nur meinem eigenen Interesse. Sittlich wird eine Handlung nicht dadurch, dass man von allem Inhalt überhaupt absieht, sondern dadurch, dass man von einem durch mein parteiliches Interesse verzerrten Gegenstand absieht. Und genau dieses Absehen vom persönlichen Interesse meinen wir, wenn

---

[2] *Maxime* ist ein Handlungsgrundsatz, also die Gesinnung, die allgemeine Absicht, die hinter unserer Handlung steht, z. B.: »Immer, wenn ich beleidigt werde, werde ich mich rächen«; oder: »Immer, wenn ich Geld geliehen habe, werde ich es wieder zurückgeben«. Maximen können sittlich gut oder sittlich schlecht sein.

wir von *Pflicht* sprechen: Seine Pflicht tut, wer sich nicht auf seine persönlich interessierte Sicht der Inhalte, um die es in einer gegebenen Situation geht, versteift, sondern seine persönlich interessierte Sicht einem *unparteiischen* oder »*uneigennützigen*« (439/19) Urteil unterstellt. So geht es beispielsweise bei einer Schadensersatzklage nicht darum, vom *Gegenstand*, also vom Ersatz, abzusehen (denn dann hätte man gar nichts mehr, worüber prozessiert würde). Vielmehr geht es darum, dass der Geschädigte sich nicht auf eine bestimmte Summe, die ihm den maximalen Nutzen bringt, versteift (das wäre der Gegenstand *des Begehrungsvermögens*), sondern diese Summe von dem unparteiischen Gesichtspunkt der Gerechtigkeit her bestimmen lässt.[3]

> **(4)** »Den dritten Satz als Folgerung aus beiden vorigen würde ich so ausdrücken: Pflicht ist die Nothwendigkeit einer Handlung aus Achtung fürs Gesetz« (400/17ff).

Jemand, der aus Pflicht handelt, achtet nicht darauf, was dieser oder jener gerade gerne tun möchte, sondern darauf, was, unabhängig von persönlichen Vorlieben, *jedermann* in dieser Lage tun müsste. Dass es sich um ein Müssen handelt, sagte der erste Satz: Pflicht ist Handeln aus moralischer Notwendigkeit. Dass es ein Müssen für jedermann ist, sagte der zweite Satz: Moralisch notwendig ist *unparteiische* Gerechtigkeit. Das sind die beiden Kennzeichen der

---

[3] Die Unparteilichkeit richtet sich dabei nicht unterschiedslos auf jedes einzelne Wesen in der ganzen Welt (wie die Utilitaristen meinen). Denn die Welt überblicken wir nicht als Ganzes. Unparteiisch soll ich sein gegenüber der Welt, wie sie sich mir in *meinen konkreten sittlichen Verhältnissen* – in meinen Pflichten mir selbst und meinen Verantwortlichkeiten gegenüber – als perspektivisch und opak verfasstes Ganzes zeigt.
Dass die sittliche Gutheit nicht von bestimmten Inhalten, sondern von der Art und Weise des Umgangs mit Inhalten abhängt, nennt Kant das »formelle Princip der Sittlichkeit« (400/14). Es geht beim »Formalismus« der kantischen Ethik aber keineswegs um Inhaltsleere, sondern darum, nicht allein den persönlich präferierten Inhalten, sondern allen relevanten Inhalten und Gesichtspunkten gerecht werden zu wollen. Wenn er die mangelnde Güte des Willens kennzeichnen will, spricht Kant von »sinnlichen Triebfedern« (404/18), welche »materiell« (400/12) seien. Ausschlaggebender Mangel ist aber nicht die Sinnlichkeit eines Inhalts, oder die Tatsache, dass es sich überhaupt um einen Inhalt handelt, sondern darum, dass der Inhalt (ob sinnlich oder unsinnlich) nicht aus Pflicht, sondern »aus unmittelbarer Neigung« oder »eigennütziger Absicht« (397/31f) verfolgt wird. Es geht also nicht um sinnliche gegen unsinnlich Bestimmungsgründe des Handelns, sondern um *parteiische* gegen *unparteiische* oder *partikulare* gegen *universale*.

Pflicht: Sie verpflichtet notwendig und zwar zur Unparteilichkeit. Dies beides fasst Kant im Terminus *Gesetz* zusammen. Ein Gesetz gilt notwendig, d. h. unbedingt und *unabhängig vom Belieben* derer, die ihm unterstehen. Und ein Gesetz impliziert Unparteilichkeit, weil es die *Gleichrangigkeit aller seiner Adressaten* voraussetzt. Vor dem Gesetz sind alle gleich. Das ist der Sinn des Gesetzes, für nichts und niemand Partei zu nehmen, also nichts und niemand nur seiner Partikularität wegen zu bevorzugen, sondern immer *alle* auf dem Spiel stehenden Gesichtspunkte unvoreingenommen nach ihrem Rang und Gewicht zu berücksichtigen.

(5) Schließlich drückt der dritte Satz die Zusammenfassung des ersten und zweiten Satzes so aus: »Pflicht ist [...] *Achtung* fürs Gesetz«. Damit kommt über die Frage danach, was wir mit Pflicht meinen, hinaus die Frage nach ihrem *Motiv* ins Spiel. Warum handelt jemand pflichtgemäß? Er hat ja keinen Vorteil davon, da er seine parteiischen Interessen hintansetzt. Was motiviert ihn zur Pflicht, wenn es keines seiner persönlichen Interessen ist? Es kann nur das Interesse an der Pflicht selber sein. Was aber kann den Menschen an der Pflicht *interessieren*, wenn sie darin besteht, seine Interessen hintanzusetzen? Wenn es nicht mehr *mein* Vorteil oder Nachteil ist, was mich zum pflichtgemäßen Handeln bewegt, kann es nur die *Achtungswürdigkeit* der Pflicht selber sein, die uns veranlasst, das Pflichtgemäße auch da zu wollen, wo wir es nicht gerne wollen.[4]

Philosophie

(6) Kant ging in der *Grundlegung* aus von dem, was jedermann in Bezug auf Ethik weiß: Ethik hat es mit der Gutheit des menschlichen Handelns zu tun; gut zu handeln heißt, aus Pflicht zu handeln; Pflicht ist die moralische Notwendigkeit zu unparteiischer Gerechtigkeit, die jedermann bindet: »*meine Maxime solle ein allgemeines Gesetz werden*« (402/9), d. h. was ich als Pflicht erkenne, kann keine persönliche Disposition oder Neigung sein, sondern nur etwas, das jedermann in

---

[4] Vgl. Huber (2006-a): Pflichterfüllung führt zu moralischer Selbstachtung. Ist also das »Interesse« an der Pflicht doch bloß Interesse an der Selbstzufriedenheit der eigenen partikularen Person? Nein, denn wer weiß, dass er seine Pflicht letztlich bloß erfüllt hat, um Selbstvorwürfe zu vermeiden, der kann sich nicht wegen seiner Pflichttreue achten. Nur wer moralische Selbstzufriedenheit nicht zum obersten Ziel des Handelns macht, sondern die Pflicht, wird moralisch selbstzufrieden sein können.

meiner Lage ebenso bindet. Dieses Prinzip denkt sich der gemeine Mann »zwar freilich nicht so in einer allgemeinen Form abgesondert« (403/35f), aber er hat es »doch jederzeit wirklich vor Augen« und es dient ihm »zum Richtmaße« (403/36f). Durch die »allgemeine Form«, in welche das Prinzip der gewöhnlichen Moralität durch Kants Analyse gebracht worden ist, ist ein neues Reflexionsniveau, keineswegs aber eine neue Sache erreicht worden. Es handelt sich weiterhin um das, was die alltägliche Moralität schon weiß, aber es wird jetzt in *philosophischer* Erkenntnisweise durchdacht und formuliert. So ist der Übergang des ersten Abschnitts »von der gemeinen sittlichen Vernunfterkenntniß zur philosophischen« (393/2ff) vollzogen. Wenn das formulierte Prinzip aber jedermann bekannt ist, wozu bedarf es dann des philosophischen Nachdenkens?

(7) Philosophie brauchen wir jedenfalls nicht, um moralisch zu werden: das sind wir immer schon, und wer nicht schon ein »Interesse« daran nähme, nicht nur sich selbst, sondern auch anderen gerecht zu werden, der würde ein solches durch philosophische Analyse nicht in sich finden. Philosophie brauchen wir, weil wir Menschen dazu neigen,

> »wider jene strenge Gesetze der Pflicht zu vernünfteln und ihre Gültigkeit, wenigstens ihre Reinheit und Strenge in Zweifel zu ziehen und sie womöglich unsern Wünschen und Neigungen angemessener zu machen, [...] welches denn doch selbst die gemeine praktische Vernunft am Ende nicht gutheißen kann« (405/13–19).

Praktische Philosophie treiben wir also nicht um der bloßen Erkenntnis willen, sondern um unsere Sittlichkeit zu stärken. Solche Stärkung verspricht Kant sich davon, dass Philosophie durch klare Bewusstmachung und Unterscheidung (*Kritik*) der Antriebe und Orientierungen unseres Handelns sowie der Tiefe und Reichweite sittlicher Verpflichtung dieser letzteren freie Wirkungsbahn verschafft, indem sie alle Täuschungen über deren Geltung durch argumentative Aufklärung und Abwehr verkürzender und verfälschender Gesichtspunkte beseitigt. Der systematische Versuch, Verständnisverkürzungen aufzubrechen, ist ja Philosophie, welche im Unterschied zu den Wissenschaften nicht auf bestimmte Perspektiven und Inhalte begrenzt, sondern universal auf das Verstehen von allem gerichtet ist.[5]

---

[5] Vgl. Huber (2006a).

II. Zweiter Abschnitt

(8) Pflicht ist (so viel ist dem gewöhnlichen Moralbewusstsein immer schon klar) kein Erfahrungsbegriff, d. h. was Pflicht und Pflichterfüllung ist, wissen wir nicht daher, dass wir uns das faktische »Thun und Lassen der Menschen« (406/8f) etwa mittels *empirischer* Psychologie oder Soziologie ansehen, denn da gibt es viele pflichtwidrige und äußerlich pflichtgemäße Handlungen, die nicht aus pflichtgemäßer Gesinnung fließen. Der Pflichtbegriff ist ein normativer Begriff, der uns sagt, wie wir handeln *sollen*, auch wenn es faktisch (empirisch) nicht geschieht. Dennoch gewinnen wir den Pflichtbegriff aus einer Erfahrung, nämlich aus unserer Selbsterfahrung als sittliche und verantwortliche Subjekte unseres Handelns, worin wir diese *achtungswürdige Idee* der Pflicht als *Vorschrift* finden (406/20f). Nicht empirisch ist die sittliche Selbsterfahrung deswegen, weil wir die Pflicht nicht als etwas erfahren, das uns als *individuelle Besonderheit* zukäme, sondern als etwas, das uns *als Menschen* zukommt, und damit jedermann angesonnen werden muss, der unsresgleichen ist. Die im Subjekt innerlich geschehende sittliche Erfahrung der Pflicht, dass *man* – also nicht nur ich und jener, sondern jedermann – z. B. einem Verdurstenden zu trinken geben muss, auch wenn er nicht bezahlen kann, ist ebenso *objektiv allgemeingültig*, wie die ebenfalls innerlich geschehende logische Erfahrung des Subjekts, dass *man* – also wiederum nicht nur ich und jener, sondern jedermann – einen Widerspruch nicht denken kann. Objektiv allgemeingültig bedeutet, dass Pflichtgefühl nicht bloß *faktisch* sich in allen Subjekten findet, sondern dass wir es als etwas erfahren, das sich in allen finden *muss*, weil es geradezu das Menschsein des Menschen ausmacht, ein Sensorium über persönliche Interessen hinaus für Pflicht zu haben.

(9) Das grundlegende Gesetz oder Prinzip der Sittlichkeit muss »Gesetzmäßigkeit überhaupt« (402/10), »die Allgemeinheit eines Gesetzes überhaupt« (421/2f) aufweisen, denn genau das meinen wir, wenn wir von Pflicht sprechen: Einen *Imperativ*, der eine Handlung oder Unterlassung ausnahmslos für jedermann verbindlich macht. Das drückt der kategorische Imperativ aus: Was Pflicht ist, tritt als *allgemeinverbindlicher Imperativ* auf.

Ein Imperativ ist

a) **seiner Form nach**
   - hypothetisch, d. h. von Bedingungen abhängig („Wenn Du A willst, dann tue B."), oder
   - kategorisch, d. h. ohne Bedingung fordernd („Tue B, ob Du willst oder nicht.");

b) **seinem Inhalt nach**
   - pragmatisch (alles, was die Wohlfahrt des Menschen betrifft und was daher zu tun klug ist),
   - technisch (was durch Kunstfertigkeit und Geschick realisierbar ist, ob klug und gut oder nicht), oder
   - moralisch (alles, was sittlich geboten ist);

c) **seiner Modalität oder Verpflichtungsstärke nach**
   - assertorisch (Ratschläge der Klugheit, die unsere leibliche, seelische und geistige Integrität sichern),
   - problematisch (Regeln der Geschicklichkeit, deren Klugheit und Sittlichkeit problematisch ist), oder
   - apodiktisch (Gesetze der Sittlichkeit, die etwas zu tun unbedingt gebieten).

Abbildung 1. Struktur eines Imperativs, wie Kant sie darlegt (414/12–417/2)

Ein Imperativ der kategorischen Form wäre z. B. der Befehl »Schalte den Fernseher ein!«. Dieser Imperativ hat unter normalen Umständen keinen sittlich relevanten Inhalt. Ein Imperativ der hypothetischen Form wäre z. B. »Wenn Du Dir selbst noch in die Augen schauen können willst, dann vernachlässige Deine Kinder nicht so sehr!«. Dieser Imperativ hat einen sittlich sehr bedeutsamen Inhalt. Es ist also nicht so, wie Kants Rede vom »kategorischen Imperativ« unterstellt, als sei ein »kategorischer« Imperativ identisch mit einem sittlich bedeutsamen Imperativ. Was Kant mit dem »kategorischen Imperativ« meint, ist ein Imperativ von moralischem Inhalt und apodiktischer Verpflichtendheit (Modalität). Ob dieser Imperativ zudem noch in kategorischer Form formuliert wird, ist demgegenüber belanglos.

Universalisierungsformel und Naturgesetzformel

(10) »handle nur nach derjenigen Maxime, durch die du zugleich wollen kannst, daß sie ein allgemeines Gesetz werde« (421/7f); »handle so, als ob die Maxime deiner Handlung durch deinen Willen zum allgemeinen Naturgesetze werden sollte« (421/18ff).[6] Die beiden ersten Formulierungen des kategorischen Imperativs drücken die Allgemeinverbindlichkeit der Pflicht aus, wobei die zweite Formel deutlich macht, dass diese Allgemeinheit nicht im Sinne einer *Generalisierung* (Regel mit Ausnahmen), sondern als *Universalität* (ausnahmslos verpflichtend, ähnlich wie ein Naturgesetz ausnahmslos gilt) zu verstehen ist. Missverständlich ist Kants Formulierung »handle *nur*« nach allgemeinverpflichtenden Maximen. Das klingt so, als dürfe man in *allen Belangen überhaupt* nur dasjenige tun, was ohne Schaden für Mensch und Welt jedermann tun kann. Das aber führt zu absurden Konsequenzen: Wenn einer Bäcker werden will, dann wäre dies gemäß der Universalisierung unsittlich, weil wenn *jedermann* nur noch Bäcker ist, die menschliche Gemeinschaft sich selber aufhebt. Der kategorische Imperativ »handle *nur*« gilt lediglich in Bezug auf Inhalte der *Pflicht*, also in Bezug auf *Inhalte, die für jeden Einzelnen Menschen unverzichtbar sind, weil ohne sie kein humanes Leben möglich wäre*. Kants Universalisierungsprüfung beweist aber diese Pflichtinhalte nicht, sondern setzt sie voraus. So ist, wenn alle stehlen, das Privateigentum aufgehoben. Es bleibt dabei aber völlig offen, ob Privateigentum überhaupt sein soll oder nicht.[7] Daraus, dass eine universell begangene Handlung einen bestimmten Zweck (wie Privateigentum) unmöglich macht, folgt nicht, dass dieser Zweck tatsächlich sein *solle*. Die Universalisierungsprüfung prüft die Pflicht zur Beförderung von Zwecken, bezüglich derer *schon anderswoher feststeht, dass sie sein sollen*. Der Universalisierungstest kann nur feststellen, ob bestimmte Handlungen bzw. Maximen einem als gültig behaupteten Zweck zuträglich oder abträglich sind, nicht die Geltung des Zwecks selber.

---

[6] Nach der »Kritik der praktischen Vernunft« (§ 7 in Kant V, 30f; Erstausgabe 1787, 54ff) ist dies das *Grundgesetz* der reinen Vernunft als gegensatzloser Ausdruck ihres heiligen Willens, während dieses Gesetz einer »sinnlich-affizierten« (d. h. zur Parteilichkeit versuchten) Vernunft als *Sittengesetz* in Imperativform gegenübertritt. Vgl. Wolff 2009, S. 524–527.
[7] Vgl. Hegel, Rechtsphilosophie, § 135 Anmerkung.

(11) Kants Universalisierungsprüfung fragt, was geschieht, wenn etwas Bestimmtes *von allen* getan (bzw. nicht getan) wird. Ist die allgemeine Praxis für Mensch und Welt ruinös, dann ist die betreffende Maxime unsittlich. Man wird aber in solchen Fällen immer sagen können: Tatsächlich tun es nicht alle. Wenn alle morden, betrügen und ehebrechen, geht die Menschenwelt zugrunde. Aber tatsächlich tun es nie alle, und so fällt es für Bestand und Funktion der Menschenwelt nicht ins Gewicht, wenn ich es tue. Aufgrund der immer bestehenden Ausnahmen wird die Universalisierungsprüfung untauglich, wenn sie eine Maxime im Licht der Vorstellung prüft, was geschieht, wenn *alle* nach ihr handeln. Fassen wir aber die Universalisierung *negativ*, und fragen was geschieht, wenn *auch nur einer* es tut (bzw. nicht tut)? Dann bekommt die Sache Sinn. Wenn ich gegenüber jedermann damit rechnen muss, dass er möglicherweise Bäcker wird, dann liegt darin keine Bedrohung für Mensch und Welt, denn sicher werden es nicht alle werden wollen. Wenn ich aber damit rechnen muss, dass *auch nur einer* möglicherweise betrügt, dann liegt darin eine Bedrohung, weil man *niemandem* mehr vertrauen kann. Damit können wir allgemein und inhaltlich angeben, was unter Pflicht zu verstehen ist:

a) *Formal* gesprochen ist Pflicht dasjenige, was dann, wenn es nicht *jeder einzelne* (sondern nur der Durchschnitt) aufbringt, ein *unverzichtbares Gut* in Bestand und Funktion bedroht. Wir wissen noch nicht, welches ein solches Gut sein könnte und ob es überhaupt eines gibt. Insofern ist diese Definition der Pflicht formal. Worin dieses unverzichtbare Gut besteht, wird Kant erst in der dritten Formulierung des kategorischen Imperativs (Selbstzweckformel) aussprechen. In den Pflichtbeispielen, die er bei der Universalisierungs- und Naturgesetzformel gibt (421/24–423/35), nimmt er aber dieses Gut stillschweigend schon als Pflichtinhalt in Anspruch, indem er zeigt, dass bestimmte Handlungen wie Selbstmord, Betrug, Genussleben, Unbarmherzigkeit, falls man sie universalisiert, Zwecke wie Leben, Glaubwürdigkeit, Talentkultur, Hilfsbereitschaft aufheben. Im Blick auf diese Beispiele, lässt sich Pflicht daher inhaltlich schon jetzt folgendermaßen bestimmen (die Selbstzweckformel wird es bestätigen):

b) *Inhaltlich* gesehen ist Pflicht dasjenige, was dann, wenn es nicht *jeder einzelne* (sondern nur der Durchschnitt) aufbringt, *das menschliche Leben des Einzelnen und/oder der Gemeinschaft in Bestand und Funktion bedroht*. Genau das versteht die alltägliche sittliche Praxis unter Pflicht. Deswegen kann Pflicht inhaltlich (material) nur etwas sein, was für jeden Einzelnen von tragender Bedeutung ist (428/34–429/3), nicht das, was im Belieben individueller Neigungen steht. Maximen, die dem kategorischen Imperativ entsprechen, können nur Inhalte betreffen, an denen jedermann gelegen sein muss, weil sie für Mensch und Welt unverzichtbar sind. Diesen inhaltlichen Sinn des kategorischen Imperativs setzt Kant, auch wo er es nicht ausdrücklich ausspricht, voraus, denn sein Ausgangspunkt ist das alltägliche Verständnis von Sittlichkeit.

(12) Hinsichtlich der tragenden Inhalte, die von unaufgebbarer Bedeutung für menschliches Leben sind, muss man unterscheiden, ob sie Bestand und Funktion nur der *Gemeinschaft* oder auch *jedes Einzelnen* betreffen. Den Selbstmord, beispielsweise, zu unterlassen kann ja nur dann für jeden Einzelnen (und d. h. universale) Pflicht sein, wenn es auf das Leben jedes Einzelnen ankommt. Kommt es dagegen nur darauf an, dass es Menschen überhaupt gibt, dann bestünde nur eine generelle Pflicht, dass die Menschheit ihren Bestand, aber nicht hinsichtlich jedes Individuums, sichern müsse. Strikt universale Pflichten können daher nur Inhalte betreffen, die mit der *persönlichen Integrität eines jeden einzelnen Menschen* zu tun haben.

(13) Kant unterscheidet eine mögliche zweifache Bedrohung des menschlichen Lebens, nämlich von der »Natur« oder vom »Wollen« her (424/3–14). Mit der »Natur« meint Kant die nicht spezifisch menschlichen Grundlagen des menschlichen Daseins, wie z. B. den Drang des Lebens, sich nicht selbst zu zerstören (422/8–14), oder die animalische Behaglichkeit, in welcher der Mensch sehr wohl, jedoch nicht als »als ein vernünftiges Wesen« leben kann (423/7–16). Mit dem »Wollen« meint Kant den spezifischen Daseinsvollzug des Vernunftwesens: Während der Selbstmörder (421/24–422/14) sogar die Naturstruktur des Lebens aufhebt, beeinträchtigen der Müßiggänger (422/37–423/16), der Betrüger (422/15–36) und der Unbarmherzige (423/17–35) diese nicht, wohl aber die kulturelle, gesellschaftliche und mitmenschliche Dimension der Humanität.

(14) In der Universalisierungsformel wie in der Naturgesetzformel ist zwar noch keine Rede von der Menschenwürde als dem unbedingten inhaltlichen Zweck. Dennoch ist in der Fähigkeit und Bereitschaft des Menschen, sich ganz formal – also unabhängig davon, um welchen Inhalt es dabei geht – von einem allgemeinverbindlichen *Gesetz* (egal welchen Inhalts) verpflichten zu lassen, die formale Ebene schon verlassen: Die Gesetzesform anzuerkennen bedeutet, alle Adressaten dieses Gesetzes als *gleichrangig* anzuerkennen, weil ein Gesetz ja für *alle* in *gleicher* Weise verpflichtend ist. So schließt die bloße Gesetzes*form* von sich her *inhaltlich* die Anerkennung der Gleichrangigkeit oder die *Achtung vor der gleichen Würde* (434/29) aller Adressaten ein.[8] Adressaten eines verpflichtenden Gesetzes können nur Menschen sein, weil nur sie Bewusstsein haben (401/11f). Die gleiche Würde aller Menschen (Vernunftwesen) ist somit der materiale Inhalt, den zu achten schon die universale Form des Imperativs impliziert.

Zweck-an-sich-Formel

(15) »Handle so, daß du die Menschheit sowohl in deiner Person, als in der Person eines jeden andern jederzeit zugleich als Zweck, niemals bloß als Mittel brauchst« (429/10ff). Im direkten Umkreis der Universalisierungsformel und der Naturgesetzformel macht Kant nicht explizit, dass das Menschsein Inhalt der Pflicht ist, wohl aber dort, wo er den Übergang von diesen beiden ersten Formeln zur sogenannten Zweck-an-sich-Formel – vollzieht:

> »der Mensch und überhaupt jedes vernünftige Wesen existirt als Zweck an sich selbst, nicht bloß als Mittel zum beliebigen Gebrauche für diesen oder jenen Willen, sondern muß in allen seinen sowohl auf sich selbst, als auch auf andere vernünftige Wesen gerichteten Handlungen jederzeit zugleich als Zweck betrachtet werden« (428/7–11).

Der Mensch ist sein eigener Zweck, den er sich aber nicht beliebig selber wählt, sondern in den eingesetzt er sich vorfindet. Es steht dem Menschen nicht frei, sein Menschsein – d. h. sein Dasein in leiblich, seelisch, geistiger Integrität als vernünftiges, freies und verantwortliches Wesen – zugunsten bequemerer oder profitablerer Interessen zu vernachlässigen: Denn der Mensch existiert »nicht als Zweck des Menschen (subjektiv), [...] sondern als objectiver Zweck, der, wir mögen Zwecke haben, welche wir wollen, als Gesetz die oberste einschränkende Bedingung aller subjectiven Zwecke ausmachen soll« (431/4–8). Der Mensch ist sich selbst als vernünftiges, freies und

---

[8] Huber 1996, S. 148f; S. 152f.

verantwortliches Wesen vorgegeben. Dies ist das *Gesetz*, dem sein Dasein unterworfen ist, und das er in eigener Lebenstat realisieren soll, ohne den dadurch abgesteckten Rahmen der Humanität zu verlassen. Alles Handeln, jeder Zweck ist nur insoweit legitim verfolgbar als dadurch das Menschsein nicht in irgendeinem menschlichen Individuum beeinträchtigt wird.

(16) Vernünftigkeit, Freiheit und Verantwortlichkeit, gelebt in leiblich, seelisch, geistiger Daseinsweise bilden die Elemente des Menschseins. Achtung vor der Würde des Menschen bedeutet daher konkret die Sorge für die Wohlfahrt dieser Dimensionen. Sie bilden die materialen Felder der sittlichen Pflichten. Aus den Bedingungen, die zur Integrität der leiblich-seelisch-geistigen Wirklichkeit einer vernünftigen, freien und verantwortlichen Existenz gegeben sein und kultiviert werden müssen, ergeben sich die bestimmten inhaltlichen Pflichten: Das Menschsein ist »als Zweck an sich selbst ein Grund bestimmter Gesetze« (428/4f). Welche Pflichten das im Einzelnen sind, hat Kant weder in der »Grundlegung zur Metaphysik der Sitten« (1785) noch in der »Kritik der praktischen Vernunft« (1788), wohl aber in der »Metaphysik der Sitten« (1797) dargelegt. Setzt ein Mensch sich Zwecke, welche die genannten Elemente des Menschseins zu Mitteln der Unvernunft, Unfreiheit und Verantwortungslosigkeit, sowie der seelisch, leiblich, geistigen Desintegration machen, entwürdigt er sich selbst. So wenn Vernunft dazu eingesetzt wird, unwürdige Ziele zu realisieren, Selbstbestimmung dazu, sich in die Hörigkeit von Personen oder Ideologien zu begeben, oder ein verantwortliches Amt dazu missbraucht wird, sich ungerechte Vorteile zu verschaffen; oder wenn um eines profitsüchtigen oder machtbesessenen Lebens willen die Desintegration der seelisch-leiblich-geistigen Integrität betrieben wird.

(17) Nicht nur der Mensch, jedes Wesen von eigener Wirklichkeit ist Zweck seiner selbst. Auch die Antilope existiert nicht, damit Löwen etwas zu fressen haben, sondern damit sie selber sein kann. Worin besteht die spezifische Würde – die *Personalität* – des Menschen? Die negative Kennzeichnung seines Selbstzweckcharakters, dass er für *keinen* Zweck bloß Mittel ist, teilt der Mensch mit allen Wesen. Während aber der Löwe nur den Zweck des Löweseins versteht[9] und zum Inhalt seines Daseinsvollzugs macht, nicht jedoch

---

[9] Indem der Löwe spezifisch als Löwe statt als etwas anderes lebt, äußert sich, dass er versteht, was es heißt, ein Löwe zu sein.

den Zweck des Granitseins oder Krokodilseins, ist der Mensch zum Verstehen und Achten potentiell aller (Daseins-)Zwecke aller Wesen in der Welt fähig. Der Mensch erlebt sich nicht nur als einen bestimmten Selbstzweck, sondern als das Wesen, das potentiell alle Zwecke in ihrer eigenen Wirklichkeit (theoretisch) wahrnehmen und (praktisch) achten kann. Eben darin liegt das Kennzeichnende des Vernunftwesens: Es ist »Subject aller Zwecke« (431/13): Das Tier ist nur das Subjekt seiner eigenen Zwecke, der Mensch jedoch ist – theoretisch und praktisch – Subjekt als der *Raum oder das Reich* »*aller möglichen Zwecke*« (437/31).[10]

(18) Welches sind diese Zwecke, die den der Vernunft eröffneten Raum erfüllen? Es sind sämtliche möglichen Zwecke in der Welt, also

a) alle Zwecke, als welche die *Vernunftwesen* selbst und alle *anderen Wesen* in ihrem je spezifischen Dasein *existieren* (der Zweck des Granits, Granit zu sein, des Menschen, Mensch zu sein), sowie
b) alle Zwecke, welche Vernunftwesen, die einen Willen haben[11], *sich frei setzen* können (433/21, 24). Die Präsenz aller Subjekte und Zwecke ist selbstverständlich in keinem Individuum eine vollständige und abgeschlossene, sondern ein prinzipielles Offensein, das über jede denkbare Erfülltheit an bestimmten Inhalten immer schon hinausgreift.

Der Mensch ist dadurch theoretisches (erkennendes) Vernunftwesen, dass er nicht nur seine eigenen Daseinszwecke, sondern auch die aller anderen Wesen zu *verstehen* vermag, und er ist praktisches (sittliches) Vernunftwesen, wenn er seine eigenen Zwecke so verfolgt, dass er dabei die der anderen Wesen *achtet*, indem er auch anderen Raum und Ressourcen zum Verfolg ihrer Zwecke wahrt. Kant spricht allerdings nur von der Achtung vor Vernunftwesen; darüber später (§§ 24ff).

---

[10] Dieser Raum ist jedem Menschen von seinem Gattungscharakter her prinzipiell eröffnet, wenn er auch nicht in allen Individuen aktuell realisiert ist: Durch die Zeugung (die Verschmelzung von Ei und Samenzelle) ist die *Person* gegeben (Kant VI, S. 280f in: Die Metaphysik der Sitten, Rechtslehre, Erster Teil, Zweites Hauptstück, Dritter Abschnitt, Das Elternrecht, § 28).

[11] Henrich 1975, S. 91–94.

Autonomie

(19) »Es liegt nämlich der Grund aller praktischen Gesetzgebung objectiv in der Regel und der Form der Allgemeinheit, die sie ein Gesetz (allenfalls Naturgesetz) zu sein fähig macht (nach dem ersten Princip), subjectiv aber im Zwecke; das Subject aller Zwecke aber ist jedes vernünftige Wesen, als Zweck an sich selbst (nach dem zweiten Prinzip): Hieraus folgt nun das dritte praktische Princip des Willens, als oberste Bedingung der Zusammenstimmung desselben mit der allgemeinen praktischen Vernunft, die Idee des Willens jedes vernünftigen Wesens als eines allgemein gesetzgebenden Willens. [...] Der Wille wird also nicht lediglich dem Gesetze unterworfen, sondern so unterworfen, daß er auch als selbstgesetzgebend und eben um deswillen allererst dem Gesetze (davon er selbst sich als Urheber betrachten kann) unterworfen angesehen werden muß« (431/9–18).

a) Das *erste* Prinzip ist die Gesetzhaftigkeit oder strikte Allgemeingültigkeit der sittlichen *Regel*. Dieses Prinzip fand in der Universalisierungs- und Naturgesetzformel seinen Ausdruck. Wegen der strikten Allgemeingültigkeit ist das Prinzip *objektiv*, d. h. dem Belieben der Subjekte entzogen.

b) Das *zweite* Prinzip ist die inhaltliche Füllung des Gesetzes, d. h. die Angabe desjenigen allgemeinverbindlichen Zwecks, dem es dient. Dieser Zweck wurde in der Selbstzweckformel angegeben: alle Zwecke bzw. das Subjekt aller Zwecke, der *Mensch als Vernunftwesen*.

c) Das *dritte* Prinzip nun ist, dass das allgemeingültige Gesetz *von den Subjekten selber auch gewollt*, d. h. als vom Subjekt bejahter Zweck verfolgt werden muss. Ein Subjekt will allgemeingültig, wenn es so will, dass *alle* einstimmen können, weil sie ihr eigenes Daseinsrecht durch das Wollen jenes Willens nicht aufgehoben, sondern geachtet wissen. Indem das Subjekt die Achtung vor den Anderen (die Allgemeingültigkeit) *selber* als verpflichtend will, ist es selber Setzer oder Urheber der Pflicht. Jedoch nicht so, als würde die Pflicht erst durch sein Wollen Geltung erlangen. Das Gesetz gilt unabhängig vom Wollen des Menschen, er ist und bleibt ihm »unterworfen«. Aber das Gesetz fordert die freie Zustimmung des Menschen, und insofern er diese gibt, ist er »*auch* [...] selbstgesetzgebend« und »*kann*« er sich als Urheber oder Setzer des Gesetzes ansehen. Autonomie im Sinne Kants ist nicht absolute Selbstbestimmung, sondern »Auch«-Selbstbestimmung. Das Gesetz der Pflicht ist nicht beliebige Setzung des Menschen, sondern es ist unabhängig von ihm gesetzt, er *kann* sie aber in sein eigenes Setzen übernehmen. An sich ist der Mensch dem Gesetze immer unterworfen. Aber erst, wenn er es in seinen eigenen Willen übernimmt, ist er ihm als er selbst (nicht äußerlich) unterworfen. Deswegen ist der Wille erst durch die Selbstbestimmung zur Pflicht dieser *als Wille* unterworfen.

(20) In der Freiheit zur allgemeinverbindlichen Gesetzmäßigkeit, und damit zur Achtung aller, besteht die *Würde* des Menschen: »*Würde eines vernünftigen Wesens, das keinem Gesetze gehorcht als dem, das es zugleich selbst giebt*« (434/29f). Vernunft allein ermöglicht die Achtung vor dem anderen, weil sie über die Partikularität der tierischen, dem anderen gegenüber blinden, Zentralität hinausführt. Deswegen ist sie unersetzlich, ohne Äquivalent in der Welt, und so kommt dem Vernunftwesen inkommensurable Würde zu (434/32ff).[12]

(21) Autonom ist der Mensch, wenn er in seinem Denken und Handeln nicht nur seine eigene Freiheit und Selbstbestimmung achtet, sondern auch die der anderen. Freiheit ist Selbstbestimmung, Autonomie ist Selbstbestimmung unter der Idee der Achtung vor der Gleichrangigkeit der Selbstbestimmung aller: »denn Unabhängigkeit von den bestimmenden Ursachen der Sinnenwelt (dergleichen die Vernunft jederzeit sich selbst beilegen muß) ist Freiheit. Mit der Idee der Freiheit ist nun der Begriff der Autonomie unzertrennlich

---

[12] In der *Grundlegung zur Metaphysik der Sitten* hat es den Anschein, als könne Selbstbestimmung überhaupt nur eine solche zum Guten sein: »also ist ein freier Wille und ein Wille unter sittlichen Gesetzen einerlei« (447/6f). In der Religionsschrift dagegen geht Kant davon aus, dass Freiheit und Selbstbestimmung nicht eo ipso mit dem guten Willen zusammenfallen, sondern dass auch der Ursprung des menschlichen Hanges zum Bösen »doch in einer freien Willkür gesucht werden muß«(Kant VI, 37 (Die Religion innerhalb der Grenzen der bloßen Vernunft, Erstes Stück, III). – Vgl. Schulte 1988 S. 13–154, besonders S. 50–56). Aber auch in der »Grundlegung« ist die Identifikation von Freiheit und gutem Willen nicht ganz so eindeutig, wie das angeführte Zitat vermuten lassen könnte. Zum sinnlich affizierten Willen komme, so sagt Kant, die Idee »ebendesselben« Willens als vernunftbestimmten hinzu (454/12ff). Es ist *derselbe* Wille, der sich einmal zur Heteronomie der Sinnlichkeit bestimmt, das andere Mal zur sittlichen Vernunft. Ähnlich ist es, wenn Kant an anderer Stelle in der *Grundlegung zur Metaphysik der Sitten* ausdrücklich sagt, dass der Mensch die *Nachsicht*, die er gegen die Sinnenwelt tragen möchte, *seinem Willen* zuschreibt. Hier liegt der Entscheid zur Heteronomie, zum Bösen, im freien Willen selbst, und so ist letzterer nicht eo ipso ein Wille »unter sittlichen Gesetzen« (457/36–458/5).

verbunden, mit diesem aber das allgemeine Princip der Sittlichkeit«
(452/33–37). Das Prinzip der Sittlichkeit ist »allgemein«, weil es
besagt, »daß ich meine Maxime [...] auf die Bedingung ihrer Allgemeingültigkeit als eines Gesetzes für jedes Subject einschränken
soll« (438/1ff): Autonomie ist nicht beliebige Selbstbestimmung
des isolierten Einzelnen, sondern des Einzelnen als Mitglieds einer
Gemeinschaft vieler Einzelner von gleicher Würde. Daraus aber,
dass ich meine eigene Freiheit will, kann nicht abgeleitet werden,
dass ich auch die Freiheit der anderen wollen soll. Zwar ist im
sittlichen Bewusstsein die Freiheit des Einzelnen mit der Freiheit
aller unzertrennlich verbunden: »Sumus enim a natura sociabiles
et quod improbamus in aliis in nobis probare sincera mente non
possumus«[13]. Aber diese Verbindung ist nicht analytisch: Aus der
Selbstachtung folgt nicht automatisch die Achtung anderer, denn das
Selbst schließt das Andere, als das Nicht-Selbst, aus. Da die Pflicht zur
Achtung anderer aus unserem Selbstinteresse nicht ableitbar ist, wirkt
Autonomie auf uns als »*moralische Nöthigung*« (439/31).[14]

Reich der Zwecke

(22) »Das vernünftige Wesen muß sich jederzeit als gesetzgebend
in einem durch Freiheit des Willens möglichen Reiche der Zwecke
betrachten, es mag nun sein als Glied, oder als Oberhaupt« (434/1ff).
»Ich verstehe aber unter einem Reiche die systematische Verbindung
verschiedener vernünftiger Wesen durch gemeinschaftliche Gesetze«
(433/17f). Die Autonomie eines jeden einzelnen Willens, als Pflicht
zur Vereinbarkeit mit allen anderen Willen, verpflichtet jeden zur Verbindung mit allen anderen Willen durch allgemeingültige Gesetze,
die den Rahmen bilden, innerhalb dessen jeder Wille seine subjektiven Zwecke verfolgen kann, ohne doch dabei irgendeiner anderen

---

[13] Kant XX, 156 (»Wir sind nämlich von Natur, gesellig und was wir bei anderen missbilligen, können wir bei uns selbst nicht ernsthaft billigen«).

[14] Auch wenn wir in der Erkenntnis wie in der Verantwortung in der Lage sind, uns auf das Andere hin zu übersteigen, so bleibt dieser Überstieg immer vermittelt durch die eigene Zentralität. Wir wissen das Andere und seine Achtungswürdigkeit als von uns gewusst, und darin bringt das Andere seine eigene Achtungswürdigkeit zur Geltung. Theoretische wie praktische Vernunft bleiben je ein »Paradoxon« (439/4): In Erkenntnis und Achtung wird das Ich zum Raum des Anderen und das Andere zur Sache des Ich, ohne dass doch beide dadurch ihre Verschiedenheit verlören.

Subjektivität Raum und Ressourcen zu nehmen und sie so zum Verschwinden zu bringen. Kants Überlegungen nahmen ihren Ausgang von der *gemeinen sittlichen Vernunfterkenntnis*, also von dem gewöhnlichen Sich-verpflichtet-wissen. Pflicht ist formal Allgemeinverbindlichkeit, inhaltlich die Bewahrung des Menschseins in jedem einzelnen Menschen bzw. Vernunftwesen. Somit besteht die sittliche Pflicht in der *Achtung* eines jeden *Menschen* bzw. *Vernunftwesens* und in der Errichtung bzw. Bewahrung eines Raumes *gemeinsamer* Existenz *aller Menschen* bzw. *Vernunftwesen*.

(23) Hier scheint es mir nun erforderlich, eine Konsequenz zu entwickeln, die Kant selber so nicht zieht, und die darauf hinausläuft, dass nicht nur Menschen (Vernunftwesen) und ihre Zwecke, sondern *alle eigenwirklichen Wesen*[15], die sich in der Welt finden (wie Mineralien, Pflanzen, Bäume, Tiere), Anspruch auf Achtung haben, mithin Gegenstand eines kategorischen Imperativs und sittlicher Pflichten sind. Nicht nur der Mensch, auch die außermenschlichen Naturwesen sind nämlich *Selbstzwecke*, d. h. Wesen, denen es um ihr Selbstsein geht.[16] Der Zweck ist für Kant zwar kein konstitutiver, sondern nur ein *regulativer* Begriff. Das besagt jedoch gerade *nicht*, dass der Zweck in die Natur lediglich von uns hineinprojiziert[17] würde. Natur *zeigt* sich vielmehr als zweckgerichtet, weil sich ein Naturwesen nur verstehen lässt, wenn wir es nach der Regel untersuchen, dass alles in ihm zweckmäßig angeordnet sei.[18]

---

[15] Vgl. Huber 2006, §§ 39–46 und 52–60.
[16] »In Wahrheit gilt, daß wir *alles*, was den Charakter des Selbstseins hat, also teleologisch verfasst ist, nicht nur als Mittel, sondern immer auch als Zweck gebrauchen müssen« (Spaemann/Löw 1981, 296). Dazu auch Huber 1996, S. 94–99.
[17] Vgl. Breitenbach 2009, S. 383.
[18] Kant V, 376 (Kritik der Urteilskraft, § 66). Goethe war der Auffassung, Kant teile mit ihm »die Ansicht, daß jedes Geschöpf um seiner selbst willen existiert, und nicht etwa der Korkbaum gewachsen ist, damit wir unsere Flaschen pfropfen können: dieses hatte Kant mit mir gemein, und ich freute mich, ihm hierin zu begegnen« (zu Eckermann, Mittwoch, 11. April 1827, Tempel-Klassiker, 255).
Von einem regulativen Prinzip gilt, dass es nicht sagt, »was das Object sei, sondern wie der empirische Regressus anzustellen sei, um zu dem vollständigen Begriffe des Objects zu gelangen«. In Bezug auf den Naturzweck können wir nicht sagen, »was das Object sei«, weil wir nicht sagen können, wie die Natur es anstellt, eine zweckmäßige Organisation zustande kommen zu lassen, ohne doch über ein greifbares Äquivalent für ein intentionales Bewusstseins zu verfügen, welches das einzige Medium ist, von dem wir wissen, dass und wie es Zweckkausalität zustande bringt.

(24) Die Achtung vor dem Selbstsein des Menschen schließt die Achtung vor den außermenschlichen Naturwesen ein. Die Achtung hat ihren Grund nämlich in der Würde des Menschen, und diese besteht darin, dass er als Vernunftwesen Raum *aller* Zwecke ist, – eben auch der außermenschlichen (§ 18). Raum der Zwecke ist er aber nur in dem Maße, als er sie *in ihrer je eigenen Selbstzwecklichkeit unbeschädigt* bewahrt. Den Menschen als Vernunftwesen zu achten, ist gleichbedeutend damit, alle Dinge in ihrem Selbstsein zu wahren, denn wenn das Selbstsein der Dinge zerstört würde, wäre die Vernunft leer. Immer wenn der Mensch etwas vom Reichtum der Wesen in der Welt zum Verschwinden bringt, verletzt er die Achtung gegen sich selbst als dasjenige Wesen, das sich in Betrachtung und Achtung dieses Reichtums als theoretische und praktische Vernunft verwirklicht. Wenn Menschen Tiere und Pflanzen ausrotten, berauben sie die Menschheit (in späteren Individuen) der Möglichkeit, die Wirklichkeit dieser Tiere und Pflanzen (statt bloß ihre erinnernde Repräsentation) verstehend zu *vernehmen* und sie in ihre selbstbestimmte weitere Weltgestaltung zu integrieren. *Je mehr wir um das Selbstsein auch der außermenschlichen Wesen bemüht sind, desto mehr werden wir unserer Verantwortung dem Vernunftwesen gegenüber gerecht, das sich nur im Reichtum dieser Wesen selbst realisieren kann.* Und umgekehrt: *Je mehr wir um den Menschen als Vernunftwesen bemüht sind, desto mehr werden wir unserer Verantwortung auch den außermenschlichen Wesen gegenüber gerecht, die nur in ihrem unversehrten Selbstsein dem Vernunftwesen Erfüllung geben können.* Anthropozentrische und kosmozentrische Ethik fallen so, genau besehen, in eins. Folglich muss man den kategorischen Imperativ über den Menschen hinaus ausweiten, um seinem impliziten Gehalt gerecht zu werden: Handle stets so, dass du weder deine noch die Würde *irgendeines* anderen *selbstzwecklichen* Wesens in der Welt verletzest, indem du es nur als Mittel ohne Rücksicht auf seinen eigenen Daseinszweck behandelst.[19]

---

[19] In der *Metaphysik der Sitten* hat Kant »die Pflicht der Enthaltung von gewaltsamer und zugleich grausamer Behandlung der Thiere« als Verstoß gegen die »Pflicht des Menschen gegen sich selbst« dargestellt, nicht als Verstoß gegen eine Pflicht den Tieren selbst gegenüber: Wir dürfen Tiere nicht quälen, weil wir dadurch selber verrohen und somit unsere Anlage zur Moralität schwächen würden. Der Grund, warum der Tierquäler verroht, liegt aber darin, dass er den Schmerz der Tiere missachtet. Die eigene Wirklichkeit des Tieres ist es, deren Achtung bzw. Missachtung sich in unserer Moralität auswirkt. Kants *anthropozentrisches* Argument lebt von einer *biozentrischen* Voraussetzung.

III. Dritter Abschnitt

Sittlichkeit ist möglich, wenn Freiheit möglich ist

(25) Das *Bedingte* ist bedingt durch die *Parteilichkeit* für bestimmte *partikulare* Gesichtspunkte. Das *Unbedingte* ist frei von dieser Parteilichkeit und hat *unparteiisch* das *Ganze* der Gesichtspunkte im Auge. Unbedingtes und Allgemeinverbindliches kann es in der Welt empirischer und motivationaler Bedingtheiten dann geben, wenn die handelnden Subjekte von den Bedingtheiten auch frei und damit für Unbedingtes offen sind. Wo solche Freiheit ist, da ist Raum für den Willen, seine Pflicht zu tun, auch unabhängig von der partikularen Bedingung, dass er sie gern tue. Freiheit ist so der »Schlüssel zur Erklärung der Autonomie des Willens« (446/6). Sofern der Wille frei ist vom partikularen Gegebenen (negative Freiheit), zwingt ihn nichts zur Parteilichkeit, und so kann er sich zur Unparteilichkeit (Allgemeingültigkeit) bestimmen. Dies ist dann Freiheit als positives Vermögen: *Selbstbestimmung* zur Sittlichkeit (447/17–25; 458/6–16). Freiheit ist die Freiheit *aller*.

(26) Freiheit ist *Selbst*bestimmung. Pflicht verbindet zur Achtung auch der *anderen*. Wie kann Sittlichkeit, statt sich nur auf meine eigene Selbstbestimmung zu richten, allgemeinverbindlich (also eine *Synthesis* von Selbst und anderem) sein? Allgemeinverbindlichkeit und Freiheit von Partikularität ist das Charakteristikum der *Vernunft*: Schon theoretische Vernunft *vernimmt* nicht nur empirisch gegebenes Partikulares (wie »2 und 2 = 5« auf dem einen und »2 und 2 = 4« auf dem anderen Schulaufgabenblatt), sondern sie bewertet dies Gegebene unter dem Gesichtspunkt der allgemeinverbindlichen Wahrheit (der Lehrer lässt das Falsche nicht durchgehen, auch wenn es die persönliche Vorliebe von Fritz ist).[20] Weil Vernunft in allen gleich ist, muss *jeder* Wille, sofern er vernunftbestimmt ist, ein von Partikularität freier Wille sein (448/9–22). Selbstbestimmung der Freiheit ist so immer Selbstbestimmung im Namen aller.

Pflicht affirmiert sich als unbedingt *gültig*; sittliche Unbedingtheit ist nicht illusionär, denn Freiheit von empirischer Bedingtheit ist *möglich*, weil Menschen *nicht nur empirische Wesen* sind.

(27) Der Mensch erlebt Pflicht, sein Wille ist aber nicht *rein* frei, sondern immer auch abhängig von der Bedingtheit durch partei-

---

[20] Vgl. Henrich 1975, S. 64f. und S. 70–74.

ische Interessen. So ist er in Bezug auf die Pflicht frei und unterworfen zugleich: Einerseits stimmt er *frei* dem Allgemeinverbindlichen zu vermöge des »Interesse[s], welches den Ideen der Sittlichkeit anhängt« (448/23f), andererseits ist er dem Allgemeingültigen als Gesetz *unterworfen*, weil seine partikularen Interessen dagegen in Spannung stehen. Er muss ein vernünftiges Interesse an der Pflicht *nehmen*, ohne dass ihn doch ein unmittelbares dazu *treiben* könnte, weil Pflicht ja gerade die Hintansetzung (457/28) des je treibenden Interesses verlangt. Als Neigung und Pflicht widerstreiten Eigeninteresse und Rücksicht auf andere einander. Dennoch ist auch die Pflicht Inhalt unseres Wollens: das »Sollen ist eigentlich ein Wollen« (449/16f). Normalerweise wollen wir glücklich sein *und* anständig bleiben. Jedoch: wie kann ich, wo ich frei bin, dem Gesetz dieser Freiheit (der Pflicht) unterworfen sein, und wie kann ich, wo ich dem Gesetz (der Pflicht) unterworfen bin, eben darin frei sein? Auch da, wo Pflicht und Neigung sich in schöner Harmonie zeigen – wer seine Kinder liebt, erfüllt seine Pflicht und ist doch darin nicht unfrei, sondern tut genau das, was er in aller Freiheit gar nicht anders wollen würde –, bleibt dunkel, wie unsere höchste eigene Erfüllung gerade im Überschreiten und Hintansetzen unseres Eigeninteresses liegen kann.

(28) Faktisch erleben wir die unbedingte Gültigkeit der Pflicht. Aber wir sehen keinen Grund dafür, weshalb wir uns unser unmittelbares Interesse hintansetzen sollten, wenn wir doch keinen Vorteil davon haben (den wir ja gerade hintansetzen). Wie kann der *persönliche Wert*, den wir allein durch Sittlichkeit gewinnen, die Nachteile aufwiegen, die wir um der Pflicht willen in Kauf nehmen müssen (449/34–450/17)? Ist Sittlichkeit so nicht doch bloß eine Illusion? Sie setzt Freiheit von empirischen Bedingungsverhältnissen voraus. Wenn es aber für die Möglichkeit dieser Freiheit keine andere Beglaubigung gibt, als die faktischen Ansprüche der Sittlichkeit, dann liegt der *Zirkelverdacht* nahe: nur um die Idee der Sittlichkeit nicht aufgeben zu müssen, nehmen wir Freiheit an (450/18–23). Tatsächlich kann der Zirkelverdacht die Dignität der Pflicht nicht zweifelhaft machen, denn es steht anderswoher schon fest, dass der Mensch nicht allein der Sphäre des partikularen Eigeninteresses angehört (und somit möglicherweise auch der Sphäre unparteiischer Universalität): Schon für die *theoretische* Vernunft zeigte sich, dass der Mensch zwei Sphären angehört[21] – »Sinnenwelt« und »Verstandeswelt« –, wobei

---

[21] Oder Perspektiven, in denen sich ihm die eine Welt zeigt (vgl. Pieper 2000, S. 273).

der letzteren als »Ding an sich« höhere Dignität zukommt als der ersteren, die nur »Erscheinung« ist (450/30–452/22; 461/4ff). Entsprechend ist auch das praktische Vermögen des Menschen (sein Wille und sein Handeln) nach beiden Perspektiven zu verstehen (452/23–30): In der »Sinnenwelt« (451/18), also in der Dimension unseres unmittelbaren, von parteiischen Neigungen bedingten Willens, sind wir der Pflicht *unterworfen,* die wir in der »intellectuellen Welt« (451/35), also in der Dimension unseres vernünftigen Wollens, *frei* wählen. Als *vernehmende* (vernünftige) Wesen unterscheiden wir uns von allem Vernehmbaren, einschließlich unserer selbst (452/7ff). Wir stehen unter dem bedingenden Einfluss des Gegebenen, diesen aber verstehen und beurteilen wir nach Maßstäben der Wahrheit, Gutheit und Schönheit, die nicht empirischen Ursprungs, sondern der Vernunft als solcher eingeschrieben sind.

(29) Ein *kategorischer* Imperativ ist möglich, weil wir auch der intelligiblen Welt angehören; ein kategorischer *Imperativ* ist möglich, weil wir auch der partikular-parteiischen Welt angehören; er ist *gültig,* weil die intelligible Welt den partikularen empirischen Parteilichkeiten an Dignität überlegen ist. Ein kategorischer Imperativ ist *möglich,* weil ich negativ immer auch frei bin von der Partikularität und positiv unparteiisch sein (d. h. Achtung aufbringen) kann (453/17–454/5; 454/11–15). Durch die theoretisch schon angebahnten und gerechtfertigten Unterscheidungen von »Sinnenwelt«/»Verstandeswelt« und »Ding-an-sich«/»Erscheinung« wird verstehbar, dass in der Welt für das, was wir in der Erfahrung des Verpflichtetseins erleben, tatsächlich Raum und Möglichkeit ist.

(30) Seine *verpflichtende* Kraft gewinnt der kategorische Imperativ daraus, dass wir auch der Welt parteiischer Interessen angehören und im Widerstreit zwischen Pflicht und Neigung die Pflicht unabweisbar immer den höheren Rang beansprucht (455/2–9; vgl. 439/4–7). Aufgrund dieses Dignitätsgefälles ist sie die »oberste Bedingung« (454/14f), der die Neigungen unterworfen sein sollten (wenn sie es auch faktisch oft nicht sind). Dies ist keine subjektive Einschätzung, denn kein Mensch kann im Ernst die Pflicht als etwas erleben, was hinter den Neigungen zurückstehen sollte (wenn er sie vielleicht auch zurückstehen lässt – aber dann weiß er, dass er einen Fehler macht [454/20–455/9]).

(31) Weiterhin beruht die verpflichtende Kraft des kategorischen Imperativs auf dem Umstand, dass mit der sittlichen Verantwortung das Menschsein selbst verschwinden würde. Wenn wir uns auf die

»Sinnenwelt« beschränken wollten – also theoretisch auf empirische Eindrücke (ohne nichtempirische allgemeine Strukturen) und praktisch auf partikulare Interessen (ohne nichtempirische axiologische Maßstäbe) –, dann verwandelte sich die wahrgenommene Welt vom geordneten Kosmos in einen amorph strömenden Geschehensfluss, und menschliche Gemeinschaft in einen Kampf aller gegen alle, in dem das Recht des Stärkeren herrscht. Erst die »Idee der Freiheit« vom empirisch Gegebenen und vom Partikularen macht den Menschen »zu einem Gliede einer intelligibelen Welt« (454/6f) und zeigt ihm, wenn er ihrem Sittengesetz folgt, »einen größeren inneren Werth seiner Person« (454/36f; vgl. 439/7–10, 18–20), einen Wert von anderer Art als alle sonstigen Vorteile, die man erstrebt (454/29–37), denn er beruht auf der Bereitschaft, seinen Vorteil angesichts der Forderungen von Pflicht und Gerechtigkeit hintanzusetzen.

(32) Sittlichkeit motiviert, weil sie Humanität konstituiert; es ist aber *undurchschaubar, wie* humane Sittlichkeit motivieren kann, da sie in der demotivierenden Forderung besteht, aus Pflicht seinen Vorteil hintanzusetzen. Ungeklärt bleiben muss die Frage, wie der von der *Vernunft* anerkannte sittliche Imperativ den *Willen* dann auch *motivieren* könne, da er ja doch keinerlei Interesse bedient. Was kann dazu bewegen, seine Pflicht zu tun, wenn der Lohn der Pflicht in nichts anderem besteht als in dem Bewusstsein, seine Pflicht getan zu haben?[22] Diese motivierende Kraft der Pflicht lässt sich nicht weiter aufklären (460/22ff; 461/25–35; 462/20f): »die Triebfeder muß hier gänzlich fehlen; es müßte denn diese Idee einer intelligibelen Welt selbst die Triebfeder oder dasjenige sein, woran die Vernunft ursprünglich ein Interesse nähme; welches aber begreiflich zu machen gerade die Aufgabe ist, die wir nicht auflösen können« (462/17–21). Das Sittengesetz[23] gilt nicht deswegen, weil unser Interesse davon einen Vorteil hätte, sondern es interessiert uns, weil wir Vernunftwesen sind: es »gilt, da es aus unserem Willen als Intelligenz, mithin aus unserem eigentlichen Selbst entsprungen ist« (461/3f). Das einzige Motiv für Sittlichkeit ist, dass sie unverzichtbar ist für menschliche Identität. Wer sich nicht als verantwortliches, seiner Pflicht unterworfenes Wesen versteht, der versteht sich letztlich nicht mehr als Mensch.

---

[22] Wer aus einem verborgenen Vorteil heraus pflichtgemäß handelt, folgt gar nicht der Pflicht, sondern seinem persönlichen Interesse.
[23] Der kategorische Imperativ ist die formale Struktur des Sittengesetzes (vgl. Wolff 2009, S. 524ff.), die als solche aber den Inhalt der Achtung vor der gleichen Würde aller Adressaten des Imperativs schon impliziert.

Deswegen *müssen* wir uns als sittliche Wesen verstehen, und das heißt, die Verpflichtung durch das Sittengesetz anerkennen. Aber warum sollten wir Mensch, Vernunftwesen, sittlich verantwortliches Wesen, sein wollen, wenn wir nichts davon haben als eben nur dies, ein solches Wesen zu sein und all die Nachteile in Kauf nehmen zu müssen, die Achtung und Rücksichtnahme mit sich bringen?

(33) Damit haben wir die äußerste (455/10) oder oberste (462/22) Grenze der praktischen Philosophie erreicht. Wie in einer Welt von Bedingtheiten Freiheit – als Unabhängigkeit von der Bedingung, dass es Vorteil bringe und zur Hintansetzung des eigenen Interesses – möglich sein kann, »läßt sich durch keine menschliche Vernunft jemals einsehen« (461/14). Freiheit lässt sich nicht erklären, sondern nur verteidigen gegen Einwände, die in der theoretischen Einsicht in die durchgehend *bedingte* Struktur von Welt und Handeln gründen. Diese Verteidigung leistet praktische Vernunft, indem sie die konstitutive Bedeutung der Freiheit für das Menschsein deutlich macht (459/3–31). Auch die Gültigkeit und Motivationskraft des Sittengesetzes lassen sich einsehen: Die Forderungen der Pflicht leuchten der Vernunft ein und sie vermögen den Willen zu bewegen. Aber beides lässt sich aus nichts Weiterem erklären, als nur aus der Pflicht selbst.

Warum wir Sittlichkeit theoretisch nicht verstehen können

(37) Den selbstaffirmativen Charakter[24] der Pflicht erfassen wir klar, können ihn aber nicht auf die übliche Weise begreiflich machen, denn menschliche Vernunft kann etwas immer nur dadurch einsehen, dass sie die *Bedingung* seines Seins oder Geltens namhaft macht. Daher kann sie die *unbedingte* Gültigkeit des Sittengesetzes auf nichts Weiteres zurückführen, da es hier keine Bedingung gibt (463/21–29). Indem die sittliche Vernunft versteht, warum sie den selbstmotivierenden Charakter der Pflicht nicht begreiflich machen kann, ist sie über sich selbst aufgeklärt, begreift sie ihre Unbegreiflichkeit (463/29ff): Pflicht ist unbedingte Verpflichtung, d. h. Verpflichtung

---

[24] Obgleich Wolff 2009, S. 538 und S. 544 die Selbstaffirmation mit Belegstellen zur Sprache bringt, kann er am Ende behaupten, das praktische Grundgesetz (und damit das Sittengesetz) hänge in seiner Gültigkeit »vom Begehrungsvermögen (dem Wollen) vernünftiger Wesen ab« (ebd. S. 549).

ohne eine Bedingung, die als Geltungsgrund für die Vernunft und als Motiv für den Willen fungieren könnte. Von außen – theoretisch – betrachtet, finden wir daher an der Sittlichkeit nichts Motivierendes: Wir sehen lediglich, dass der Gerechte nichts außer Nachteilen hat. Von innen – praktisch – betrachtet, erleben wir jedoch, dass die Achtung vor den selbstzwecklichen Wesen Wert und Erfüllung des Menschen ausmacht.

Literaturverzeichnis

Breitenbach, Angela (2009): Umweltethik nach Kant. Ein analogisches Verständnis vom Wert der Natur. In: DZPhil, 57 3, S. 377–395.
Henrich, Dieter (1975): Die Deduktion des Sittengesetzes. Über die Gründe der Dunkelheit des letzten Abschnittes von Kants »Grundlegung zur Metaphysik der Sitten«. In: Schwan, Alexander (Hg.): Denken im Schatten des Nihilismus. Festschrift für Wilhelm Weischedel zum 70. Geburtstag, Darmstadt, S. 55–112.
Höffe, Otfried (Hg.) (^{3}2000): Grundlegung zur Metaphysik der Sitten. Ein kooperativer Kommentar, Frankfurt a. M.
Huber, Herbert (1996): Sittlichkeit und Sinn. Ein Beitrag zu den Grundlagen sittlicher Bildung, Donauwörth.
Huber, Herbert (2006-a): Woran ist Ethik interessiert? In: EWE, 17. Jg., S. 473–476.
Huber, Herbert (2006-b): Philosophieren – wie und wozu?, Donauwörth. Auer
Kant, Immanuel (1968): Werke. Akademie Textausgabe, IX Bde, Nachdruck der Ausgabe Berlin 1902 und 1910, Berlin.
Löw, Reinhard (1980): Philosophie des Lebendigen, Frankfurt a. M.
Pieper, Annemarie (2000): Wie ist ein kategorischer Imperativ möglich? In: Höffe (Hg.), S. 264–281
Schopenhauer, Arthur (1988): Werke in fünf Bänden. Nach den Ausgaben letzter Hand, Hg. von Ludger Lütkehaus, Zürich.
Schulte, Christoph (1988): radical böse. Die Karriere des Bösen von Kant bis Nietzsche, München.
Spaemann, Robert/ Löw, Reinhard (1981): Die Frage Wozu? Geschichte und Wiederentdeckung des teleologischen Denkens, München.
Wolff, Michael (2009): Warum das Faktum der Vernunft ein Faktum ist. Auflösung einiger Verständnisschwierigkeiten in Kants Grundlegung der Moral. In: DZPhil, 57 4, S. 511–549.

Leitfragen:

1. Erläutern Sie, was Kant unter »Selbstzweck« des Menschen versteht.

2. Was ist Pflicht bei Kant? Woraus entsteht sie und wozu ist sie nötig/gut?

3. Erklären Sie den kategorischen Imperativ anhand eines Beispiels, das Sie der Universalitätsprüfung unterziehen.

4. Definieren Sie Sittlichkeit und Freiheit bei Kant in Abhängigkeit von einander.

Reflexionsfrage: Beziehen Sie Stellung dazu, inwiefern bei Kant von einer Prinzipienethik gesprochen werden kann.

Walter Schweidler
Immanuel Kant – Kritik der praktischen Vernunft

Folgende Überlegungen sind Inhalt der KpV: Woran also kann ich ein Gesetz erkennen, nach dem ich mich richte, gerade weil es kein Naturgesetz ist? Bisher weiß ich nur, was an einem solchen Gesetz für mich nicht zwingend sein darf, nämlich das Interesse, das ich, wenn ich mich nach ihm richte, verfolge. Was aber bleibt dann übrig, um den Grund zu formulieren, aus dem ich so ein Gesetz befolgen soll? Die Antwort ist klar: nur dasjenige, was dieses Gesetz zu einem Gesetz macht! Damit stehe ich vor der paradoxen Situation, dass ich die Existenz eines nicht naturgesetzlichen Normkomplexes nur an dem erkennen kann, worin er mit jedem Naturgesetz übereinstimmt. (Vgl. A 75) Und was ist dies? Seine Allgemeinheit! Gesetze erkennt man daran, dass sie abstrakt und allgemein für jedes ihnen unterworfene Wesen gelten. Das heißt: Man erkennt sie an ihrer »Form«. Wieder zeigt sich der für Kant alles entscheidende Zusammenhang von Logik und Ethik darin, dass es eine Form von Gesetzen gibt, aus der sich unabhängig von allen Inhalten der aus diesen Gesetzen folgenden Anweisungen mit Notwendigkeit entnehmen lässt, welcher Bereich der Wirklichkeit durch sie festgelegt und geregelt ist. Worin also besteht diese Form? Sie besteht in nichts anderem als dem, was wir schon kennen, seit wir den Unterschied des kategorischen Imperativs vom hypothetischen formuliert haben. Ein Gebot, das nicht die Form hat: »Wenn du x willst, dann musst du y tun«, sondern die Form: »Du sollst x tun!« enthält eben in dem Wort »sollst«, das mir unabhängig von jeder Bedingung sagt, was mir aufgegeben ist, den Verweis auf sich selbst als einzigen Grund seiner Befolgung. Damit ist der Zusammenhang zwischen meinem Willen, mich von nichts anderem als einem Gesetz bestimmen zu lassen, das kein Naturgesetz ist, und der Form, die diese nicht naturgesetzliche Norm zu einem mich doch vergleichbar der Macht eines Naturgesetzes, also mit Notwendigkeit bestimmenden Gesetz macht, im Wortlaut unserer moralischen Gebote selbst verankert:

»*Freiheit und unbedingtes praktisches Gesetz weisen also wechselweise aufeinander zurück.*« *(A 52)*

0. Zur Einordnung der Kantischen Ethik

(1) Es ist zum Verständnis der Argumentationsstruktur von Kants Ethik hilfreich, sie mittels eines Schemas im Vergleich zu anderen Grundansätzen einzuordnen – nicht primär, um die »Lösungen« zu vergleichen, die sie gegenüber diesen anderen Ansätzen bietet, sondern um die Aufgabe genau zu verstehen, die sie sich stellt. Nicht als Modell, wohl aber als eine Art Brille taugt ein derartiges Schema, um uns ein Bild von unserem Gegenstand zu machen. So gesehen, lässt sich Kants Ansatz insbesondere in drei Aspekten gegenüber anderen Ethiken einordnen. Von der *Fragestellung* her versteht Kant die Ethik als Lehre vom guten Handeln, und das unterscheidet ihn von der antiken Tugendethik, die immer primär eine Frage nach dem guten, gelingenden Leben war. Der Begriff *eudaimonía* bezeichnet ursprünglich eben eine solche Ganzheit vorbildlichen, gelingenden Lebens. Doch diese Fragestellung geht in der neuzeitlichen Ethik über weite Strecken verloren, weil man das »Leben« in diesem Sinne, also als *vita*, die auf ihr objektives Gelingen hin beurteilt zu werden vermag, nicht mehr für einen Gegenstand wissenschaftlicher Untersuchung gelten lässt. Erst im Historismus und in der Existenzphilosophie des 20. Jahrhunderts findet dieser originär antike Gesichtspunkt wieder zu seiner grundlegenden Bedeutung zurück und schließlich auch wieder Eingang in das systematische Zentrum der praktischen Philosophie.[1] Kant hingegen teilt mit den Hauptströmungen der praktischen Philosophie seiner Zeit das Paradigma einer *Handlungs- im Unterschied (nicht im direkten Gegensatz) zu einer Lebensethik*. Deshalb bedeutet der Begriff »eudaimonistisch« für ihn auch etwas prinzipiell anderes als im Horizont einer Lebensethik, und dies markiert den zweiten Aspekt, hinsichtlich dessen man seinen Ausgangspunkt einordnen kann, nämlich den Aspekt des *Glücks* als möglichen ethischen Prinzips. Kant teilt mit seinen Zeitgenossen, insbesondere auch mit dem

---

[1] Vgl. insbesondere Ricoeur, Paul (1996): Das Selbst als ein Anderer, München; insbes. 8. Abhandlung; sowie Spaemann, Robert (1989): Glück und Wohlwollen. Versuch über Ethik, Stuttgart.

Utilitarismus, den prinzipiell *subjektiven Begriff* von Glück als einem erwünschten, lustvollen Zustand des Bewusstseins. Dieser objektive Begriff von Glück ist zu Kants Zeiten dem subjektiven Verständnis gewichen: Glück ist etwas, das ich empfinde und worüber niemand mich zu belehren und woraufhin niemand mich zu beurteilen hat. Der Gegensatz zu Glück ist nicht Laster, sondern Schmerz, Leid. Dass der Mensch von Natur aus danach strebt, sein Glück zu mehren und Leid zu vermeiden, ist als eine selbstverständliche anthropologische Voraussetzung auch der Ethik anzunehmen. Diese Voraussetzung teilt Kant mit seinen Zeitgenossen, aber er zieht aus ihr eine Konsequenz, die den zentralen Gegensatz konstituiert, in dem sich die neuzeitliche Ethik bis auf den heutigen Tag begriffen und in gewissem Sinne auch gefangen sieht. Es ist der Gegensatz zwischen den ethischen Ansätzen, die den Sinn der Moral in der (Forderung nach) Herbeiführung und Steigerung des (subjektiven) Glücks sehen und denjenigen, die wie der Kantische Ansatz, Glück eben wegen seiner subjektiven Bedingtheit als dasjenige betrachten, dem Moral eine prinzipielle Grenze zieht. Eben weil jeder Mensch von Natur aus sowieso nach Glück strebt, wäre es für Kant ganz unbegreiflich, warum es Moral gibt, die uns doch zur Selbstbegrenzung, zur Selbstüberwindung und unter Umständen sogar zum Opfer unser selbst auffordert. Denn selbst wenn man mit dem Utilitarismus annehmen wollte, dass Moral eben den Sinn hat, uns zur Beförderung nicht nur unseres eigenen, sondern des Glücksverlangens der größtmöglichen Menge von unserem Handeln betroffener Menschen zu bewegen, so würde man sie damit doch im Grunde als ökonomischen Kalkül verstehen, der nur dazu da ist, das individuelle menschliche Glücksverlangen in größtmöglicher Weise sozial zu koordinieren und gewissermaßen als Kollektivegoismus berechenbar zu machen. Das aber ist kein ethisches, sondern ein ökonomisches Prinzip, und tatsächlich hat ja der Utilitarismus am Ende des 19. Jahrhunderts seinen eigentlichen wissenschaftlichen Durchbruch innerhalb der Wirtschaftswissenschaft erreicht. Ethik aber ist nach Kant etwas grundsätzlich anderes als Ökonomie, weil Moral, die der Gegenstand der Ethik ist, nicht dazu da ist, unsere individuellen Interessen zu koordinieren, sondern im Gegenteil uns einer geistigen Macht gegenüber zu verpflichten, die allen individuellen Interessen, seien es unsere eigenen oder die der anderen Menschen, eine absolute Grenze zieht. Diese in aller Moral implizit wirksame geistige Macht rational zu explizieren ist die Aufgabe der Ethik im Kantischen Verständnis. Kants Ethik ist daher, um wieder auf unser Ausgangsschema zurückzukommen, eine *Vernunft- und nicht eine Glücksethik*: Die geistige Macht, deren Interesse[2] allen unseren subjektiven Bestrebungen die Grenze zieht, ist die Vernunft. Damit berühren wir schließlich den dritten Aspekt, unter dem die Kantische Ethik systematisch einzuordnen ist, nämlich als *deontologische im Gegensatz zu einer teleologischen bzw. konsequenzialistischen Ethik*. Diesen Gegensatz zu verstehen, ist von größter Wichtigkeit, wenn man sich im Verständnis von Kants praktischer Philosophie nicht durch die in einem ganz anderen Kontext als dem der Moralbegründung entstandene Kategorie einer »Gesinnungsethik« verwirren lassen will. Für eine deontologische Handlungsethik ist es entscheidend, dass sie *den Grund der Unterscheidung von Gut und Böse in der Handlung selbst und nicht in ihren Folgen* verortet. Das heißt: Es gibt gute und schlechte Weisen menschlichen Handelns, und Moral verlangt wesentlich von uns, in unserem Handeln das Gute zu tun und das Schlechte zu lassen. Das ist der präzise Sinn des Begriffs »deontologisch«: Er bezeichnet den im Wesen unserer Handlungen selbst, nicht in dem mit ihnen zu erzielenden Erfolg liegenden intrinsischen Wert bzw. Unwert. Gut an sich ist folglich der Wille, der sich auf eine ihrem Wesen nach gute Handlungsweise richtet. Ob ich einen guten Willen habe, entscheidet sich also durch die ethische Qualität der Handlung, auf die sich mein Wille richtet, und nur von ihr her kann darum expliziert werden, welche »Gesinnung« ich habe. Das Gute definiert die gute Gesinnung, nicht etwa umgekehrt. Darum ist jede Vorstellung von der angeblichen »Gesinnungsethik« Kants, für die es nur darauf ankäme, ob man von der Richtigkeit des eigenen Tuns subjektiv überzeugt ist, völlig verfehlt. Und ebenso unsinnig ist es, dem deontologischen Ansatz zu unterstellen, dass für sein Verständnis von gutem Handeln die Folgen des Handelns keine Rolle spielten. Jede deontologische Ethik muss unterscheiden zwischen dem Kriterium, durch das eine gute von einer schlechten Handlungsweise inhaltlich unterschieden wird, also dem Handlungs*inhalt* einerseits, und andererseits dem Handlungs*motiv*, also der Frage danach, aus welchem Interesse jemand in einer konkreten Situation handelt. Es gehört in der Tat für Kant wie für jede in ihrer Substanz deontologische

---

[2] Hier schließt der Gedankengang der *Kritik der praktischen Vernunft* an die *Grundlegung zur Metaphysik der Sitten* an, wo Kant von »dem Interesse, welches den Ideen der Sittlichkeit anhängt«, als einem Interesse spricht, das mich nicht »treibt«, das ich aber an diesen Ideen, sobald ich sie erfasst habe, doch »nehmen« muss, vgl. Akademieausgabe IV, 449.

Ethik zur wirklich moralischen Gesinnung, dass der Handelnde, wenn er etwas tut, um des Guten willen handelt und nicht aus der Berechnung seines persönlichen Vorteils. Eine ganz andere Frage ist hingegen, woraus sich der Inhalt des Guten ergibt. Keine vernünftige Ethik hat je behauptet, dass dafür der Zusammenhang zwischen der Handlung und ihren Folgen irrelevant wäre. Selbstverständlich ist Dienst am Mitmenschen gut, weil es dem, dem dabei geholfen wird, dadurch besser geht. Natürlich ist Nachbarschaftshilfe gut, weil sich konstruktive Beziehungen unter Nachbarn auf die ganze Gesellschaft und den Frieden hilfreich auswirken. Diese Differenzierung zwischen Handlungsinhalt und Handlungsmotiv hat also mit »Rigorismus« oder »Pflichtverabsolutierung« an sich überhaupt nichts zu tun; sie ist kein unplausibler Idealismus, sondern die grundlegende realistische Stärke der deontologischen gegenüber jeder teleologischen Ethik. Denn letztere macht nicht nur die Bewertung des Handlungsmotivs, sondern des ethischen Werts der gesamten Handlung eines Menschen von den Konsequenzen abhängig, die diese Handlung hat. Ob es gut ist, vom Hungertod bedrohten Menschen zu helfen, wäre in konsequenter teleologischer Sicht eine Frage nicht der Rettung und Heilung, sondern ein Problem der langfristigen Folgenabschätzung: Wird es im Endeffekt für die Glücks- und Leidbilanz der Menschheit wirklich von Vorteil sein, wenn man heute Hungernden hilft, die in absehbarer Zeit Nachkommen zeugen und soziokulturelle Verhältnisse hervorbringen mögen, die ihre Not neu und womöglich vermehrt auf die Tagesordnung bringen werden? Jedenfalls beansprucht eine deontologische Ethik für sich, die Eigenart moralischer Überzeugung, die im Selbstverständnis moralischen Handelns liegt, durch die Unterscheidung zwischen den Folgen, die zur Natur einer bestimmten Handlung gehören und denjenigen, die sich in einer konkreten Situation aus einer Handlung ergeben können, besser einzuholen als jede Folgenethik. Wenn wir einem Hungernden helfen, dann entstammt unsere Überzeugung von der moralischen Gebotenheit dieses Handelns nicht einer blitzschnellen, verborgenen oder irgendwie möglichen theoretischen Folgenabschätzung, sondern der praktischen Einsicht, dass eine solche Rettungshandlung ihrer Natur nach gut ist, wie immer die unabsehbar langfristigen Folgen im konkreten Fall aussehen mögen.

I. Philosophische Grundlagen einer »Kritik der praktischen Vernunft«

(2) Kants Philosophie ist keine Bewusstseins- oder Erkenntnistheorie, sondern *kritische Vernunftphilosophie*. Das heißt: vernünftige Kritik der Urteile, die wir über unsere und die Angelegenheiten der Welt fällen, zu der wir gehören, aber auch Selbstkritik der Vernunft, also ihrer Grenzen und der Ansprüche, die sie an uns stellt oder auch zu stellen scheint. Philosophie kann insofern nicht hinter die Vernunft zurück, sondern ist von ihr getragen und legt sie und damit die Grundform ihres Vollzugs, ihre Urteile, aus.[3] Eine Antwort auf die Frage, ob oder warum man vernünftig handeln solle, ist daher undenkbar, denn das philosophische Nachdenken über das vernünftige Handeln gehört zu ihm selbst und expliziert sein Wesen. Ethik als vernünftige Rekonstruktion, Begründung und Kritik moralischer Urteile setzt insofern das Faktum vernünftigen Handelns und damit das moralische Bewusstsein vom Unterschied von Gut und Böse in uns voraus (vgl. A 3, 9).[4] Sie will und kann niemandem ein solches Bewusstsein »andemonstrieren«, sondern geht von ihm als ihrem Gegenstand aus. So wenig es eine Physik ohne Körper und eine Biologie ohne Lebewesen gäbe, gäbe es Ethik, wenn Menschen nicht moralische Überzeugungen, Normen und Ansprüche in sich selbst, in ihrer Kultur und Gesellschaft vorfinden würden. Man kann daher Ethik auch nicht spielerisch betreiben und von ihr verlangen, sie solle einem erklären, warum man von etwas moralisch überzeugt ist. Man kann nur erwarten, dass die Überzeugungen, die man hat, durch ethische Reflexion auf den Prüfstand gestellt und vernünftig rekonstruiert werden. Darum gehört freies und dialogisches Nachdenken zum Wissenschaftscharakter der Ethik. Sie ist, wie alle Philosophie nach Kant, »Vernunfterkenntnis aus Begriffen«[5]. Sie hat weder

---

[3] Zum juristischen Grundaspekt der gesamten Form und Systematik der Kantischen Philosophie vgl. den Abschnitt »Der juridische Charakter des Kantischen Vernunftbegriffs« bei Küsters, Gerd-Walter (1988): Kants Rechtsphilosophie, Darmstadt, S. 27 ff.

[4] Die *Kritik der praktischen Vernunft* wird zitiert nach den Seitenzahlen der Originalausgabe.

[5] So die Grundbestimmung in der »Logik« (vgl. Jäsche, Gottlob Benjamin (Hg.) (1800): Immanuel Kants Logik. Ein Handbuch zu Vorlesungen, in: Weischedel, Wilhelm (Hg.) (1963): Werke in sechs Bänden, Band III, Darmstadt.) A 22, vgl. *Kritik der reinen Vernunft* B 741.

Experimente wie die Naturwissenschaften noch autoritative Quellen wie Theologie oder Juristerei. Andererseits ist sie aber keine theoretische Beschreibung moralischer Urteile und Erkenntnisse, sondern deren Begründung und kritische Rechtfertigung. Kant betreibt keine »Metaethik«, sondern übernimmt den klassischen Anspruch, dass das ethische Nachdenken mit seinem Gegenstand, der Moral, das Ziel teilt, uns normative Orientierung über Gut und Böse zu geben. Die Möglichkeit der Ethik hängt daher daran, dass das reine Nachdenken über moralisches Urteilen selbst zu moralisch relevanter Erkenntnis führt. Das ist die entscheidende Voraussetzung, die Kant durch den Zusammenhang zwischen Ethik und Logik erfüllt sieht, den er auf die Grundthese bringt, *dass reine Vernunft für sich selbst allein praktisch sei*! (A 3, 56) Moral ist die Konsequenz, die ein vernünftiges Wesen daraus zieht, dass es vernünftig ist – und dass es frei ist. Das heißt, Moral als einen Zusammenhang von Forderungen gibt es nur für vernünftige Wesen, die auch unvernünftig sein können. Nur deshalb kann es ja auch die moralische Kritik am Handeln vernünftiger Wesen geben. Ob aber kritisch oder rechtfertigend, ethisches Nachdenken ist immer eine Entfaltung der geistigen Kapazität, die ein vernünftiges Wesen aus sich selbst und durch sich selbst hat.

(3) Während die Ethik diese Fundierung in der im Selbstbezug der Vernunft gegründeten Kapazität rein apriorischer Reflexion mit allem philosophischen Nachdenken teilt,[6] kommt in ihr aber darüber hinaus die entscheidende Eigenart der praktischen im Unterschied zur theoretischen Vernunft zur Geltung. Soweit die Philosophie unseren theoretischen Vernunftgebrauch zum Inhalt hat, rekonstruiert sie dessen Grund ganz wesentlich aus den Grenzen, an die er uns führt. Diese Grenzen ergeben sich aus den empirischen Bedingungen theoretischer Erkenntnis, die als die uns nicht weiter hintergehbaren Daten sinnlicher Wahrnehmung schon vorgegeben sind, wenn wir vernünftige Urteile über natürliche Gegenstände und Zusammenhänge fällen. Vernunft führt zu theoretischer Erkenntnis nur, wenn sie den Erfahrungsbezug, den ihre Urteile haben, an der Empirie ausweisen kann. Die theoretische Vernunft muss daher auch immer auf ihre mögliche Grenzüberschreitung hin geprüft und kritisiert werden. Für die praktische Vernunft gilt dies hingegen nicht! Das Vermögen, vernünftige praktische Urteile zu fällen, braucht, wie Kant ganz am Anfang der *Kritik der praktischen Vernunft* (A 3) ausdrücklich

---

[6] Vgl. Logik A 21 f. und Kritik der reinen Vernunft B 750 f.

betont, nicht auf die mögliche Anmaßung hin untersucht zu werden, ob es seine Grenzen überschreite. Der Grund dafür ist nicht etwa, dass in praktischen Angelegenheiten die Vernunft keinen Bezug auf die uns empirisch gegebene Wirklichkeit hätte, sondern vielmehr, *dass sie diesen Bezug selbst erzeugt.* Weil die Begriffe der praktischen Vernunft sich auf etwas beziehen, dass durch denjenigen, der sie in seinem moralischen Urteil in ihrem Zusammenhang nachvollzieht, selbst erst hervorgebracht – eben: *getan* – werden soll, haben sie ihre Bedeutung unabhängig von jeder empirischen, auf Anschauungen und Abschätzungen des Naturverlaufs fußenden Bedingung, »und zwar aus diesem merkwürdigen Grunde, weil sie die Wirklichkeit dessen, worauf sie sich beziehen (die Willensgesinnung), selbst hervorbringen, welches gar nicht die Sache theoretischer Begriffe ist« (A 116). Diese methodische Ausgangsmarkierung steht (in der erstgenannten Form, A 3) nicht umsonst am Anfang des Textes der *Kritik der praktischen Vernunft*: Sie ist für den gesamten Inhalt von Kants praktischer Philosophie von zentraler Bedeutung, und sie zu verstehen ist die Ausgangsbedingung dafür, dass man aller weiteren Argumentation folgen kann. Wir beginnen in der Ethik mit nichts als dem Faktum moralischer Urteile, also nur damit, dass wir uns daran erinnern, dass wir Aussagen über gutes und schlechtes Handeln in unserer Gesellschaft vorfinden und entsprechende Urteile auch in uns selbst fällen. Nur über dieses Faktum wird nun fortan nachgedacht. Wenn es gelingt, den Zusammenhang zwischen dem Faktum als solchen und den ethischen Erkenntnissen, die unser Handeln orientieren, herzustellen und aufzuzeigen, dann ist damit von Anfang an jeder Versuch ausgeschlossen, die Erkenntniskraft moralischer Urteile auf irgendwelche empirischen Voraussetzungen im handelnden und nachdenkenden Wesen zu relativieren. Gelingt also das Unternehmen der *Kritik der praktischen Vernunft*, so steht zumindest fest, dass es für die Gültigkeit ethischer Urteile in keiner Weise darauf ankommen kann, welches Geschlecht, welche kulturelle, nationale, soziale oder geschichtliche Identität und auch welchen leiblichen oder seelischen Zustand diejenigen Wesen haben, die diese Urteile fällen. Wer ethisch urteilt, urteilt über seine eigene Verpflichtung in völliger Übereinstimmung mit der Verpflichtung, die jeder andere Handelnde an seiner Stelle zu erkennen und zu erfüllen hätte. Damit ist jedenfalls klar, dass es für die ethische Begründung moralischer Verpflichtung (anders als für den Inhalt eines moralischen Urteils bei der Bewältigung einer konkreten Situation) auf die Koordination oder Abwägung individueller Interessen nicht ankommen kann.

II. Die Norm als praktisches Axiom

(4) Nach Vorrede und Einleitung beginnt die systematische Reflexion auf das moralische Urteil sofort (A 35) mit der Erörterung von *Normen*. Hierin liegt natürlich eine gewichtige Vorentscheidung, die ihn von der Tradition der deontologischen Ethik mindestens ebenso trennt wie sie ihn mit ihr verbindet. Zwar schließt Kant mit seiner Konzentration auf die sittliche Norm als Grundform praktischer Wahrheit an die uralte Denkfigur der *lex naturalis*, des dem Menschen in die Brust geschriebenen Gesetzes als Quelle der Erkenntnis von Gut und Böse, an. Aber er vermeidet so konsequent wie möglich den Rückbezug auf eine »Natur des Menschen«, wie sie in den großen deontologischen Ansätzen des Mittelalters und indirekt über die Idee der vernünftigen Seele als ontologischem »Alleinstellungsmerkmal« des »politischen Lebewesens« Mensch auch in der antiken Lebensethik den eigentlichen Begründungsaspekt der normativen Verbindung aller Menschen bezeichnete. Das Motiv dafür liegt natürlich in Kants Konzeption von Autonomie: Ein Gesetz, in dem sich eine uns als Menschen vorgegebene Natur ausdrückt, kann sich Kant nur entweder als ein Gesetz denken, das uns von einer Instanz vorgeschrieben worden sein müsste, der wir diese Natur verdanken oder es muss, wenn wir den Gedanken einer solchen uns ontologisch bestimmenden Instanz aufgeben, als ein Gesetz von der Art gedacht werden, die der Natur als der »Existenz der Dinge unter Gesetzen« (A 74) überhaupt innewohnt, also als »Naturgesetz« im heutigen naturwissenschaftlichen Sinne. Beide Interpretationen wären gleichbedeutend mit der Bestreitung des Prinzips, von dem nicht nur die Ethik getragen sein muss, sondern das sogar »den *Schlußstein* von dem ganzen Gebäude eines Systems der reinen, selbst der spekulativen, Vernunft« (A 4) bildet: der *Freiheit*. Beide würden uns zu, im Kantischen Sinne, heteronom bestimmten Wesen machen, die die Entscheidungen, an denen sich ihr Handeln auszurichten hat, nicht

selbst zu fällen imstande sind.[7]. Das »Natürliche« ist, worin ein Wesen sich auf seine von der Art anderer Wesen unterscheidet, woran es sich als dem zu orientieren vermag, was ihm durch seine Art vorgegeben, aber eben deshalb nicht durch ein Wesen von anderer oder auch ein anderes Wesen von seiner Art befohlen ist.[8] Kant aber lässt, eben weil er ein solches zwischen Sein und Sollen vermittelndes Konzept von Natur nicht mehr zu teilen vermag, als mögliche Bestimmungsgründe und damit auch Begründungsgesichtspunkte moralischer Verpflichtung nur Normen zu. Die Frage, auf die für das Ziel der »Kritik der praktischen Vernunft« alles ankommt, ist allein, ob es sich bei diesen für die Ethik tragenden Normen um Größen handelt, die letztlich von den für die theoretische Vernunft bestimmenden Gesetzen des geschlossenen Determinationszusammenhangs der Natur abhängen – oder um eine eigene, uns gerade der Natur enthebende und ihr gegenüber in Autonomie versetzende genuin praktische Gesetzlichkeit.

(5) Dies ist die Alternative, die im ersten Absatz des § 1 aufgestellt wird: Wenn wir uns in unserem Handeln orientieren, so kann dies entweder nach Regeln geschehen, die nur für uns gelten, weil wir sie uns vorgenommen haben, also »Maximen«, oder aber nach solchen Regeln, die praktische »Gesetze« sind, das heißt die für uns so wie für jedes vernünftige Wesen gelten und die insofern unsere Vernünftigkeit konstituieren und definieren. Ich kann mir vornehmen, nie in einem Ort mit mehr als hundert Einwohnern zu wohnen, aber diese Maxime bedarf einer Begründung, die meiner subjektiven Entscheidung entspringt und von der ich sicher nicht erwarte und nicht einmal erwarten darf, dass jeder vernünftige Mensch sie für sich selbst genauso zur Maxime macht. Maximen dieser Art sind für unser Leben in hohem Maße orientierungswirksam, aber mit Moral haben sie unmittelbar nichts zu tun. Moralische Normen erheben den Anspruch, nicht auf meiner subjektiven Entscheidung für ein

---

[7] Dieser Standpunkt hat allerdings eine spezifische und letztendlich doch zeitgebundene Voraussetzung, die Kant mit allen wesentlichen neuzeitlichen Denkströmungen, an deren Ursprung der cartesische Dualismus von *res cogitans* und *res extensa* steht, teilt. Es ist die Voraussetzung eines Begriffs von »Natur«, aus dem gerade das ausgeblendet ist, was der klassischen, insbesondere der antiken Konzeption einer menschlichen Natur Halt und Richtung gab, nämlich das Prinzip der Teleologie im ursprünglichen, vor allem von Aristoteles herausgearbeiteten Sinn.
[8] Zum Distinktionskonzept von Natur vgl. auch Schweidler, Walter (2008): Hinter dem Horizont. Überlegungen im Anschluß an Merleau-Ponty, in: Ders.: Das Uneinholbare. Beiträge zu einer indirekten Metaphysik, Freiburg/München, S. 280–304.

bestimmtes individuelles Ziel zu beruhen, sondern mir so wie jedem anderen, der an meiner Stelle zu handeln hätte, objektiv vorgegeben zu sein. Das Gebot, nicht zu lügen oder zu stehlen, hängt nicht davon ab, ob man sich seine Befolgung vorgenommen hat, etwa weil man selbst nicht gern belogen oder bestohlen werden möchte; sondern es ist das Wesen solcher Gebote, dass eben *sie selbst* es *gebieten*, dass man sich ihre Befolgung vorzunehmen hat und dass sie selbst *erklären*, warum man nicht belogen und bestohlen werden soll. Das jedenfalls ist die entscheidende Annahme, von der Kants Rekonstruktion ethischer Verpflichtung getragen ist. Sie markiert den Zusammenhang von Logik und Ethik, an dem der Erkenntnisanspruch der praktischen Philosophie hängt: Die Erkenntnis, auf der moralische Urteilen wie diejenigen, dass es schlecht sei zu lügen oder zu stehlen, begründet sind, ergibt sich aus *nichts anderem als den Geboten selbst*, die in diesen Urteilen formuliert werden. Nur wenn es so ist, besteht ein wirklich unüberbrückbarer, kategorialer Unterschied zwischen theoretischen (Natur-) Gesetzen und ethischen Normen, der es undenkbar macht, dass die letzteren auf erstere zurückgeführt werden können. Nur dann ist gezeigt, dass unsere praktische Vernünftigkeit nicht noch einmal die Funktion natürlicher Determinanten ist. Denn genau dies ist im Bereich der bloß subjektiven Maximen der Fall: Warum ich einer bin, der der Regel folgt, nicht in Ortschaften mit mehr als hundert Einwohnern zu wohnen, das hat seine Ursache letztlich in den Naturgesetzen, die mich via Erbanlagen und Milieu zu dem Individuum gemacht haben, das ich bin. Und selbst von den meisten Regeln, denen alle Menschen gemeinsam folgen, etwa den elementaren Bedingungen unserer Gesundheit und des Überlebens, müssen wir annehmen, dass ihnen die Naturgesetze zugrunde liegen, die uns alle zu einem solchen Verhalten veranlassen. Naturgesetze aber sind keine Sollensregeln, sondern deskriptiv und theoretisch zu fassende Determinationszusammenhänge, die ablaufen, ob wir es wollen oder nicht. Ganz anders ist es im Fall der Befolgung objektiver moralischer Gebote: Sie müssen wir nicht nur kennen, sondern wir müssen ihnen, wenn wir wirklich moralisch handeln wollen, gerade und allein deshalb folgen, *weil* wir sie kennen! Wir richten uns dann nicht nach etwas, das wir durch ihre Befolgung erreichen wollen – und das also wieder naturgesetzlich bedingt wäre –, sondern allein nach ihnen und nur ihnen selbst. Damit ist die Formel begründet, auf die Kant die Problemstellung am Ende von § 1 bringt: Objektive moralische Gesetze dürfen keine hypothetischen Imperative von der Art:

»*Wenn* du x willst, dann musst du y tun« (in der Jugend sparen, um im Alter nicht zu darben, ist Kants Beispiel) sein, sondern es muss sich um unbedingte, also »kategorische Imperative« handeln: »Du sollst x!«

III. Die Kritik der materialen Moralbegründung

(6) Die §§ 2, 3 und 4 entfalten nichts anderes als die Systematik, die der so formulierten Problemstellung bereits ihre Richtung gegeben hat, in negativer Richtung, das heißt als Kritik jeder Glücksethik. Jede materiale Begründung der Geltungskraft moralischer Normen muss, so ist Kants Argumentationsrichtung, eben die Eigenart dieser Normen konterkarieren und sie als Funktionen von Naturgesetzen auffassen. Denn was heißt »materiale«, also inhaltliche Begründung? Eine solche würde darin bestehen, dass eine allen Menschen gemeinsame Zielsetzung, ein sie verbindendes Interesse aufgezeigt werden könnte, das sie dazu bringt, sich die Befolgung moralischer Gebote vorzunehmen. Worin immer nun, das ist Kants These, ein solches uns alle verbindendes Anliegen bestehen könnte, es wäre nur »empirisch« zu begründen. Was heißt das genau? Es heißt zunächst, dass sich die Erwartung, dass man durch moralisches Handeln dieses Ziel erreichen könne, nur auf Beobachtungen, Rückschlüsse aus den Lebensumständen anderer Menschen und Abschätzungen der Zweckdienlichkeit des moralischen Handelns für die Erreichung des Ziels stützen könnte. Eine solche Begründung aber trüge unweigerlich das an sich, wovon die Eigenart moralischer Verpflichtung und Überzeugung gerade abgegrenzt werden sollte, nämlich die für alle empirischen Zusammenhänge charakteristische Hypothetizität. Und das bedeutet, dass der Zusammenhang von Mittel und Ziel, der für diese ganze Beweisführung vorausgesetzt wird, eben durch sie selbst wieder in Frage gestellt würde. Man wäre allen Menschen unbedingt verpflichtet, für etwas einzutreten, von dem gar nicht sicher ist, dass es das ist, was sie alle wirklich wollen. Vor allem aber würde der empirische Charakter einer derartigen Moralbegründung bedeuten, dass der Grund, aus dem die Menschen einander verpflichtet sein sollen, und das Motiv, aus dem sie dieser Verpflichtung folgen würden, auseinanderfielen. Denn wie sollte ein alle Menschen miteinander und also auch mich als einen von ihnen mit ihnen allen verbindendes Interesse, das ich

doch empirisch feststellen können soll, ein anderes als mein individuelles Interesse an meinem Wohlergehen sein? Wenn man, wie Kant, Glückseligkeit subjektivistisch begreift als »das Bewusstsein eines vernünftigen Wesen von der Annehmlichkeit des Lebens, die ununterbrochen sein ganzes Dasein begleitet« (A 40), dann ist die Schlussfolgerung unvermeidlich, dass das Interesse am Glück aller Menschen, wenn es sich denn als eine Bedingung moralischen Handelns erweisen ließe, doch notwendig mit dem Interesse von *jedem* an *seinem* eigenen Glück zusammenfallen müsste und es somit eben gerade nicht das sie Verbindende an diesem Interesse wäre, woraus ihre Verpflichtung gegeneinander sich ergäbe.[9]

(7) Kants Ablehnung jeder eudaimonistischen Ethik ist zwar nur unter Voraussetzung seines rein subjektiven Glücksbegriffs zwingend, als solche aber ein tragender Eckstein seiner Moralbegründung. Eine Vermittlung zwischen Vernunft und Lust, wie man sie sogar in der Platonischen Differenzierung zwischen höheren und niederen Lüsten im »Philebos« angelegt sehen kann, gibt es bei Kant, jedenfalls auf der Ebene der Moralbegründung, nicht. Schon deshalb verbietet sich auch jede Rekonstruktion des kategorischen Imperativs mit den diversen Variationen der »Goldenen Regel«. »Was du (nicht) willst, dass man dir tu«, kann nach Kant in keinem Fall der Ausgangspunkt, sondern immer nur die Folgerung aus moralischer Selbstbestimmung sein. Nicht daraus, wie wir selbst behandelt werden wollen, folgt, wie wir andere behandeln sollen, sondern aus der Entfaltung des uns wie anderen gleichermaßen vorgegebenen Tunsollens ergibt sich, was sie wie wir voneinander zu wollen haben. Im Gegensatz von (meiner wie der des anderen) selbstbezogener Individualität und selbstloser Allgemeinheit liegt daher das grundlegende Abgrenzungsprinzip zwischen empirisch-hypothetisch und apriorisch-kategorischer Normgebung. Dies muss man sich nicht zuletzt deshalb ganz klar machen, um einem der unausrottbarsten Missverständnisse im Umgang mit

---

[9] »Es kommt«, so spottet Kant, »auf diese Art eine Harmonie heraus, die derjenigen ähnlich ist, welche [...] von der Anheischigmachung König Franz des Ersten gegen Kaiser Karl den Fünften erzählt wird: was mein Bruder Karl haben will (Mailand), das will ich auch haben«, und das Fazit lautet: »Empirische Bestimmungsgründe taugen zu keiner allgemeinen äußeren Gesetzgebung, aber auch eben so wenig zur innern; denn jeder legt sein Subjekt, ein anderer aber ein anderes Subjekt der Neigung zum Grunde, und in jedem Subjekt ist bald die, bald eine andere im Vorzuge des Einflusses. Ein Gesetz ausfindig zu machen, das sie insgesamt unter dieser Bedingung, nämlich mit allerseitiger Einstimmung, regierte, ist schlechterdings unmöglich.« (A 50 f.).

Kants Ethik zu entgehen. Es ist absolut nicht das Streben nach und auch nicht das Genießen von Glück als solchem, wogegen sich die Vernünftigkeit unseres Handelns auszuweisen hätte. Es ist ganz und gar vernünftig, sich am Glück zu orientieren. Man muss hier immer im Auge behalten, dass die Aufgabe, die sich Kant in der »Kritik der praktischen Vernunft« stellt, die Aufgabe der Moral*begründung*, zu unterscheiden ist von der Moral*lehre*, welche die konkreten Pflichten zu entwickeln hat, die uns als Menschen im Umgang mit uns selbst und unseresgleichen vorgegeben sind. Eben weil es zur natürlichen Verfassung des Menschen gehört, nach Glück zu streben, ist die Beförderung des Glücks der Leitfaden für die konkreten Ziele, die auch unsere moralische Verpflichtung im Umgang mit unseren Mitmenschen bestimmen. Nur kann aus demselben Grunde die Beförderung unseres eigenen Glücks nicht das Prinzip sein, aus dem uns diese moralischen Pflichten geboten sind. (Vgl. sehr klar A 60 f.) Dass man seine Mitmenschen glücklich machen soll, folgt eben auf keine Weise daraus, dass man selbst glücklich werden möchte, sondern immer nur aus der Einsicht, dass der Respekt vor ihnen als (nach Glück strebenden) Menschen vernünftig ist und als objektiver Handlungsgrund jede eigene, egoistische Glücksorientierung verdrängt. Mit einer »Masochistenethik« hat das nichts zu tun, und auch Schillers Distichon »Gerne dien ich den Freunden, doch tu ich es leider mit Neigung,/ Und so wurmt es mir oft, daß ich nicht tugendhaft bin«[10], ist nicht auf der Höhe von Kants Moralbegriff. Die Neigungen der Menschen sind als Leitfaden des uns ihnen gegenüber gebotenen Handelns genau soweit moralisch verbindlich, wie sie *nicht* in Ansatz gebracht werden, um zu begründen, warum es moralische Verbindlichkeit selbst gibt.

IV. Die formale Moralbegründung

(8) Damit sind wir bereits an der Schwelle zum Kern- und Grundprinzip der Moralbegründung angelangt: der Verortung der Differenz zwischen hypothetischem und kategorischem Imperativ. *Wo*, wenn überhaupt, kann sich zeigen, dass es Regeln gibt, die nicht nur dessentwegen gelten, was wir durch ihre Befolgung erreichen wollen,

---

[10] Schiller, Friedrich (1987): »Gewissensskrupel«, in: Sämtliche Werke, Bd. 1, Gedichte, Dramen I, München, S. 299.

sondern deren Befolgung allein um ihrer selbst willen geboten ist? Für die Antwort auf diese Frage kommt alles darauf an, dass man nicht meinen darf, sie könne einem vom Philosophen oder von wem auch immer abgenommen werden. Denn der Ort, an dem sich entscheidet, ob eine Norm allein durch sich selbst verbindlich wird, liegt in keinem anderen als *in mir selbst*. Ich allein, und zwar auch nur im Augenblick meiner Entscheidung für das, was ich zu tun habe, kann wissen, dass nichts anderes als das moralische Gesetz der Grund ist, aus dem ich handle. Es gibt das Praktischwerden der Vernunft, den Übergang des Gebots selbst in die Wirklichkeit genau dann, wenn – und dieses »dann-wenn« hat einen unaufhebbaren zeitlich-kausalen Doppelsinn – ich mich ihm füge. Ob ein anderer nichts »im Hinterkopf« gehabt hat, als er eine gute Tat verrichtete, das weiß ich nicht mit Sicherheit. Denn im moralischen Handeln bin ich der Welt voraus (a priori), die mir hinterher (a posteriori) von der Natur- oder Sozialwissenschaft erklärt werden wird. Als Ursachen werden die naturgesetzlichen Zusammenhänge immer im Hintergrund der Normen aufweisbar sein, nach denen ich mich richte; aber zu den alleinigen *Gründen* meines Handelns kann ich diese Normen machen, eben indem ich mich allein nach ihnen richte und mich für das Gute einzig und allein deshalb entscheide, weil es das Gute ist. Sobald mir dies klar ist, sobald ich also erkannt habe, dass es in meiner *freien* Entscheidung liegt, ob es um ihrer selbst willen verbindliche Gesetze gibt, die keine Naturgesetze sind, bleibt zur Moralbegründung nur eine Aufgabe übrig, nämlich ein Kriterium anzugeben, woran diese Gesetze zu erkennen sind. Eben diese Aufgabe wird von Kant in den zwei Schritten der §§ 5 und 6 formuliert.

V. Der kategorische Imperativ

(9) ›Der‹ kategorische Imperativ ist folglich nichts anderes als die Formulierung dieser Wechselbeziehung zwischen dem Übergang meines individuellen Willens in die Verwirklichung eines ihn durch nichts als seine allgemeine und unbedingte Notwendigkeit bestimmenden Gesetzes und der Form dieses Gesetzes: »Handle so, daß die Maxime deines Willens jederzeit zugleich als Prinzip einer allgemeinen Gesetzgebung gelten könne.« (A 54) Durch diesen Grundsatz erhält die einzige mit den Naturgesetzen gleich mächtige, aber nicht zu ihnen gehörende Norm ihre reale Existenz: in meinem Willen.

Eigentlich gehe also nicht ich zu ihr, sondern sie in mich über. Das zeigt sich exakt daran, dass ich mich, um zu erkennen, dass sie und damit die Vernunft selbst von mir Besitz ergriffen hat, von mir absehen und mich, um mir über das mir aufgegebene Handeln klar zu werden, fragen muss, was jedes vernünftige Wesen genauso wie ich an meiner Stelle zu tun hätte. Damit trete ich nun allerdings in den Raum der reinen moralischen Motivation ein, in dem für die Folgenabschätzung meiner Willensbestimmung kein Platz ist. Ein Utilitarist kann sich fragen, was geschieht, wenn er moralisch in seinem Sinne – also nach der Maßgabe, größtmöglichen Nutzen für sich und seine Mitmenschen zu schaffen – handelt. Was ist, wenn er sich beispielsweise weigert, die Anweisung seines Firmenchefs zu befolgen und Giftsubstanzen ins Abwasser zu leiten? Gewiss, so kann er sich sagen, ist es besser für die Glücks- und Leidbilanz der Menschheit, wenn ich von einer solchen Schädigungshandlung absehe. Aber eigentlich stimmt das nur bei kurzfristiger Folgenbeurteilung. Muss ich nicht die Wahrscheinlichkeit einbeziehen, mit der ich bei einer solchen Weigerung meinen Posten verliere? Wenn der Kollege ihn bekommt, wird er sich nicht von Skrupeln leiten lassen, oder jedenfalls wird ihn irgendwann einer bekommen, der schließlich doch tut, was ich nicht tun will. Also schade ich, wenn ich auf dem Posten bleibe und mich füge, im Grunde doch niemandem, da die Schädigung ja letztlich nicht zu vermeiden ist. Ich schaffe nur Leid für mich und meine Angehörigen, nütze aber niemandem... Diese Art von Strategie ist einem Handelnden durch den Kantischen Moralbegriff, wie ihn die Formel von ›dem‹ kategorischen Imperativ ausdrückt, gerade verwehrt. Die entscheidende Frage lautet nicht: Werden andere das tun, was ich aus moralischen Gründen verweigere? Sondern: Was hätten (und haben) diese anderen ebenso wie ich und wie jeder, der mit der Entscheidung konfrontiert ist, zu tun? »Mache dich allgemein!« lautet die Kurzform der ethischen Grunddevise in den Worten Fichtes. Indem ich mich zum Repräsentanten aller vernünftigen Wesen mache, wird die Vernunft selbst in mir, ja statt meiner wirksam, erfüllt sie sich also als praktische Vernunft. Und damit sind wir nun endgültig am Überkreuzungspunkt von Moral und Ethik, im Zentrum der Moralbegründung angelangt: An dieser unvergleichlichen Eigenart des einzigen nicht naturgesetzlichen Normzusammenhangs, der sich durch die abstrakt-allgemeine Determinationskraft definiert, mit der er (so wie ein Naturgesetz für alle unter es fallenden Gegenstände) für alle vernünftigen Wesen gilt, muss sich nun erweisen, ob sich allein aus ihr selbst, also aus ihrer (sie mit den Naturgesetzen auf eine Stufe stellenden) Form die Inhalte ableiten lassen, die ich in den konkreten Geboten, die mir (in ihrer naturgesetzlich nicht zu rekonstruierenden Unbedingtheit) sagen »Du sollst...« oder »Du sollst nicht ...«, vorfinde. Die Verallgemeinerung der mein Handeln bestimmenden subjektiven Maxime zu einer Norm, die so wie für mich für jeden gilt, der an meiner Stelle zu handeln hätte und hat, wird zur Nagelprobe der gesamten Moralbegründung.

(10) Wie von Anfang an geht also im Zentrum aller Moralbegründung, wie die »Kritik der praktischen Vernunft« sie versteht, um den intrinsischen Zusammenhang von Logik und Ethik, um die Kapazität, durch rein logisches Nachdenken über die Struktur der spezifisch moralischen Urteile zu Ergebnissen über den Inhalt dieser Urteile, also über den Unterschied von guten und schlechten Handlungen zu gelangen. Die philosophische Formel für jene Struktur aller uns moralisch unbedingt verpflichtenden Imperative, genannt »der« kategorische Imperativ, muss also auf konkrete uns vorstellbare Inhalte dessen angewendet werden, was wir uns als Sinn unseres Handelns vornehmen. Wir müssen dazu, um ›den‹ kategorischen Imperativ in diesem Sinne anzuwenden, in drei Schritten vorgehen: (1) *Übersetzung* des Handelns, das wir vorhaben, in eine »Maxime«, d.h. einen Grundsatz. (Ich habe beispielsweise vor, die Steuer zu hinterziehen. Die entsprechende Maxime müsste lauten: »Es ist richtig, die Steuer zu hinterziehen.«) (2) *Verallgemeinerung* der Maxime. (»Unter den gegebenen Umständen ist es *für jedermann* richtig, die Steuer zu hinterziehen.« oder »Jeder an meiner Stelle dürfte das!«) (3) Die entscheidende Frage: Wäre es, wenn (2) von allen befolgt würde, *überhaupt noch möglich*, Steuern zu hinterziehen? (Dass alle unter bestimmten Umständen die Steuer hinterziehen dürften, würde nichts anderes bedeuten, als dass unter diesen Umständen der Zwang zur Steuerzahlung aufgehoben ist. Eine Steuer, die aber nicht durch Zwang erhoben wird, ist keine Steuer, sondern eine freiwillige Hilfsleistung der Bürger für ihren Staat. Sie kann man nicht »hinterziehen«, sondern nur eben bezahlen oder nicht, je wie man will. Es ist also *aus logischen Gründen* unmöglich, die Steuern zu hinterziehen, wenn alle es dürfen. So wie es *logisch* unmöglich ist, dass ein Junggeselle verheiratet oder ein Schimmel schwarz ist. Der Begriff der Steuer hebt sich auf, wenn ihre Hinterziehung allgemein erlaubt wird.) Kants Argument lautet also, dass schlechtes Handeln wie Lüge, Betrug, Diebstahl, die Tötung Unschuldiger und anderes *aus logischen*

Gründen nicht allgemein erlaubt sein kann und somit allgemein, das heißt strikt verboten ist. – Man muss sich klarmachen, worin die Eigenart dieser allerdings streng rationalistischen Konzeption von Moralbegründung im Verhältnis zu deontologischen Prinzipien von Ethik überhaupt besteht. Dabei ist der Schritt von der Abwägung der Folgen der einzelnen Handlung zu denen einer ihr entsprechenden Regel nicht selbst noch einmal auf einer Folgenabwägung begründet, sondern der Wille, das zu tun, was dann, wenn es als Regel allen geboten wäre, vorteilhaft wäre, bildet ein eigenständiges deontologisches Element in der regelutilitaristischen Bewertungsstrategie. Die Elemente Maximenbildung und Maximenverallgemeinerung sind also in diesem Modell prinzipiell analog zu Kant; die Differenz liegt nur, aber nichtsdestoweniger eindeutig, auf dem Feld der schließlichen Prüfung der Folgen einer dergestalt verallgemeinerten Maxime. Der Utilitarist fragt: Wären die sozialen Zustände, die sich bei einer so geregelten Praxis ergäben, wünschenswert oder nicht, würden sie also die Glücks- bzw. Leidbilanz des gemeinschaftlichen Lebens verbessern oder nicht? Hier erscheint also doch wieder das empirische Moment, das nach Kant aus der Moralbegründung ausgeschlossen werden muss, wenn diese logisch stringent sein und nicht auf Wahrscheinlichkeitsabwägungen beruhen soll. Die Kantische Frage hingegen lautet prinzipiell: *Kann man* überhaupt, das heißt ohne logischen Selbstwiderspruch, *denken*, dass eine verallgemeinerte Maxime allgemeine gesellschaftliche Praxis würde oder hebt sich der Gedanke – logisch – auf? Wenn die Verallgemeinerung des Handelns nicht denkbar ist, dann erschließt sich uns nicht die Unerfreulichkeit einer entsprechenden Wirklichkeit, sondern dann gäbe es die Möglichkeit, so zu handeln, gar nicht mehr. Das heißt, unsittliches Handeln ist im Grunde *parasitär*: Wie der Schwarzfahrer verlässt jeder unsittlich Handelnde sich darauf, dass die anderen anständig bleiben. Denn täten es alle, so gäbe es kein Schwarzfahren mehr. Wer schlecht handelt, widerspricht sich selbst, sobald er versucht, sein Handeln als – allgemeines – Gebot zu formulieren. Hierin also besteht der Zusammenhang von Logik und Ethik, den herausgestellt zu haben Kants unverwechselbarer Anspruch ist.

VI. Das Faktum der Vernunft

(11) Schon in den Schlusspassagen der »Grundlegung zur Metaphysik der Sitten« hatte Kant die Unableitbarkeit der Freiheit als Markierung der »äußersten Grenze aller praktischen Philosophie« (BA 113) hervorgehoben. Entsprechend heißt es nun in der »Kritik der praktischen Vernunft«, dass »alle menschliche Einsicht zu Ende« sei, »so bald wir zu Grundkräften oder Grundvermögen gelanget sind« (A 81), und ein solches ist unsere Freiheit als das Vermögen, uns für »das moralische Gesetz gleichsam als Faktum der reinen Vernunft« zu entscheiden. Moralbegründung ist die Explikation, die systematische Entfaltung einer Gegebenheit, ohne die es praktische Philosophie und damit Ethik genauso wenig gäbe wie Moral, eben des Ergriffenwerdens eines sinnlich konstituierten, tierisch verfassten und von Natur aus egoistischen Individuums durch die zeitlose, abstrakt-allgemeine Vernunft. Unser Nachdenken über das Gute, über die uns gebotenen und verbotenen Handlungsweisen, lässt sich als systematische Reflexion über die unvergleichliche Gegebenheit des Praktischwerdens der Vernunft in uns begründen: das ist das Ergebnis der Anwendung ›des‹ kategorischen Imperativs auf alle moralisch relevanten Entscheidungen. Das Nachdenken darüber, dass ich vernünftige Gebote meines Handelns vorfinde, führt mich zur Einsicht darüber, was ich zu tun und zu lassen habe. Eben deshalb aber besteht die Kehrseite dieses intrinsischen Zusammenhangs von Logik und Ethik darin, dass es eine vernünftige Antwort auf die Frage, warum ein Wesen wie ich vernünftigen Geboten folgt und folgen soll, nicht mehr gibt. Dies ist der Kerngehalt von Kants Rede vom »Faktum der Vernunft«, das uns unhintergehbar ist, »weil man es nicht aus vorhergehenden Datis der Vernunft, z.B. dem Bewusstsein der Freiheit (denn dieses ist uns nicht vorher gegeben), herausvernünfteln kann« und von dem man, um es »ohne Mißdeutung als *gegeben* anzusehen, wohl bemerken« muss, dass es kein empirisches, sondern das einzige Faktum der reinen Vernunft sei, die sich dadurch als ursprünglich gesetzgebend (*sic volo, sic iubeo*) ankün-

digt« (A 56).[11] Wir befinden uns mit ihr im innersten Zentrum nicht nur seiner praktischen, sondern seiner kritischen Vernunftphilosophie überhaupt. Denn im Faktum der Vernunft verzahnen sich die absoluten Eckpunkte der philosophischen Systematik Kants: die Begriffe der Natur und der Vernunft, der Freiheit und der Person. Für ihren gesamten Zusammenhang ist daher die Eigentümlichkeit des Übergangs ganz entscheidend, in dem die Vernunft in ein Sinnenwesen wie mich eintritt und mich ihre geistige Macht ergreift. Es ist dies *ein Übergang des bloß Möglichen in eine mich (sobald ich nur auf diese Möglichkeit aufmerksam werde) zwingende Notwendigkeit.*[12] Welch große Tragweite diese Feststellung hat, wird einem klar, sobald man bedenkt, dass im Schritt von der Möglichkeit zur eigentümlichen Notwendigkeit der Freiheit gerade die systematische Verbindung zwischen den beiden Hauptsäulen der Kantischen Vernunftkritik besteht. In der *Kritik der reinen Vernunft* war es ja darum gegangen, die Möglichkeit der Freiheit unter der Voraussetzung eines vollständig geschlossenen Zusammenhangs der gesetzlich determinierten Natur aufzuweisen, zu welcher auch ich als leiblich-sinnliches Wesen, als empirisches Objekt gehöre.[13] Die Lösung des Problems bestand im Grunde in nichts weniger als dem gesamten Modell des »transzendentalen Idealismus«, welches in diesem Hauptwerk Kants entfaltet wurde.[14] Freiheit ist zu denken möglich, wenn man den Bereich des Gegenständlichen der Natur auf den der gesetzlich geordneten

---

[11] Es ist kein Zufall, dass diese Markierung in der *Kritik der praktischen Vernunft* an ganz zentraler Stelle, unmittelbar nach der Formulierung des kategorischen Imperativs, steht. Es gibt Untersuchungen, die gezeigt haben, wie lang und schwierig einerseits Kants Weg gewesen ist, ehe er sich zu dieser Unableitbarkeit des *principium executionis* der Moral und der strikten Begrenzung der praktischen Philosophie auf die Darlegung ihres *principium diiudicationis* durchgerungen und welche schlüsselhafte Bedeutung andererseits diese Grenzziehung für die Denkansätze der auf Kant folgenden idealistischen Metaphysiker gehabt hat.
Vgl. insbesondere Henrich, Dieter (1982): Ethik der Autonomie, in: Ders.: Selbstverhältnisse, Stuttgart, S. 6–56, insbes. S. 28 ff.
[12] Kant charakterisiert dies wie folgt: »Die Sache ist befremdlich genug, und hat ihres gleichen in der ganzen übrigen praktischen Erkenntnis nicht. Denn der Gedanke a priori von einer möglichen allgemeinen Gesetzgebung, der also bloß problematisch ist, wird, ohne von der Erfahrung etwas zu entlehnen, als Gesetz unbedingt geboten.« (A 55).
[13] Ausgehend von der Behandlung der dritten Antinomie in der Kritik der reinen Vernunft B 472 ff.
[14] Vgl. zu diesem Zusammenhang Kaulbach, Friedrich (1978): Das Prinzip der Handlung in der Philosophie Kants, Berlin/New York, insbes. S. 43.

Erscheinungen eingrenzt und »im kosmologischen Verstande« die Freiheit von dem Vermögen des Menschen her bestimmt, »einen Zustand *von selbst* anzufangen, deren Kausalität also nicht nach dem Naturgesetze wiederum unter einer anderen Ursache steht, welche sie der Zeit nach bestimmte« (B 561). Damit ist, wie aus der Systematik der reinen Vernunftkritik unbedingt gefordert, nicht die Wirklichkeit, sondern allein die Möglichkeit der Freiheit als »reine transzendentale Idee« aufgewiesen; aber schon hier staunt Kant, es sei »überaus merkwürdig, dass auf diese *transzendentale* Idee der *Freiheit* sich der praktische Begriff derselben gründe […] Die *Freiheit im praktischen Verstande* ist die Unabhängigkeit der Willkür von der *Nötigung* durch Antriebe der Sinnlichkeit« (B 561 f.) Der transzendentale Idealismus entwirft das Modell einer Zweiheit von empirisch gegebener Sinnenwelt der raumzeitlich geordneten Erscheinungen und einer Sphäre der zeitenthobenen »Dinge an sich« als notwendige Denkvoraussetzung der Möglichkeit der Freiheit. Zugleich aber liegt in der so aufgewiesenen Möglichkeit in einer wie auch immer zu entfaltenden Weise jener praktische Begriff der Freiheit, der zur Voraussetzung hat, dass keine uns empirisch vorgegebene und uns ja auch als empirische Objekte einbegreifende Erscheinung »so bestimmend war, daß nicht in unserer Willkür eine Kausalität liege, unabhängig von jenen Naturtatsachen und selbst wider ihre Gewalt und Einfluß etwas hervorzubringen, was in der Zeitordnung nach empirischen Gesetzen bestimmt ist […]« (B 562) Zwar bewegen wir uns auch mit diesem praktischen Begriff der Freiheit immer noch im Bereich des Aufweises ihrer Möglichkeit, nicht ihrer Wirklichkeit; aber inhaltlich ist er gegenüber dem transzendentalen Begriff doch durch den einen entscheidenden Schritt abgehoben, durch den das, was in der zeitenthobenen Ordnung der Ideen seinen Ursprung hat, von der geordneten Kette der Erscheinungen in der Sinnenwelt nicht nur unterschieden ist, sondern von ihrem Ursprungsort her doch in diese über- und eingeht! Das heißt: Der transzendentale Idealismus eröffnet, wenn und insofern er die Bedingung seiner Denkmöglichkeit ist, mit unserem praktischen Begriff von Freiheit wesentlich auch die Bedingung dafür, dass die Erfahrung der *Wirklichkeit* der Freiheit, wenn sie denn stattfindet, die Bedingung der rationalen Vermittlung zwischen dieser Wirklichkeit und dem gesamten Gebäude des theoretisch fassbaren Naturzusammenhangs mit sich führt. Und eben dieser Aufweis der Wirklichkeit der Freiheit als Unterwerfung unter die Notwendigkeit der moralischen Gesetze wird mit dem Begriff des »Faktums der Vernunft« bezeichnet. (A 82) Das aber bedeutet nichts geringeres, als dass mit der rationalen Rekonstruktion des Übergangs zwischen der Form des moralischen Urteils und den uns durch es in der uns umfassenden Sinnenwelt gebotenen Handlungen zugleich das Fundamentalproblem im Kreuzungspunkt von praktischem und theoretischem Vernunftgebrauch seine Lösung erfährt, nämlich: das *Freiheits*problem, das von uns fordert, »den scheinbaren Widerspruch zwischen Naturmechanismus und Freiheit in ein und derselben Handlung [...] aufzuheben« (A 174).

(12) Das moralische Gesetz gibt uns also,

> »wenn gleich keine *Aussicht*, dennoch ein schlechterdings aus allen Datis der Sinnenwelt und dem ganzen Umfange unsers theoretischen Vernunftgebrauchs unerklärliches Faktum an die Hand, das auf eine reine Verstandeswelt Anzeige gibt, ja diese sogar *positiv bestimmt* und etwas von ihr, nämlich ein Gesetz, erkennen läßt« (A 74).

Es eröffnet uns somit den mit dem transzendentalen Idealismus der reinen Vernunftkritik eng verzahnten Blick auf uns selbst als »Bürger zweier Welten«, der zeitenthobenen Verstandes- und der als zeitlich konstituierter Inbegriff von Erscheinungen empirisch gegebenen Sinnenwelt. Beider Zusammenhang ist nach Kant eben durch uns konstituiert, und umgekehrt bestimmt ihrer beider Zusammenhang die spezifische Konstitution, in welcher wir uns selbst in einzigartiger Weise vorfinden, nämlich unsere *Personalität*. Als Personen erfassen wir uns wesentlich im Übergang zwischen den beiden Standpunkten, die wir uns selbst gegenüber einnehmen können: demjenigen des wie jeder andere Naturgegenstand durch die Naturgesetze determinierten und empirisch fassbaren Objekts und demjenigen, aufgrund dessen wir uns als Vernunftwesen mit dem Anspruch, für alle anderen seiner Art repräsentativ zu sein, zu betrachten vermögen. Nur in diesem Übergang aber wird, wie es dann in der Postulatenlehre der *Kritik der praktischen Vernunft* (A 237) heißt, die Menschheit als dasjenige konstituiert, wodurch jeder von uns (Menschen und damit alle vernünftigen Wesen) als Zweck an sich selbst gesetzt ist. Es ist diese Notwendigkeit, mit der jeder von uns gezwungen ist, von der Betrachtung seiner selbst als egoistisches Sinnenwesen überzugehen zur Platzhalterschaft der reinen Vernunft in seinem Leben, wodurch uns überhaupt erst die Achtung vor der Selbstzweckhaftigkeit jedes Wesens von unserer Art auf- und vorgegeben wird. So liegt im Übergang zu dieser Betrachtung unseres Seins als dessen einer »moralischen Person«, die »nichts anderes als die Idee der a priori *vereinigten Willkür* aller«[15] ist, das Verhältnis begründet, durch das Personalität überhaupt erst konstituiert wird. Person ist niemand, weil er vom Verhältnis zu sich selbst als einem egoistischen Sinnenwesen in die Betrachtung seiner selbst als vernünftiges Wesen faktisch übergegangen wäre; denn dies würde angesichts der Exklusivität, mit der nur jeder für sich gewiss sein kann, sich im Augenblick des Handelns wirklich vom moralischen Gesetz und nichts sonst bestimmen zu lassen, bedeuten, dass wir eigentlich niemals sicher sein könnten, dass ein anderer eine Person ist. Sondern Person bin ich, weil und insofern jeder von uns, *wenn und insofern er verantwortlich handeln soll,* sich vor mir für das zu rechtfertigen hat, was er tut. Dass ein anderer Mensch Person ist, wissen wir nicht aus seinem, sondern aus *unserem* Zwang, von der Perspektive des egoistischen Sinnenwesens zu der des verantwortlichen Repräsentanten des – und damit auch seines – Menschseins überzugehen. Personalität ist also eine prinzipiell und unaufhebbar *passive* Macht, die jeder von uns allein dadurch hat, dass jeder Handelnde, von dessen Handeln er betroffen ist, durch die uns alle miteinander verbindende Vernünftigkeit dazu gezwungen ist, auf ihn Rücksicht zu nehmen. Das Vermögen, sich nach dem moralischen Gesetz selbst zu bestimmen, ist konstitutiv für die menschliche Selbstzweckhaftigkeit und damit für das, was unsere Personalität ausmacht, aber nicht in dem Sinne, dass Personen nur diejenigen Wesen wären, die dieses Vermögen aktual auszuüben vermöchten, sondern *weil Personen alle diejenigen sind, für den Umgang mit denen diese Gesetze gelten.* Wenn einer, etwa aufgrund von Krankheit oder Behinderung, nicht aktual fähig ist, in die Betrachtung seiner selbst als Bürger der Verstandeswelt überzugehen, dann ist es nicht sein, sondern mein Problem und das von uns allen, die wir zu ihm im Verhältnis personaler Verantwortung stehen, uns für ihn in diese Perspektive auf sein intelligibles Dasein zu versetzen.

(13) So entschieden Kants Freiheitstheorie die geistige Macht des zeitenthobenen sittlichen Gesetzes, das so allgemein wie jedes und so unbedingt wie keines der Naturgesetze ist, voraussetzt, so unbegreiflich scheint es für sie bleiben zu müssen, wie ein zeitlich konstituiertes empirisches Objekt namens Mensch, das seine gesamte Verhaltensorientierung aus der Anpassung an die Zwänge bezieht, welche die Natur jedem zu ihrem geschlossenen Zusammenhang gehörigen Sin-

---

[15] Kant: Metaphysik der Sitten, Rechtslehre, § 20, AB 102.

nenwesen notwendig auferlegt, der Machtergreifung der zeitenthobenen Vernunft in seinem Leben irgend einen Ansatzpunkt bieten könnte. Wenn es, wie Kant ja durch die Übernahme des subjektiven Glücksbegriffs und die Interpretation unseres Glücksstrebens als Wunsch nach einem uns dauerhaft begleitenden individuellen Befriedigungszustand offenbar annimmt, in unserer Natur liegt, nichts als unser egoistisches Wohlergehen zu verfolgen, dann stellt sich das Faktum, dass wir an irgend einem nicht weiter ableitbaren Punkt die vernünftige Selbstbestimmung an die Stelle unserer Natur treten lassen, als Bruch mit unserem ganzen Dasein und als in Bezug auf dieses rein negativ verfasste Zäsur dar. Müssten wir nicht folgerichtiger sagen, dass die Vernunft nicht ›in‹ uns praktisch wird, sondern dass sie in Form des moralischen Handelns eigentlich selbst an unsere Stelle tritt? Im Umgang mit dieser Problematik ist Kant gezwungen, sich auf die Ebene der Psychologie zu begeben, ohne aber damit im empirisch fassbaren Bereich stehen bleiben zu können. Diese Konstellation bestimmt sein Vorgehen im dritten Hauptstück »Von den Triebfedern der reinen praktischen Vernunft« (A 126 ff.). Die ausschlaggebende psychologische Beobachtung, die er anführt, besteht darin, dass der Moment, in dem sich gegen alle unsere sinnlich gesteuerten Neigungen das diesen Abbruch tuende überzeitliche Gesetz zur Geltung bringt, ein *schmerzhafter* ist. Es kostet uns Überwindung, uns von der Sinnlichkeit zu lösen und uns für den Anspruch des rein vernünftig verfassten Guten zu öffnen. Wenn nun diese Überwindung schmerzhaft ist und, wie die zentrale Grundannahme der Theorie fordert, keinen anderen Grund als das moralische Gesetz selbst hat, »haben wir nun den ersten, vielleicht auch einzigen Fall, da wir aus Begriffen a priori das Verhältnis eines Erkenntnisses (hier ist es einer reinen praktischen Vernunft) zum Gefühl der Lust oder Unlust bestimmen konnten« (A 129). Es gibt also ein Gefühl, als welches die geistige Macht der überzeitlichen Vernunft in unserem empirisch fassbaren Dasein wirksam wird. Das Einzigartige an diesem Gefühl besteht aber eben darin, dass es genau diese Einsicht, also die Erkenntnis mit sich bringt, dass sein Grund von anderer Art als der jeglichen sonstigen Schmerzes ist – und mit dieser Einsicht zugleich seine Verwandlung in das Bewusstsein eben dieses einzigartigen Grundes. In diesem »Gefühl« wohnt also im Menschen genau das, was die Kantische Moralphilosophie in Worte fasst! Dahin jedenfalls scheint der Gedankengang Kants zu laufen, wenn er erklärt:

»Die negative Wirkung auf Gefühl (der Unannehmlichkeit) ist, [...] wie jedes Gefühl überhaupt, *pathologisch*. Als Wirkung aber vom Bewußtsein des moralischen Gesetzes, folglich in Beziehung auf eine intelligible Ursache, [...] heißt dieses Gefühl eines vernünftigen von Neigungen affizierten Subjekts zwar Demütigung [...], aber in Beziehung auf den positiven Grund derselben, das Gesetz, zugleich Achtung für dasselbe [...] Darum kann dieses Gefühl nun auch ein Gefühl der Achtung fürs moralische Gesetz, aus beiden Gründen zusammen aber ein *moralisches Gefühl* genannt werden.« (A 133)

Mit der Annahme dieses einzigen vernunftgewirkten Gefühls, also des Gefühls der Achtung für das moralische Gesetz, ist der Forderung genüge getan, die sich aus der Systematik des Kantischen Modells der Moralbegründung ergibt: in ihm geschieht der Eintritt der zeitenthobenen Vernunft ins sinnlich affizierte menschliche Individuum.

VII. Die Pflicht

(14) Der »positive« Begriff der Freiheit (A 52) lautet: Gehorsam gegenüber dem moralischen Gesetz.[16] »Je mehr ein Mensch kann moralisch gezwungen werden, desto freyer ist er«, heißt es an anderer Stelle.[17] Dies ist auch der Sinn von Kants gesamter Konzeption von Autonomie: Unterwerfung unter ein selbstgegebenes Gesetz. Der Autonomiebegriff hat einen eindeutig politischen Hintergrund in der Tradition der freien Unterwerfung unter eine ordnende Macht.[18] In dieser politischen Bedeutung ist der Begriff von Kant aufgenommen worden.[19] Die Erlangung von Autonomie ist ein Machtgeschehen. In ihm setzt sich die Vernunft als Prinzip der freien Regelung unse-

---

[16] Zur Diskussion um diesen Freiheitsbegriff vgl. Taylor, Charles (1992): Negative Freiheit? Zur Kritik des neuzeitlichen Individualismus, Frankfurt a. M., S. 118ff. und dazu Schweidler, Walter (2001): Die Menschenrechte als metaphysischer Verzicht, in: Ders.: Das Unantastbare. Beiträge zur Philosophie der Menschenrechte, Münster, S. 73–100, insbes.S. 79ff.
[17] Kant: Akademie-Ausgabe Band XXVII 1 (Vorlesungen über Moralphilosophie, Bd. 4), S. 268.
[18] Zum geschichtlichen Hintergrund des Autonomiebegriffs vgl. Feil, Ernst (1987): Antithetik neuzeitlicher Vernunft. ›Autonomie‹ – ›Heteronomie‹ und ›rational‹ – ›irrational‹, Göttingen, S. 33.
[19] Vgl. etwa MdS Rechtslehre A 172 f., wo Kant von den drei Gewalten spricht, »wodurch der Staat (*civitas*) seine Autonomie hat«.

rer Angelegenheiten durch gegen die kriegerischen,[20] egoistischen Tendenzen, die sich daraus ergeben, dass wir, wie alle animalischen Wesen, den Naturgesetzen unterworfen sind – getreu dem Wort Kants, dass das Tier Mensch eines Herrn bedürfe, »der ihm den eigenen Willen breche und ihn nötige, einem allgemeingültigen Willen, dabei jeder frei sein kann, zu gehorchen«[21]. Diese Freiheitskonzeption ist für Kants Lösung des Freiheitsproblems absolut zentral und als solche bis heute aktuell. Freiheit kann wesentlich nicht begriffen werden als Lücke in oder Negation von Determination, sondern nur als zu der natürlichen hinzutretende, von uns erzeugte *zusätzliche Determination*, als Determination durch (vernünftige) Gründe statt (natürliche) Ursachen. Freiheit ist nicht Willkür, und ein Satz wie »Hier stehe ich, ich kann nicht anders!« drückt diesen Zusammenhang von äußerster Freiheit und selbst gegebenem Zwang eindrücklich aus. Dennoch enthält Kants Autonomiebegriff Vorentscheidungen, die immer den fundamentalen Ansatzpunkt für die Kritik gebildet haben, die von Seiten der Existenzphilosophie, der Phänomenologie, des Personalismus und des Neoeudämonismus an seiner Moralbegründung geübt worden ist. Zentrum und Fluchtpunkt dieser Vorentscheidungen ist, wie oben (Abschnitt 4) angedeutet, Kants Unterwerfung unter die typisch neuzeitliche »Seins-Sollens-Dichotomie«, verbunden mit der Ausblendung aller bedeutenden Vermittlungsgrößen zwischen Norm und Leben wie etwa den Begriffen der menschlichen Natur, der vernünftigen Seele oder des gelingenden Lebens. Dies treibt Kant in die Alternative hinein, die zur tierischen, egoistischen Orientierung an individuellem Glück nur das abstrakte Gesetz, die ohne Ausnahme und ohne Rücksicht auf die konkrete Situation und die Rollen der Beteiligten geltende Norm übriglässt. Der seit jeher kritisierte »Rigorismus« des Kantischen Moralbegründungsmodells ist eben hiervon die Folge.

(15) Wie immer man philosophisch zu dieser Grundvoraussetzung steht, sie bestimmt jedenfalls im Endeffekt Kants Begriff von Moral und damit die Substanz seiner »Pflichtethik«. »Das Bewußtsein der *freien* Unterwerfung des Willens unter das Gesetz […] ist nun die Achtung fürs Gesetz« (A 142), und wer dasjenige, was ihm das moralische Gesetz vorschreibt, nicht nur objektiv ausführt (also »pflichtgemäß« handelt), sondern sich dabei auch subjektiv nach keinem

---

[20] Vgl. KRV 779 f.
[21] Akademie-Ausgabe Band VIII, 23.

anderen Motiv richtet als nach seiner Achtung für dieses Gesetz, der handelt »aus Pflicht« und damit *per definitionem* moralisch. (A 144) Mit dieser Kennzeichnung ist für Kant geleistet, was in der philosophischen Befassung mit Moral zu leisten war und ist. Und so erreicht das radikal rationalistische Modell der Begründung aller Moral auf der abstrakten Vernünftigkeit den Höhepunkt seiner Darstellung in der *Kritik der praktischen Vernunft* in den emotionalsten Passagen, die man im ganzen Werk Kants findet, im Hymnus auf die Pflicht (»*Pflicht!* Du erhabener großer Name [...]«, A 154) und der Eloge auf die Persönlichkeit (»d.i. die Freiheit und die Unabhängigkeit von dem Mechanism der ganzen Natur [...]«, A 155). Auf dem Faktum der Vernunft und dem Anspruch der umfassenden Rekonstruktion der Bedingungen seiner Möglichkeit ist schließlich auch die »Postulatenlehre« (A 219 ff.) aufgebaut, mit welcher die Freiheit, die Unsterblichkeit der Seele und das Dasein Gottes als Implikationen der Vereinbarkeit der Unterwerfung unter die Forderungen des Moralgesetzes mit den Bedingungen denkbarer Erfüllung dieser Forderungen abgeleitet werden. Philosophisch gehaltvoll und interessant wird jede genauere Befassung mit diesen End- und Fluchtpunkten der Kantischen Moralbegründung wohl am ehesten von einer profunden Auseinandersetzung mit seinem Philosophiebegriff und seinem Methodenverständnis her werden. Hier, in der Bezugsetzung zwischen philosophischer Methode und phänomenaler Herausarbeitung des Gegenstandes aller Moralbegründung, liegen die weiterhin spannenden und offenen Desiderate der kritischen Befassung mit der *Kritik der praktischen Vernunft*.

Literaturverzeichnis

Feil, Ernst (1987): Antithetik neuzeitlicher Vernunft. ›Autonomie‹ – ›Heteronomie‹ und ›rational‹ – ›irrational‹, Göttingen.
Henrich, Dieter (1982): Ethik der Autonomie, in: Ders.: Selbstverhältnisse, Stuttgart, S. 6 – 56.
Jäsche, Gottlob Benjamin (Hg.) (1800): Immanuel Kants Logik. Ein Handbuch zu Vorlesungen, in: Weischedel, Wilhelm (Hg.) (1963): Werke in sechs Bänden, Band III, Darmstadt.
Kaulbach, Friedrich (1978): Das Prinzip der Handlung in der Philosophie Kants, Berlin/New York.
Küsters, Gerd-Walter (1988): Kants Rechtsphilosophie, Darmstadt.
Schiller, Friedrich (1987): Sämtliche Werke, München.

Schweidler, Walter (2001): Das Unantastbare. Beiträge zur Philosophie der Menschenrechte, Münster.
Ders. (2008): Das Uneinholbare. Beiträge zu einer indirekten Metaphysik, Freiburg/München.
Ricoeur, Paul (1996): Das Selbst als ein Anderer, München.
Spaemann, Robert (1989): Glück und Wohlwollen. Versuch über Ethik, Stuttgart.
Taylor, Charles (1992): Negative Freiheit? Zur Kritik des neuzeitlichen Individualismus, Frankfurt a. M.

Leitfragen

1. *Erklären sie den kategorialen Unterschied zwischen Naturgesetzen und ethischen Normen bzw. moralischen Geboten.*

2. *Erläutern Sie, warum nach Kant die Moralgebung zwar vom Individuum ausgehen muss, aber dennoch nicht subjektiv sein darf bzw. kann.*

3. *Beschreiben Sie die schrittweise Erstellung einer Moralbegründung bzw.Handlungsmaxime in der Form des kategorischen Imperativs.*

4. *Erläutern Sie das Problem der Stellung des Menschen als »Bürger zweier Welten«, die sich als Personalität konstituiert.*

Günter Fröhlich
John Stuart Mill: Utilitarismus

John Stuart Mill wurde am 20. Mai 1806 in London geboren und starb am 8. Mai 1873 in Avignon. Er gehört zu den einflussreichsten Denkern des 19. Jahrhunderts und ist einer der Hauptvertreter der klassischen Nationalökonomie, jener Lehre, die von Adam Smith begründet wurde und die behauptete, die wirtschaftliche Entwicklung innerhalb eines liberalen Staates verhalte sich nach eigenen Gesetzen, die in ihrer Exaktheit denen der Natur in nichts nachstünden.
Der Utilitarismus, die Richtung wie das Buch Mills (i.F. MU), stehen in einem genuin politischen Kontext. Seine Anhänger nannten sich radicals und strebten umfassende demokratische Reformen im England des neunzehnten Jahrhunderts an. Überhaupt ist der Liberalismus einer der Dreh- und Angelpunkte in diesem Denken. Mills Essay erschien ab 1861 in Fraser's Magazine und ist seitdem „im angelsächsischen Sprachraum der meistgelesene, meistdiskutierte und wohl auch meistkritisierte moralphilosophische Text überhaupt" (Birnbacher 2006, 198).
Der Text ist als Verteidigungsschrift gedacht. Einerseits wollte Mill den Utilitarismus in der Tradition verankert wissen – das Prinzip des größten Nutzens und Glücks sei also gar nicht so neu –, andererseits suchte er diesen gegen Angriffe und dagegen vorgebrachte Argumente in Schutz zu nehmen. Wie Birnbacher betont, hat der Begriff „Utilitarismus" auch heute noch einen „pejorativen Sinn", eine Verteidigung scheint also nach wie vor aktuell zu sein (vgl. ebd.).
Jeremy Bentham (1748-1832), der als der Begründer des klassischen Utilitarismus, von politischen Sozialreformen und des modernen Wohlfahrtsstaates bekannt ist, forderte schon sehr früh allgemeine Wahlen, Frauenstimmrecht, die Abschaffung der Todesstrafe, die Legalisierung von Homosexualität, er trat für Pressefreiheit und Tierrechte ein; allerdings auch für Wucherzinsen und Folter.
Zwischen 1865 und 1868 setzte sich Mill als Abgeordneter des englischen Unterhauses vehement für die politischen Forderungen Benthams ein, daneben aber auch für Geburtenkontrolle, „dem

Ideal eines stationären Wirtschaftszustandes, in dem sich die menschlichen Energien statt auf vermehrte Güterproduktion auf kulturelle Werte richten würden" und insgesamt für eine „gerechtere Verteilung des Vorhandenen"; und er trat gegen die „Zerstörung der Natur" auf (Birnbacher 2006, 200).

Mill hinterließ ein beachtliches literarisches Werk, das allerdings nicht als sehr originell gilt. Er versuchte, die wesentlichen Strömungen seiner Zeit aufzugreifen, die Vorzüge jeweils herauszuheben und alles zu einer kompilierenden Einheit zu verschmelzen. So etwas kann niemals sehr konsequent ausfallen, und so finden sich bei ihm immer zahlreiche Widersprüche, die er allerdings bestmöglich zu überbrücken sucht. Letztlich scheint ihm allerdings etwas anderes wichtiger gewesen zu sein: Er wollte den Phänomenen und sicher auch seinen Überzeugungen gerecht werden, und das alles schien sich nun einmal nicht einfach zu einer systematischen Einheit zusammenschließen zu lassen. Dass er darüber in Konflikt geriet, merkt man seinen Texten allemal an. Seine intellektuelle Redlichkeit aber hat ihn immer gehindert, für wahr Erachtetes zugunsten des geschlossenen Systems hintan zu stellen.

Die einleitenden Bemerkungen Mills stellen die Weichen seiner Untersuchung in zwei Richtungen: Wir sprechen heute von einem Konsequentialismus in der Ethik, wenn das moralische Urteil allein auf die Handlungen bezogen wird. Die Grundlage aber, auf welcher das Urteil gefällt wird, bzw. worin dessen Maßstab liegt, hält Mill zwar nicht für beweisbar, aber für weithin be- und anerkannt: es ist der Nutzen der Handlung. Um diese Ansicht zu plausiblisieren, wird im ersten Schritt des Werkes der Begriff des Utilitarismus genauer bestimmt (zweites Kapitel), dann die Frage gestellt, was uns motiviert, dieses Moralprinzip anzuerkennen und uns daran zu halten (drittes Kapitel). Es folgt das, was als Beweis für das Nützlichkeitsprinzip angeführt werden kann (viertes Kapitel), und schließlich die Behandlung einer speziellen Frage: Es ist den Utilitaristen vorgeworfen worden, sie könnten das universale Prinzip der Gerechtigkeit nicht herleiten. Mill versucht zuletzt, den Zusammenhang zwischen „nützlich" und „gerecht" aufzuhellen (fünftes Kapitel).

1. Erstes Kapitel: Allgemeine Bemerkungen

Für Mill besteht Ethik darin, einen Maßstab für die Unterscheidung von „rechten" und „unrechten" Handlungen anzugeben. Das Unterfangen ist so wichtig, dass es verwunderlich scheint, dass sich die besten Köpfe, die sich darin versuchten, seit zweieinhalb tausend Jahren nicht einig geworden sind. Und auch die theoretische Differenzierung zwischen „richtig" und „falsch", mit der die Wissenschaften operieren und die immerhin Ergebnisse zeitigt, auf die man weiter aufbauen kann, versagt hier; denn der Ausgangspunkt sind – aller gewöhnlichen Theoriebildung trotzend – erfahrene Tatsachen, die nachträglich systematisiert werden – ein Weg, den die Ethik allerdings nicht zulässt, denn: „Ein Maßstab für Recht und Unrecht muss [...] ein Hilfsmittel zur Feststellung von Recht und Unrecht sein und nicht erst das Ergebnis einer solchen Feststellung" (MU 9).

Handeln verfolgt Zwecke oder Ziele, die gewollt werden. Von diesen müssen wir eine eindeutige Vorstellung haben. Die Handlungsregeln geben zwar den Weg an, wie wir die Zwecke erreichen, dadurch aber müssen sie den Zwecken irgendwie angepasst sein. Bei der Vielfalt möglicher Zwecke scheint es schwierig zu werden, überhaupt einen Maßstab für Handlungsregeln auffinden zu können – und, wie schon gesagt, die Regeln aus den Handlungen abzuleiten, würde den Maßstab dort suchen, wo man ihn schon voraussetzen muss. Der Grund, der eine Handlung zu einer „rechten" oder „unrechten" macht, wird also kaum aus ihrem faktischen Verlauf zu erschließen sein.

Die Tradition der englischen Ethik (Shaftesbury, Hume u.a.) kam hier auf einen Kunstgriff, der für Mill nur ein Trick ist und das Problem überspringt. Es gebe, so kann man dort lesen, einen naturgegebenen Sinn und Instinkt, ein Vermögen, das uns den Unterschied zwischen recht und unrecht unmittelbar vermittelt. Mill wendet ein, dass nirgends bewiesen wird, dass es einen solchen Sinn wirklich gibt. Eine Analogie zu unserer gewöhnlichen Sinneserfahrung scheint auch nicht zu bestehen, denn offenbar handelt es sich um etwas ganz anderes, hier Äußeres, dort Inneres. Was ein solcher Sinn erschließt, bezieht sich auch nie auf konkrete Handlungen, sondern allenfalls auf allgemeine Grundsätze für recht und unrecht. Der moralische Sinn ist damit eher ein Teil der Vernunft.

In einer Frage allerdings seien sich alle einig: Handlungsregeln bestehen in Gesetzen. Nicht aus der Wahrnehmung ergibt sich die

„moralische Richtigkeit", sondern aus der „Anwendung eines allgemeinen Gesetzes auf den besonderen Fall" (MU 11). Auch der Inhalt, was moralisch gerechtfertigt sei und was nicht, sei überall derselbe. Die Unterschiede finden sich allein im Beweis der Gesetze und ihrer Quellen. Die einen ziehen diese aus den Erfahrungen (Induktionisten), die anderen aus dem moralischen Sinn (Intuitionisten). Weil sich beide Theorien einen wissenschaftlichen Anstrich geben, schließen sie auf ein moralisches Grundprinzip, aus dem sie ihre Handlungsregeln und Maximen ableiten. Diese obersten Gesetze seien meist weniger plausibel als die aus ihnen gefolgerten Regeln, und zudem wird man sich inhaltlich nicht einig, was denn das einzig wahre moralische Gesetz ist, oder, wenn es mehrere sind, wie sich diese zueinander verhalten, und für welches sich im Konfliktfall zu entscheiden ist.

Mill nun hält die Ethik nicht für eine Wissenschaft, dennoch glaubt er an die Gültigkeit eines allgemeinen Grundsatzes, nämlich an das „Prinzip der Nützlichkeit oder, wie Bentham es später genannt hat, das Prinzip des größten Glücks" (MU 14/16). Alle anderen Morallehren seien den Menschen nur plausibel und annehmbar erschienen – und offenbar in direkt proportionaler Weise –, als diese mit dem Prinzip der Nützlichkeit konvergierten: „Es gibt keine Denkrichtung, die nicht zugesteht, dass die Bedeutung einer Handlung für die Glückseligkeit in vielen Anwendungsgebieten der Moral eine wesentliche und sogar vorrangige Rolle spielt, wie wenig sie auch gewillt ist, in ihr das Grundprinzip der Moral und die Quelle aller sittlichen Verpflichtungen zu sehen" (MU 15).

Das Grundprinzip des Utilitarismus liegt nach Mill also ausnahmslos jeder Morallehre zugrunde, und es ist deswegen schlichtweg unverständlich, warum diese Lehre einen derart schlechten Ruf genießt. Er nimmt sich in seinem Essay also vor, diese universale Richtung der Moral exakter zu fassen, um sie so vor Missverständnissen zu schützen. Von daher dürfte sich die Verteidigung schon von allein ergeben.

Allerdings sind „Fragen nach letzten Zwecken ... eines direkten Beweises nicht fähig" (MU 17). Dass das moralische Grundprinzip selbst gut ist, lässt sich also nicht schlüssig zeigen, allerdings, dass seine Anwendung ein Mittel zu etwas ist, das zweifelsfrei und ohne Beweis von allen für gut gehalten wird; genauso, wie die ärztliche Kunst nicht selbstverständlich als gut angesehen wird, sondern nur insofern, als sie der Gesundheit dient; die Gesundheit aber wird ausnahmslos von allen als gut angesehen.

2. Zweites Kapitel: Was heißt Utilitarismus?

2.1 Schweinephilosophie und der qualitative Unterschied

Utilitarismus (engl. utilitarianism) erhebt zum Maßstab für gutes Handeln die Nützlichkeit, das geht schon aus dem Namen hervor. Nun ist der Begriff, unter dem man Verschiedenes verstehen kann, ein fast formaler Ausdruck, denn man kann immer alles Mögliche für etwas oder jemanden nützlich finden – und so ist es auch möglich, den Begriff als Gegenbegriff für andere Handlungsmaßstäbe zu verwenden, z.B. dem Angenehmen, dem Guten, dem Schönen, der Lust, dem Vergnügen, dem Gefälligen, der Tugend usf. Eine besondere Affinität hat der Begriff für die Vertreter des Utilitarismus – Mill nennt hier vor allem Epikur und Bentham – zur Lust. Die Übersetzung von engl. *pleasure* macht naturgemäß Probleme, es ist damit aber jede Form von Vergnügen und Freude gemeint. Und so betont Mill, dass unter Nützlichkeit letztlich alles das Genannte und das Vermeiden des Gegenteils, Schmerz, Leid, Hässlichkeit, Armut, Untugend, Ekel usf., verstanden werden muss.

Daraus folgernd definiert er: „Die Auffassung, für die Nützlichkeit oder das Prinzip des größten Glücks die Grundlage der Moral ist, besagt, dass Handlungen insoweit und in dem Maße moralisch richtig sind, als sie die Tendenz haben, Glück zu befördern, und insoweit moralisch falsch, als sie die Tendenz haben, das Gegenteil von Glück zu bewirken" (MU 23). Unter Glück und Unglück versteht Mill Lust bzw. Unlust, und das im allerweitesten Sinne der Worte. Alles, was Lust befördert und Leiden vermeidet, ist demnach als Endzweck des menschlichen Handelns wünschenswert.

Die Auffassung, der Mensch strebe immer nur nach Lust und solle auch unter moralischen Gesichtspunkten gar nichts anderes tun, wurde die längste Zeit über eher sehr kritisch gesehen. Erstens, so wird meist eingewandt, strebt der Mensch noch nach anderen Werten, zweitens ist eine Normierung überflüssig, wenn sowieso niemand etwas anderes tut (das behauptet der Utilitarist letztlich) und drittens, wenn alles dazu zählt, was Mill genannt hat, ist der Begriff derart unscharf, dass wir auch sagen könnten, statt in der Lust sehen wir allgemein im Vorziehen oder im Vorteil-Haben, im Streben oder in der Liebe den Maßstab für alles Handeln. Warum besteht der Utilitarist dann darauf, dass Nützlichkeit, Lust und Glück dasselbe seien?

Begriffslogisch gibt es hier tatsächlich einen Mangel, denn die Begriffe werden nebeneinander gestellt, aber nicht auseinander hergeleitet oder in Beziehung zueinander gesetzt. Außerdem ist das Ganze anrüchig! Epikur wie Bentham warf man vor, eine Philosophie für Schweine zu vertreten, und bei Platon lesen wir, dass der Maßstab der Bedürfnisbefriedigung den am glücklichsten mache, der die Krätze hat, wenn er sich nur genügend kratzen kann (*Gorgias* 494c).

Mill antwortet auf den Vorwurf der „Schweinephilosophie" recht scharfsinnig: Hätte der Mensch die gleichen Bedürfnisse wie ein Schwein, dann gäbe es bei Handlungen im Leben von Schweinen und Menschen auch keinen Unterschied. Der Mensch allerdings hat höhere Fähigkeiten und Bedürfnisse, und sobald er sich dessen bewusst wird, kann er auch nur noch darin sein Glück sehen. Dazu gehören: „die Freuden des Verstandes, der Empfindung und der Vorstellungskraft sowie des sittlichen Gefühls" (MU 27).

Das alles geht über die bloße Sinnlichkeit hinaus. In dieser hatte Bentham den alleinigen Maßstab gesehen. Im vierten Kapitel von *An Introduction to the Principles of morals and legislation* unterscheidet er zwischen verschiedenen Freuden rein quantitativ. Die besseren seien einfach, intensiver, dauerhafter, gewisser, näher, folgenträchtiger, reiner oder erstrecken sich auf mehr Personen (vgl. Höffe 1992a, 80). Mill nimmt einen qualitativen Unterschied der Freuden an, dessen Ursache in einer inneren Beschaffenheit zu suchen ist. Eine Freude sei dann wertvoller als eine andere, wenn alle oder nahezu alle, welche beide kennen und beurteilen können, sie vorziehen. Sollte auch noch ein Ungemach mit der wünschenswerteren Freude verbunden sein, diese aber dennoch vorgezogen werden, so erhöht das ihren Wert noch einmal.

Jedes Lebewesen, das beide Lebensweisen kennt, diejenigen, welche höhere Fähigkeiten voraussetzen und diejenigen, wozu diese nicht benötigt werden, wünscht, diese auch einzusetzen. Kein Mensch möchte ein Tier sein, auch nicht unter der Bedingung, dass ihm dann alle Wünsche und Bedürfnisse erfüllt würden, und „kein intelligenter Mensch möchte ein Narr, kein gebildeter Mensch ein Dummkopf, keiner, der feinfühlig und gewissenhaft ist, selbstsüchtig und niederträchtig sein", wenn er als „Narr, ... Dummkopf oder ... Schurke" (MU 29) auch überaus glücklich werden würde.

Das Schätzen dieser Fähigkeiten bezeichnet Mill als Würde, welche einen großen Teil des menschlichen Glücks ausmacht, soviel, dass wir vieles an Leid ertragen können, wenn wir auf diese nur nicht verzichten müssen. Der Grad einer möglichen Befriedigung der höheren Bedürfnisse ist von vorne herein niedriger als bei geringerer Fähigkeit zum Genuss. Niedrige Bedürfnisse sind schnell gestillt, höhere dagegen womöglich nie. Dennoch wird niemand, der höherer Genüsse fähig ist, denjenigen, der solche nicht hat, beneiden, nur weil der sich keine Vorstellung davon machen kann. Er wird vielmehr leichter auch damit leben können. „Es ist besser, ein unzufriedener Mensch zu sein als ein zufriedenes Schwein" (MU 33).

Nun scheint es auch Mill ganz unbestreitbar, dass Menschen nicht immer nur nach den höheren Empfindungen streben. Er nennt hier einige Einschränkungen, die uns dazu verleiten, so die Versuchung, Charakterschwäche, das Näherliegen von sinnlichen Genüssen, Trägheit, Egoismus, die Anforderungen der Gesellschaft, Unbewusstheit und die Zartheit der wertvolleren Freuden, die durch mangelnde Gewöhnung schnell in den Hintergrund rutschen. Niemand dürfte mit Wissen und Bedacht die höhere Lust der niederen vorziehen. Welche von zwei Empfindungen vorzuziehen ist, kann allerdings nicht die Masse entscheiden, sondern allein derjenige, der beide erfahren hat, und das ist nach Mill der Weise oder wie in Platons Staat der Philosoph (vgl. *Politeia* IX 582a-e).

Nun war vorher schon zugestanden worden, es sei möglich, dass der Edelmütige, weil er sinnliche und materielle Einbußen bewusst in Kauf nimmt, weniger glücklich ist als der Egoist. Das mag sein! Im Utilitarismus kommt es aber nicht auf das Glück des einzelnen, sondern auf das allgemeine Glück an. Und der Tugendhafte fördert gerade dies.[1]

---

[1] Nach Mill ist es die Grundvoraussetzung des Utilitarismus schlechthin, dass das moralische Handeln immer das allgemeine Wohl befördert. Erziehung und gesellschaftliche Rahmenbedingungen sollten so beschaffen sein, dass das Streben nach dem eigenen Vorteil die Interessen der anderen niemals vergisst, beides sollte vielmehr schon gewohnheitsmäßig miteinander verknüpft und der zentrale menschliche Handlungsantrieb sein. Der Utilitarismus ist damit also die systematische Einlösung der Goldenen Regel, wie sie im Christentum und in allen Kulturen der Welt gelte (vgl. MU 37, 53ff.).

2.2 Das Prinzip des größten Glücks

Das Ziel der Moral nach dem Prinzip des größten Glücks – und damit der Endzweck des menschlichen Handelns, das größte Gut für den Menschen insgesamt und das, was von allen am meisten gewünscht wird – ist also „ein Leben, das so weit wie möglich frei von Unlust und in quantitativer wie in qualitativer Hinsicht so reich wie möglich an Lust ist" (MU 37). Die Moral besteht in der „Gesamtheit der Handlungsregeln und Handlungsvorschriften, durch deren Befolgung ein Leben der angegebenen Art für die gesamte Menschheit im größtmöglichen Umfang erreichbar ist" (MU 39).[2]

Eine Reihe von Denkern haben dem gegenüber bestritten, dass der Mensch überhaupt glücklich werden könne, so Goethe, Carlyle, später Schopenhauer, Nietzsche, Freud und andere. Für Mill besteht hier die Frage, was man unter dem Glück versteht. Es wird wohl nicht ein Leben gemeint sein, das im fortwährenden Rausch zugebracht wird, sondern eines, das möglichst wenig von Leiden geprägt ist, meistens ruhig verläuft und hin und wieder Grund hat, sich in hochfliegende Glücksmomente zu erheben, eines in dem sich „Ruhe und Erregung" abwechseln bzw. nebeneinander bestehen (MU 43). Es soll solche Leute geben, und Mill meint, es könnten die meisten sein, wenn die gesellschaftlichen Verhältnisse und die Erziehung seiner Zeit das nicht verhinderten. So war ihm die Erziehung zu höherer Bildung für alle Gesellschaftsschichten ein eminentes und eben auch politisches Anliegen. – Das ist erkennbar ein Ideal, und dazu eines, auf das man heute im ebenso umfassenden Sinne völlig verzichten zu können meint.

Daneben hebt Mill zwei weitere Fähigkeiten des Menschen hervor, welche – werden sie verfolgt – zum allgemeinen Glück wesentlich beitragen. Die eine besteht darin, persönliche Gefühlsbindungen einzugehen, die andere ist ein „aufrichtiges Interesse am Gemeinwohl" (MU 45). Diese beiden menschlichen Züge hält Mill für ebenso elementar – also weder von der Intelligenz noch vom Charakter abhängig

---

[2] Mill vertritt also einen genuinen Regelutilitarismus – das scheint mir unstrittig, wenn das freilich auch nicht dogmatisch zu verstehen ist (vgl. Rinderle 2006, 113ff.) – und keinen Handlungsutilitarismus, welcher allgemeine Regeln gar nicht für möglich hält, weil Situationen nicht vergleichbar sind (vgl. dagegen auch West 2004, 74-95). Im Übrigen dehnt Mill die Forderung eines glücklichen Lebens auf die „gesamte fühlende Natur" (MU 39) aus; das ist eine der ersten Belege für philosophisch gebotenen Tierschutz in der Philosophie der Neuzeit.

–, wie sie die Voraussetzung bilden, Leid und unvermeidbare Not zu lindern oder abzuschaffen sowie das menschliche Leben und seine Verhältnisse zu bessern. Armut ließe sich durch „kluge Vorkehrungen der Gesellschaft" (MU 47) abschaffen, Krankheiten durch Erziehung und die Wissenschaften, Schicksalsschläge und Enttäuschungen durch das Bekämpfen von „Nachlässigkeit, ungezügelte Begierden und schlechten [...] gesellschaftlichen Verhältnissen" (MU 47/49) eindämmen. Wer daran arbeitet, so können wir Mill verstehen, dürfte sich zu Recht glücklich fühlen.

Mill betont (MU 49-53), dass der Edlere und zur höheren Freude Fähige wohl auch leidensfähiger ist und insgesamt auf sinnliche Genüsse verzichten sollte; die Gesellschaft seiner Zeit sei sogar so schlecht, dass man durch ein Sich-Aufopfern wahrscheinlich auch am meisten allgemeines Glück herstellen könnte („die Bereitschaft, ohne Glück auszukommen, wohl am ehesten geeignet ist, so viel Glück zu bewirken, wie überhaupt nur erreichbar ist" – MU 51) – und damit der Hauptforderung des Utilitarismus vollauf zu genügen.[3]

Jedes Opfer, so darf man Mill lesen, ist vergeblich, wenn es nicht immer auch einen Vorteil für den Betroffenen oder andere hätte, ja er geht so weit zu behaupten, dass der sich Opfernde, wenn er nicht wahnsinnig ist, sein Opfer niemals im Bewusstsein zulassen würde, dass es für andere keinen Sinn macht. Wenn es aber für andere sinnvoll ist, dann ist das Opfer von daher gerechtfertigt, niemals aber für sich selbst!

2.3 Die Verteidigung des Utilitarismus

Dass das Glück nicht erreichbar oder wünschenswert sei, war ein Vorwurf der Gegner des Utilitarismus. Mill hatte darauf geantwortet, dass nichts anderes wünschbar ist und letztlich auch gewünscht wird, und dass das Glück in einer wohlproportionierten Form sehr wohl möglich ist. Andere warfen der Richtung vor, sie verlange zu viel, wenn sie von jedem die Beförderung des allgemeinen Wohls fordert.

---

[3] Der Streitpunkt ist die Frage nach dem Moralischen. Nach Carlyle ist die Person durch ihren Verzicht (die „Entsagung" nach Goethe) schon moralisch. Mill erkennt den Verzicht an, dieser müsse aber einen Zweck haben, nämlich das Leben der anderen Menschen zu verbessern oder wenigstens die Intention darauf. Zwar ist der Mensch zu einem zweckfreien Verzicht in der Lage, man kann ihm so etwas aber niemals moralisch empfehlen oder gar gebieten.

Sehr viele Handlungen haben mit dem Gemeinwohl nichts zu tun, wir können also in den meisten Fällen unseren Vorteil suchen, solange wir den anderen nicht schaden. Es gibt zwei Bereiche, in welchen das anders ist: Einmal, wenn tatsächlich die Allgemeinheit von Handlungen betroffen ist – hier ist der öffentliche Nutzen zu verfolgen – und wenn es um Handlungen geht, welche der allgemeinen Moral widersprechen. Diese öffentlichen Moralgrundsätze sollten allein deswegen beachtet werden, weil ihre auch ausnahmsweise Missachtung dem allgemeinen Wohl sicher entgegen wirken würden.

Bezeichnend ist hier, dass Mill ja grundsätzlich versucht, Moral inhaltlich zu begründen. Die Grundfrage dabei lautet: Welche Regel gibt mir an, ob eine Handlung moralisch ist oder nicht? In diesem Fall wendet er das Grundprinzip des Utilitarismus aber nicht zur Begründung einer Handlung an, sondern bezieht es auf positive Gegebenheiten und behauptet, das utilitaristische Prinzip empfiehlt, die öffentliche Moral und ihre Gesetze zu beachten. Die Inhalte der öffentlichen Moral sind also durch den Utilitarismus nicht zu begründen, dieser verlangt nur ihre Beachtung. Das Problem hat eine heuristische Seite und eine, welche das Verhältnis zwischen der Moralphilosophie und den gesellschaftlichen Moralvorstellungen oder den geltenden Rechtsvorschriften betrifft. Denn wenn die öffentliche Moral verdorben und die Rechtsvorschriften korrupt und ungerecht sind, müsste der Utilitarismus aus formalen Gründen dennoch ihre Beachtung fordern. Mill würde hier argumentieren, dass ungerechte Gesetze und eine verdorbene öffentliche Moral dem Gemeinwohl nicht dienen würden. Das aber betrifft die inhaltliche Seite.

Der Utilitarismus, wie ihn Mill zu begründen sucht, ist eine Handlungslehre; ihr normativer Maßstab ist die Beförderung des allgemeinen Wohls. Was darunter inhaltlich zu verstehen ist, kann nicht aus der Norm folgen. Diese muss das vielmehr schon voraussetzen. Inhaltlich geht es nach Mill beim Wohl letztlich immer um die Empfindung von Glück und Zufriedenheit (unter Beachtung des qualitativen Unterschieds), näher der Befriedigung von Interessen und Bedürfnissen. Das alles zusammen bildet den deskriptiven Bodensatz, auf den sich die Thesen aufbauen, dass der Mensch sich wohler fühlt, wenn er abgesichert, empfindsam und gebildet ist, und dass sich die Gesellschaft und damit viele wohler fühlen, wenn möglichst viele einzelne so erzogen werden und in entsprechenden Verhältnissen leben. Erst vor diesem Hintergrund wendet sich die utilitaristische

Moral an den einzelnen und fordert die Beachtung ihrer Norm, wodurch das Gemeinwohl wieder nachdrücklich gefördert wird.[4]

Besonders wichtig ist Mill der Unterschied zwischen Handlungsregel und Handlungsmotiv. Der Utilitarismus fordert das „größte Glück der größten Zahl" (Bentham). Aus welchem Grund ein Handelnder eine bestimmte Handlung begeht, spielt keine Rolle. Eine Handlung ist dann sittlich wertvoll, wenn sich durch diese das Glück vermehrt, der Beweggrund im Handelnden macht dagegen die Person sittlich wertvoll. Einen Ertrinkenden zu retten, ist also sittlich wertvoll, ob der Retter das aus Sittlichkeit tut oder weil er eine Belohnung erwartet, interessiert den Utilitaristen bei der moralischen Beurteilung der Handlung nicht. Verrät man einen Freund, so lädt man Schuld auf sich, auch wenn die Handlung wiederum im utilitaristischen Sinne wertvoll war, d.h. dass sie insgesamt gesehen, das Glück vermehrt hat.

Die Trennung von Person und Handlung kann moralisch letztlich nicht überzeugen.Darauf wird auch immer wieder von Seiten der Kritik hingewiesen. Doch hat Mill, wie die beiden Bespiele zeigen, offenbar etwas anderes im Blick: Der Utilitarismus sieht in erster Linie auf die äußeren Gegebenheiten. Verbessern sich diese insgesamt, werden das sicher die meisten Betroffenen begrüßen. Erst Mill hat mit seinem qualitativen Unterschied von äußeren und innerlich-geistigen, höheren Freuden dieses Äußere auf das Innere radikal erweitert.

Macht man nun aber die Moralität von Handlungen absolut von der Gesinnung, dem Motiv, abhängig, gerät man immer in Konflikt, wie eine Handlung zu beurteilen ist; denn von außen sieht man nicht, was den Handelnden zuletzt bewog. Kant hat einmal betont, dass man es genau genommen nicht einmal bei sich selber weiß (Kant GMS, BA 26). Vom Motiv her können wir Handlungen also überhaupt nicht beurteilen, das kann nur ein Gott, der alles, auch die Motive sieht. Moralisch wollen wir aber einen Beurteilungsmaßstab. Ein solcher kann folglich nur in der Handlung liegen, vor allem wenn es um äußere Güter geht. Dabei dürfen wir nicht vergessen, dass auch geistige Güter zumeist an etwas Äußeres gebunden sind (Bücher, Museen, Gesprächspartner), das wiederum erst durch Handlungen hervorgebracht wird.

---

[4] Mill beachtet die unterschiedlichen Ebenen zu wenig, und man könnte ihm darüber hinaus vorwerfen, dass sich seine Moral nur an die Gebildeten wendet, denn nur diese sind in der Lage, qualitativ zu unterscheiden, mit der Einsicht in das Leiden des Verzichts umzugehen und dieses auf sich zu nehmen; zudem obliegt ihnen auch noch die Mühe, möglichst viele zu Gebildeten und Empfindsamen zu erziehen..

Die Moralität von Handlungen ist mit dem utilitaristischen Maßstab empirisch überprüfbar. Mill geht niemals so weit, zu behaupten, dass das Motiv in jeder Hinsicht irrelevant ist. Da uns Handlungsmotive tragen, schlagen sie letztlich auch auf die Handlungen insgesamt durch. Eine schlechte Gesinnung bringt niemals nur gute Taten hervor; daran kann man ihren Wert also durchaus erkennen.[5]

Der nächste, im Text diskutierte Vorwurf lautet, dass der Utilitarismus die Menschen kalt und gefühllos macht, weil er in einem rationalen Kalkül nur auf die Handlungsfolgen sieht. Die Unterscheidung der Person und der Handlung lässt aber auch hier differenzieren: Ein guter Mensch kann einmal etwas Schlechtes tun, ein bösartiger etwas Gutes. Die Handlung bleibt dadurch schlecht oder gut, aber der Täter eben auch. Der Utilitarist lässt sich hier nicht leicht täuschen, zumal gilt, dass auf lange Sicht ein guter Charakter sich auch in guten Handlungen äußern wird. Permanente Verstöße gegen die Sittlichkeit sind dagegen als Handlungen auch öffentlich zu verurteilen, der Täter dagegen nur als Urheber seiner Handlungen und nicht wegen seines Charakters.[6]

Ein weiterer Vorwurf gegen den Utilitaristen ist seine Gottlosigkeit. Dass Bentham, James Mill und andere Utilitaristen tiefgläubig religiöse Menschen waren, ist wenig bezeugt. Mill dreht den Spieß allerdings geschickt um, indem er sagt, wenn Gott will, dass seine Geschöpfe glücklich sind, dann ist dieser ein bekennender Utilitarist. Was die Offenbarungsgehalte der christlichen Religion angeht, so ist Mill der Auffassung, dass sie, wenigstens was die Ethik angeht, vom Utilitarismus nicht so weit entfernt sind. Ob man dabei an einen obersten Gesetzgeber glaubt, ist allerdings jedem selbst überlassen, auch dem Utilitaristen. Gerade das Christentum aber scheint ihm die Freiheit dafür zu garantieren, dass jeder nach seinen eigenen Überzeugungen handeln soll.

Der Utilitarismus ist auch nicht mit einem Opportunismus vereinbar. Der Opportunist tut ja nur so, als tue er etwas für das

---

[5] Mill würde wahrscheinlich sogar behaupten, es sei gut, wenn jemand seiner bösartigen Gesinnung nicht folgt, aus Furcht davor, dass man sie ihm ansehen würde. Und vielleicht erkennt der Bösewicht dann auch, dass man mit guten Taten auch nicht so schlecht fährt. Das hängt freilich wieder von der Umgebung ab; aber die sollen wir aus utilitaristischen Gründen gerade so einrichten, dass gute Handlungen belohnt und schlechte bestraft werden.
[6] Wenn wir unfrei sind und für unsere Handlungen nichts können, wird nach Schopenhauer dagegen zu Recht nur der Charakter bestraft werden (vgl. Schopenhauer 1988, 454ff.).

Allgemeinwohl, der Utilitarist handelt tatsächlich dafür, er will das allgemeine Glück befördern, und nicht um eines eigenen Vorteils willen den Leuten einreden, sie seien glücklich. Wenn eine Lüge nützlich ist, sollte sie allerdings erlaubt sein. Nur wann ist sie das? – Generell nie, denn der Schaden für das Vertrauen der Menschen untereinander ist zu groß, dürfte jeder von der Wahrheit abweichen. Die Wahrheit zu sagen, ist also von „überragender Nützlichkeit" (MU 69). Dem utilitaristischen Grundsatz zufolge, müssen die Nützlichkeiten aber abgewogen werden, weswegen es Einzelfälle geben kann, in denen wir eine Lüge akzeptieren sollten, wohl aber nicht für einen kurzfristigen Vorteil.

Ein anderer Einwand behandelt wieder das utilitaristische Glückskalkül: es müsste zu viel Zeit aufgewandt werden, alle Folgen zu durchdenken und zu bewerten. Nach Mill fangen unsere Erfahrungen aber nicht mit jeder Handlung neu an. Wir werden erzogen, und dabei fließt vieles ein, was schon vorangegangene Generationen erfahren haben; und er meint, auch alles Wichtige darüber, wie wir das Glück befördern. Eine allgemeine Anerkennung des utilitaristischen Grundsatzes, z.B. in den Bildungsanstalten, würde das Denken und Handeln der meisten Menschen viel mehr in diese Richtung bringen. Mill bekennt sich ausdrücklich zu „sekundären Prinzipien" (MU 73, 75) unterhalb des Nützlichkeitsprinzips. Solche „untergeordneten Prinzipien" müsse jedes, von einem obersten Handlungsgrundsatz abgeleitetes Moralsystem annehmen. Da sich der Utitlitarismus generell an die Erfahrung hält, ist jedes Handlungsprinzip auch daran zu bemessen, und entsprechend sei es unnötig, „jede einzelne Handlung unmittelbar am obersten Prinzip prüfen zu wollen" (MU 73). Im Zweifelsfall können wir uns immer noch direkt an das Nützlichkeitsprinzip halten. Dagegen scheitere jede ethische Lehre, wenn „allgemeiner Schwachsinn herrscht" (MU 71). Niemand liest die ganze Bibel, jedesmal bevor er ans Handeln geht, und niemand Betriebsanleitung, Straßenverkehrsordnung usf., jedesmal bevor er sich zum Fahren ins Automobil setzt.

Da der Utilitarismus Ausnahmen von moralischen Regeln anerkennt, wird ihm vorgeworfen, er mache sich diese zur Regel. Menschliche Angelegenheiten sind allerdings verwickelt, der Mensch ist schwach und überall finden sich Lücken für sophistische Rechtfertigungen. Das gilt für jede Moral, auch für die Nützlichkeitslehre. Mit dieser lassen sich die Ausnahmen aber wenigstens bewerten, so dass wir uns für die insgesamt nützlichste Handlung entscheiden können.

Es kann nämlich gar keine Handlungsregel geben, welche auf alle Fälle zutrifft. Auch Pflichten widersprechen sich immer wieder, eine oberste ist nicht auszumachen. Letztlich will Mill den Menschen aus seiner moralischen Verantwortung auch nicht herauslösen. Dieser hat sich innerhalb seiner Situation zu verorten und sich zu entscheiden. Dabei treten für die Anwendung von Regeln immer wieder Spielräume auf, denen die etablierten Regeln angepasst werden müssen.

3. Drittes Kapitel: Von der fundamentalen Sanktion des Nützlichkeitsprinzips

Da uns ethische Grundsätze offenbar nicht zu zwingen vermögen, wird man die Frage stellen müssen, was uns motiviert, ihren Vorgaben zu folgen. Woher stammt die Verpflichtung (Mill spricht dabei auch von der Sanktion), sich ausgerechnet an ein bestimmtes Moralprinzip zu halten? Vor allem müssen wir uns die Frage stellen, wenn ein neuer Grundsatz aufgestellt wird, wie z.B. das Nützlichkeitsprinzip, an das sich die Menschen noch nicht gewöhnen konnten. Nach Mill gibt es nur eine Moral, welche uns von selbst verpflichtet, nämlich die herkömmliche aus Erziehung und öffentlicher Meinung. Sollte also ein ethischer Grundsatz aufgestellt werden und Verbindlichkeit für sich beanspruchen, so wird ein Individuum fragen können, warum es nicht ausreicht, dieser zu folgen, warum es das neue, bisher unbekannte Prinzip vom allgemeinen Glück beachten soll. Nach Mill weiß der einzelne, dass er „nicht zu stehlen und zu morden, niemanden zu verraten und zu betrügen" hat, aber er kann sich fragen „warum sollte ich verpflichtet sein, das allgemeine Glück zu fördern, wenn mein eigenes Glück in etwas ganz anderem liegt, warum sollte ich dem nicht den Vorzug geben dürfen" (MU 81/83). Für Mill ist das wieder eine Frage der Erziehung. Die Menschen und Bürger sollten lernen, dem utilitaristischen Prinzip die gleiche Verbindlichkeit entgegen zu bringen wie ihrer anerzogenen Moral.

Äußerlich sanktionieren hier wie überall die Reaktionen unserer Mitmenschen und die Furcht oder Hoffnung auf jenseitige Vergeltung, das Mitgefühl gegenüber den anderen und Liebe und Ehrfurcht gegenüber Gott. Dem utilitaristischen Prinzip kommt sogar eine Vorrangstellung zu, da die Menschen ohnehin nach Glück streben, und, wenn Gott gütig ist, wie es das Christentum lehrt, dann will dieser auch, dass seine Geschöpfe glücklich sind. Je nach dem Stand der Erziehung und der Bildung wird sich dieses Streben auf die Allgemeinheit auswirken.

Die innere Sanktion ist das „natürliche" Pflichtgefühl, das immer gleichartig und unabhängig vom Inhalt ist: Für eine pflichtbewusste Person wird das Unlustgefühl angesichts einer möglichen Pflichtverletzung so groß, dass sie vor der Handlung wie „vor einer schieren Unmöglichkeit zurückschreckt" (MU 85), es muss eine „Gefühlsschranke ... durchbrochen werden" (MU 87). Mill spricht dabei auch vom Gewissen.

Das Pflichtgefühl tritt zumeist nicht in Reinform auf, es ist vielmehr häufig durchsetzt mit „Anteilnahme, Zuneigung [,] ... Furcht, religiöse[m] Gefühl, ... Erinnerung an ... unser ganzes vergangenes Leben, ... Selbstachtung, ... dem Bedürfnis, von anderen geachtet zu werden, und ... aus Selbsterniedrigung" (MU 87). Dieses Gefühl der Gewissenhaftigkeit ist bei allen Moralsystemen die letzte Schranke und macht damit die tiefgreifendste Motivation aus. Wem Gefühle abgehen, ist nur durch die äußeren Sanktionen motivierbar; was sich bei genauerem Hinsehen als Problem erweisen dürfte, da die äußeren Sanktionen bei Mill auch auf Gefühlen der Ehrfurcht und des Mitgefühls oder wenigstens der Furcht beruhen.

Mill vertritt offenbar die Ansicht, dass man auf diese motivationale Grundlage der Moral ohnehin nicht verzichten kann, egal, welches theoretische Moralprinzip angenommen wird. Also wird es auch das utilitaristische Prinzip stützen, denn widersprechen wird es ihm nicht. Ein Moralgrundsatz, der nicht in diesem Gefühl begründet ist, wirkt stärker, als einer, der nur auf diesem Gefühl beruht; denn wenn das Gewissen verschwindet, kann es auch nicht mehr motivieren. Doch wird, da die Motivation allein aus dem Gefühl aufsteigen kann, auch ein äußerer („transzendentaler") Grundsatz die innere Sanktion nicht bestärken können, wenn die Grundlage im Gewissen fehlt.

Die intuitionistische Vorstellung, dass das Interesse an der Freude bzw. dem Leid der anderen uns angeboren sei, könnte durchaus mit dem Utilitarismus zusammengehen, doch Mill hält diese Vorstellung für unplausibel. Das moralische Gefühl, meint er, sei erworben. Es entstehe mit Erziehung und Bildung und kann deswegen auch in jede Richtung entwickelt werden. Mill ist also der Meinung, dass es natürliche emotionale Grundlagen gibt – näher die „Gemeinschaftsgefühle" –, die mit dem utilitaristischen Prinzip vereinbar sind und dieses unterstützen können. Um das Leben der Menschen allerdings zu verbessern, muss man diesem moralischen Grundsatz zum Durchbruch verhelfen.

Der Mensch ist von seiner Natur her nicht selbstgenügsam, sondern ist ein Gemeinschaftswesen. Er denkt sich als Teil einer sozialen Einheit. Diese ist nur realisierbar, wenn die Interessen von allen gleichermaßen berücksichtigt werden. Sieht man das einmal ein, so wird man keinen Anlass finden, wenigstens ein schweres Unrecht zu begehen. Der Normalfall sei, dass man gemeinsam an einer Sache arbeite, und sich so die Interessen ohnehin miteinander verbänden.

Diese Gemeinschaftsbindungen sollten gestärkt, und der Austausch untereinander intensiviert werden, bis jeder beim Handeln ein eigenes Interesse und Bedürfnis gerade danach hat, auf die anderen Rücksicht zu nehmen und sich mit deren Wohl zu identifizieren. Das Bewusstsein von einem selbst verbindet sich so mit dem des anderen, in den Interessen, den Bedürfnissen und in der Gemeinschaft. Die Vorstellung von einem Ganzen, das Gefühl der Sympathie, der Einfluss der Erziehung und die äußeren Sanktionen würden Vorstellungen und politische Institutionen hervorbringen, gesellschaftliche, rechtliche und sonstige Ungerechtigkeiten beseitigen und diese wechselseitige Gemeinschaft, dieses Geflecht von Eigen- und Fremdinteressen, mit zunehmender Kultur immer mehr stützen. Für die Verbreitung solcher Vorstellungen genügt, so Mill, die Lehre vom größten Glück der größten Zahl.

4. Viertes Kapitel: Welcher Art Beweis sich für das Nützlichkeitsprinzip führen lässt

Beweise hängen von zwei Voraussetzungen ab: der Methode und den Tatbeständen. Was Mill als Vernunftbeweis betrachtet, versucht, sich von Tatbeständen unabhängig zu machen, um deren Unsicherheit zu umgehen. Dennoch sind wir letztlich auch hier auf Annahmen inhaltlicher Art angewiesen. Bei sogenannten Grundprinzipien, ob sie theoretisch-erkenntnistheoretischer Provenienz sind oder praktisch-moralischer, sind letzte Beweise nicht möglich. Um einen Sachverhalt als stichhaltig zu erweisen, sind wir bei theoretischen Gegenständen auf unsere Sinnenerkenntnis angewiesen. Funktioniert das aber bei moralischen Urteilen ebenso?

Für den Utilitaristen geht es beim Handeln ausschließlich um die Zwecke. Für Mill lassen diese sich individuell als Wünsche fassen.

Wenn der Utilitarismus behauptet, der menschliche Endzweck ist das Glück, lautet die Grundfrage: Wünscht sich also tatsächlich jeder, glücklich zu sein? Die methodische Absicherung für diese Frage (die freilich auch schon Platon und Aristoteles bejahten) liegt im berühmten Diktum: „Der einzige Beweis dafür, dass ein Gegenstand sichtbar ist, ist, dass man ihn tatsächlich sieht, dass ein Ton hörbar ist, ist, dass man ihn hört. Und dasselbe gilt für die anderen Quellen unserer Erfahrung" (MU 107).

Jeder aber will glücklich sein und erstrebt diesen Umstand in und durch sein Handeln. Eines anderen Beweises bedarf es für Mill nicht, und es sei auch gar kein anderer möglich. Das Glück ist das Gut, das vom einzelnen für sich, und vom Menschen für die ganze Menschheit erstrebt wird. Zwar erstreben wir noch andere Güter, diese aber nur insofern, als wir uns davon versprechen, durch diese glücklich zu werden.

Mill gründet seinen „Beweis" scheinbar auf eine psychologisch-subjektive Tatsache der Erfahrung: Jeder möchte glücklich sein, der Utilitarismus fordert, dieses Glück zu befördern, also ist jeder Mensch letztlich Utilitarist. Die Kommentatoren werden nicht müde, einerseits zu betonen, dass Mill aus der Erfahrung ableitet, was nicht daraus abzuleiten ist (vgl. Grote 1870, 64), und andererseits, dass er in den subjektiven Hedonismus zurückfalle, den er zuvor schon überwunden habe (vgl. Birnbacher 2006, 205). Dem gegenüber macht der Autor erstens deutlich, dass der „Beweis" erstens keine analytische Ableitung darstellt, und zweitens dehnt er das Eigeninteresse, welches das Individuum nun einmal hat, auf das Gattungswesen aus. Wir haben also auch ein Interesse daran, dass es allen Menschen gut geht.

Die Identifizierung von Lust und Glück baut außerdem auf die zuvor schon gemachte Untersuchung auf. Zwar erstreben nicht alle Menschen nach den höheren Gütern des Geistes und beziehen daraus ihre Lust, von denen aber, welche die geistigen Güter kennen, ziehen diese wiederum die allermeisten den niederen Formen vor. Mill planiert seinen Glücksbegriff also weder hedonistisch noch subjektivistisch ein. Mills bilanzierende Redeweise von der „Gesamtsumme des Glücks" setzt den qualitativen Unterschied an allen Stellen voraus;

explizit z.B., wenn er den Willen und das Begehren unterscheidet (vgl. MU 117ff.)[7].

Der nächste Widerspruch findet sich nach den Kritikern darin, dass Mill zwar das Glück als einzigen Endzweck des menschlichen Handelns ansieht, dennoch aber eine Reihe weiterer Strebensgüter (Tugend, Geld usf.) annimmt, welche um ihrer selbst willen erstrebt werden. Nach Mill ist es der Eigensinn z.B. der Tugend, dass sie nicht auf den Zweck schielt, also nicht bloßes Mittel zu etwas anderem, dem allgemeinen Glücksstreben, ist. Darin verfolgt sie auch ihren Zweck zum allgemeinen Glück am besten. Dieser Zweck aber ist ein ihr äußerlicher. Wir sollen dagegen tugendhaft sein, weil das den Menschen innerlich auszeichnet. Nichts aber befördert das allgemeine Glück nun einmal so wie tugendhafte Menschen. Der Kritiker dreht also das Zweck-Mittel-Verhältnis einfach um und konstruiert daraus einen Widerspruch. Wolf wirft Mill in seinem Kommentar zu *Utilitarianism* vor, er würde sich zu sehr auf ein Schema festlegen (vgl. Wolf 1992, 135).Ein anderer Kritikpunkt betrifft die Grundlehre des Utilitarismus: Der Beweisgang thematisiert das menschliche Glück. Das Streben nach Glück ist aber nicht die Grundintention des Utilitarismus. Die liegt vielmehr in der Behauptung, die Beförderung des Nutzens, als Befriedigung von Interessen und Bedürfnissen, diene dem menschlichen Glück als dem Endzweck des menschlichen Handelns. In der Tat bringt Mill hier Begriffe in Verbindung, deren Zusammenhang logisch nur unzureichend aufgehellt werden kann. Die Komplexe „nach Glück streben", „den Nutzen befördern", „Interesse am allgemeinen Glück haben", „geistige Bedürfnisse aufweisen" und „der Endzweck und das Gut des menschlichen Handelns" rekurrieren allesamt auf Mills Psychologie und Anthropologie. Danach ist schon das Glück selbst „kein abstrakter Begriff, sondern ein konkretes Ganzes, und dies [Tugend, Geld, Ehre, Ruhm, Liebe zur Musik, Wunsch nach Gesundheit usf.; GF] sind einige Teile dieses Ganzen" (MU 113).

Mill entwirft im *Utilitarianism* ein Bild vom Menschen oder setzt ein solches voraus, aus dem er die verschiedenen Strebungen als

---

[7] Die Stelle hat allerdings ein anderes Beweisziel: Was wir aktiv wollen, ist für Mill das fundamentalere. Die Macht der Gewohnheit aber ist im Menschen so stark, dass bei zunehmender Ausübung, das, was gewollt wird, auch begehrt wird („der Zustand passiver Reizbarkeit"; MU 119). Das Streben des Menschen sublimiert sich also. Wer häufig tugendhaft handelt, weil er es will, entwickelt ein subtiles inneres und unmittelbares Bedürfnis danach; er begehrt, so zu handeln.

Bedürfnisse dieses Wesens ableitet bzw. die unterschiedlichen Möglichkeiten von Menschsein in einen Zusammenhang bringt. Danach ist der Mensch ein strebendes und sich entwickelndes Wesen mit niederen genauso wie mit geistigen Bedürfnissen, der grundsätzlich ein Interesse an seinen Mitmenschen hat. Bildung und Erziehung, fremde wie eigene, haben die Aufgabe, die Gefühle für das Gemeinwohl und die Freude an Bildungsgütern zu vermehren. Das ist nicht einmal elitär gedacht, weil Mill die Ungebildeten nicht draußen lassen, sondern mittels seines Erziehungsprogramms den Bildungsstand insgesamt heben will.

Der „Beweis" beruht allein darauf, dass sich erstens die Zusammenhänge in theoretischer Hinsicht denken lassen, und dass zweitens kein Zweifel darüber möglich ist, dass die Menschen nichts anderes wollen als die Beförderung des allgemeinen Wohls. Auf eine empirische Nagelprobe, auf ein Abstimmen darüber, was die Menschen tatsächlich wollen, wird es freilich auch Mill nicht ankommen lassen wollen. Es könnte herauskommen, dass die Menschen in ihrer allergrößten Mehrheit subjektive Hedonisten sind. Empirisch relevant wären für Mill nur die Aussagen von denjenigen, welche die Möglichkeiten des Menschseins, seine Humanisierung gewissermaßen, schon geleistet haben. Solche Menschen wissen Eigeninteresse und Gemeinwohl auszutarieren, gerade auch, damit sie in die Lage gesetzt werden, materiell verzichten zu können, sie sind tugendhaft um der Tugend selbst willen und sie erfreuen sich an den geistigen Genüssen in der Unterhaltung mit ihresgleichen. Das verschafft ihnen womöglich Ruhm, vielleicht auch Macht. Diese für das Wohl der Gemeinschaft einzusetzen, ist durch die utilitaristische Moral gefordert. Der Grundsatz deckt auch das Streben nach Ruhm und Macht um ihrer selbst willen ab, nicht allerdings, nur so zu tun, als sei man tugendhaft, um Macht zu gewinnen, weil man dann die Selbstzweckhaftigkeit der Tugend verletzt.

Als nächstes wendet sich Mill den Entstehungsbedingungen von Tugendhaftigkeit, Reichtum usf. zu. Zunächst habe man das alles erstrebt, um Sicherheit, Ruhe und Glück zu erreichen. Nach und nach aber hat sich die gedankliche Verknüpfung der sekundären und tertiären Güter mit dem Glück gelöst und sich jeweils verselbständigt. Die Güter werden nun subjektiv um ihrer selbst willen erstrebt – ihre Selbstzwecklichkeit intensiviert sogar noch ihr Erstreben –, objektiv besteht aber weiterhin ihre Finalität auf das allgemeine Wohl, sie sind, wie Mill schreibt, als „Mittel ein Teil des Zwecks geworden" (MU 113).

Die Tugend nimmt im Utilitarismus als sekundäres, aber eigenständiges Gut eine Sonderstellung ein, da z.B. Geld und Macht auch eingesetzt werden können, seinen Mitmenschen zu schaden, „während nichts so sehr den anderen zur Wohltat gereicht wie die Ausbildung einer uneigennützigen Liebe zur Tugend" (MU 115). Die utilitaristische Forderung, das allgemeine Wohl zu befördern, bedient sich damit in besonderem Maße dem selbstzwecklichen Streben nach Tugend.

Mill weiß aber auch um den Umstand, dass der Antrieb zur Tugend im Menschen sehr schwach ist. Er lobt in diesem Zusammenhang die Unterwerfung der menschlichen Natur unter die Gewohnheit (vgl. MU 119ff.). Für was wir uns zuerst mühsam entscheiden müssen, geht nach erfolgter Gewöhnung, wenn wir damit erfolgreich waren (also Lust gewonnen haben), von selbst. Nur so erreichen wir die „unerschütterliche Festigkeit im Handeln" (MU 121), die bewirkt, dass wir uns darin, das Rechte zu tun, gegenseitig aufeinander verlassen können. Wenn wir also etwas für sich selbst begehren, es aber eine Folge aus einem Willensentschluss ist, so bedient sich die Moral gewissermaßen eines psychologischen Mechanismus. Jederzeit ist es einem Individuum aber auch möglich, sich ans Verlottern zu gewöhnen. Dass etwas psychologisch aus Lustgründen und Gewohnheit begehrt wird, heißt nicht, dass damit nicht auch höhere moralische Werte verknüpft sein können.

Der „Beweis" für den Utilitarismus ruht auf all diesen psychologisch-humanistischen Voraussetzungen. Das Ausspielen der unterschiedlichen Anforderungen für ein gelingendes Leben gegeneinander verkennt diesen Umstand fundamental und verfehlt die Grundintentionen Mills. Der „Beweis" baut auf den psychologischen Behauptungen auf, dass erstens die Menschen von Natur aus das begehren, was „entweder ein Teil des Glücks oder ein Mittel zum Glück ist" (MU 117), und zweitens, „dass etwas nur insoweit ein Gut für den Menschen ist, als es entweder selbst lustvoll ist oder ein Mittel ist, Lust zu erlangen und Unlust zu vermeiden" (MU 123).

Was wird also hier bewiesen bzw. „plausibilisiert" (vgl. Birnbacher 2006, 205)? Offensichtlich nicht, dass der Wertmaßstab des Utilitarismus der einzig mögliche oder sinnvolle ist, auch wenn das ein Ergebnis wäre, das man bei einem Beweis am ehesten erwarten würde. Bewiesen wird dagegen, dass der utilitaristische Handlungsmaßstab auf das menschliche Streben angewendet werden kann; er trifft sozusagen den Zentralnerv der menschlichen Handlungsmotivation. Die Menschen *wollen* glücklich werden, der Utilitarist sagt, sie *sollen* glücklich werden. Sie werden es am besten dadurch, dass sie „Art of Life" gewinnen, d.h. sich um Klugheit (*prudence*), um ästhetischen Geschmack (*aesthetics*) und um Moral, die Förderung des Gemeinwohls, kümmern (vgl. auch Mill 1997, 12 § 7, 178ff.).

5. Fünftes Kapitel: Über den Zusammenhang zwischen Gerechtigkeit und Nützlichkeit

5.1 Der Begriff der Gerechtigkeit

Das fünfte Kapitel des *Utilitarianism* ist relativ eigenständig. Mill bietet zwar keine direkte Ableitung, er versucht aber zu zeigen, dass der Begriff der Nützlichkeit mit dem der Gerechtigkeit verbunden, sowie weiter dass die Gerechtigkeit zu ihrer Durchsetzung sogar auf das Prinzip der Nützlichkeit angewiesen ist.[8] Dies wurde von Kant bis Rawls bestritten (vgl. Höffe 1992b, 316). Gerechtigkeit gelte, wie Mill ausführt, als etwas Unmittelbares und Absolutes, das nicht in die Nützlichkeitslehre integriert werden könne, da die Gerechtigkeit dann von der Nützlichkeit abhängig wäre. „[I]n the long run" (MU 125), fallen die beiden Grundsätze nach Mills Dafürhalten zusammen. Man trägt jedoch Bedenken, für beide den gleichen Ursprung anzunehmen, da die Gerechtigkeit meistens als verbindlicher angesehen werde als die Nützlichkeit.

Wie beim utilitaristischen Grundsatz trennt Mill auch bei der Gerechtigkeit Ursprung und Verbindlichkeit. Es gibt also ein natürliches Gerechtigkeitsgefühl – Mill spricht auch von einem Instinkt für Gerechtigkeit – und einen Vernunftgrund, dieses im Handeln moralisch gerechtfertigt tatsächlich zur Wirkung kommen zu lassen. Dahingehend stellt er drei Fragen: Braucht das, was wir als gerecht bezeichnen, ein Gefühl für seine Durchsetzung? Sind die Gerechtigkeitsgefühle – also auch das Ungerechtigkeitsgefühl – spezifisch in ihrer Art, oder kombinieren diese verschiedene andere Gefühle? Und: Ist das Gerechtigkeitsgefühl bloß abgeleitet, oder ein eigenständiges Gefühl *sui generis* wie z.B. unsere Farbwahrnehmung?

---

[8] Eine hervorragende Diskussion der Probleme dieses Kapitels bietet Rinderle 2006, 80-86.

Die Methode, welche Mill wählt, um diesen Fragen näher zu kommen, ist etwas technisch: Er will alle Verhaltensweisen untersuchen und nebeneinanderstellen, welche wir als ungerecht empfinden, um dann daraus das all diesen Reaktionen gemeinsame Gefühl vom Gerechten zu extrahieren. Wenn das Gefühl isoliert ist, können wir sehen, ob es nach den Gesetzen unseres Gefühlslebens in der Lage ist, seine Eigenart und Intensität hervorzurufen, oder aber, ob es unerklärlich ist, und eine besondere Anlage der Natur im Menschen darstellt.

Mill unterscheidet insgesamt sechs verschiedene Situationen und stellt anschließend etymologische Betrachtungen zum Begriff der Gerechtigkeit an. Die Situationen sind: gesetzliche Rechte (1), moralische Rechte (2), proportionale Gerechtigkeit (3), verpflichtende Gerechtigkeit (4), urteilende Gerechtigkeit (5) und Gleichheit (6). Der Schluss, den Mill daraus zieht, scheint schon nach dieser Aufzählung klar zu sein: Mit Gerechtigkeit ist Verschiedenes gemeint.

(1) Als gerecht empfinden wir, wenn einer Person die Rechte, die ihr gesetzlich zustehen, auch zukommen, ungerecht, wenn diese abgesprochen werden; mit der Ausnahme, dass jemand seine Rechte verwirken kann.

(2) Es kann sein, dass jemandem Rechte von Gesetz wegen zustehen, die ihm unter moralischen Gesichtspunkten nicht zustehen sollten, nämlich wenn es sich um schlechte Gesetze handelt. Wie gehen wir mit schlechten Gesetzen um? Wir können erstens die Auffassung vertreten, dass wir Gesetze des Staates, in dem wir leben, immer beachten müssen, da die „allgemeine Gesetzestreue" dem „Gesamtinteresse der Menschheit" dient und nützlich ist (MU 131); man dürfe also allein unter Beachtung der gesetzlichen Mittel und Institutionen auf eine Änderung der gesetzlichen Lage dringen – oder zweitens, dass wir ein Gesetz, das schlecht ist, nicht zu befolgen brauchen, ob es ungerecht oder aber nur unzuträglich ist. In jedem Fall aber nimmt man die Möglichkeit ungerechter Gesetze an, das Gesetz selbst kann demnach nicht die letzte Instanz für Gerechtigkeit und Ungerechtigkeit sein. Dennoch sprechen wir auch in diesem Fall von einer Rechtsverletzung, diesmal aber von einer Verletzung moralischer Rechte.

(3) Gerecht ist, wenn jeder bekommt, was er verdient, sei es Gutes oder Übles. Wir vergelten Gutes denen, welche uns Gutes getan haben, und Böses denen, die uns Übles getan haben. Böses mit Gutem zu vergelten, setzt dagegen die Anwendung der Gerechtigkeit aus,

auch wenn gerade das einmal gefordert werden kann, z.B. aus Mitleid oder Resozialisierungsgründen.

(4) Ungerecht ist es, bewusst und willentlich Erwartungen zu wecken oder ausdrückliche Verpflichtungen einzugehen und dann dem gegenüber wortbrüchig zu werden. Allerdings kann es in diesem Fall erstens höhere Gerechtigkeitspflichten geben, durch welche die niederen aufgehoben würden, oder es kann zweitens der Wortgläubiger sein Recht auf Einlösung verwirken. Beide Male kann kein Ungerechtigkeitsgefühl wiederum rechtmäßigerweise bestehen.

(5) Gerecht ist die Unparteilichkeit. Jemanden vorzuziehen, zu begünstigen, parteiisch zu sein, ist dagegen ungerecht. Doch lassen wir auch hier Ausnahmen zu. Wenn jemand seine Freunde und Familie nicht vorzieht, tadeln wir ihn, auch wenn er deswegen nicht gleich ungerecht genannt wird. Wo es allerdings um Rechte geht, besteht die allgemeine Pflicht, „jedem zu seinem Recht zu verhelfen" (MU 135). So muss ein Richter unparteiisch sein, bei Belohnungen oder Bestrafungen durch Richter, Eltern und Lehrer ist gerecht, wenn es nach Verdienst geht, und bei Besetzung öffentlicher Ämter muss das Gemeinwohl berücksichtigt werden. Es gilt also als gerecht, wenn man sich allein von der Sache, nicht aber von sachfremden Einflüssen leiten lässt.

(6) Gerechtigkeit und Gleichheit sind unmittelbar aufeinander bezogen. Doch gibt es Streit darüber, was im konkreten Fall als „gleich" gilt, weil es im subjektiven Urteil darauf ankommt, was jemand jeweils als nützlich betrachtet. Denn als gerecht wird empfunden, was nützlich ist, auch wenn es dabei zu Ungleichheiten kommt. Hält man z.B. die Sklaverei für nützlich, denkt man auch, es ist gerecht, dass es Sklaverei gibt. Geht man von der Notwendigkeit der Regierung aus, gesteht man den Regierenden mehr zu als den Untertanen. Und bei Verteilungsfragen urteilen manche, völlige Gleichverteilung sei gerecht, andere meinen, es sollte nach Bedürfnissen entschieden werden, wieder andere, nach der individuellen Leistung oder nach dem Gewinn für die Gemeinschaft. Alle berufen sich dabei aber auf das natürliche Gerechtigkeitsgefühl.[9]

Etymologisch hängt der Begriff der Gerechtigkeit entweder mit dem positiven Recht zusammen oder mit seinen Vorläufern

---

[9] Höffe (1992b, 303) macht darauf aufmerksam, dass Mill verschiedene Gerechtigkeitsformen gar nicht anspricht, so die Gerechtigkeit als Tugend, die politische Gerechtigkeit, die Verteilungs-, Tausch- und Verfahrensgerechtigkeit.

im Gewohnheitsrecht bzw. der herkömmlichen Sitte. Das verweist auf die Bedeutungssphäre von „gerade", „richtig", „gesetzlich" usf. in juristischer, in moralischer und in religiöser Hinsicht. Gerechtigkeit wäre somit die „Übereinstimmung mit dem Gesetz" (MU 141). Sobald durch die Vorstellung, dass Gesetze von Menschen gemacht sind, diese sich von ihrer religiösen Dimension ablösen, gilt als gerecht, was den Gesetzen entspricht, die gelten „sollen", auch wenn diese nicht faktisch in Kraft sind. Der Begriff erfährt so eine Ausweitung und Übertragung; und man wendet diesen in der Folge auch auf Privates an, für das eine gesetzliche Regelung nicht einmal wünschenswert wäre, weil es die Macht des Staates ungebührlich weit ausdehnte. Dennoch geht das Gerechtigkeitsgefühl so weit zu fordern, dass alles, was der Gerechtigkeit zuwider läuft, jedes Unrecht, sanktionsbewehrt sein soll – u. U. auch nur in seiner schwächsten Form, nämlich der individuellen oder allgemeinen Missbilligung bzw. des schlechten Gewissens des Übeltäters.[10]

5.2 Recht und Moral

Durch die vorgängigen Überlegungen ist der moralische Bereich gegenüber dem rechtlichen ausgeweitet. Pflicht ist etwas im engeren, rechtlichen Sinne. Handlungen dagegen, die wir uns von anderen wünschen, können nicht erzwungen und bei Unterlassung bestraft werden. Die Unterscheidung von Recht und Moral macht Mill begrifflich also an der „idealen", d.h. berechtigten Sanktion fest und nicht am Maß der Nützlichkeit. Dennoch steht das Prinzip der Nützlichkeit bei seinen Überlegungen im Hintergrund: Der enge Utilitarismus Benthams fragt nur, was befördert das allgemeine Glück unmittelbar am meisten; die Opfer sind hier eher zweitrangig. Mill dagegen möchte alle Folgen berücksichtigen, also auch alle Kosten in das Glückskalkül mit einbeziehen. Dazu zählen für ihn negative Gefühle genauso wie die notwendige Kontrolle, Zensur, Sanktionen usf. (vgl. Wolf 1992, 184ff.). Er fragt überall also danach, was bei einer Umsetzung des Nützlichkeitsprinzips geschehen würde und ob das jeweils auch wünschenswert ist. Unerwünschte Nebenwirkungen aber sind u.U.

---

[10] Die Unterscheidung „Gesetz", „öffentliche Meinung" und „Gewissen" stammt von Alexander Bain (1859, 15,1).

nicht wünschbar und vielleicht sogar in einem Maße, dass es uns nicht mehr als nützlich erscheint, die Handlung tatsächlich umzusetzen.

Für Mill sind für die Anwendung des Nützlichkeitsprinzips immer alle realen Umstände zu berücksichtigen. Das können Gefühle der Schuld oder der Benachteiligung sein, oder sogar Vergeltungsgelüste; es kann Ramenbedingungen geben, die eine politische Machtkonzentration notwendig machen, oder eine publizistische Zensur; ebenso hat die Verhängung einer Strafe, oder generell die Erziehung immer eine reale Auswirkung. Für keinen dieser Bereiche finden wir einen eindeutigen Maßstab, der alles gleichermaßen gut regulieren könnte. Für Mill kommt freilich am ehesten hierfür der Maßstab der Nützlichkeit in Frage; dieser weist genügend Orientierungskraft, genauso aber auch genügend Spielraum und Biegsamkeit auf, sodass er den Realitätsbedingungen umfassend Rechnung tragen kann.

Wie für das Recht steht nun für die Gerechtigkeit in Frage, wie sie von der Moral abzugrenzen ist. Mill bedient sich hier der Unterscheidung von „vollkommenen" und „unvollkommenen" Pflichten. Diese sind allerdings – hier stimmt Mill völlig mit Kant überein (vgl. GMS BA 57) – genauso gefordert, ihre konkrete Anwendung lässt aber einen Spielraum zu. Wie barmherzig, wie wohltätig wir im Einzelfall sein sollen, kann nie absolut bestimmt werden, da unsere zeitlichen und finanziellen Ressourcen beschränkt sind. Außerdem hängt der Sinn einer übergroßen Wohltätigkeit immer auch vom Empfänger und dessen Umgang mit dem empfangenen Gut ab, von Folgen also, welche wir nicht in der Hand haben. Der Rechtsanspruch und die Sanktionsbewehrung machen also nur bei vollkommenen Pflichten einen Sinn, während bei unvollkommenen immer Motive vorliegen, die im Urteil dazu führen können, etwas nicht oder nicht in dem Maß zu tun.

Die Unterscheidung von vollkommenen und unvollkommenen Pflichten scheint aber nun genau der oben gemachten Unterscheidung von Recht und Moral zu entsprechen. Von „gerecht" sprechen wir in erster Linie, wenn jemand seinen vollkommenen Pflichten genügt; erst in zweiter Linie sagen wir auch, dass es ungerecht ist, wenn irgendjemand gegenüber anderen bevorzugt wird. Der harte Kern der Gerechtigkeit bezieht sich damit darauf, was wir rechtlich oder moralisch eindeutig und konkret einfordern können; Großmut, Wohltätigkeit usf. dagegen darauf, dass diese zwar ebenso gefordert sind, nicht aber konkret in einer bestimmten Form, in einem bestimmten Maß und einer bestimmten Person gegenüber.

Aus dieser an sich klaren Argumentation drehen Kritiker Mill einen Strick nach dem anderen. Der Begriff der Gerechtigkeit sei erstens nicht klar bestimmt; obwohl Mill einfach nur von verschiedenen Redeweisen spricht. Die Korrelationsbeziehung „Gerechtigkeit – vollkommene Pflichten"/„Moral – unvollkommene Pflichten" sei wackelig; obwohl Mill nur auf die Ähnlichkeit hinweist, über den uneinheitlichen Sprachgebrauch aber jeweils zu anderen Unterscheidungen kommen muss. Und dennoch entscheidet er sich dafür, das Gerechte mit dem Rechten zu identifizieren – weil es diesem im engeren Begriff näher steht –, und damit, was konkret von anderen gefordert werden kann. Hilfeleistungen gegen andere als Pflicht zu definieren, überfordere das Individuum drittens, die Ausweitung gebe umgekehrt Anlass, sich herauszureden; derweil optiert Mill immer nur dafür, dass wir uns zu mitmenschlichem Handeln erziehen sollen, das kann nicht heißen, dass wir uns immer und überall völlig zu verausgaben haben.

Es sollte deutlich geworden sein, dass das Nützlichkeitsprinzip im Zusammenhang mit den Realitätsbedingungen in Mills Verständnis zu flexiblen Maßstäben der Abwägung führt. Dabei dürfen die dazu notwendigen Zwischenüberlegungen ruhig anspruchsvoll sein und Klugheit erfordern, schließlich sehen die konkreten Umstände in einer Situation kontingenterweise immer anders aus. Gefordert ist letztlich, das Wohl seiner Mitmenschen zu heben, indem man ihnen nützlich ist; dazu dient der engere Bereich des Rechts und der weitere der Moral; letztere legt die Handlungen nicht eindeutig fest, um den Mitmenschen zu dienen, ist vielleicht auch einmal Verzicht nötig, erzwingen lässt der sich nicht.

5.3 Gerechtigkeitsgefühle und ihre Berechtigung

Mill hat vorher schon deutlich gemacht, dass sich das Gerechtigkeitsgefühl auf verschiedene Weise und ganz unterschiedlich äußert, und dass man, wenn es auftritt, fragen muss, ob es sich auch berechtigterweise eingestellt hat. Nach Mills Ansicht ist es berechtigt, wenn es sich mit der Nützlichkeit verbindet. Ob es aber ein natürliches Gefühl ist oder sich aus bestimmten Vorstellungen heraus entwickelt hat, soll im Folgenden untersucht werden.

Der Kern des Gerechtigkeitsgefühls liegt im Wunsch nach Bestrafung eines Übeltäters und im Wissen oder Glauben, dass einer Person Unrecht angetan wurde. Es scheint sich also auf die beiden natürlichen Gefühle der Selbstverteidigung und der Sympathie aufzubauen. Das Selbstverteidigungsgefühl findet sich schon in der gesamten Tierwelt, vielfach auch schon Sympathie, die sich beim Menschen allerdings auf alle Menschen und sogar auf alle fühlenden Wesen richten kann. Zudem dehnt sich der Bezug durch den Verstand auch auf die Interessen der Gemeinschaft aus, was dazu führt, dass eine Bedrohung der Gemeinschaft immer auch als persönliche Bedrohung aufgefasst wird. Dieses natürliche Bedürfnis – der Wunsch nach Vergeltung – hat für sich keinen sittlichen Gehalt, sobald es sich aber auf die Gemeinschaft richtet, wird es durchaus zu einem moralischen Gefühl.

Die Motivation, sich im Handeln leiten zu lassen, resultiert also aus dem Selbsterhaltungstrieb, während der moralische Gehalt nur durch die Vorstellung hinzutritt, dass bei einer ungerechten Handlung immer auch die Gemeinschaft geschädigt wird. Von Gerechtigkeit kann man also nur sprechen, wenn man sich bewusst ist, dass sich der Zorn über ein ungerechtes Handeln nicht nur auf einen selbst, sondern in irgendeiner Weise auf die Gemeinschaft und deren Interessen bezieht.[11] Ein solches Gefühl beinhaltet die ausdrückliche Anerkennung, dass andere Menschen ebenso empfinden sollten, wenn sich ihrer Empörung über eine ungerechte Handlung ein Interesse an der Gesamtheit beigesellt.

Mill leitet die Gerechtigkeit damit ausdrücklich nicht vom Recht ab. Das Recht ist vielmehr nur ein Anwendungsfall, dergestalt, dass beim Gerechten ein Gefühl der Empörung einsetzt, wenn eine Person geschädigt wird. Das Gerechte fordert darüber hinaus, dass der entstandene Schaden wieder gut gemacht und der Täter bestraft wird. Das Recht kann sich dabei nur auf die Bereiche erstrecken, an welchen die Gesellschaft ein Interesse hat, diese ausdrücklich zu schützen. So könnte die Gesellschaft ein Interesse daran haben, dem Arbeitenden

---

[11] Etwas krude ist die Indienstnahme Kants an dieser Stelle. Mill behauptet, dass die Gesetzesformel des Kategorischen Imperativs auf die Interessen der Gemeinschaft bezogen sein muss, was Kant unter keinen Umständen im Sinn hatte. Interessen weisen immer einen materialen Gehalt auf. Der Kategorische Imperativ ist aber nur ein formales Prinzip, das sich auf alle möglichen Inhalte beziehen kann und nicht nur auf gesellschaftliche Interessen. Die Verallgemeinerung betrifft nur die formallogische Konsistenz des subjektiven Grundsatzes und die Frage, ob man die Folgen bei allgemeiner Anwendung auch wollen kann, aber keine materialen Gehalte, wie sie Interessen nun einmal darstellen.

ein Grundeinkommen zu sichern und die Lebenshaltungskosten so niedrig zu halten, dass dieser von seinem Verdienst leben kann. Dagegen dürfte kein besonderes Interesse daran bestehen, auf die Preise von Luxusgütern Einfluss zu nehmen.

Der Grund, warum die Gesellschaft ein Interesse daran haben sollte, die Rechte von Individuen zu schützen, kann nach Mill nur in der allgemeinen Nützlichkeit liegen.[12] Die Intensität, mit der dieser Grundsatz verfolgt wird, entsteht dagegen aus dem Vergeltungstrieb, dessen vernünftiges Pendant das allgemeine Bestreben nach Sicherheit ist, auf das kein Mensch verzichten kann (vgl. MU 161/3). Der natürliche Trieb und die vernünftige Sicherung der Existenz und ihrer Grundbedürfnisse fließen derart zusammen, dass die Rechtssetzung und deren gesellschaftliche Absicherung zu einer „physikalischen Notwendigkeit wird" (MU 163), welche weit über das bloß Zuträgliche oder Unzuträgliche – die Kategorien des gewöhnlichen Nutzens – hinaus geht.

Gerechtigkeit und Nützlichkeit stehen zueinander also in einer organischen Verbindung. Diese wird durch das Nützlichkeitsprinzip durchsichtig gemacht; und zwar so, dass die Vielfalt der Verwendungsweise des Gerechtigkeitsbegriffs erst plausibel wird. Dadurch lassen sich eben auch Meinungsverschiedenheiten darüber, was gerecht ist, verständlich machen und auflösen.

---

[12] Die Nützlichkeit als Beförderung des allgemeinen Wohls ist also nicht nur das Ziel des Handelns, sondern auch der Maßstab für Beurteilungen von Handlungen. Das ist auch kein Widerspruch, denn der Maßstab geht ja auf die Berechnung von Handlungen, deren Ergebnis man noch nicht kennt.

5.4 Das Strafmaß, das Leistungsmaß und das Steuermaß

Eine Anwendung dieser Begriffsbestimmung nimmt Mill anhand von drei Beispielen vor, dem Strafmaß, dem Leistungsmaß und dem Steuermaß.[13]

Beim Strafmaß ist zunächst nach dem Strafgrund zu fragen: Wir strafen zu Abschreckungszwecken (a) oder, um das Individuum zu bessern und dieses zu resozialisieren (b); nehmen wir dagegen an, das Individuum wird durch solche Maßnahmen entmündigt, bleibt nur noch, aus Gründen der allgemeinen Sicherheit, aus Präventionsabsichten (c) zu bestrafen.[14] Allerdings kann man auch sagen, dass jede Strafe ungerecht ist, weil die Gründe, ein Verbrechen zu begehen, nicht im Individuum selbst liegen, sondern durch den möglicherweise angeborenen Charakter oder die gesellschaftliche Sozialisierung verursacht werden (d).[15]

Die verschiedenen Straftheorien widersprechen sich fundamental. Für sich besehen hält Mill diese dennoch gleichermaßen für plausibel, da sie sich auf allgemein anerkannte Gerechtigkeitsgrund-

---

[13] Höffe (vgl. 1992b, 307) merkt an, dass Mill die Gerechtigkeit nur auf Rechtsverletzungen, nicht aber auf positive Rechte wie z.B. die Menschenrechte anwendet. Der Vorwurf dahinter besteht darin, dass der Utilitarismus allgemeine Menschenrechte nicht zu legitimieren vermag. Letztlich dient die Gerechtigkeit bei Mill auch nur als „Grundlage für die Berechnung des Kollektivwohls, nicht aber als Ergebnis der Berechnung. Damit entsteht das utilitaristische Kernproblem, dass nämlich das Individuum zugunsten des Allgemeinwohls instrumentalisiert werden kann. Mill würde dagegen argumentieren, dass es das allgemeine Wohl nicht befördern kann, wenn jedes Individuum ständig zum Opfer werden könnte. Ungleichheiten jeder Art dagegen lehnt Mill ohnehin ab (vgl. ebd. 312f.).

[14] Anzumerken ist, dass Abschreckung und Resozialisierung letztlich auch eine Präventionsabsicht verfolgen. Man nennt das Generalprävention, positive, wenn das Vertrauen in das Rechtssystem innerhalb der Gesellschaft gestärkt werden soll, negative, wenn vor Augen geführt werden soll, welche Strafen folgen (a). Die Spezialprävention dagegen dient entweder positiv der Resozialisierung (b) oder geht negativ auf Verwahrung eines Täters, um weitere Straftaten zu verhindern (c).

[15] Es gibt innerhalb der Straftheorie noch einen weiteren Grund, nämlich den der Vergeltung, der bei Mill allerdings schon in den Voraussetzungen für das Recht insgesamt zu finden ist (vgl. Höffe 2001, 79ff.).

sätze stützen.[16] Mill selbst vertrat eine deterministische Position, weswegen er Willensfreiheit ablehnte, Strafe grundsätzlich aber dennoch befürwortete.[17] Die Einwilligung der Person in über sie verhängte Strafen kann man z.B. aus der Konstruktion eines Gesellschaftsvertrages ableiten: Irgendwann hätten sich alle Mitglieder einer Gesellschaft verpflichtet, die Gesetze zu befolgen und sich bei Vergehen, bestrafen zu lassen. Selbst wenn das keine bloße Fiktion wäre, ist der dahinter stehende Grundsatz, dass niemandem Unrecht geschieht, wenn er selbst diesem einwilligt oder zugestimmt hat, den anderen Gerechtigkeitsgrundsätzen nicht überlegen. So behilft sich die Absicherung eines Gerechtigkeitsgrundsatzes nur mit dem Rückgriff auf einem weiteren.

Gehen wir aber einmal von der Berechtigung von Strafe aus. Selbst dann wird es verschiedene Verfahren geben, das Strafmaß angemessen zu bestimmen. Die *lex talionis*, die Vergeltung, welche sich exakt nach der Strafe richtet, dürfte, so Mill, eine weite Verbreitung finden. Das könne man daran erkennen, dass sich, sollte dem Täter einmal durch Zufall dieses Strafmaß zufallen, das höchste Gefühl der Befriedigung einstellen wird. Der dahinter stehende Gerechtigkeitsgrundsatz ist in der Ansicht begründet, dass die Strafe der Tat proportional sein sollte. Die Strafe ergibt sich damit unmittelbar aus der Schuld, wie immer man diese messen will. Die allgemeine Abschreckung verzichtet dagegen auf die Gerechtigkeit, während die individuelle Abschreckung darauf setzt, dem Täter genau die Strafe zu geben, welche ihn an einer Wiederholung hindert.

---

[16] Jeder findet deswegen für seine Position einen hinreichenden Grund, solange er sich auf die anderen Straftheorien und ihre Rechtsgründe nicht einlässt: Da die Abschreckungsformel (a) – unabhängig von ihrem Präventionszweck, der gerechtfertigt erscheint – darauf abzielt, einen einzigen als Warnung für alle anderen zu bestrafen, wird dieser ungerechtfertigt zum Opfer. Deswegen verfällt man auf die Idee, den Straftäter als einzelnen in den Blick zu nehmen (b). Die Präventionstheorie (c) dagegen behauptet erstens, dass man über andere Menschen nicht urteilen dürfe, und zweitens, dass das Sicherheitsbedürfnis der möglicherweise durch eine Straftat unschuldig Betroffenen geachtet werden müsse. Jemanden zu bestrafen, der nicht Ursache seiner Handlungen ist, ist ungerecht, behauptet schließlich die Sozialisierungshypothese (d).

[17] Vgl. Mill 1979, 26, 437-469. Der Freiheitsbegriff bei Mill ist kein innerer, sondern ein äußerer, der sich erstens an den Entwicklungsmöglichkeiten des Individuums, zweitens an der Wohlfahrt und dem sozialen Fortschritt der Gesellschaft orientiert (vgl. Mill 1997, 6 § 2, 41ff.; Mill 1995, III, 2/3; Rinderle 2006, 109).

Beim Leistungsmaß bestehen ähnliche Schwierigkeiten der Abwägung wie beim Strafmaß. Wieviel ein Lohnarbeiter bekommen sollte, bemessen manche nach seiner absoluten Leistung. Wenn die Gesellschaft aus seiner Leistung mehr Gewinn hat, sollte diese ihn auch höher entlohnen. Bei gleichem Lohn sollte er nicht mehr leisten müssen, auch wenn er das mit geringerem Aufwand tut. Andere wiederum argumentieren mit dem jeweiligen Einsatz des Individuums. Dem zufolge sei es ungerecht, diejenigen, welche ohnehin mit höheren Begabungen ausgezeichnet sind, noch zu bevorteilen. Die Gerechtigkeit allein vermag hier nicht den Ausschlag zu geben, das Maß der Nützlichkeit für die Gesellschaft dagegen durchaus.

Ein weiteres, durchaus immer noch aktuelles Beispiel ist die Besteuerung. Ist es gerecht, nachdem jeder die gleiche Leistung von der Gesellschaft erhält, dass jeder auch den gleichen Betrag bezahlt? Mill diskutiert ebenso die Alternativen eines einheitlichen Steuersatzes nach dem Lohnaufkommen, sowie Progressionsmodelle. Seiner Ansicht nach lassen sich diese Fragen allein mit dem Gerechtigkeitsgrundsatz nicht beantworten; eine Lösung liege dagegen in der Anwendung utilitaristischer Prinzipien.

5.6 Gerechtigkeit und Nützlichkeit

Dem Utilitarismus wird häufig vorgeworfen, die Gerechtigkeit aus der Nützlichkeit nicht herleiten zu können. Mill betont, dass beide Prinzipien auch unterschieden werden müssen, ihr genetischer Zusammenhang wird sozusagen erst in der Überlegung deutlich. Dabei sieht er die Gerechtigkeit nicht als einen Grundsatz an, der die Nützlichkeit irgendwie ergänzt, sondern er besteht darauf, dass die Gerechtigkeit zwar aus der Nützlichkeit abgeleitet werden müsse – auch um ihre unterschiedlichen Konzeptionen durchsichtig zu machen –, dass sie aber „den Hauptteil und den unvergleichlich bedeutsamsten und verbindlichsten Teil aller Moral ausmacht" (MU 177). Gerechtigkeit führt insgesamt zum Wohlergehen der Menschheit und ist sich so in der Zielbestimmung des Handelns mit der Nützlichkeit völlig einig.

Die Gerechtigkeit ist aufgrund ihres Ursprungs in den Sympathiegefühlen des Menschen ebenso der Kitt jeder Gemeinschaft. Aus ihr fließen unmittelbar die Gebote, anderen nicht zu schaden und deren Freiheit nicht einzuschränken. Das führt nicht nur zu Sicherheit, sondern jeder versucht, die anderen zu Gerechtigkeit anzuhalten. Das unmittelbare und natürliche Interesse nach Sicherheit paart sich so mit dem Interesse, die Idee der Gerechtigkeit auch zu verbreiten. An der Gerechtigkeit entscheidet sich damit, ob es eine Gemeinschaft von Menschen gibt und wie jeder einzelne dazu steht.

In den Fällen von Rechtsverletzungen und Ungerechtigkeiten werden gleichermaßen der Vergeltungstrieb wie die Sympathiegefühle wachgerufen. Aber auch, wenn jemand einem anderen eine Wohltat erweist und diese, wenn es nötig ist, nicht zurückerstattet, findet eine Art von Rechtsverletzung statt, da die Erwartung von Gegenseitigkeit dann verletzt wird. Diese unmittelbare Verbindung der Gerechtigkeit mit den Sympathiegefühlen ist auch der Grund dafür, dass manche die Gerechtigkeit über die Nützlichkeit stellen. Doch würde man damit verkennen, dass die Gerechtigkeit auch auf dem Vergeltungstrieb und dem Sicherheitsbedürfnis aufgebaut ist. Die verschiedenen Gerechtigkeitsgrundsätze haben also die Aufgabe, diese grundlegenden Bedürfnisse des Menschen und die damit verbundenen Prinzipien durchzusetzen.

Dieses Moment der Gegenseitigkeit, auf das es im gesellschaftlichen Zusammenhang entscheidend ankommt, führt dann auch zu einer Reihe weiterer Bestimmungen, der Unparteilichkeit der Richter, der sozialen und austeilenden Gerechtigkeit, dem Zumessen nach Verdienst, die Pflicht, Gutes mit Gutem zu vergelten usf. Die Grundlage all dieser Bestimmungen aber liegt im „obersten Prinzip der Moral: sie ist ein Teil des Nützlichkeitsprinzips oder des Prinzips des größten Glücks" (MU 185). Das Gleichheitsmoment der Gerechtigkeit liegt in der Vorstellung begründet, dass jeder gleichermaßen in seinem Glück und Wohlergehen und dem Streben danach berücksichtigt werden muss: „Jeder zählt für einen, keiner für mehr als einen" (Bentham 1962, 459). Daraus folgt die unbedingte Forderung, jede Form der sozialen Ungleichheit abzuschaffen, sobald sie nur als solche erkannt ist. Jede soziale Reform hat ihren Ursprung im Erkennen sozialer Ungerechtigkeiten. Die soziale Nützlichkeit wird damit ausgedrückt in den verschiedenen Forderungen nach Gerechtigkeit.

Mill erkennt dabei eine Reihe von Ausnahmen an, die er aber auf besondere Fälle beschränkt: Um jemandem das Leben zu retten, dürfe man Nahrung oder Arznei stehlen, oder einen Arzt gewaltsam zwingen, dem Erkrankten zu helfen. Ein solches Verhalten ist ihm zufolge ausdrücklich als gerecht einzustufen. Es kommt dabei offenbar auf eine Abwägung an, es gibt dann aber auch keine „lobenswerten Ungerechtigkeiten" (MU 191).

Forderungen der sozialen Nützlichkeit sind also immer auch Forderungen der Gerechtigkeit. Bei der Gerechtigkeit kommt ein spezifisches Gefühl hinzu, das ihrer Gültigkeit einen besonderen motivationalen Nachdruck verleiht, welcher der Nützlichkeit fehlt. Mill hatte aber zuvor schon darauf hingewiesen, dass wir in uns ein Gefühl für Nützlichkeit und das Wohlergehen der anderen hervorbringen und kultivieren, und uns daran gewöhnen sollen. Das Gerechtigkeitsgefühl ist ein spezifisches und setzt sich elementar aus den natürlichen Gefühlen des Vergeltungstriebs und der Sympathiegefühle zusammen, sowie seiner Rechtfertigung, wenn es das Wohlergehen der anderen und der Gemeinschaft im Blick hat. Dann erhält es seinen moralischen Gehalt; und ist in diesem allerdings identisch mit den Forderungen der recht verstandenen utilitaristischen Nützlichkeit.

Die utilitaristische Gleichsetzung von Glück, Nützlichkeit und dem höchsten menschlichen Gut ist analytisch gewiss problematisch. Moral, soweit sie wissenschaftlich überprüfbar ist, braucht aber ein objektives Maß. Der Utilitarist behauptet, dass dieses Maß im menschlichen Wohlergehen liegt. Diese ist nun aber einmal eine prekäre Sache. Der Mensch hat nämlich viele Bedürfnisse. Das selbstzufriedene Leben auf dem Faulbett mag eine Sehnsucht sein, doch es entspricht nicht der utilitaristischen Anthropologie. Mill beschreibt den Menschen vielmehr als ein tätiges Wesen, das insbesondere ein natürliches Interesse am Wohlergehen seiner Mitmenschen hat. Das Glück des Individuums liegt somit immer auch in der Zufriedenheit und dem Glück seiner Mitmenschen. Der Gleichheitsgrundsatz, der ebenso dazu führt, das allgemeine und nicht nur das eigene Wohlergehen zu fördern, liegt unmittelbar in Reichweite des Nützlichkeitsprinzips. Gesellschaftlich notwendig ist dann die Sicherstellung der Grundbedürfnisse und die Errichtung eines Erziehungssystems, das es jedem ermöglicht, an den höchsten geistigen Gütern, zu denen der Mensch fähig ist, einen möglichst großen Anteil zu nehmen. Der Rest aber sollte der Freiheit des einzelnen überlassen bleiben.

Die Vertreter des Utilitarismus haben bereits im neunzehnten Jahrhundert versucht, diese durchweg modernen Forderungen zur politischen Durchsetzung zu verhelfen. Zuweilen mag es widersprüchlich scheinen, dass die Rechte und Pflichten des einzelnen mit denen der Gemeinschaft nicht immer zusammen stimmen. Es muss jedoch betont werden, dass das niemals ein statisches Verhältnis sein kann. Wie Kant schrieb, liegt das Wesen der Politik in der Reform (vgl. Kant, EF, Anm. B 79/A 74). Der Utilitarismus sagt nichts anderes, er betont aber, dass der einzelne einen Bezug zur Gemeinschaft herstellen, tätig an der Weiterentwicklung des Staates, seiner Gesetze und insgesamt der öffentlichen Ordnung mitwirken, sowie an der Erziehung und der Weiterentwicklung seiner Mitmenschen teilnehmen soll.

Literatur

Text:
John Stuart Mill, Utilitarianism/Utilitarismus, engl./dt., übers. u. hg. v. Dieter Birnbacher, Stuttgart: Reclam, 2006 (im Text als MU zitierte Ausgabe).

Für Mills Moralphilosophie einschlägig außerdem:
John Stuart Mill, Zur Logik der Moralwissenschaften (Sechstes Buch von System der Logik), hg. u. übers. v. Arno Mohr, Frankfurt am Main: Klostermann, 1997.
John Stuart Mill, Über die Freiheit, übers. v. Bruno Lemke, Stuttgart: Reclam, 1995.
John Stuart Mill, An Examination of Sir William Hamilton's Philosophy and of the Principal Philosophical Questions Discussed in his Writings, in: Collected Works of John Stuart Mill, Vol. 9, hg. v. J. M. Robson, University of Toronto Press: Toronto and Buffalo, 1979.

Verwendete und empfohlene Literatur:
Alexander Bain, The Emotions and the Will, London: Parker, 1859.
Jeremy Bentham, Plan of Parliamentary Reform, Works, hg. v. John Bowring, Bd. 3, New York: Russell & Russell, 1962, 433-557.
Jeremy Bentham, An Introduction to the Principles of morals and legislation, in: The Works of Jeremy Bentham, hg. v. John Bowring, Bd. 1, New York: Russell & Russell, 1962, 1-154.
Dieter Birnbacher, Nachwort zu J.St. Mill, Utilitarianism/Utilitarismus, a.a.O., 198-207.
Günter Fröhlich, John Stuart Mill, in: Nachdenken über das Gute. Ethische Positionen bei Aristoteles, Cicero, Kant, Mill und Scheler, Göttingen: Vandenhoeck & Ruprecht, 2006, 103-121.
Jürgen Gaulke, John Stuart Mill, Reinbek bei Hamburg, 1996.
Ulrich Gähde, Wolfgang H. Schrader (Hg.), Der klassische Utilitarismus. Einflüsse – Entwicklungen – Folgen, Berlin: Akademie, 1992.
John Grote, An Examination of the Utilitarian Philosophy, London 1870.
Otfried Höffe (Hg.), Einführung in die utilitaristische Ethik: klassische und zeitgenössische Texte, Tübingen: Francke ²1992 (1992a).
Otfried Höffe, „Schwierigkeiten des Utilitarismus mit der Gerechtigkeit. Zum 5. Kapitel von Mills ‚Utilitarismus'", in: Gähde, Schrader, a.a.O., 292-317 (1992b).

Otfried Höffe, Gerechtigkeit. Eine philosophische Einführung, München: C.H. Beck, 2001.
Immanuel Kant, Grundlegung zur Metaphysik der Sitten (GMS), in: Werkausgabe Bd. 7, hg. v. Wilhelm Weischedel, Frankfurt am Main: Suhrkamp, [10]1989, 7-102.
Immanuel Kant, Zum ewigen Frieden (EF), in: Werkausgabe Bd. 11, hg. v. Wilhelm Weischedel, Frankfurt am Main: Suhrkamp, [8]1988, 191-251.
Peter Rinderle, John Stuart Mill, München: Beck, 2000.
Peter Rinderle, John Stuart Mills liberale Theorie der Gerechtigkeit, in: Peter Ulrich, Michael S. Aßländer (Hg.), John Stuart Mill. Der vergessene politische Ökonom und Philosoph, Bern, Stuttgart, Wien: Haupt, 2006, 79-123.
Arthur Schopenhauer, Die beiden Grundprobleme der Ethik, behandelt in zwei akademischen Preisschriften, in: Arthur Schopenhauer, Werke in fünf Bänden, Bd. 3: Kleinere Schriften, hg. v. Ludger Lütkehaus, Zürich: Haffmans, 1988, 323-632.
Henry R. West, An Introduction to Mill's Utilitarian Ethics, University Press: Cambridge, 2004.
Jean-Claude Wolf, John Stuart Mills „Utilitarismus" Ein kritischer Kommentar, Freiburg i.Br., München: Alber, 1992.

Leitfragen:

1. Erläutern Sie die Prinzipien des Utilitarismus.

2. Beschreiben Sie das Verhältnis von Gerechtigkeit und Nützlichkeit.

3. Erläutern Sie das zugrundeliegende Menschenbild John Stuart Mills.

4. Erörtern Sie, ob der Utilitarismus als ethische Theorie gelten kann.

Jana Katharina Funk

Rawls: Eine Theorie der Gerechtigkeit

Was ist eine gerechte politische Ordnung? Wie lässt sich eine solche philosophisch begründen? Und wie könnte diese gleichsam realistisch aussehen? An diesen Fragen hat sich John Rawls in seiner wissenschaftlichen Laufbahn abgearbeitet und dabei die Ideengeschichte nachhaltig geprägt. Er ist für die gegenwärtige normative politische Philosophie eine Galionsfigur und gehört zu den einflussreichsten Philosophen des 20. Jahrhunderts, welche das politische Denken bis heute maßgeblich mitgestalten.
Rawls wurde 1921 geboren und arbeitete zuletzt als Professor an der Harvard University (USA), wo er seiner Zeit viele der gegenwärtig bedeutenden Philosophen ausgebildet hat (z.B. Thomas Nagel, Onora O'Neill, Rainer Forst). Nicht nur aufgrund seiner praktisch philosophischen Errungenschaften machte er auf sich aufmerksam, sondern auch durch seinen bedächtigen und bescheidenen Charakter. Charaktereigenschaften, die nicht nur ihn persönlich, sondern auch sein Hauptwerk Die Theorie der Gerechtigkeit auszeichnen, ein dickes Buch, das weder narrative Höhepunkte aufweist noch rhetorisch schwungvoll daherkommt. Es liest sich sachlich und nüchtern. Dennoch gilt die Rawls'sche Theorie der Gerechtigkeit aus dem Jahre 1971[1] als eine Zäsur in der politischen Ideengeschichte. Die Publikation wird als Wiederbelebung der politischen Philosophie und damit auch als normative Wende im politisch philosophischen Denken gedeutet. Dies gelang Rawls durch den Rückbezug auf Immanuel Kant und dessen deontologischen Ansatz in der Ethik.[2] Die Rawls'sche Orientierung an Kant

---

[1] Auf Deutsch erschienen im Jahre 1979.
[2] Von griech. *déon*: das Erforderliche, das Gesollte oder auch die Pflicht. Deontologisch meint damit, dass die moralische Beurteilung einer Handlung als *an sich* gut oder schlecht bezeichnet werden kann – d.h. es geht nicht primär um die Evaluation der Konsequenzen einer bestimmten Handlung, sondern vielmehr um die Frage, ob sich die handelnde Person an einer moralischen Regel orientiert hat und somit ihrer Verpflichtung gegenüber den Nächsten nachgekommen ist.
Immanuel Kant begründete den kategorischen Imperativ als eine unbedingte Pflicht, die sich aus der Vernunftbegabung des Menschen ableitet. Kant 2008, S. 53/ [420–421] (GMS).

wird an der Regelausrichtung besonders deutlich.[3] *Rawls' Theorie der Gerechtigkeit basiert auf abstrakten ethischen Prinzipien, die sich wie der kategorische Imperativ über die Vernünftigkeit von Personen ableiten lassen und unbedingt gelten, unabhängig von individuellen Begehrlichkeiten und Wünschen. Rawls' Gerechtigkeitstheorie kann demnach ebenso als ein allgemein gültiges Prinzip verstanden werden.*

Mit dieser Rückbesinnung auf Kant brach Rawls mit den vorherrschenden Paradigmen seiner Zeit: mit den sogenannten konsequentialistischen Theorien.[4] *Damit ist die Theorie der Gerechtigkeit einer der wichtigsten Meilensteine in normativen Diskursen um politische Ordnungen in der Gegenwart. Die Frage wie freiheitliche Gesellschaften Grundsätze der Gleichheit implementieren können und müssen, um (1) dauerhaft stabil zu bleiben und (2) um Gerechtigkeitsfragen konstruktiv anzugehen, wird gewiss eine virulente dieses Jahrhunderts bleiben. Da sich die Probleme um gerechte Verteilung von Gütern, Chancen und auch durch die klimatische Veränderung zunehmend auch um Lebensraum zuspitzen, wird Rawls Theorie auch in der Zukunft eine wichtige Grundlage für globalgesellschaftliche Diskurse sowie auch moralischer Anker und ethische Orientierung sein.*

---

[3] Rawls erwähnte den impliziten Bezug auf Kant bereits in der Publikation der Theorie der Gerechtigkeit im Jahre 1971 (bzw. 1979). Vgl. Rawls 1979, S. 160 »Der Schleier des Nichtwissens ist eine so natürliche Bedingung, dass schon viele auf einen ähnlichen Gedanken gekommen sein müssen. Die Formulierung im obigen Text scheint mir auch indirekt in Kants Lehre vom kategorischen Imperativ enthalten zu sein, sowohl was die die Definition dieser Verfahrensbedingung als auch ihre Verwendung durch Kant betrifft.«
Erst in Reaktion auf kritische Repliken auf die Theorie der Gerechtigkeit legt Rawls jedoch den Bezug auf Kant expliziter und detailgenau dar (vgl. Kantischer Konstruktivismus). In: Rawls, John (1994): Die Idee des politischen Liberalismus.

[4] Zu diesen zählt auch der Utilitarismus, der im angelsächsischen Raum bis dato das zentrale Paradigma der Ethik darstellte. Die von Rawls vollzogene Wende war demnach im deontologischen Sinne normativ und stellte in Abkehr vom utilitaristischen Paradigma einen Paradigmenwechsel dar. Mit diesem gelang ihm der Schachzug einer Wiederbelebung normativer Fragestellungen in modernen politischen Theorien des Liberalismus. Wer daher im 21. Jahrhundert politisch denken und darüber philosophieren möchte, wie Aushandlungsprozesse mit Bezug auf individuelle Freiheiten und Gemeinwohl, oder bezüglich der gerechten Verteilung von ökonomischen Gütern oder Chancengleichheit in liberalen politischen Ordnungen ethisch begründet und gedeutet werden können, der kommt an Rawls nicht vorbei.

1. Vertragstheoretischer Ansatz

Die in der Theorie der Gerechtigkeit verhandelte Frage nach der Begründung eines normativen Liberalismus hat Rawls sein Leben lang beschäftigt. Er versuchte immer wieder Neufassungen, Aktualisierungen und arbeitete pedantisch daran, sein Hauptwerk beständig zu verbessern. Das Hauptinteresse, welchem er systematisch nachging, galt der theoretisch eleganten und überzeugenden Begründung einer normativen Ordnung für liberale Gesellschaften, welche die Beziehung zwischen freien und gleichen Personen regelt. In seiner theoretischen Methodik bezieht es sich dabei in doppelter Weise auf Immanuel Kant. Zum einen moraltheoretisch, im Sinne einer Neuauflage deontologischer Ethik und zum anderen rechts- bzw. vertragstheoretisch, denn er bedient sich der Vertragstheorie, um die Begründung seiner normativen Ordnung zu plausibilisieren.

Der vertragstheoretische Ansatz ist eine Gedankenfigur, die es erlaubt eine politische Ordnung zu denken und zu begründen und hat bereits vor Rawls eine lange Geschichte. Durch politische Denker wie Thomas Hobbes (Leviathan), John Locke (Two treatises of Government), Jean-Jacques Rousseau (Du contrat social) und Immanuel Kant (Metaphysik der Sitten/Zum ewigen Frieden) wurde dieser Ansatz ein wichtiger Teil der politischen Ideengeschichte.

Der grundlegende Gedanke des Gesellschaftsvertrags ist, dass die politische Ordnung nicht mehr aus der Natürlichkeit der menschlichen Anlagen hervorgeht und somit als natürliche Ordnung begründet wird (wie noch in der Antike), sondern über die individuelle Willensentscheidung von freien und gleichen Personen gewählt wird. Die Menschen treten danach aus rational strategischen Erwägungen in das politische Bündnis ein und unterschreiben mit diesem Eintritt im übertragenen Sinne auch den Gesellschaftsvertrag. Die strategische Erwägung bezieht sich zunächst auf die Sicherheit: wenn Menschen zusammen in Frieden leben wollen, so bedürfen sie positiver Gesetze, die für alle verbindlich festgehalten werden können. Der Schluss daraus ist, dass eine politische Gemeinschaft ein Rechtssystem benötigt. Denn da das Ausleben der je individuellen Freiheiten miteinander kollidieren kann, bedarf es der Gesetze, um die Willkür des Einen mit der des Anderen kompatibel zu machen. Ist ein Rechtssystem geschaffen, so tritt durch dieses eine andere Form der Pflicht in die Welt, nämlich die rechtliche. Sobald sie beschlossen ist, gibt es zwei

Möglichkeiten: entweder wir halten uns an die Gesetze oder nicht. In letzterem Fall müssen wir als Konsequenz mit Strafe rechnen.

Die Pflichten, welche sich aus der rechtlichen Gesetzgebung ableiten, können nur äußere Pflichten sein (wären es innere, so wären es moralische Pflichten, wie etwa der kategorische Imperativ). Aus diesem Gedankengang über die äußeren Pflichten leitet Immanuel Kant das allgemeine Rechtsgesetz ab, welches als die Grundlage der Theorie der Gerechtigkeit von Rawls betrachtet werden kann: »eine jede Handlung ist recht, die oder nach deren Maxime die Freiheit der Willkür eines jeden mit jedermanns Freiheit nach einem allgemeinen Gesetze zusammen bestehen kann.«[5] Die rechtstheoretische Grundlage, aus der die Theorie der Gerechtigkeit hervorgeht, entspricht demnach einer Klugheitsüberlegung: die Grundsätze der Gerechtigkeit sind so herzuleiten und zu begründen, dass es im Interesse aller ist, deren unbedingte und allgemeingültige Verbindlichkeit anzuerkennen. Wenn dies erreicht ist, kann die Begründung der Gerechtigkeitsgrundsätze für sich stehen, weil kein Beteiligter Grund hätte Widerspruch zu erheben. Gleichzeitig ermöglicht eine allgemeine Begründung der Gerechtigkeitsgrundsätze eine Institutionalisierung der Gleichheit: alle unterwerfen sich den Grundsätzen; und da sich alle gleichermaßen unterwerfen, sind alle vor dem diesen gleich. Die Ungleichbehandlung ist zumindest aus der rechtlichen Perspektive gänzlich ausgeschlossen. Für Rawls sind demnach die Gerechtigkeitsgrundsätze (aus rechtlicher Perspektive) als Voraussetzung (1) für ein friedliches, gedeihliches menschliches Leben und (2) für eine vertraglich begründete staatliche Ordnung und bürgerliche Gesellschaft zu sehen.

Obgleich dies für Rawls nicht das primäre Interesse darstellt, bietet ein moderner Gesellschaftsvertrag nicht nur Sicherheit, die Vorstellung rechtlicher Gleichheit, sondern auch die eines Rechtes auf politische Mitbestimmung (Demokratie). Mit dem Abschluss eines modernen Gesellschaftsvertrags wird damit nicht nur eine politische Gemeinschaft besiegelt, die dem Recht verpflichtet ist, sondern auch eine, die sich selbst verpflichtet ist; d.h. eine politische Gemeinschaft, die sich selbst zu regieren hat. Eine solche nennt sich liberal demokratisch.

---

[5] Kant 1977, S. 337/ AB31,32 (MS).

2. Gerechtigkeit als Tugend von Institutionen

Der Versuch der Begründung einer normativen liberalen politischen Ordnung mündete für Rawls in die Formulierung seiner Theorie der Gerechtigkeit. Gerechtigkeit ist damit für ihn das fundamentale Grundprinzip einer stabilen Gesellschaftsordnung. In seiner grundlegenden Einführung in seine komplexe Theorie der Gerechtigkeit schreibt er:

> »die Gerechtigkeit ist die erste Tugend sozialer Institutionen, so wie die Wahrheit bei Gedankensystemen. Eine noch so elegante und mit sparsamen Mitteln arbeitende Theorie muss fallengelassen werden, wenn sie nicht wahr ist; ebenso müssen noch so gut funktionierende und wohlabgestimmte Gesetze und Institutionen abgeändert oder abgeschafft werden, wenn sie ungerecht sind.«[6]

Was dieses Zitat interessant macht, ist, dass Rawls die Gerechtigkeit als Tugend bezeichnet und somit auf begrifflicher Ebene Anknüpfungspunkte in der Tugendethik des Aristoteles findet. Bekanntlich spielte die Tugend der Gerechtigkeit für Aristoteles eine wichtige Rolle. Doch die Gemeinsamkeit endet alsbald, denn in der Tugendethik ist die Gerechtigkeit keine Tugend von Institutionen, sondern von Personen. Gerechtigkeit im allgemeinen Sinne ist für Aristoteles eine politische Tugend des gerecht Handelnden. Die Tugend der Gerechtigkeit wird jedoch auch für die gute Ordnung des Staates relevant: Das Gerechte wird das für die politische Gemeinschaft Gute. Der Vergleich mit Aristoteles liegt auf der Hand und könnte auch tiefer ausgeführt werden; doch an dieser Stelle dient er zur Veranschaulichung dessen, was Rawls unter der Tugend der Gerechtigkeit versteht. Denn strukturell betrachtet dreht Rawls die aristotelische Idee der Gerechtigkeitstugend um. Während sie für Aristoteles als die höchste Vortrefflichkeit des Menschen in die politische Gemeinschaft hineinwirkt, so gilt für Rawls die Gerechtigkeit der Institutionen als Grundlage für die zu entwickelnde Moralität der Menschen. Die Frage, welche sich aus den angestellten Überlegungen aufdrängt, ist diese: wenn es nicht die Menschen sind, die eine Institution gerecht machen – wie können wir eine Institution dann als gerecht bezeichnen?

Rawls spezifiziert sein institutionelles Gerechtigkeitsverständnis und nennt es »Gerechtigkeit als Fairness.« Diese Fairness erinnert

---
[6] Rawls 1979, S. 19.

an einen Schiedsrichter bei Sportveranstaltungen, der darauf achtet, dass die sportlichen Regeln eingehalten werden. Rawls spricht in seiner Terminologie hierbei von der Idee der »fairen Kooperation«. Auf menschliches Verhalten übertragen, bedeutet ein faires Verhalten gemeinhin, dass die Regeln, welche für alle gelten, auch selbst einzuhalten sind und dass es eben nicht fair ist, sich einen Vorteil zu erschleichen. Rawls artikuliert diese Intuition der Fairness als Grundlage seiner institutionellen Gerechtigkeit folgendermaßen:

> »wenn sich mehrere Menschen nach Regeln zu gegenseitig nutzbringender Zusammenarbeit vereinigen und dabei ihre Freiheit zum Vorteil aller beschränken müssen, dann haben diejenigen, die sich dieser Beschränkung unterwerfen, ein Recht darauf, dass das auch die andern tun, die Vorteile davon haben. Man darf bei der Zusammenarbeit nicht die Früchte fremder Anstrengung in Anspruch nehmen, ohne selbst einen fairen Teil beizutragen.«[7]

An diesem Zitat zeigt sich nicht nur Rawls gedankliche Verwandtschaft mit der goldenen Regel, sondern auch abermals die Verwandtschaft mit dem kategorischen Imperativ Immanuel Kants. Rawls nutzt diese Intuition, um sein Postulat zu stützen, dass es, so wie es Regeln für die faire Kooperation unter Menschen gäbe, auch Regeln für Institutionen geben müsse. Demzufolge wäre die Gerechtigkeit auch im politischen Sinne eine Fairness – eine Fairness von Institutionen.

Die Gerechtigkeitstugenden von Institutionen können demnach so umschrieben werden: sie gewährleisten ein gerechtes Verfahren der Entscheidungsfindung, oder der Verteilung von zentralen Grundgütern. Unter Grundgütern fasste Rawls Dinge, »von denen man annimmt, dass sie ein vernünftiger Mensch haben möchte, was auch immer er sonst noch haben möchte.«[8] Damit stellen Güter wie Rechte, Freiheiten, Chancen, sowie Einkommen und Vermögen für Rawls Grundgüter da. Chancen, Einkommen und Vermögen sind deshalb auch Grundgüter, weil sie in ihrer Funktion wesentlich über den Gebrauch der individuellen Freiheit bestimmen.

Aufgrund des Bezugs der institutionellen Gerechtigkeitstugend auf Verteilungsfragen wird die Gerechtigkeit als Fairness von Rawls auch als prozedural – also als eine Verfahrensgerechtigkeit – bezeichnet. Ein solches Verständnis von Gerechtigkeit rückt den Prozess

---

[7] Rawls 1979, S. 133.
[8] Rawls 1979, S. 112.

der Entscheidungsfindung in den Mittelpunkt – es dreht sich dementsprechend um die Fragen: wie wird eine Entscheidung getroffen? Welche Regeln liegen dieser Entscheidungsfindung zugrunde? Inwieweit geben Verfahrensgrundsätze ethische Orientierung? Ein gerechtes Verfahren sichert gleichsam eine gerechte Verteilung von Rechten, Pflichten, Gütern und Chancen: »Für uns ist der erste Gegenstand der Gerechtigkeit die Grundstruktur der Gesellschaft, genauer: die Art, wie die wichtigsten gesellschaftlichen Institutionen Grundrechte und -pflichten und die Früchte der gesellschaftlichen Zusammenarbeit verteilen.«[9]

Systematisch betrachtet heißt dies, dass die Tugend formalisiert wird – von einer Charaktereigenschaft zu einer Verfahrensgerechtigkeit, welche über prozedurale Rationalität unbedingt und auf der höchsten Abstraktionsstufe gesetzt wird. Als eine solche ist die Gerechtigkeitstugend das fundamentalste Kriterium politischer Institutionen.

3. Urzustand

Rawls stützt sich in seiner Theorie der Gerechtigkeit auf eben jene Tradition der Vertragstheorie, um seine normativen Grundsätze zu rechtfertigen. Ähnlich wie Hobbes, Rousseau oder Kant geht er dabei in seinen Gedanken auf die Vorstellung eines Urzustandes – also, eines Zustandes vor der Erschaffung einer rechtlich-politischen Ordnung – zurück: »Das Geflecht der Gesellschaft wird ersetzt durch eine Anfangssituation mit bestimmten Verfahrensbeschränkungen«.[10] In Rawls' Urzustand herrschen jedoch bereits bestimmte Bedingungen, bzw. Grundsätze vor. »Diese Grundsätze sind diejenigen, die vernünftige Menschen, die ihre Interessen fördern wollen, in diesem Zustand der Gleichheit aufstellen würden, um die Grundbedingungen ihrer Vereinigung festzulegen.«[11]

---

[9] Rawls 1979, S. 23.
[10] Rawls 1979, S. 19.
[11] Rawls 1979, S. 140.

Die Anfangssituation des Urzustandes ist demnach bereits normativ gedacht:

> »der Urzustand ist so definiert, dass die in ihm getroffenen Vereinbarungen fair sind. In ihm gibt es nur gleiche moralische Subjekte, und das Ergebnis ist nicht von willkürlichen Zufälligkeiten oder gesellschaftlichen Kräfteverhältnissen beeinflusst. So kann die Theorie der Gerechtigkeit als Fairness von Anfang an den Gedanken der reinen Verfahrensgerechtigkeit verwenden.«[12] Diese gleichen moralischen Subjekte wissen auch um die Notwendigkeit der sogenannten »Anwendungsbedingungen der Gerechtigkeit«.[13]

Die Anwendungsbedingungen der Gerechtigkeit kann man sich als ein Komplex verschiedener vorhandener Aspekte vorstellen. Darunter sind die objektiven Anwendungsbedingungen von Gerechtigkeit, also die Tatsache, dass unter den Menschen auf der Erde immer eine relative Knappheit an Gütern herrscht und dass die Menschen somit um diese konkurrieren. Bei der Knappheit der relevanten Güter differenziert Rawls zwei verschiedene Formen: immaterielle Güter (Rechte und Freiheiten) und materielle Güter.

Die subjektiven Anwendungsbedingungen der Gerechtigkeit beziehen sich zum einen auf Interessensgegensätze, d.h. dass Menschen unterschiedliche Weltanschauungen und somit auch unterschiedliche Vorstellungen des Guten besitzen (weltanschaulicher Pluralismus), verschiedene Ziele verfolgen und dass sie damit auch konkurrierende Ansprüche auf die entsprechenden knappen Güter stellen. Zum anderen bezieht sich Rawls mit den subjektiven Anwendungsbedingungen der Gerechtigkeit auch auf die einfache Situation des Menschen. Damit meint er die Begrenztheit der menschlichen Denk-, Merk- und Konzentrationsfähigkeit wie auch die Tatsache, dass menschliche Urteile immer durch Angst, Voreingenommenheit und Eigeninteresse getrübt sind.[14]

Die gleichen moralischen Subjekte, die um die Anwendungsbedingungen von Gerechtigkeit wissen, sind zudem vernünftig. Dieser von Rawls verwendete Vernunftbegriff entspricht einem grundlegenden Verständnis eines rationalen Menschen:

---

[12] Rawls 1979, S. 142.
[13] Rawls 1979, S. 150.
[14] Vgl. Rawls 1979, S. 150.

»Von einem vernunftgeleiteten Menschen wird also wie üblich angenommen, dass er ein widerspruchsfreies System von Präferenzen bezüglich der ihm offenstehenden Möglichkeiten hat. Er bringt sie in eine Rangordnung nach ihrer Dienlichkeit für seine Zwecke; er folgt dem Plan, der möglichst viele von seinen Wünschen erfüllt und der eine möglichst gute Aussicht auf erfolgreiche Verwirklichung bietet.«[15]

Ein rationaler Mensch ist Rawls zufolge also einer, der Präferenzen abwägt, Erfolgsaussichten kalkuliert und entsprechend seines Eigeninteresses handelt. Das macht den rationalen Menschen noch nicht zu einem Egoisten, aber sein Interesse ist auf sich gerichtet, nicht auf den Nächsten. Er wäre also nicht bereit auf sein eigenes Interesse um des Nächsten willen zu verzichten, noch interessiert ihn besonders, was der jeweils andere macht; der rationale Mensch ist demnach auch frei von Neid. Rawls nennt diese Zusatzbedingung der Menschen im Urzustand »gegenseitiges Desinteresse«.[16] Eine weitere Zusatzannahme Rawls' ist der sogenannte Gerechtigkeitssinn:

»Die Beteiligten sollen einen Gerechtigkeitssinn haben, und das soll unter ihnen allgemein bekannt sein. Diese Bedingung soll die Gültigkeit der Übereinkunft im Urzustand sichern. [...] Sie bedeutet [...], dass sich die Parteien darauf verlassen können, dass jeder die beschlossenen Grundsätze versteht und nach ihnen handelt, wie sie auch beschaffen sein mögen. Sind einmal die Grundsätze anerkannt, so können sich die Parteien darauf verlassen, dass jeder sie einhält. Wenn sie also zu einer Übereinkunft kommen, dann wissen sie, dass es nicht umsonst ist: Ihr Gerechtigkeitssinn sorgt dafür, dass die aufgestellten Grundsätze auch beachtet werden.«[17]

Die von Rawls aufgestellten Voraussetzungen im Urzustand laufen insgesamt auf Folgendes hinaus: Menschen kommen in einer Situation vor der politischen Vergesellschaftung zusammen und wissen, dass sie für ein friedliches und gedeihliches Zusammenleben Gerechtigkeitsgrundsätze brauchen, welche der politischen Ordnung zugrunde liegen sollen. Individuell verfolgen sie ihre Eigeninteressen und versuchen das größtmögliche Maß an gesellschaftlichen Grundgütern zu gewinnen, ohne dabei andere auszustechen oder zu bevorteilen. Aus diesen Rahmenbedingungen des Urzustandes sollen die Menschen Gerechtigkeitsgrundsätze für die Grundstruktur

---

[15] Rawls 1979, S. 167.
[16] Vgl. Rawls 1979, S. 152.
[17] Rawls 1979, S. 168f.

der politischen Ordnung wählen, die (1) ihrem Eigeninteresse am besten dienen, die (2) relativ niedrigschwellig sind und von allen Beteiligten demnach gut eingehalten werden können und die (3) die Grundstruktur für eine stabile und gerechte Gesellschaft ausmachen. Die normativen Grundsätze der Gerechtigkeit sind für Rawls demnach diejenigen, die das Entscheidungs- und Verteilungsproblem im Urzustand lösen. Der Urzustand ist damit systematisch als eine Methode zu verstehen, die uns imaginär in die Lage eines vorgesellschaftlichen Zustandes versetzten soll.

Rawls möchte mit den Grundsätzen zeigen, dass die Einigung auf diese, die jeweils »beste verfügbare Möglichkeit ist, seine Ziele zu fördern.«[18] Natürlich ist diese »beste verfügbare Möglichkeit« nicht im egoistischen Sinne, sondern unter der Bedingung allgemeiner Vernünftigkeit zu verstehen. Denn »offenbar kann nicht jeder das bekommen, was er möchte; das bloße Vorhandensein anderer Menschen verhindert dies.«[19]

4. Schleier des Nichtwissens

Die Gerechtigkeitsgrundsätze werden in der Rawls'schen Theorie über ein abstraktes Verfahren unter idealen Bedingungen verbindlich gewählt und gelten als Grundlage für die politische Ordnung. Sie werden aus jener Grundfrage erschlossen: Welche Prinzipien würden freie und rationale, nur an ihrem eigenen Interesse ausgerichtete Personen wählen, wenn sie in dem beschriebenen Urzustand der Gleichheit zusammenkommen und sich für Gerechtigkeitsgrundsätze entscheiden sollen, an die alle weiteren Vereinbarungen gebunden sind? Die Krux dieser Frage ist der Zustand ursprünglicher Gleichheit. In welcher Hinsicht soll diese denn verstanden werden, wenn wir doch immer schon ungleich sind, etwa bezüglich Aussehen, Konstitution, Anlagen, Fähigkeiten oder Talenten? Hier übersetzt Rawls die ikonographische Darstellung der Gerechtigkeit in sein berühmtes philosophisches Gedankenexperiment der Theorie der Gerechtigkeit: gemäß der Notwendigkeit der unparteilichen Rechtsprechung, ohne Ansehung der Person, hat die Justitia nämlich eine Augenbinde um und

---

[18] Rawls 1979, S. 141.
[19] Ebd.

kann somit nicht sehen, wer genau vor ihr steht. Sie schaut allein auf den Sachverhalt. Dieses Nicht-Sehen-Können deutet Rawls mit einer großen semantischen Weite und mit philosophischer Abstraktion als einen allgemeinen Schleier des Nichtwissens, den wir imaginieren sollten.[20] D. h., wir sollen uns im Gedankenexperiment des Urzustandes, wenn es um die Wahl der grundlegenden Gerechtigkeitsprinzipien geht, vorstellen, dass wir uns selbst nicht sehen können. Also konkret, dass wir nichts wissen über unseren zukünftigen sozialen, ökonomischen oder politischen Status in der Gesellschaft und weder unser Geschlecht, sozialen Status, Beruf, Aussehen, Talente/Fähigkeiten, Vermögen, oder unseren Gesundheitszustand kennen.

> »Es wird also angenommen, dass den Parteien bestimmte Arten von Einzeltatsachen unbekannt sind. Vor allem kennt niemand seinen Platz in der Gesellschaft, seine Klasse oder seinen Status; ebenso wenig seine natürlichen Gaben, seine Intelligenz, Körperkraft usw. Ferner kennt niemand seine Vorstellung vom Guten, die Einzelheiten seines vernünftigen Lebensplanes, ja nicht einmal die Besonderheiten seiner Psyche wie seine Einstellung zum Risiko oder seine Neigung zu Optimismus oder Pessimismus. Darüber hinaus setze ich noch voraus, dass die Parteien die besonderen Verhältnisse in ihrer eigenen Gesellschaft nicht kennen, d. h. ihre wirtschaftliche und politische Lage, den Entwicklungsstand ihrer Zivilisation und Kultur. Die Menschen im Urzustand wissen auch nicht, zu welcher Generation sie gehören.«[21]

Es ist diese Abstraktionsleistung, welche es Rawls ermöglicht, einen ursprünglichen Zustand der Gleichheit herzustellen. Unter dem Schleier des Nichtwissens sind alle gleich – alle rationalen Menschen sind im Urzustand unwissend über ihre eigene soziale Positionierung in der Gesellschaft. Dies ist der zentrale analytische Schachzug in Rawls Theorie. Denn wenn wir nun nichts über uns wissen und in dieser Situation über die Gerechtigkeitsprinzipien einer zukünftigen Gesellschaft entscheiden müssen, worauf würden wir uns einigen?

Aus rationalen Gründen müssten wir uns nach Rawls 1. die schlechtmöglichste Situation, in der wir uns befinden könnten, vorstellen und überlegen was wir dann wollen und für uns als gültige Prinzipien erhoffen. 2. Würden wir uns (einem bestimmten Geschlecht, Status, Beruf ...) im Zustand des Unwissens keine Vorteile geben können, weil wir ja nicht verbindlich wissen, ob wir

---
[20] Vgl. Rawls 1979, S. 159ff.
[21] Rawls 1979, S. 160.

tatsächlich davon profitieren würden. Aus diesen rein rationalen Klugheitsüberlegungen wird ein moralisches Experiment mit Teilnehmern, die nur durch Eigeninteresse motiviert sind. Der Schleier des Nichtwissens verhindert somit, dass die Menschen im Urzustand selbstsüchtig werden und versuchen sich eigene Vorteile zu verschaffen. Da niemand etwas über sich weiß, ist es unmöglich zu seinen eigenen Gunsten parteilich zu sein – somit gewährleistet der Schleier des Nichtwissens die grundlegende Fairness der prozeduralen Gerechtigkeit im Urzustand sowie die Einstimmigkeit und die Allgemeingültigkeit der Entscheidung mit Bezug auf die Wahl der Gerechtigkeitsgrundsätze für die politische Ordnung.

> »Zunächst liegt auf der Hand, dass alle Beteiligten von den gleichen Argumenten überzeugt werden, da sie die Unterschiede zwischen sich nicht kennen und alle gleich vernünftig und in der gleichen Lage sind. Daher lässt sich die Übereinkunft im Urzustand als die eines zufällig ausgewählten Beteiligten sehen. Wenn irgendjemand nach reiflicher Überlegung eine Gerechtigkeitsvorstellung einer anderen vorzieht, dann tun es alle, und es kommt Einstimmigkeit zustande.«[22]

5. Gerechtigkeitsprinzipien

Mithilfe der komplexen Situation im Urzustand und des Gedankenexperiments des Schleiers des Nichtwissens, gelingt es Rawls zu zeigen, dass aus der fairen, einstimmigen und allgemeingültigen Entscheidung zwei Gerechtigkeitsgrundsätze hervorgehen. Diese zwei Gerechtigkeitsgrundsätze stellen auf der grundlegendsten Ebene den institutionellen Aufbau der politischen Ordnung und die gerechte Verteilung der immateriellen und materiellen Güter sicher. Die politische Ordnung, die in Rawls' Theorie konkretisiert wird, ist ein egalitärer Liberalismus, also ein Ordnungssystem, in welchem die Freiheit den zentralen Grundwert ausmacht und Gerechtigkeit auf der Basis von Gleichheit (gleiches Recht für alle) diesen einrahmt. So verstanden ist Gerechtigkeit in Rawls' Theorie eine Verteilungsgerechtigkeit im umfassenden Sinne – sie bezieht sich auf die gesamte institutionelle Ordnung, welche das gesellschaftliche Leben lenkt, die Handlungsmöglichkeiten der Menschen regelt und Chan-

---

[22] Rawls 1979, S. 162.

cengleichheit sichert. Aus dem Urzustand heraus gehen die Personen in Unkenntnis ihrer späteren gesellschaftlichen Stellung die verbindende Verpflichtung ein, zwei Gerechtigkeitsprinzipien zu respektieren: wie bereits erwähnt, geht es dabei um die Verteilung von Gütern – immateriell und materiell. Die immateriellen Güter, d.h. Rechte und Freiheiten werden im ersten Gerechtigkeitsgrundsatz verhandelt. In der Fassung der Theorie der Gerechtigkeit lautet der erste Gerechtigkeitsgrundsatz folgendermaßen: »Jedermann hat gleiches Recht auf das umfangreichste Gesamtsystem gleicher Grundfreiheiten, das für alle möglich ist.«[23] Der erste Gerechtigkeitsgrundsatz entspricht demnach dem liberalen Prinzip der größtmöglichen individuellen Freiheit. Dieser entspricht in seiner Formulierung dem Anspruch auf die klassischen Freiheitsrechte eines liberalen Ordnungssystems – so, wie sie auch in modernen Verfassungen liberal-demokratischer Staaten verankert sind. Darunter sind Folgende zu nennen: Unantastbarkeit der Würde, Recht auf Leben, körperliche Unversehrtheit, freie Entfaltung der Persönlichkeit, Gleichheit vor dem Gesetz, Religions-, Meinungs-, Presse- und Informationsfreiheit, Eigentum, Freizügigkeit, Versammlungs- und Demonstrationsfreiheit, Berufsfreiheit, Koalitionsfreiheit, Schutz der Privatsphäre ... usw. Der zweite Grundsatz lautet:

> »Soziale und wirtschaftliche Ungleichheiten müssen folgendermaßen beschaffen sein: (a) sie müssen unter der Einschränkung des gerechten Spargrundsatzes den am wenigsten Begünstigten den größtmöglichen Vorteil bringen, und (b) sie müssen mit Ämtern und Positionen verbunden sein, die allen gemäß fairer Chancengleichheit offenstehen.«[24]

Das zweite Gerechtigkeitsprinzip wird als Differenzprinzip gedeutet. Zusätzlich formuliert Rawls auch zwei Vorrangregeln, welche die Gerechtigkeitsgrundsätze zueinander ins Verhältnis setzen:
Erste Vorrangregel (Vorrang der Freiheit):
Die Gerechtigkeitsgrundsätze stehen in lexikalischer Ordnung; demgemäß können die Grundfreiheiten nur um der Freiheit willen eingeschränkt werden, und zwar in folgenden Fällen:

a) eine weniger umfangreiche Freiheit muss das Gesamtsystem der Freiheiten für alle stärken;

---

[23] Rawls 1979, S. 336.
[24] Ebd.

b) eine geringere als gleiche Freiheit muss für die davon Betroffenen annehmbar sein.

Zweite Vorrangregel (Vorrang der Gerechtigkeit vor Leistungsfähigkeit und Lebensstandard):

Der zweite Gerechtigkeitsgrundsatz ist dem Grundsatz der Leistungsfähigkeit und Nutzenmaximierung lexikalisch vorgeordnet; die faire Chancengleichheit ist dem Unterschiedsprinzip vorgeordnet, und zwar in folgenden Fällen:

a) eine Chancen-Ungleichheit muss die Chancen der Benachteiligten verbessern;
b) eine besonders hohe Sparrate muss insgesamt die Last der von ihr Betroffenen mildern.[25]

Mit dem sogenannten Differenzprinzip führt Rawls ein egalitäres Prinzip (Gleichheitsprinzip) in seinen Liberalismus ein. Dieses ist jedoch aus folgenden Gründen als relativ schwach einzustufen: (1) Rawls betont (wie in den Vorrangregeln zu lesen) ausdrücklich, dass das Freiheitsrecht lexikalisch gilt, das heißt, dass es im Zweifelsfall immer vorrangig zu behandeln ist. (2) Das Differenzprinzip regelt nicht positiv die Anforderung der Gleichheit, sondern formuliert lediglich Bedingungen, unter denen soziale Ungleichheit auch gerechtfertigt, bzw. auch als gerecht angesehen werden kann.

Eine wichtige Ergänzung Rawls' ist hierbei, dass die beiden Bestimmungen des Differenzprinzips in enger Verbindung zueinander stehen und nicht gegeneinander ausgespielt werden können: eine gerechte Güterverteilung darf demnach das Prinzip der Chancengleichheit nicht verletzen, genauso wenig rechtfertigt die Chancengleichheit keine Ungleichverteilung der Güter – dies wäre eben nur dann der Fall, wenn sich die Ungleichverteilung für alle vorteilhaft auswirkt.

> »Geht man von den Institutionen aus, wie sie von der gleichen Freiheit für alle und der fairen Chancengleichheit gefordert werden, so sind die besseren Aussichten der Begünstigten genau dann gerecht, wenn sie zur Verbesserung der Aussichten der am wenigsten begünstigten Mitglieder der Gesellschaft beitragen. Der intuitive Gedanke ist der, dass die Gesellschaftsordnung nur dann günstigere Aussichten für

---

[25] Rawls 1979, S. 336f.

Bevorzugte einrichten und sichern darf, wenn das den weniger Begünstigten zum Vorteil gereicht.«[26]

Mit dieser Annahme unterstützt Rawls das liberale Verständnis einer freien Ökonomie, in der (in einer idealen Situation) alle Beteiligten miteinander fair konkurrieren und somit alle – die Bessergestellten, wie die am schlechtesten Gestellten – miteinander verkoppelt sind. Verbessert sich die Lage für die Bessergestellten, würde sich nach Rawls Auffassung auch die Lage der am schlechtesten Gestellten verbessern. In diesem Sinne ist anzustreben, diejenige Verteilungssituation zu erreichen, bei der der Anteil der am schlechtesten gestellten Gesellschaftsmitglieder am größten ist. Damit ist Rawls Liberalismus im schwachen Sinne egalitär.

6. Der Rawls'sche egalitäre Liberalismus und der Freiheitsbegriff

Vor dem Hintergrund des Gesagten, sollen an dieser Stelle vier Punkte festgehalten werden, die für Rawls' *Theorie der Gerechtigkeit* entscheidend sind:

i. Die Gerechtigkeitsprinzipien lassen sich aus rationalem Selbstinteresse ableiten, d.h. es handelt sich um ein Verfahrensprinzip auf der Grundlage von einfachen Annahmen, aus denen allgemeine und verbindliche Grundsätze abgeleitet werden können, die einstimmig angenommen werden können (vgl. Kants Rechtsphilosophie).

ii. Die politische Ordnung hat (ebenso wie bei Kant) nicht die Aufgabe, seine Mitglieder glücklich zu machen; die politische Ordnung, die aus dem Urzustand hervorgeht und durch den Gesellschaftsvertrag besiegelt wird ist auf die Zwecke des Rechts, auf Freiheitsicherung durch Gesetze beschränkt.

iii. Primärgüter (Güter, von denen wir annehmen können, dass sie alle wollen und brauchen: Rechte und Freiheiten, Chancen und Macht, Einkommen und Wohlstand) sollen gerecht verteilt werden.

---

[26] Rawls 1979, S. 95f.

iv. Jeder soll gleiches Recht auf das umfangreichste System gleicher Grundfreiheiten haben, das mit dem gleichen System für alle anderen verträglich ist. Dieses Recht auf umfassende individuelle Grundfreiheiten gilt lexikalisch. Soziale und wirtschaftliche Grundfreiheiten sind so zu gestalten, dass (a) vernünftigerweise zu erwarten ist, dass sie zu jedermanns Vorteil dienen, und (b) sie mit Positionen und Ämtern verbunden sind, die jedem offenstehen.[27]

Was den Freiheitsbegriff betrifft, der seinem egalitären Liberalismus zugrunde liegt, so versucht Rawls eine neutrale Haltung einzunehmen. Er konstatiert, dass er seine Prinzipien mit dem Streit zwischen einem positiven oder einem allein negativen Verständnis der Freiheit belasten will:

> »Ich beschäftige mich nicht mit der Streitfrage, ob die Freiheit positiv oder negativ bestimmt werden soll. Mir scheint, dass sich diese Diskussion überwiegend gar nicht um Definitionen dreht, sondern vielmehr um den Wert der verschiedenen Freiheiten [...] Definitionsfragen können höchstens eine Nebenrolle spielen. Ich setze daher einfach voraus, dass sich jede Freiheit mittels dreier Begriffe erklären lässt: der Handelnden, die frei sein sollen, der Beschränkungen, von denen sie frei sein sollen, und dessen, was ihnen freigestellt sein soll. [...] Die allgemeine Bestimmung einer Freiheit hat also folgende Form: Dieser oder jener Mensch (oder Menschen) ist frei (oder nicht frei) von dieser oder jener Einschränkung (oder Einschränkungen) und kann das und das tun (oder lassen).«[28]

In seiner Theorie der Gerechtigkeit geht es Rawls daher nicht um einen Freiheitsbegriff, sondern um die gerechte Verteilung von Freiheit in einem egalitären Liberalismus. Hauptaufgabe eines egalitären Liberalismus wäre demnach die Gewährung und der Schutz der persönlichen Grundfreiheiten.[29] Ob und wie die Freiheit der Individuen tatsächlich verwirklicht wird, erachtet er als eine untergeordnete Frage, die nicht die Freiheit an sich angeht, sondern lediglich den Wert der Freiheit betrifft:

> »Als Beschränkung der Freiheit selbst zählt man manchmal die Unfähigkeit, von Rechten und Möglichkeiten Gebrauch zu machen, etwa wegen Armut, Unwissenheit oder sonstigen Mängeln. Ich möchte mich stattdessen auf den Standpunkt stellen, dass diese Umstände den

---

[27] Rawls 1979, S. 81ff.
[28] Rawls 1979, S. 230.
[29] Rawls 1979, S. 227.

Wert der Freiheit beeinflussen, der Wert der vom ersten Grundsatz festgelegten Rechte für den Einzelnen. [...] Wir unterscheiden also folgendermaßen zwischen der Freiheit und ihrem Wert: Die Freiheit besteht in dem gesamten System der gleichen bürgerrechtlichen Freiheiten; der Wert der Freiheit für einzelne oder Gruppen hängt von deren Fähigkeit ab, innerhalb dieses Rahmens ihre Ziele zu erreichen. Die Freiheit ist als gleiche Freiheit für alle gleich; es entsteht kein Problem des Ausgleichs für geringere Freiheit. Doch der Wert der Freiheit ist nicht für jedermann der gleiche. Manche haben mehr Macht und Reichtum und daher mehr Möglichkeiten, ihre Ziele zu erreichen.«[30]

Obgleich Rawls sich bzgl. eines Freiheitsbegriffs enthalten will, differenziert er sein Verständnis von Freiheit. Er scheidet seine Deutung als Handlungsspielraum von einem – wie Rawls ihn nennt – Wert der Freiheit und gebraucht damit eine alternative Begrifflichkeit für die Unterscheidung zwischen einer negativen (frei von) und einer positiven (frei zu) Freiheit. Die Gerechtigkeit und damit auch einen egalitären Liberalismus bindet Rawls jedoch lediglich an die Verteilung der Freiheitsrechte. Und obwohl Rawls selbst einräumt, dass es gewichtige sozioökonomische Einflüsse auf die Möglichkeit der Nutzung dieser Freiheitsräume gibt, klammert er diese Frage für die Begründung eines egalitären liberalen Ordnungssystems aus.

7. Stärken der Rawls'schen Konzeption

(i) Anerkennung und Wertschätzung des weltanschaulichen Pluralismus

Als eine zentrale Stärke des Rawlsschen egalitären Liberalismus gilt die Integration des weltanschaulichen Pluralismus in die politische Theoriebildung. Die theoretische Weiterentwicklung innerhalb der politischen Theorie, die durch Rawls angestoßen wurde, ermöglichte eine rationale Begründung eines egalitären Liberalismus, unabhängig von den unterschiedlichen Vorstellungen des Guten der Individuen, welche die Grundsätze der Gerechtigkeit wählen und den Gesellschaftsvertrag unterzeichnen. Es ist das freie, auf sich selbst gestellte Individuum, das mit seiner rationalen, an der eigenen Bedürfnisna-

---
[30] Rawls 1979, S. 233.

tur orientierten Entscheidung die politische Ordnung als legitime Institution politischer Macht begründet. Somit wurde eine weltanschaulich neutrale Möglichkeit geschaffen eine politische Ordnung zu begründen, die auch Fragen lebensanschaulichen Pluralismus integrieren konnte.[31]

(ii) Normativer Individualismus auf Basis individueller Freiheitsrechte

Mit dem Begriff des normativen Individualismus soll die philosophische Deutung der Freiheitlichkeit und Werthaftigkeit eines jeden Einzelnen gemeint sein. Dies ist nicht nur aus der Perspektive der politischen Philosophie von Bedeutung, weil die Freiheitlichkeit eines jeden Einzelnen und damit die je individuelle Fähigkeit zur praktischen Vernünftigkeit wertgeschätzt und anerkannt wird; besonders auch für die Rechts- und die Moralphilosophie ist dies wesentlich.

Die Umsetzung des unbedingten, rechtlichen Schutzes der Freiheitlichkeit des Menschen ist ein Aspekt, welcher aus philosophischer Perspektive kaum zu überschätzen wäre; denn er bedeutet nicht weniger als der rechtlich (und zwar auf der Ebene der Grundrechte) verankerte Schutz der Fähigkeit der freien Vernunfttätigkeit.

Der Einzelne kann dementsprechend gegenüber dem Staat sein Recht auf freie Ausübung seiner praktischen Vernunftfähigkeit geltend machen. In der Konsequenz kommt der Judikative die Aufgabe zu, die moralisch-praktische Freiheit eines jeden Einzelnen zu schützen. Für den einzelnen Menschen, als Bürger eines egalitären Liberalismus, bedeutet dies zweierlei: (1) Er hat das Recht auf umfassende individuelle Freiheitsrechte (im moralischen, wie im politischen Sinne) und darf diese auch einfordern; muss sich aber (2) gleichzeitig auch als ein freier Bürger verantworten – gegenüber der politischen Ordnung, dem Recht, gegenüber seinen Nächsten, wie auch gegenüber sich selbst. Anders ausgedrückt muss der freie Bürger auch seinen liberalen Pflichten nachkommen.

---

[31] Mit der Pluralismus Problematik und den sich daran anschließenden grundlegenden Fragen für eine Begründung einer normativen liberalen Ordnung hat sich Rawls vor allem in seinem Folgewerk »Politischer Liberalismus« beschäftigt. Darin geht er auf die tiefschürfende Problematik der sich widerstreitenden Vorstellungen des Guten systematisch ein. Vgl. Rawls (2016): Politischer Liberalismus.

Durch die lexikalische Position des Rechts auf umfassende Freiheiten stellt Rawls die Bedeutung des individuellen Rechts auf umfassende Freiheiten an die erste Stelle seiner Begründung einer liberalen Ordnung. Als solche nimmt die Rawls'sche Konzeption das Streben der Menschen nach individueller Freiheit und politischer Selbstbestimmung ernst. Damit ist der egalitäre Liberalismus Rawls' auch die Verstetigung dieses nach Befreiung strebenden Potentials.

(iii) Das Rechtsprinzip als zentrale Grundlage des Liberalismus

Die von Kant entwickelte Idee der Legalität lässt sich über minimale Voraussetzungen definieren und stellt auch nur minimalste normative Forderungen. Schließlich betrifft es lediglich das äußere Verhältnis einer Person gegen eine andere. Es ist der »Inbegriff der Bedingungen, unter denen die Willkür des einen mit der Willkür des anderen nach einem allgemeinen Gesetz der Freiheit zusammen vereinigt werden kann.«[32] Da das Recht wertneutral begründet wird, können auch nur negative Pflichten abgeleitet werden, welche als Unterlassungspflichten charakterisiert werden können. Da die Legalität besonders voraussetzungslos ist, ist dies natürlich aus begründungstheoretischen Gründen elegant (somit besitzt sie auch eine hohe theoretische Attraktivität).[33] Neben den theoretischen Vorteilen der Staatsbegründung eröffnet das Rechtsprinzip zudem neue Möglichkeiten der normativen Ordnung einer Gesellschaft. Schließlich ergibt sich die Grundlage des Rechtsgesetzes nicht nur aus der

---

[32] Kant 1977, S. 337/ [A 33/B 33,34].
[33] Aufgrund der Einfachheit der theoretischen Begründung ist eine solche Vorgehensweise methodisch vielversprechend. Daher verweise ich auch an dieser Stelle auf die berühmte Konkretion theoretischer Einfachheit durch Ockhams Rasiermesser. Insofern gleiche Werthaftigkeit zwischen Theorien vorhanden ist, wäre Ockham zufolge immer die einfachere Theorie der komplizierteren vorzuziehen. An dieser Stelle würde ich jedoch sagen, dass eine moralische Theorie gegenüber einer politischen Theorie einen anderen epistemischen Wert besitzt. Daher würde der Hinweis auf Ockhams Rasiermesser beim Vergleich zweier Theorien, die unterschiedlich begründet sind, ins Leere laufen. Vgl. Ockham (1996). Der Wert einfacher Theoriebildung sei jedoch keineswegs zu unterschätzen. Einfache Theorien, bzw. Modelle besitzen oftmals eine hohe Erklärungskraft und sind gerade in den Gesellschaftswissenschaften (z.B. Volkswirtschaftslehre) von großer Bedeutung. In der Philosophie hingegen ist es von Bedeutung auch jenseits der Minimalbedingungen zu denken, auch um aufzuzeigen, wo die Erklärungskraft einer bestimmten Theorie Lücken und blinde Flecken aufweist.

Klugheitsüberlegung, sondern auch aus der Institutionalisierung der Gleichheit. Alle unterwerfen sich in Freiheit dem Gesetz des Rechts; und da sich alle gleichermaßen unterwerfen, sind alle vor dem Recht gleich. Wie anhand von Rawls dargestellt, ermöglicht diese formale Gleichheit Fragen der Gerechtigkeit anzugehen; etwa dafür zu sorgen, dass Rechte gleich verteilt und geschützt werden.

8. Kritik und Ausblick

Der vertragstheoretische Ansatz der Begründung eines egalitären Liberalismus in der von Rawls vertretenen Form ist analytisch fein ausgearbeitet und systematisch überzeugend. Wie bereits im Abschnitt zur Analyse des Urzustands deutlich wurde, stellt die Theorie jedoch sehr hohe Anforderungen an die Rahmenbedingungen und an die beteiligten Individuen. In der Theorie mögen die moralischen Annahmen für eine schlanke Begründungsfigur dienlich sein, doch in der Realität kann wohl kaum erwartet werden, dass Individuen diesen Anforderungen gerecht werden. Die Übertragbarkeit des Gedankenexperiments in eine umsetzbare Utopie ist damit kaum denk- und umsetzbar. Die Rawls'sche Theorie kann demnach wohl kaum im tatsächlich praktisch-politischen Sinne überzeugen. Jedoch liefert sie wichtige theoretische Methoden, um über Gerechtigkeit nicht nur sinnvoll nachzudenken, sondern diese auch elegant zu begründen. Die ethische Kraft, welche aus der Rawls'schen Theorie der Gerechtigkeit hervorgeht, ist somit auch für praktisch politisches Handeln – im Sinne einer ethischen Orientierung – von großer Wichtigkeit. Für die Zukunft heißt dies, dass es ausgehend von Rawls' Theorie der Gerechtigkeit für die politische Philosophie zentral sein wird, die globale Dimension in praktische Fragen um Gerechtigkeit hineinzudenken. Dies betrifft nicht nur wirklich globale Forschungsgegenstände, wie etwa Fragen weltweiter Umverteilung, sondern es betrifft auch Fragen der Methodik: wie können die Welt betreffende Fragen auch gleichberechtigt angegangen werden, wenn wir doch in einer Welt leben, die ungleich ist? Es erscheint wichtig, diesen Fragen verstärkt nachzugehen, rücken doch in der gegenwärtigen globalen Gesellschaft immer mehr Probleme in den Vordergrund, die weltumspannend sind und an Fragen von Gerechtigkeit direkt anknüpfen. Darunter fallen Probleme wie die Klimakrise, der Ausschluss von Minderheiten, die Ungleichbehandlung von Frauen oder vor allem auch die weltweite

Ungleichheit. Es wird globale Dialoge und ebensolche Theorien brauchen, um diese Fragen zu klären. Hierfür braucht die politische Philosophie den Mut Rawls' – vor großen Fragen wie Gerechtigkeit nicht zurückzuschrecken und sich Inspiration von großen Philosophen in der Vergangenheit zu holen, um ethische Paradigmen neu zu denken.

Literaturverzeichnis

Aristoteles (1982): *Metaphysik, Bd. 1 und 2*. Übertr. von Hermann Bonitz, hrsg. von Horst Seidl, Hamburg.
— (1990): *Politik*. Übertr. von Eugen Rolfes, Hamburg.
— (1995): *Über die Seele (De Anima)*. Übertr. und hrsg. von Klaus Corcilius, Hamburg.
— (2007): *Über die Teile der Lebewesen*. Übertr. von Wolfgang Kullmann, Darmstadt.
— (2013): *Die Nikomachische Ethik*. Hrsg. und übertr. von Ursula Wolf, Hamburg.
Hume, David (1923a): *Über den Verstand*. Übertr. von Theodor Lipps (Hg.), Leipzig.
— (1923b): *Über die Affekte. Über Moral*. Übertr. von J.Bona Meyer, Theodor Lipps (Hg.), Leipzig.
— (2002): *Eine Untersuchung über die Prinzipien der Moral*. Hrsg. und übertr. von Gerhard Streminger, Leipzig.
Kant, Immanuel: *Werkausgaben in 12 Bänden*. Hrsg. von Wilhelm Weischedel, Frankfurt/M.
(1974): *Kritik der reinen Vernunft* (Band 3 und 4).
— (1974): *Kritik der Urteilskraft* (Band 10).
— (1977): *Metaphysik der Sitten* (Band 8).
— (1977): *Schriften zur Metaphysik und Logik1* (Band5).
— (1977): *Schriften zur Metaphysik und Logik 2* (Band 6).
— (1977): *Schriften zur Anthropologie, Geschichtsphilosophie, Politik und Pädagogik* (Band 1).
— (1977): *Schriften zur Anthropologie, Geschichtsphilosophie, Politik und Pädagogik* (Band2).
— (2000): *Kritik der praktischen Vernunft. Grundlegung zur Metaphysik der Sitten* (Band 7).
Kant, Immanuel: Werkausgabe, Leipzig.
— (2008): *Grundlegung zur Metaphysik der Sitten*.
Kant, Immanuel: Werkausgabe, Hamburg.
— (2003): *Die Religion innerhalb der Grenzen der bloßen Vernunft*.
Kant, Immanuel: Werkausgabe, Frankfurt/M.
— (2011): *Zum ewigen Frieden*.
Möllers, Christoph (2019): *Das Grundgesetz. Geschichte und Inhalt*. Bundeszentrale für politische Bildung: Bonn.

Nagel, Thomas (1986): *The view from nowhere*, Oxford.
— (1997): *The last word*, Oxford.
— (2003): »Rawls and Liberalism.« In: *The Cambridge Companion to Rawls*, Cambridge.
— (2012): *Mind and Cosmos: Why the materialist neo-Darwinian conception of nature is almost certainly false*, Oxford.
Ockham, Wilhelm von (1996): *Texte zur Theorie der Erkenntnis und der Wissenschaft:* lateinisch/deutsch. Übertr. und kommentiert von Ruedi Imbach. Reclam: Stuttgart.
O'Neill, Onora (1996): *Towards justice and virtue*, Cambridge.
Rawls, John:
— (1979): *Eine Theorie der Gerechtigkeit*, Frankfurt/M.
— (1994): *Die Idee des politischen Liberalismus*, Frankfurt/M.
— (2001): *The Law of Peoples*, Cambridge.
— (2003): *Politischer Liberalismus*, Frankfurt/M.
— (2012): *Geschichte der politischen Philosophie*, Frankfurt/M.

Leitfragen

1. *Führen Sie aus, hinsichtlich welcher Aspekte Rawls sich auf Kant bezieht.*

2. *Erörtern Sie, inwiefern es sich bei Rawls Theorie der Gerechtigkeit um eine Vertragstheorie handelt.*

3. *Schildern Sie Rawls' Gerechtigkeitsprinzipien und gehen Sie dabei besonders auf den Begriff der Freiheit ein.*

Reflexionsfrage: Welchen Vorteil bietet die Konstruktion des Gedankenexperiments hinsichtlich der Definition der Gerechtigkeit als Tugend sowie für die Überlegungen zu ethischen Grundsätzen?

Autorinnen- und Autorenverzeichnis

Günter Fröhlich, geboren 1969, von 2009–2012 Gastprofessor am Humboldt Studienzentrum für Philosophie und Geisteswissenschaften der Universität Ulm, ferner apl. Professor an der Universität Regensburg. Schwerpunkte sind innerhalb der Praktischen Philosophie die Ethik und ihre Begründungen, die Klinische Ethik (Ethische Beratung, Organisationsethik), die politische Ideengeschichte sowie die Philosophische Anthropologie.
Veröffentlichungen (Auswahl): Ein neuer Psychologismus? (2000), Nachdenken über das Gute (2006), Form und Wert (2011), Theorie der Ethischen Beratung im Klinischen Kontext (2014), Platon und die Grundfragen der Philosophie (2015), Der Affe stammt vom Menschen ab (2016), in Vorbereitung: Der Weg der Demokratie (3 Bände).

Johannes Hübner, geboren 1968, ist seit 2010 Professor für Philosophie an der Martin-Luther Universität Halle-Wittenberg. Arbeitsschwerpunkte: Theoretische Philosophie und Philosophie der Antike.
Veröffentlichungen (Auswahl): Aristoteles über Getrenntheit und Ursächlichkeit. Der Begriff des eidos chôriston, Hamburg (2000), Komplexe Substanzen, (2007).

Herbert Huber, geboren 1954, gestorben 2011, war Privatdozent für Philosophie an der Ludwig-Maximilians-Universität München. Schwerpunkt in Forschung und Lehre waren Philosophie und Ethik als schulische Themenfelder.
Veröffentlichungen (Auswahl): Idealismus und Trinität (1984), Sittlichkeit und Sinn (1996), Ethische Themen in Märchen und Sagen (1996), Philosophieren – wie und wozu? (2006), Ethische Labyrinthe (2009).

Jana Katharina Funk, geboren 1987, wechselte nach einem Bachelorstudium an der Humboldt Universität zu Berlin (Asienstudien/Philosophie) zum Masterstudium (Philosophie, Politikwissenschaft, ev. Theologie) an die Universität Bamberg. Nach dem Masterabschluss und mehreren Praktika im Bereich der internationalen Zusammenarbeit schrieb sie ihre Dissertation zum Thema »Liberalismus, Freiheit und die Frage nach dem guten Leben«. Nach Forschungsaufenthalten in Südamerika leitete sie ein Bildungsprojekt und ist aktuell als Studienleiterin für politische Bildung tätig.

Jörn Müller, geboren 1969, ist seit 2013 Professor für antike und mittelalterliche Philosophie an der Julius-Maximilian-Universität Würzburg. Schwerpunkte sind Wille und Ethik insbesondere innerhalb des Fachgebietes seiner Professur.
Veröffentlichungen (Auswahl): Natürliche Moral und philosophische Ethik bei Albertus Magnus (2001), Physis und Ethos. Der Naturbegriff bei Aristoteles und seine Relevanz für die Ethik (2006), Willensschwäche in Antike und Mittelalter. Eine Problemgeschichte von Sokrates bis Johannes Duns Scotus (2009), Warum noch Philosophie? Historische, systematische und gesellschaftliche Positionen (2011 zus. mit M. van Ackeren u. T. Kobusch).

Christian Schäfer, geboren 1967, ist seit 2009 Professor für Philosophie an der Otto-Friedrich-Universität Bamberg. Seine Schwerpunkte in Forschung und Lehre liegen im Bereich der antiken und mittelalterlichen Philosophie.
Veröffentlichungen (Auswahl): Xenophanes von Kolophon (1996), Unde Malum (2002) (Hg.), The Philosophy of Dionysius the Areopagite (2006), Platon-Lexikon. Ein Begriffswörterbuch zu Platon und der platonischen Tradition (^{2}2013) (Hg.), Platon als Mythologe. Neue Interpretationen zu den Mythen in Platons Dialogen (^{2}2014) (Hg.), Der Dämon der Philosophie.Eine Lesebegleitung zum Verständnis von Platons Symposion (2022), .

Rolf Schönberger, geboren 1954, war seit 1996 Professor für Geschichte der Philosophie an der Universität Regensburg (emeritiert seit 2021); seit 2004 Ordentliches Mitglied der Bayerischen Akademie der Wissenschaften.
Veröffentlichungen (Auswahl): Nomina divina. Zur theologischen Semantik bei Thomas von Aquin (1981); Die Transformation des klassischen Seinsverständnisses. Studien zur Vorgeschichte des neuzeitlichen Seinsbegriffs im Mittelalter (1986); Was ist Scholastik? (1991); Übers.: Thomas von Aquin, Über die sittliche Handlung [Sum. theol. I-II, q. 18–21], Einl. v. R. Spaemann (1990; ^{2}2001).

Walter Schweidler, geboren 1957, ist seit 2009 Inhaber des Lehrstuhls für Philosophie an der Katholischen Universität Eichstätt-Ingolstadt. Forschungsschwerpunkte: Gegenwärtige und neuzeitliche Ansätze der Ethik und der Politischen Philosophie; Rechtsphilosophie und Theorie der Menschenrechte; Phänomenologie, Philosophie Heideggers im Kontext der Hauptströmungen des 20. Jahrhunderts; Metaphysik und Metaphysikkritik; Interkulturelle Philosophie; Bioethik.

Veröffentlichungen (Auswahl): Die Überwindung der Metaphysik, (1987); Geistesmacht und Menschenrecht. Der Universalanspruch der Menschenrechte und das Problem der Ersten Philosophie (1994); Das Unantastbare (2001); Der gute Staat. Politische Ethik von Platon bis zur Gegenwart (2004), als Hg.: Menschenrechte und Gemeinsinn – westlicher und östlicher Weg?, (1998).